本辑刊的编辑出版受以下项目资助：

国家社科基金重大项目“西方史学史谱系中的文明史范式研究”（项目号 19ZDA237）

全球史评论

第二十一辑

（2021　No.2）

Global History Review Vol.21

刘新成　刘文明◎主　编

中国社会科学出版社

图书在版编目(CIP)数据

全球史评论．第21辑／刘新成，刘文明主编．—北京：中国社会科学出版社，2021.12

ISBN 978-7-5203-9334-8

Ⅰ．①全…　Ⅱ．①刘…②刘…　Ⅲ．①世界史—研究　Ⅳ．①K107

中国版本图书馆CIP数据核字(2021)第242592号

出 版 人　赵剑英
责任编辑　安　芳
责任校对　张爱华
责任印制　李寡寡

出　　版　中国社会科学出版社
社　　址　北京鼓楼西大街甲158号
邮　　编　100720
网　　址　http://www.csspw.cn
发 行 部　010-84083685
门 市 部　010-84029450
经　　销　新华书店及其他书店

印　　刷　北京明恒达印务有限公司
装　　订　廊坊市广阳区广增装订厂
版　　次　2021年12月第1版
印　　次　2021年12月第1次印刷

开　　本　710×1000　1/16
印　　张　21.75
字　　数　356千字
定　　价　98.00元

全球史评论

Global History Review

目　　录

论　　文

评　论

海外新书评介

学术信息

Thematic Papers

论文

● 全球史理论与方法

帝国与文明：菲利普·费尔南德兹—阿迈斯托的全球史书写

施　诚　马忠玲

摘要　英国历史学者菲利普·费尔南德兹—阿迈斯托的历史研究从最初的西班牙史转移到全球史，并形成了独特的全球史书写风格。阿迈斯托尤其注重文明之间的交流与互动，在他看来，帝国为跨区域乃至全球规模的文明交流搭建了舞台。得益于欧亚大陆两端的巨型帝国，东西方文明进行大规模的交流成为可能。新航路的开辟以及不断扩展的殖民帝国，在建立不平等世界秩序的同时，也构建了全球文明交流的框架，塑造了当代世界的基本格局。他将宏观视野和微观叙事相结合，向读者展示了一幅全球视野下帝国兴衰与文明变迁的历史画卷。

关键词　菲利普·费尔南德兹—阿迈斯托　全球史书写　帝国　文明

西方历史学科自建立以来，从初期的“兰克学派”到19世纪中叶的实证主义思潮，历史学家们对宏大叙事向来比较排斥。[①] 进入20世纪后，史学研究的时间与空间不断扩大，研究对象不断增多，人类探索历史的视角与叙述历史的方式变得越来越多元，其中最具代表性和影响力最为深远的当属法国历史学家费弗尔、布罗代尔等人开创的“年鉴学派”。在年鉴

① 刘新成：《文明互动：从文明史到全球史》，《历史研究》2013年第1期。

学派的学者看来，传统的历史研究以时间为中心的政治史为主，对宏观历史进程常常避而不谈，但是历史应该是有机的、内在相互联系的整体，应该着眼于历史全局与中时段和长时段的结构性变化。年鉴学派的研究方法注重时间与空间的结合，尤其注重历史叙述的结构，同时也重视结构中的个人。在费弗尔、布罗代尔等人的努力下，年鉴学派在20世纪下半叶已经成为西方学术界中影响最大的主流史学派系之一。他们注重跨学科、长时段的社会史研究，是宏观史学研究崛起的重要推动因素，也是这一时期人类探索历史视角多元化的具体表现。20世纪中叶以来，注重长时段研究以及结构分析的年鉴学派在史学界的影响力毋庸置疑，但是历史学者从未停止尝试用新的研究模式探索历史。尤其是20世纪70年代之后，后现代主义兴起，传统的历史思维受到冲击，各种史学派别层出不穷。正是在这样的时代浪潮下，一些历史学家开始反思和修正年鉴学派的研究范式，一方面尝试用更加广阔的视角来进行历史解释，另一方面则更加重视宏观叙事和微观研究的结合。菲利普·费尔南德兹—阿迈斯托就是探路者之一。本文基于对阿迈斯托具体作品的分析，尝试归纳总结阿迈斯托的历史观，并集中讨论其全球史研究中的“帝国与文明”。

一　阿迈斯托的全球史观

1950年，阿迈斯托出生于英国伦敦，生活在一个学术素养较高的家庭，父亲是西班牙的一名记者，母亲是英国外交团队内部刊物《外交家》（*The Diplomatist*）的联合创始人和编辑，在父母耳濡目染的熏陶下，阿迈斯托从小对历史就抱有浓厚的兴趣。1969年，阿迈斯托进入牛津大学学习，1977年取得博士学位。虽然他一直生活在英国，并接受了传统典雅的英国高等教育，但青年时代，阿迈斯托的兴趣点基本上聚焦于西班牙。1982年，他在博士论文的基础上修改出版了《征服后的加那利群岛：16世纪早期殖民社会形成》一书，该书以地理大发现之后的加那利群岛为中心，但研究对象又不局限于此，阿迈斯托试图将加那利群岛置于殖民时代的浪潮之下，向读者展示16世纪西班牙海外殖民社会的情况。正如他在序言中所说，他尝试描绘加那利群岛的群像和集体的历史，并从中窥探整个殖民时代的面貌。[1] 1987 年，《哥伦布之前：1229 年到 1492 年从地中海到大西洋探险与殖民》[2] 一书问世。这本书涵盖了维京人大迁徙之后以及西班牙殖民帝国建立之前的历史，就主题而言，围绕“扩张”展开，详细叙述了欧洲列强尤其是葡萄牙人、热那亚人和卡斯蒂利亚人所进行的探索。更重要的是，阿迈斯托不仅仅叙述了事情的发生，还探究了事件背后的原因、探索者的动机，并为他们的殖民行动提供了非常有说服力的理由。阿迈斯托探究哥伦布之前欧洲早期在大西洋扩张的过程和特征，目的在于追溯地中海世界与大西洋世界之间的互联互动，这与《征服后的加那利群岛》的出发点是一致的。随后，阿迈斯托相继出版了《西班牙无敌舰队》（*The Spanish Armada*）、《哥伦布》（*Columbus*）、《巴塞罗那》（*Barcelona*）等著作。总体而言，这一时段的阿迈斯托在历史创作过程中，无论是主题、研究方法还是整体视角，仍与前一时段保持着高度的一致，此时的阿迈斯托还没有完全跳出专题史学的研究框架，但是可以看到，阿迈斯托并非完全沉浸在自己的学术舒服圈，他的学术目光正逐渐变得宽广，对历史问题的认知也越来越深邃。

1995 年，《千禧年：最近一千年的历史》[3] 出版，这是阿迈斯托历史观的重要转折点。这部长达八百多页的巨著，涵盖了基督教世界、伊斯兰文明以及亚洲和非洲等世界上主要的伟大文明。在着手研究时间和空间跨度如此之大的历史时，很容易落入一些概念陷阱，阿迈斯托在一开始就注意到了这个问题，因此他尽量避免使用诸如“工业革命”“黑暗时代”之类的概念，因为这些概念并非真正的历史事实，而是一系列事件的名称。在他看来，一种文明的盛衰往往随着时代潮起潮落，文明之间的互动与更替通常难以预料。考虑到中国和伊斯兰世界历史上曾经的统治地位，一般人很难想象西欧会在全球作为主导性力量出现，但是阿迈斯托把西欧的兴起和发展放在整个世界历史发展的大趋势中来，有力地解释了这个看似不

---

① Felipe Fernández-Armesto, *The Canary Islands after the Conquest*: *The Making of a Colonial Society in the Early Sixteenth Century*, New York: Oxford University Press, 1982, p. 2.

② Felipe Fernández-Armesto, *Before Columbus*: *Exploration and Colonisation from the Mediterranean to the Atlantic*, *1229 – 1492*, London: Macmillan Education, 1987.

③ Felipe Fernández-Armesto, *Millennium*: *A History of the Last Thousand Years*, New York: Bantam Press, 1995.

寻常的历史发展进程。很少有学者以如此突破惯有边界的方式来撰写历史，但这种有选择性的分析和打破传统的历史解释让人眼前一亮，让读者不再将注意力集中在个别地区或一棵树上，从而保留了我们对全球历史或者整片森林的看法。《千禧年》可以看作是阿迈斯托第一次以全球的视野进行历史叙述的尝试。随后他出版了《真相：困惑者的历史指南》（*Truth*：*A History and a Guide for the Perplexed*）、《文明》（*Civilizations*：*Culture*, *Ambition*, *and the Transformation of Nature*）、《食物的历史》（*Near a Thousand Tables*：*A History of Food*）、《探路者：世界探险史》（*Pathfinders*：*A Global History of Exploration*）等作品，在这一系列作品中，他对恢宏的全球史叙事方式的运用也更加得心应手。2007 年，《世界：一部历史》① 作为历史教材出版，但实际上这本书完全超越了一本历史教材所涵盖的内容。作者试图将世界上曾经存在过的文明都尽可能写出来，尤其是对一些“边缘文明”的叙述，其他的“世界史”教材难以望其项背。当然，这些文明在作者的笔下都是平等的，弥足珍贵的是，阿迈斯托在叙述时，不做判断，拒绝评价，这其实就是摈弃历史的当代意义和当代人对历史的价值判断，不承认过去和现在之间的共生关系。② 所以，阿迈斯托在《世界》这本书中呈现出与其他历史学家不一样的历史观念，这其中包括摒弃中心论思想，强调自然环境的影响，突出世界历史错综复杂的相互关系，从而为读者提供一部真正整体世界历史的叙述。

从时间上而言，阿迈斯托是在年鉴学派影响下成长起来的历史学者，但他对年鉴学派的长时段理论以及注重结构的观念并非完全认可。在他看来，长时段理论对理解和研究历史的延续性和非延续性有很大帮助，但它的不足在于歪曲了断裂感，将其粉饰为另一种延续性——长时间蛰伏后的突然爆发，因此在叙述和解释历史时存在偏差的可能。③ 同时，对于现当代历史学的许多分支，如口述史学、环境史学，阿迈斯托的态度也相对冷淡，尽管很多人认为他是一位致力于环境史研究的学者。在他看来，一个好的历史学家应该善于利用各种材料，并充分地发挥材料的功用，提高自

---

① Felipe Fernández-Armesto, *The World*: *A History*, Hoboken: Prentice Hall, 2007.

② 钱乘旦：《译序：一个马赛克式的历史大拼盘》，菲利普·费尔南德兹—阿迈斯托：《世界：一部历史》（上），叶建军、庆学先等译，北京大学出版社 2010 年版，第 16—17 页。

③ 赵博：《我们都缠绕在我们自己的历史之中》，《文汇报》2013 年 9 月 17 日第 13 版。

己对事物的理解水平，而不应局限于各种学科和概念之中。[①] 从阿迈斯托的学术经历来看，早年侧重西班牙地区的专题研究，注重从长时段和文明的角度阐释历史。《千禧年》的出版，让他尝试一种更加宏大的叙事手法，此后逐渐转型为一位全球史学者。他在接受《文汇报》的采访时，阐明了自己治学方法转变的背后原因，在于他意识到，如果囿于时间、空间、理论、结构的限制，就很难真正理解历史的进程。因此，他在《世界：一部历史》的序言中写道，“若以宇航员或者科幻作家的标准来看，历史学家无疑是胆小而缺乏冒险精神的。他们只对存在于一个渺小的行星——地球——上的一个微不足道的物种——我们人类这个物种——发生兴趣”。现在，他尝试“站在浩瀚无垠的银河系中来审视地球”[②]，让读者能够比较联系世界上不同地区同时发生的状况和历史的进程，让读者能够从太空注视地球，给予整体观察。阿迈斯托的想法非常大胆，但就《世界》这部作品而言，他履行了自己的豪言壮志，真正实现了从专题通史到全球通史的跨越。宏大的叙事手法可以让读者在把握世界历史的整体进程时变得更加容易，但对创作者来说这并非易事，如何处理区域、帝国、文明之间的交流与冲突，突出历史发展的连续性与整体性，呈现出一幅和谐的图景，非常考验叙述者的学术功底与技艺。

二　丝绸之路：帝国扩张的附属品

公元前2千纪后期，欧亚大陆主要文明区域都发生了不同程度的动荡，克里特文明崩溃瓦解，东地中海地区进入“黑暗时代”，南亚次大陆的文明中心几乎完全被摧毁。各大文明似乎都陷入危机之中，但仅过了几个世纪，也即公元前500年前后，中国、印度、希腊等地区几乎同时出现了宗教、哲学的大爆发，人类迎来了第一次思想上的觉醒，这就是所谓的“轴心时代”，也是塑造人类精神和世界观的转折时代。在经历了崩解和毁灭的危机之后，人类创造的文明变得更加强大和坚固，横跨大洲的帝国开始出现，波斯、亚历山大帝国、罗马帝国、秦汉帝国在欧亚大陆上纵横捭

① 赵博：《我们都缠绕在我们自己的历史之中》，《文汇报》2013年9月17日第13版。

② Felipe Fernández-Armesto, *The World: A History*, p. 23.

阛，盛极一时。

在阿迈斯托看来，文明进化有其自身的逻辑。在文明初始阶段，采集、狩猎以及简单的农业生产便可满足社会的运作，当文明程度更进一步时，城市化带来的远途贸易增长，地区之间日益增多的交往导致冲突、战争、外交与文化交流，而这些现象为能够更有效治理众多政治体的更强大国家的出现提供了机会，也即帝国的出现。① 一般来讲，疆域越广阔的国家社会治理的难度就越大，统治者需要与距离不断斗争，才能稳固地统治帝国。② 强大帝国的背后都有功能非常健全且复杂的道路交通网络。对帝国而言，道路通信系统是维系统治的生命线，与此同时，这些道路也助长和繁荣了跨区域的贸易，而这与帝国的繁荣是一个相辅相成的过程。事实上，这也解释了这一时期欧亚大陆上的帝国比其他帝国更加强大，对臣属的民族施行了更多的霸权。③ 帝国疆域的扩大，大多建立在扩张与战争的基础上，汉武帝为了解决北方匈奴的威胁数次北伐，派遣使者张骞到西域请求援助，最终的结果是夺取了河西走廊并由此控制了西域。在大陆的另一端，罗马人也没有停止扩张的步伐，他们将地中海变成了“我们的海”，征服了帕提亚，疆域直抵幼发拉底河。在阿迈斯托的笔下，这两大帝国似乎正在不断地突破疆域的极限，或许是借助帝国扩张的便利，这一时期跨欧亚大陆的商业路线发展得异常迅猛，虽然两大帝国尚未直接对面，但这并不意味着双方并不知晓对方的存在。罗马官员普林尼就曾担心罗马提供的物品难以满足贸易需求，因为横穿欧亚大陆从东方来的丝绸、阿拉伯半岛和印度半岛的香料在欧洲受到欢迎，但他们却没有相对应的产品进行交换。④ 从阿迈斯托的叙述逻辑来看，正是因为汉帝国和罗马帝国的存在，在欧亚大陆上才出现了这样一条横贯东西的贸易运输大动脉，丝绸之路其实就是帝国政治进取心和经济进取心混合的结果。⑤

就现代世界而言，在远途贸易中，海洋航线远比陆上运输更加重要，

---

① Felipe Fernández-Armesto, *The World: A History*, p. 150.

② 晏绍祥：《与距离斗争：波斯、罗马与秦汉帝国的中央集权和地方自治》，《史学理论研究》2016 年第 3 期。

③ Felipe Fernández-Armesto, *The World: A History*, p. 151.

④ Felipe Fernández-Armesto, *Pathfinders: A Global History of Exploration*, New York: W. W. Norton & Company, 2006, p. 31.

⑤ Felipe Fernández-Armesto, *The World: A History*, p. 151.

海运不仅速度快，载重量大，而且成本也更低。在帝国的早期阶段，运送的物品量比较小，而且多是丝绸、瓷器等价值较高的商品，这种贸易规模依赖于商业中心的贸易——货物运转经过一系列市场和中间商，而不是横跨整个大洋与大陆的远征①，所以陆上丝绸之路足以满足帝国之间贸易的需求。当帝国之间的贸易需求量增加到一定程度时，海洋运输的优势就逐渐凸显。然而，印度洋横亘在东亚与东非之间，在缺乏航海技术的时代，跨越印度洋无疑是艰巨的任务。但是，得益于大流士一世将波斯帝国的疆域延伸到欧、亚、非三洲，人类才获得了征服印度洋的机遇，加上印度洋独特的季风气候，印度洋成为古代世界远洋航行环境最良好的航线。在遥远的东方，中国人也在探索向西的航线，在南方商人的努力之下，西汉晚期，广东徐闻县、广西合浦县等地与印度半岛之间的商路逐渐成熟，这样，东亚世界和地中海世界通过海上联系变成了可能。

海上丝绸之路的开拓并未削弱陆上丝绸之路的影响力，帝国的出现和消失反而深深地影响着陆上丝绸之路。13 世纪，一个几乎囊括了整个欧亚大陆草原的帝国——蒙古崛起，在欧亚大陆的历史上发挥了独特和建设性的作用。在阿迈斯托看来，蒙古帝国的出现，用强权的方式将整个大草原地区的几乎所有民族联结在一起，在经过了最初的被征服的恐惧之后，大草原迅速成为两个大陆之间信息快速交流的通道②，而这也让丝绸之路变得畅通无阻。随着陆上丝绸之路安全性的提高，通达的范围也日益扩大，也正因如此，商人和教徒们在丝绸之路上的往来也日益频繁③，东方与西方之间持续性的文化交流也加快了两个大陆之间观念的更新和技术的进步。然而这种局面没有维持太长时间，到了 14 世纪，再难见到成群结队的商队、朝圣者穿梭在辽阔的丝绸之路上。在这个时代，气候变得越来越寒冷，各种环境灾难让数以千计的人失去生命，帝国的实力遭到削弱，与此同时，人类还面临瘟疫、疾病的威胁，气候变化、人口减少、瘟疫都削弱了人类活动的空间与能力，欧亚大陆上的帝国也因为这些变化，社会动荡，疆域萎缩。也正是在这样的逻辑之下，阿迈斯托认为到 14 世纪晚期的

---

① Felipe Fernández-Armesto, *The World*: *A History*, p. 151.

② Felipe Fernández-Armesto, *The World*: *A History*, p. 364.

③ Felipe Fernández-Armesto, *Pathfinders*: *A Global History of Exploration*, p. 85.

时候，陆上丝绸之路出现了此前未有过的停滞状态。

由此可见，阿迈斯托以恢宏的叙述将欧亚大陆之间的联系以丝绸之路为介质梳理呈现在我们面前。轴心时代之后，世界似乎“开始变小”，在欧亚大陆上，出现了好几个具有历史性的世界性帝国，这些帝国的存在，让陆路贸易成为可能，让横跨欧亚大陆的沟通成为可能。当帝国的体量变得越来越大时，为了寻求更经济、更有效率的运输路线，海上丝绸之路登上了历史舞台，在季风的推动下，海上丝绸之路将亚洲尤其是东亚和东非的大部分地区也连接在一起。另外，贸易路线的开拓，让人类可以触及更远的世界，与之相随的是国家的疆域也达到了前所未有的地步，欧亚大陆之间思想与技术的交流突破了以往障碍的束缚，沿线地区也在不断汲取来自异族的文化。

三 航海时代：西方的进取与东方的退让

在瘟疫、“小冰河时期”等极端条件之下，欧亚大陆之间通过贸易路线进行频繁联系的帝国，在 14 世纪之后趋于停滞。此后，世界上不同的文化和生态系统，分割的裂缝似乎越来越明显，轴心时代人类塑造的具有高度共性的道德世界，很难立即得到人们的彼此承认，可以说，每个地区保持着独立的发展轨迹。[①] 然而，在 1492 年，这种长时期保持的分化模式突然转变，全球各地开始走向聚合，开始成为一个真正意义上的有机的联系整体，即地球上的所有人几乎都开始适应于一个联系、沟通、传播和文化交流的网络。[②] 当然，这种转变并非哥伦布发现新大陆一蹴而就而实现的。

在阿迈斯托看来，西方世界在 1492 年之际，西欧主权国家内部力量对比正在发生变化，世俗君主无畏神权的优先地位，在权力之争中逐渐占据主导地位。在西欧社会中，教俗两界都存在着社会将发生巨变的预言。自 12 世纪以来，西西里岛修道院院长约阿基姆对《圣经》的诠释具有很大影响，他借基督之口预言，在世界末日的时代里，黑暗将征服世界，时间重

---

① Felipe Fernández-Armesto, *Before Columbus*: *Exploration and Colonisation from the Mediterranean to the Atlantic*, *1229 – 1492*, p. 2.

② Felipe Fernández-Armesto, *Before Columbus*: *Exploration and Colonisation from the Mediterranean to the Atlantic*, *1229 – 1492*, p. 3.

新归于永恒，只有教皇才能净化社会，“最后一个皇帝”将征服耶路撒冷，并联合世界战胜黑恶势力。这一预言赢得了许多信众。但是，另外一些预言，诸如“黄金时代即将到来”的影响力也在不断扩大，他们认为世界不会再像现在这般运行，整个社会即将迎来巨变。① 实际上，这些预言反映了西方世界正处于变化之中。

在巨变前后，人类对世界的认知值得我们关注，阿迈斯托敏锐地发现了一些非常有意思的事物——地图。在纽伦堡，保存着世界上最古老的地球仪，上面的地图中，各个大陆毫无章法地被摆放在各处，海岸线也被胡乱地标注，但是，当时欧洲人已知的主要文明都囊括其中。同时期的穆斯林地图，继承了中世纪阿拉伯人的地图绘制遗产，阿拉伯半岛的疆域虽小，但毫无疑问地处于世界的中心，地图上的非洲界限几乎位于人类居住的极限之地，博斯普鲁斯海峡横亘在欧亚两洲之间，欧洲只是地图中右下角的一个小三角，这样看来，穆斯林眼中的世界并没有想象的那般辽阔。在遥远的东亚，古代中国的地图更让人大吃一惊，现存的一张 13 世纪的中国地图，除了一个圆圈和矩形之外，再无其他信息。一张由朝鲜制作的同时期的疆域图，却向我们透露了更多的信息，在地图中，亚洲与欧洲幅员辽阔，朝鲜在地图的右上角，占据着极大的版面，中国的位置同样醒目，印度以及南亚地区只是淡淡的一笔带过，非洲和阿拉伯半岛的部分轮廓十分模糊。② 透过这些地图，会发现当时的人们对世界的认知，都以自己的文明为中心，对周边熟悉的文明的介绍相对详细，但是他们都没有准确绘制出地球的形状，世界上仍然存在着很多他们不熟悉的未知世界。与此同时，在西欧社会产生巨大影响力的预言，推动着一群探险家寻找“最后的皇帝”，为他们带来光明，统一世界的秩序。再加上马可·波罗描绘的遍地黄金的东土，一直刺激着他们跨越奥斯曼帝国的阻挠，寻找一条前往遍地黄金世界的捷径。巧合的是，西班牙收复失地运动的成功，为狂热的教徒与金钱的信仰者提供了发现新世界的机遇。

阿迈斯托认为，与西方世界的探险欲望相反的是，东亚世界除了在 15

① Felipe Fernández-Armesto, *1492: The Year Our World Began*, New York: Harper Collins, 2010, pp. 6 – 14.

② Felipe Fernández-Armesto, *1492: The Year Our World Began*, pp. 15 – 17.

世纪初期有了一次大规模的海上行动之外，很快便趋于消停。明朝初年，明成祖曾让郑和七次率领舰队渡过重洋，将中国的影响力推进到红海沿岸，向外部世界展示了中国作为一个具备海洋大国的实力。但是，这种大规模的海上航行或探险并未持续太长时间，明朝统治者很快将注意力从海洋转移到了内陆，放弃了对印度洋航线的控制，也放弃了连接世界上最富有的经济体的航线，从这个角度而言，郑和七次南下的目的与西方世界探索海洋的目的有着本质的区别。①

阿迈斯托进一步提出，在中国退出海洋竞争的同时，欧洲的探险家们发现了这条承载着香料与财富的航线，并迅速取代中国在这条航线上的影响力。在面对海洋问题的时候，欧洲人雄心勃勃，而东方帝国却采取了保守的态度。最后，欧洲人抓住了机遇，在 1492 年，哥伦布发现了前往美洲的航线。可以说，这是一个改变世界走向与历史进程的转折点，这条航线将新旧两个世界拴连在了一起，他让“全球史”这个概念成为可能，同时也拉开了欧洲帝国主义的序幕。航线开辟之后，全球在政治层面发生了巨大的变革，帝国开始出现在一些此前从未建立过的地区，如俄罗斯将帝国的触手延伸到了欧亚大陆的东北端。更重要的是，航线开辟之后的巨大利益助长了世俗君主的底气，西欧国家的君主越来越注重维护君主权力，他们甚至拒绝服从教会的权威，如法国国王自称“他们自己王国的皇帝”，西班牙卡斯蒂利亚的国王也坚持“我统治的绝对权力”②，国家的力量得到了极大强化。新航路开辟的最初动机之一是传播基督教，从结果来看，在某种程度上实现了初衷，世界宗教版图格局几乎被颠覆，此前与伊斯兰教世界相形见绌的基督教，逐渐攀爬至与伊斯兰教相当的地位。③ 虽然基督教的版图在不断扩大，但在欧洲本土，教会的权力日趋式微，除了来自世俗君主的强势竞争之外，文艺复兴的浪潮也给了教会沉重一击，人文学科在上层社会成为权威学问，政治思想的研究开始超越经院哲学。

可以说，在中世纪时代，欧洲褪去了古典时代的荣光后沦为世界的边缘地带，阿拉伯仍然是东方与西方世界的枢纽，也是世界的科技中心，东

---

① Felipe Fernández-Armesto, *The World: A History*, pp. 418 – 422.

② Felipe Fernández-Armesto, *The World: A History*, p. 431.

③ Felipe Fernández-Armesto, *1492: The Year Our World Began*, p. 4.

亚在儒、道、佛思想的浸润下，辅之以茶叶、丝绸等贸易，是名副其实的经济文化中心。1492 年哥伦布发现新大陆，它的意义不仅仅在于连接了人口稠密的欧亚大陆、美洲和非洲，而是为世界历史的发展提供了一种新的可能。接下来，西方国家开始走向扩张与殖民，他们接触的地方，成了贸易、技术、文化、生活方式相互碰撞的竞技场，其后果造成了全球性的联系加强，但也导致了原有世界秩序的失衡。东方与西方，在此后的半个千年中，攻守之势异也。

四　兴衰浮沉：世界秩序的重组

在阿迈斯托看来，新航路的开辟，给帝国扩张提供了一个全新的契机，也为东西方世界的发展提供了两种不同的路径。① 西方帝国扬起风帆，迈上了征服世界的旅程。荷兰人、葡萄牙人、西班牙人、法国人、英国人相继在全球建立起了殖民帝国。而在东方，清朝在经济、技术、制度设计等方面已经发展到了极限，很难再有突破性的发展。印度莫卧儿帝国则更早地显示出了疲态，奥朗则布将疆域拓展至南方后，在文化、宗教、制度以及种族身份的冲突之下，莫卧儿帝国的统治举步维艰，只得将权力委托给地方精英，结果导致地方混战不停，反倒给英国潜入创造了机会，最后这支外来的军事力量确立了对印度的统治。此时，建立帝国几乎是欧洲人的独享权力，亚洲帝国已经处于崩溃的边缘，美洲仍然处于被唤醒的状态，非洲沦为了人口供给市场。② 鸦片战争之后，西方世界在中国获得了有利的贸易条件，甚至控制了中国的贸易事业，西方的工业化抵消了中国庞大的疆域，致使西方国家在财富上超越了中国。③

这样，在殖民扩张的浪潮之中，西方的帝国占据了世界地图中的绝大部分，虽然不少疆域仍然在帝国的控制之外，但这并不影响帝国作为文化交流场所在历史中的巨大作用。在世界力量的对比中，西方的帝国在人口上并不占据优势，但是工业技术弥补了这一短板，他们在坚船利炮的庇护

① Felipe Fernández-Armesto, *The World: A History*, pp. 427 – 430.

② Felipe Fernández-Armesto, *The World: A History*, p. 357.

③ Felipe Fernández-Armesto, *The World: A History*, p. 480.

下，用武力或者合作的方式将全球有机地联系起来。帝国之外区域，虽然没有受到帝国的直接控制，但都或多或少参与到工业生产链之中，有些地方成了原料供给地，有些地区成为初级加工制造区。同时，欧洲的帝国主义的统治方式和生活方式也对全球产生了转变性的影响，例如在很多殖民地，之前视统治者的权力为超自然的权力，但是现在他们开始效仿欧洲，引入了法治体系。最后的结果是，欧洲的帝国文明几乎影响了世界各地，这种帝国主义的影响，强度远超丝绸之路时期的跨区域影响。

在全球经济走向一体化之时，西方帝国也确立了它们在世界上的主导地位。实际上，在中国放弃印度洋航线的领导权时，天平就已经出现了倾斜，随着君士坦丁堡的陷落，欧洲人进一步获得了印度洋的控制权，中国从世界中心逐渐被边缘化。阿拉伯人在失去了西班牙以及君士坦丁堡后，地位也从世界枢纽沦为世界孤岛，伊斯兰教的传播通常依赖于贸易，或向西南传至非洲，或是借助印度洋向东南亚传播，或是通过丝绸之路在中国西部进行传播，但新航线开辟之后的数百年，阿拉伯人彻底被困在大陆，从此退出了舞台聚光灯。19 世纪，西方帝国统治了世界上绝大部分地区，世界权力中心也在互动中完成了转移。

五　结语

当然，阿迈斯托的视角也有一定的局限。他在描绘不同时代东西方的各种“帝国”和“文明”时，并没有详细区分这些“帝国”的统治模式和“文明”的发展内涵之间的区别，也未关注到近现代以来学术界对“帝国”和“文明”的热烈讨论①，仅仅是将“帝国”“文明”等词作为一种大而化之的概念，将各种不同的政治力量和社会发展趋势都囊括进这样泛化的概念之中。这也是侧重恢宏叙事的历史学者经常遇到的难题。

全球史的“魅力”主要来自其核心理念——“文明互动说”，关联和互动是全球史研究的本质特征，全球史研究强调全球内不同区域之间的交

① 国内相关学术讨论参见刘文明《“帝国”概念在西方和中国：历史渊源和当代争鸣》，《全球史评论》2018 年第 15 辑；刘文明：《十九世纪末欧洲国际法中的“文明”标准》，《世界历史》2014 年第 1 期。

流与互动，注重从宏观视角来观察，兼具微观与细节的重视。[1] 阿迈斯托的全球史书写就体现了这种理念。例如，他在《探路者》一书中，以纽伦堡的一幅地图引出人们对世界认知的差异，同时又从宏观角度分析了地图差异背后的世界秩序，兼具宏观视野与微观叙事。

跨越时间与空间，注重帝国之间的关联互动，一直是阿迈斯托想要向读者展示的一面。从丝绸之路到大航海时代以及再到近代社会，帝国始终是历史发展中最让人关注的一个焦点，阿迈斯托以此为线索，将古代中国以及欧洲作为权力轴线的两端，勾勒出了欧亚大陆以及主要文明区域之间的恢宏图景。在他看来，古代中国是世界历史一个主要的主导者，但自放弃印度洋航线之后，明清政府的政策越来越趋于保守，西方借助海洋和工业的力量，完成了权力的交接。但是，阿迈斯托并非想要以这种角度来表达欧洲近代以来的强大，在他的文字中，反而能感受到他对世界其他民族尤其是中国人的尊重，落后与强大并非与生俱来，也并非人种、智力的差距，因为他们都孕育过辉煌的文明，他以这样一种带着温情的笔墨叙述过往的历史，向读者展示了一幅全球视野下帝国兴衰与文明变迁的历史画卷。

（施诚，首都师范大学历史学院教授；马忠玲，首都师范大学历史学院博士研究生，衢州学院讲师）

① 刘新成：《文明互动：从文明史到全球史》，《历史研究》2013 年第 1 期。

起源、周期与动力：丹尼斯·弗林和阿图罗·吉拉尔德兹的早期全球化研究*

王志红

摘要 随着全球化进程的深入和全球史的兴起，早期全球化研究吸引了越来越多学者的关注。美国著名的经济史、全球史学者丹尼斯·弗林和阿图罗·吉拉尔德兹基于太平洋史和白银贸易史研究提出了独具特色的早期全球化理论。他们认为早期全球化始于1571年马尼拉被建立为联系亚洲和美洲之间贸易的商业中心；早期全球化进程包括三个周期，即1540年到1640年的波托西—日本白银周期、1700年到1750年的墨西哥白银周期，以及后1750年的茶叶和鸦片周期；早期全球化的动力主要来自于中国对白银的巨大需求。他们的早期全球化理论带有鲜明的特征，兼重环球航路的闭合与稳定贸易的形成，强调中国的动力中心作用，重视跨学科研究方法的应用，同时也不可避免地带有一定的局限性。

关键词 丹尼斯·弗林　阿图罗·吉拉尔德兹　早期全球化　白银周期　中国动力

全球化是指世界范围内日益增长的网络化和互联化，最初为经济学家所使用，21世纪以来逐渐受到历史学者的关注。关于全球化与全球史的关系，德国历史学者康拉德认为，全球史的概念并不等同于全球化的历史，全球化的历史只是全球史议题的一个部分。① 以此而言，尽管全球化的历史不等于

* 本文为国家社科基金重大项目“多卷本《西方城市史》”（项目编号：17ZDA229）的阶段性成果。

① ［德］S. 康拉德：《全球史导论》，陈浩译，商务印书馆2018年版，第13—14页。

全球史，但全球化研究依然是全球史研究的一个重要组成部分，因此通过全球化研究无疑能够扩展全球史的研究路径和内容。但是迄今为止，历史学界对于全球化的研究和探讨还远远不足，伊格尔斯（Georg G. Iggers）和王晴佳指出："目前史学家确实转向了跨民族和跨文化的历史，转向世界史和全球史。但他们极少讨论全球化的历史，包括全球化的目前位置以及它的走向。全球化的研究已经大量出现，但它们仍然主要出自社会学家、政治学家、人类学家、特别是经济学家的手笔。"① 因此，有必要从历史学的角度加强对于全球化的研究。丹尼斯·弗林（Dennis O. Flynn）和阿图罗·吉拉尔德兹（Arturo Giráldez）作为美国著名经济史和全球史学者，两人也因经常合撰论著而被人一起提及，如帕特里克·曼宁写道："丹尼斯·弗林和阿图罗·吉拉尔德斯（兹）凭借对近代早期白银贸易的分析，跃居海洋交通史的领先位置；他们的世界经济史中心在中国。这两位学者与持'亚洲中心说'的'加州学派'联手，与 R. J. 巴伦兹、桑贾伊·苏伯拉曼扬和安德烈·贡德·弗兰克联手，共同形成了这一派的研究思路。"② 弗林和吉拉尔德兹基于太平洋史和白银贸易史研究提出了独特的早期全球化理论，虽然其观点长期以来备受争议，不过毫无疑问在国际学界产生了重大影响，并被人广泛征引，但是国内学界对其研究并无全面了解。有鉴于此，本文主要结合两人合撰的一些论著从起源、周期与动力三方面来系统梳理和阐释他们的早期全球化理论，并在此基础上浅谈这一理论的特征和局限。

一　早期全球化的起源

关于早期全球化的具体起源时间，学界历来众说纷纭，不过基本上可以

---

① ［美］乔治·G. 伊格尔斯、王晴佳：《历史和史学的全球化：特征与挑战》，李渊、王献华译，《史学史研究》2008 年第 1 期。近年来中国学界也有意识地加大了早期全球化的研究，相关论著如李伯重：《火枪与账簿：早期经济全球化时代的中国与东亚世界》，生活·读书·新知三联书店 2017 年版；［加］孔鲁克：《近代早期太平洋的商人、移民、传教士与全球化》，王志红译，载《全球史评论》2017 年第 12 辑，第 127—151 页；王华：《海洋贸易与北太平洋的早期全球化》，《史学集刊》2020 年第 6 期；李庆：《早期全球化进程中的东亚海域：明万历海外采金事件始末》，《国际汉学》2020 年第 4 期。

② ［美］帕特里克·曼宁：《世界史导航：全球视角的构建》，田婧、毛佳鹏译，商务印书馆 2016 年版，第 300 页。

归纳为以下四种观点。第一种观点认为早期全球化始于 500 年前的大航海时代，这种观点也被越来越多的学者所接受，但在具体起源时间上则有所不同。如伊曼纽尔·沃勒斯坦（Immanuel Wallerstein）基于 1450 年左右西欧开始地理大发现和殖民扩张，将 1450 年视为现代世界体系创立的开端。① 菲利普·费尔南多—阿梅斯托（Felipe Fernandez-Armesto）将世界的开端定在了 1492 年哥伦布发现新大陆。② 查尔斯·曼恩（Charles C. Mann）认为 1493 年哥伦布发现新大陆所带来的物种大交换开创了新的世界史。③ 葛兆光也认可 15 世纪的大航海揭开了早期全球化的序幕。④ 李伯重也把大航海时代视为早期经济全球化的开始。⑤ 第二种观点认为早期全球化始于 13—14 世纪欧亚非大陆的长途贸易。如珍妮特·L. 阿布—卢格霍德（Janet L. Abu-Lughod）认为早在 13 世纪蒙古人统治时期的东西方贸易已经将欧亚非大陆最重要的地区和城市节点联系在了一起，这时已形成了一个世界体系。⑥ 黑田明伸（Akinobu Kuroda）提出 1276—1359 年间存在着一个欧亚大陆的白银世纪，他认为在此期间由于蒙古帝国降低了商业壁垒，白银得以在欧亚商路流通，进而实现了欧亚大陆的货币一体化。⑦ 第三种观点认为早期全球化可以追溯至 5000 年前甚至更早的时代。安德烈·冈德·弗兰克（Andre Gunder Frank）最初以 1492 年作为现代世界体系的开端，随着 20 世纪 80 年代末受到其他学

---

① ［美］伊曼纽尔·沃勒斯坦：《现代世界体系》（第 1 卷），尤来寅等译，高等教育出版社 1998 年版，第 80 页。美国历史学家约翰·巴克勒等人指出历史学家以不同的名称命名 1450—1650 年这一时期，比如发现的时代、探索的时代或扩张的时代。可见他们以 1450 年作为现代世界体系或早期全球化的开端，重点强调的是 1450 年前后奥斯曼土耳其攻占君士坦丁堡和葡萄牙系列殖民扩张的历史意义。参见［美］约翰·巴克勒、［美］贝内特·希尔、［美］约翰·麦凯编《西方社会史》（第 2 卷），霍文利等译，广西师范大学出版社 2005 年版，第 157 页。

② ［英］菲利普·费尔南多 – 阿梅斯托：《1492：世界的开端》，赵俊、李明英译，东方出版中心 2013 年版。

③ ［美］查尔斯·曼恩：《1493：物种大交换开创的世界史》，朱菲、王原等译，中信出版社 2016 年版。

④ 葛兆光：《何为“暗默知”？向根底里反思——读羽田正〈全球化与世界史〉》，《世界历史评论》2020 年第 2 期。

⑤ 李伯重：《火枪与账簿：早期经济全球化时代的中国与东亚世界》，第 48 页。

⑥ ［美］珍妮特·L. 阿布 – 卢格霍德：《欧洲霸权之前：1250—1350 年的世界体系》，杜宪兵、何美兰、武逸译，商务印书馆 2015 年版。

⑦ ［日］黑田明伸：《欧亚大陆的白银时代（1276—1359 年）：可公度性和多样性》，高聪明译，《思想战线》2012 年第 6 期。英文版参见 Akinobu Kuroda，“The Eurasian Silver Century，1276 – 1359：Commensurability and Multiplicity”，*Journal of Global History*，Vol. 4，No. 2（July 2009），pp. 245 – 269。

者的影响，转而提出现代世界体系可以追溯到5000年前，而不仅仅是500年前，他认为早在公元前3000年左右，两河流域、黎凡特、埃及和印度河流域就开始形成一个世界体系，然后周期性地向外扩张，并在1500年左右新航路开辟之后拓展至全球各地。① 斯塔夫里阿诺斯（Leften Stavros Stavrianos）、麦克尼尔（William Hardy McNeill）和本特利（Jerry H. Bentley）则认为全球化可以追溯至史前的人类狩猎——采集时代，并且贯穿于整个人类发展历程。② 第四种观点以美国著名经济学家凯文·奥罗克（Kevin O'Rourke）和杰弗里·威廉姆森（Jeffrey Williamson）为代表，他们撰文批评了世界史学者认为全球化可以追溯到500年或者5000年前这一主张，主张全球化应当始于1820年代国际商品市场的一体化，其突出标志是国际商品价格的聚敛，因此是一种非常晚近的现象。③

总体而言，弗林和吉拉尔德兹也属于早期全球化始于大航海时代这一阵营，不过他们主张早期全球化始于1571年马尼拉被建立为联系美洲与亚洲之间大规模的、直接的和连续性的贸易中心。④ 按照弗林和吉拉尔德兹的逻辑，无论是1450年还是1492年，都未建立起联系美洲和亚洲的太平洋航线。即便1521年麦哲伦远征队在菲律宾宿务岛登陆，开辟了从美洲到亚洲的太平洋航线，但并未在菲律宾建立稳固的殖民地，更未开辟出从亚洲返回美洲

---

① ［德］安德烈·冈德·弗兰克、巴里·K. 吉尔斯主编：《世界体系：500年还是5000年？》，郝名玮译，社会科学文献出版社2004年版；Andre Gunder Frank and Barry K. Gills, "The Five Thousand Year World System in Theory and Praxis", in Robert A. Denemark, Jonathan Friedman Jonathan, Barry K Gills and George Modelski, eds., *World System History: The Social Science of Long-Term Change*, London and New York: Routledge, 2000, pp. 3 – 23。

② ［美］斯塔夫里阿诺斯：《全球通史：从史前史到21世纪》，董书慧等译，北京大学出版社2005年版；［美］威廉·麦克尼尔：《世界史：从史前到21世纪全球文明的互动》，施诚、赵婧译，中信出版社2013年版；［美］本特利、［美］齐格勒：《新全球史：文明的传承与交流》，魏凤莲译，北京大学出版社2014年版。

③ Kevin O'Rourke and Jeffrey Williamson, "When Did Globalisation Begin?" *European Review of Economic History*, Vol. 6, No. 1 (April 2002), pp. 23 – 50; Kevin O'Rourke and Jeffrey Williamson, "After Columbus: Explaining Europe's Overseas Trade Boom, 1500—1800", *The Journal of Economic History*, Vol. 62, No. 2 (June 2002), pp. 417 – 456; Kevin O'Rourke and Jeffrey Williamson, "Once More: When Did Globalisation Begin?" *European Review of Economic History*, Vol. 8, No. 1 (April 2004), pp. 109 – 117.

④ Dennis O. Flynn and Arturo Giráldez, "Born with a 'Silver Spoon': The Origin of World Trade in 1571", *Journal of World History*, Vol. 6, No. 2 (Fall 1995), p. 201; Dennis O. Flynn and Arturo Giráldez, "Globalization Began in 1571", in Barry K. Gills and William R. Thompson, eds., *Globalization and Global History*, London and New York: Routledge, 2006, pp. 208 – 222.

的太平洋返程航线，环球航线依然存在缺失的一环。直到 1565 年西班牙大征服者米格尔·洛佩斯·德·黎牙实比（Miguel López de Legazpi）对菲律宾取得实质性征服后，同年派遣奥斯定会士安德烈斯·德·乌尔达内塔（Andrés de Urdaneta）率领圣巴布洛号大帆船成功从菲律宾返回墨西哥，才开辟出太平洋返程航线。① 但是弗林和吉拉尔德兹并未选择 1565 年作为早期全球化的开端，这是因为联系亚洲和美洲的稳定贸易尚未确立。直到 1571 年马尼拉建城，以马尼拉为中转港联系中国和美洲的马尼拉大帆船贸易才得以稳定下来。正如他们所指出的，全球贸易的诞生必须满足两个条件：一是所有人口稠密的大陆开始连续不断地交换产品——要么彼此之间直接交换，要么通过其他大陆间接交换；二是贸易价值足以对所有贸易伙伴产生持久影响。② 为了证明他们的观点，他们从以下几个方面进行了论证。

首先，弗林和吉拉尔德兹对全球化这一术语进行了界定。针对形形色色的全球化理论，奥罗克和威廉姆森曾经尖锐指出："在我们看来，任何学者在没有首先定义术语之前就不应该参与有关全球化历史起源的重要辩论。"③ 弗林和吉拉尔德兹对此并无异议，并为全球化这一术语做了以下定义："全球化始于所有人口稠密的大陆开始以一种将它们密切并且永久地联系在一起的方式持续地互动——无论是彼此之间直接互动还是通过其他大陆间接互动。"④ 他们指出其定义的地理逻辑十分简单明了，即太平洋构成了地球表面积的三分之一，美洲以及大西洋约占地球表面积的另三分之一，欧亚非（包括印度洋）构成了地球表面积的其余三分之一，只有在 1571 年西班牙人将马尼拉建立为横跨太平洋的重要贸易枢纽之后，地球表面的三个三分之一才全部并且永久性地联系在了一起。⑤ 他们还从词源学的角度对其定义进行了论证。他们指出《新帕尔格雷夫经济学词典》根本没有关于全球化的定义。《新大不列颠百科全书》也只是从文化学的角度做了定义："全球化是一种以

① 关于西班牙开辟太平洋航线的细节，可参见 O. H. K. Spate, *The Spanish Lake*, Canberra: Australian National University Press, 2004, pp. 87 - 109。

② Dennis O. Flynn and Arturo Giráldez, "Globalization Began in 1571", p. 211.

③ Kevin O' Rourke and Jeffrey Williamson, "Once More: When Did Globalisation Begin?" p. 109.

④ Dennis O. Flynn and Arturo Giráldez, "Born Again: Globalization's Sixteenth Century Origins (Asian/Global verus European Dynamics)", *Pacific Economic Review*, Vol. 13, No. 3 (August 2008), p. 369.

⑤ Dennis O. Flynn and Arturo Giráldez, "Born Again: Globalization's Sixteenth Century Origins (Asian/Global verus European Dynamics)", pp. 369 - 370.

商品和思想的传播为标志的日常生活体验在世界范围内日益标准化的过程。”但是该词典并未说明世界各地区地融合在什么时候成为全球化。①《牛津英语词典》对于“全球的”（global）一词解释是“环形的，球状的”以及“关于或涉及整个世界”，因此他们认为其全球化定义是最准确的。② 出于严谨，他们指出考虑到上一个冰期结束之前，人类已经迁移到了今天人口稠密的所有大陆，不过随后全球变暖导致的海平面上升使得美洲与欧亚非旧世界隔离了一万多年，所以16世纪诞生的全球化可以视为全球化的再生。③ 以此而言，他们认为上个冰期的全球化与1571年诞生的全球化之间就存在着巨大的断裂性，其间美洲与旧世界之间分离了长达一万多年。

其次，弗林和吉拉尔德兹对早期全球化始于16世纪之前欧亚非大陆传统长距离联系的观点进行了反驳。他们坦言自20世纪以来，世界史学家反对以传统的民族国家作为历史分析单位，而将注意力集中在欧亚非大陆的长距离联系上，包括气候、地理、经济、流行病学、生态学、人口统计和文化方面，这些学者虽然正确地强调了数千年来整个欧亚非大陆之间通过陆路和水路存在着深层的相互联系，但他们将这种长距离联系称为全球化是不正确的。因为欧亚非大陆组成的旧世界仅约占地球表面积的三分之一，将旧世界的历史联系贴上全球标签是不合适的。全球化的任何定义如果排除了全球三分之二的区域——大西洋的大部分、美洲和太平洋的大部分——都是矛盾的说法。④

最后，弗林和吉拉尔德兹针对全球化始于19世纪初而不是1571年的观点进行了颇有见地的批驳。其一，他们反对基于洲际贸易与GDP比率而否定早期全球化始于16世纪的观点，主张以一种跨学科的方法综合考虑贸易、生态和人口因素来确定早期全球化的起源。奥罗克和威廉姆森认为全球化不可能始于1820年代以前的欧亚贸易，原因之一是东西方贸易在欧洲任何一

---

① Dennis O. Flynn and Arturo Giráldez, “Globalization Began in 1571”, p. 208.

② Dennis O. Flynn and Arturo Giráldez, “Born Again: Globalization's Sixteenth Century Origins (Asian/Global verus European Dynamics)”, p. 370.

③ Dennis O. Flynn and Arturo Giráldez, “Born Again: Globalization's Sixteenth Century Origins (Asian/Global verus European Dynamics)”, p. 361.

④ Dennis O. Flynn and Arturo Giráldez, “Path Dependence, Time Lags and the Birth of Globalisation: A Critique of O' Rourke and Williamson”, *European Review of Economic History*, Vol. 8, No. 1 (April 2004), pp. 82–83.

个国家的国内生产总值中所占比例都很小，以至于外部因素无法对特定国家的经济发展产生重大影响。[①] 弗林和吉拉尔德兹则不赞成这种观点，他们认为评价贸易的影响需要综合考虑东西方贸易所涉及的生态和人口因素，单纯依靠统计数据是做不到的。他们指出，在 1571 年马尼拉被建立成为西班牙的贸易中心之后，跨太平洋贸易虽然是由高利润的丝银贸易所主导，但是除了白银和丝绸之外，马尼拉大帆船还运载着诸如玉米、马铃薯和花生等美洲作物和种子，它们虽然贸易价值不高，在任何国家 GDP 中所占比例都很小，但是没有人能够否定这些美洲作物对亚洲国家产生的巨大影响。美洲作物大多数是通过 16 世纪在菲律宾和其他太平洋岛屿的华人引入中国东部省份的，它们在 18 世纪中国人口激增和土地面积增加一倍的过程中发挥了核心作用，人口激增进而导致了向四川、扬子高地、汉江流域、西藏及其他地方的大规模移民。[②] 美洲作物引入的全球性意义还表现在，仅马铃薯就对包括爱尔兰、波兰和俄罗斯在内的整个欧洲产生了巨大影响，并从根本上改变了包括新几内亚和非洲在内的全球许多地方的农业体系。[③] 反过来讲，从欧洲运到新世界的马和牛的市场价值在任何国家的 GDP 中所占比例同样很小，但是这些牲畜的引入却改变了美洲的经济。[④] 因此，仅仅认为洲际贸易在任何一个国家的 GDP 中所占比率很小以至于无法对其产生影响，从而否定早期全球化始于 16 世纪的观点无疑是错误的。

其二，弗林和吉拉尔德兹反对早期全球化时期的长途贸易以奢侈品为主导的观点，主张辩证看待 18 世纪以前全球贸易中的奢侈品。奥罗克和威廉姆森曾经指出，18 世纪前的长途贸易主要局限于所谓的非竞争性商品：如欧洲进口的香料、丝绸、糖和黄金，这些商品在欧洲几乎没有；亚洲进口的白银、亚麻制品和毛织品，这些商品在亚洲几乎没有（1668 年之前日本白银是个异数）。因为这些非竞争性商品具有价值高、体积小的特点，因此可以承受高额的洲际运输成本。但由于它们与其他商品不存在竞争性，所以除了会

① Kevin O' Rourke and Jeffrey Williamson, "When Did Globalisation Begin?", p. 31.

② Dennis O. Flynn and Arturo Giráldez, "Path Dependence, Time Lags and the Birth of Globalisation: A Critique of O' Rourke and Williamson", pp. 95 – 96.

③ Dennis O. Flynn and Arturo Giráldez, "Path Dependence, Time Lags and the Birth of Globalisation: A Critique of O' Rourke and Williamson", p. 97.

④ Dennis O. Flynn and Arturo Giráldez, "Path Dependence, Time Lags and the Birth of Globalisation: A Critique of O' Rourke and Williamson", p. 98.

影响那些富裕买主的生活水平外，对欧洲国家的国内生产活动几乎没有意义，从而也难以产生全球化层面的深刻影响。[①] 弗林和吉拉尔德兹则不认可这种观点，并从两方面提出了反驳。一方面，18 世纪以前的全球贸易不仅仅限于奢侈品，将该时期长途贸易中的贝币、铜币、低质丝绸、茶叶、糖、大黄和许多其他亚洲出口商品标记为奢侈品是一种误导。以中国出口的糖为例，虽然中国庞大的国内市场吸收了其中的大部分，但出口的小部分以绝对值计算也是数量巨大的，如 1637 年 6 艘英国船只总共运回了 250 吨中国糖。除了富人之外，这些出口的中国糖还面向财力有限的消费者。另一方面，奢侈品与非奢侈品之间的区别是有时间限制的，随着时间的推移，奢侈品经常演变为日常必需品。例如在 1720 年之前用于异域饮料的新餐具在低收入人群中并不常见，可能只有十分之一的人拥有，可到 18 世纪中叶大西洋两岸越来越多的人能够购买这种新餐具，并且越来越多的人在其家中泡茶。[②]

由上可知，在早期全球化具体起源时间的界定上，弗林和吉拉尔德兹认为早期全球化始于 1571 年马尼拉被建立成为联系美洲与亚洲之间大规模的、直接的和连续性的西班牙贸易中心。为了证明这一点，他们从地理学的角度为全球化这一术语做了明确的定义，认为全球化始于所有人口稠密的大陆开始以一种将它们密切并且永久联系在一起的方式持续地互动，并且尤其强调构成地球表面积三分之一的太平洋的重要性，以及位于太平洋两岸的亚洲和美洲联系的重要性。

二　早期全球化的周期

弗林和吉拉尔德兹指出：“我们旨在表明全球化是一个起源于 16 世纪的历史过程。”[③] 总体来看，他们的早期全球化过程主要体现为三个周期：一是从 1540 年到 1640 年的波托西—日本白银周期，二是从 1700 年到 1750 年的墨西哥白银周期，三是后 1750 年代的茶叶和鸦片周期，其中又以前两个白

---

① Kevin O’ Rourke and Jeffrey Williamson, “When Did Globalisation Begin?” pp. 26 – 27.

② Dennis O. Flynn and Arturo Giráldez, “Path Dependence, Time Lags and the Birth of Globalisation: A Critique of O’ Rourke and Williamson”, p. 91.

③ Dennis O. Flynn and Arturo Giráldez, “Born Again: Globalization’s Sixteenth Century Origins (AsianGlobal verus European Dynamics)”, p. 361.

银周期为主。

对于从 1540 年到 1640 年的波托西—日本白银周期而言，弗林和吉拉尔德兹是采用供求理论来进行解释的。第一，从需求方面来看，明初纸币发行过度导致货币体系在 15 世纪中叶崩溃，商人特别是中国沿海地区的商人转而使用白银作为基本货币，随着白银货币化的趋势不断扩大，地方政府越来越多地将赋役折银征收。1570 年代的一条鞭法改革进一步在全国范围内对此进行了制度化，中国的货币和财政体系由此大体上完成了从纸币系统向白银体制的转变。由于中国至少占世界人口的四分之一，再加上其广阔的朝贡体系圈，全球超过四分之一的人口也相应地转变为白银消费者，这导致中国白银价格的上涨。① 第二，从供应方面来看，日本和西属美洲发现了异常丰富的银矿，并且在 1540 年代开始大规模开采。在 16 世纪下半期，波托西可能生产了全世界 60% 的白银，其矿脉异常丰富，此外一系列新生产技术（如汞齐法）的应用使得美洲成为世界上成本最低的白银产地。② 在 1500 年至 1800 年之间，美洲生产了大约 15 万吨白银，约占世界总产量的 80%。白银的第二大产地是日本，其在 16 世纪的产量约占世界总产量的 30%，在 17 世纪可能占 16%。③ 在此情况下，白银的供求力量严重失衡，以至于中国的白银价格远高于美洲、日本、欧洲和世界其他地方，不同地区的金银比价清楚地表明了这种现象。在 16 世纪初期，中国的金银比率为 1∶6，欧洲的金银比率徘徊在 1∶12 左右，波斯在 1∶10 左右，印度在 1∶8 左右。④ 中国与世界其他地区的白银差价直接导致了全球范围内的白银套利贸易现象，成千上万吨白银从日本和美洲产地经由全球贸易路线涌入中国。在 16 世纪后期和 17 世纪初，大约有 1 万吨白银从日本出口到中国；在整个 17 世纪，仅马尼拉大帆船每年就向中国运送了 50 吨白银；17 世纪穿过波罗的海到达远东的那部分白银每年超过 50 吨；大量白银还通过陆路和海路穿越地中海和奥斯曼帝国

---

① Dennis O. Flynn and Arturo Giráldez, "Globalization Began in 1571", p. 216.

② Dennis O. Flynn and Arturo Giráldez, "Born with a 'Silver Spoon': The Origin of World Trade in 1571", p. 209.

③ Dennis O. Flynn and Arturo Giráldez, "Born with a 'Silver Spoon': The Origin of World Trade in 1571", p. 214.

④ Dennis O. Flynn and Arturo Giráldez, "Globalization Began in 1571", p. 216.

或者经由好望角航线到达中国。[①] 如此之多的白银汇聚中国，以至于中国的白银价格到1640年代下降到了世界其他地区的价格水平，波托西—日本白银周期的全球套利贸易结构也随之终结。

弗林和吉拉尔德兹认为，在波托西—日本白银周期期间，白银对于控制生产中心的西班牙帝国和德川幕府以及作为白银终端市场的明朝中国产生了十分深刻但又截然不同的影响。他们指出西班牙王室在白银产业中获得了巨大回报，其不失明智地允许私营业主经营美洲矿山，本身则通过税收获取了银矿的大部分利润，其中最著名的是五一税，在1566—1645年间进入塞维利亚并登记的所有白银中有27.5%属于西班牙王室。美洲银矿的巨额收入为西班牙帝国提供了财政基础，进而资助了其在世界范围内长期进行的多线作战，其中包括在地中海对奥斯曼帝国的战争，在欧洲、美洲和亚洲对新教英国、荷兰以及法国的战争，以及在菲律宾对原住民的战争。但由于过多的白银涌入中国，导致全球白银价格聚敛，全球套利贸易利润的下降，西班牙再也无法维持其庞大的帝国。因此西班牙帝国的兴衰沉浮要立足于明朝中国对白银的巨大需求这一角度来阐释，这一事实有力地表明近代早期地方史上所发生的诸多事件只能从世界史的角度来理解。[②]

像西班牙王室控制美洲矿山一样，德川幕府控制了日本银矿，并将白银出售给了中国。而且在16世纪晚期和17世纪初期，日本向中国提供的白银还要多于美洲，其有时每年向中国输送的白银多达200吨。银矿利润为德川幕府击败数百名敌对封建领主和巩固新生政权提供了经济基础，甚至还为此前的丰臣秀吉政权发动万历朝鲜战争提供了资金。德川幕府还与商人阶层联合在一起，凭借其银矿利润在亚洲建立了独立于西北欧但几乎与其并行的商业资本主义。具有讽刺意味的是，中国对日本白银的巨大需求产生了日本用来退出中国朝贡体系的资本。[③] 值得注意的是，截至1640年白银贸易利润的下降是全球性的，为何西班牙帝国衰退了，而日本新生的德川幕府政权却越

---

① Dennis O. Flynn and Arturo Giráldez, "Cycles of Silver: Global Economic Unity through the Mid-Eighteenth Century", *Journal of World History*, Vol. 13, No. 2 (Fall 2002), pp. 403 – 404.

② Dennis O. Flynn and Arturo Giráldez, "Born with a 'Silver Spoon': The Origin of World Trade in 1571", pp. 210 – 212.

③ Dennis O. Flynn and Arturo Giráldez, "Born with a 'Silver Spoon': The Origin of World Trade in 1571", pp. 212 – 213.

来越稳固？弗林和吉拉尔德兹对此认为虽然日本的银矿利润也骤然下降，但17 世纪下半期日本的黄金和铜产量激增，并且德川幕府也对农业和城市基础设施的改善进行了大量投资，因此日本在 17 世纪没有衰落。[①]

关于白银流入对明朝中国的影响，学者们历来对此争论不休，并与全球性的 17 世纪危机存在与否联系起来，基本上形成了两种意见。一种是以艾维四（William S. Atwell）和阿谢德（S. A. M. Adshead）为代表的危机理论。他们认为海外白银的流入虽然刺激了明朝商业经济的发展，但导致明朝过于依赖白银。由于 17 世纪 30 年代末德川幕府禁止了日本朱印船贸易，把葡萄牙人驱逐出了长崎，将中国和荷兰商人限制在了长崎一口通商；西班牙当局缩减了马尼拉与中国的贸易，以及在伊比利亚联合王国瓦解之后又切断了马尼拉与澳门的贸易[②]，所以从 17 世纪 30 年代末到 40 年代初海外流入中国的白银急剧减少，再加上人们开始囤积白银，以及明政府为了应对战乱而增加税收，从而减少了流通领域的白银。由于白银货币化，白银升值间接导致农民实际税收负担增加，进而无法缴纳赋税、偿还借贷乃至维持基本的生活供应，纷纷破产流亡，从而诱发了严重的生产危机。明政府也无力装备军队来应付农民起义和清军入关，从而导致了明清鼎革。简言之，海外流入白银的急剧减少是明朝灭亡的要因之一。[③] 另一种意见以金士杰（Jack A. Goldstone）、倪来恩（Brian Moloughney）和夏维中、万志英为代表，他们对艾维四等人强调亚洲外部力量（即美洲和日本白银）的观点提出了质疑。他们一方面认为外国白银的输入是在 1661 年以后的 20 余年中也就是在明亡

① Dennis O. Flynn and Arturo Giráldez, "Born with a 'Silver Spoon': The Origin of World Trade in 1571", p. 216.

② 需要注意的是，虽然伊比利亚联合王国在 1640 年解体，但这一消息在 1642 年传到马尼拉，正是在这一年马尼拉殖民当局切断了与澳门葡萄牙人的贸易，而不是 1640 年。参见王志红《伊比利亚联合王国东方贸易中的西葡竞争与合作（1580—1642 年）》，《古代文明》2019 年第 3 期。

③ S. A. M. Adshead, "The Seventeenth Century General Crisis in China", *Asian Profile*, Vol. 1, No. 2 (October 1973), pp. 271 – 280; William S. Atwell, "International Bullion Flows and the Chinese Economy circa 1530—1650", *Past & Present*, No. 95 (May 1982), pp. 68 – 90; William S. Atwell, "Some Observations on the 'Seventeenth-Century Crisis' in China and Japan", *The Journal of Asian Studies*, Vol. 45, No. 2 (February 1986), pp. 223 – 244; William S. Atwell, "A Seventeenth-Century 'General Crisis' in East Asia?", *Modern Asian Studies*, Vol. 24, No. 4 (October 1990), pp. 661 – 682; William S. Atwell, "Another Look at Silver Imports into China, ca. 1635 – 1644", *Journal of World History*, Vol. 16, No. 4 (December 2005), pp. 467 – 489。以上各文的中译版参见国家清史编纂委员会编译组编《清史译丛》（第十一辑），商务印书馆 2013 年版。

多年以后才逐步下跌，所以白银的减少并非明亡之因；另一方面他们认为中国有着巨大的经济规模，尽管海外流入的白银在晚明时期发挥了巨大作用，但在整个经济中所占体量很小，所以将中国经济的困境归于海外流入白银的减少实属夸大其词。明朝灭亡更多的是由于内部原因造成，即明政府无力解决现实中的政治、经济和社会矛盾，这些矛盾反过来又导致了一连串的军事危机。① 弗林和吉拉尔德兹一方面不认可艾维四所说的白银输入量在明末急剧下降。他们指出艾维四等人的研究是基于法国年鉴学派史家皮埃尔·肖努（Pierre Chaunu）关于马尼拉大帆船贸易的三阶段说，即（1）1620 年以前一直持续增加，（2）1620 年后处于稳定阶段并开始缓慢下降，（3）1640 年后急剧下降，他们认为肖努的数据是基于马尼拉港口的商品进出口税②估算出来的，这在很大程度上低估了菲律宾的贸易量，因为横渡太平洋的货物中有很大一部分是通过走私进行的，这是无法通过官方记录反映出来的。他们认为全汉昇所估计的整个 17 世纪阿卡普尔科和马尼拉之间年均 200 万比索的贸易量是可信的，而且马尼拉贸易在 1620 年后没有下降，1640 年后也没有急剧下降。③ 另一方面他们认为虽然美洲与日本白银一起为中国内部的发展做出了巨大贡献，有助于商人阶层的成功崛起，并成功地将中国转化为白银地带，但海外白银的大量输入导致了白银贬值和物价膨胀，以白银折征的固定税收在购买力方面大幅减弱，从而造成了明朝的财政危机，进而无情导致了

① Jack A. Goldstone, "East and West in the Seventeenth Century: Political Crises in Stuart England, Ottoman Turkey, and Ming China", *Comparative Studies in Society and History*, Vol. 30, No. 1 (January 1988), pp. 103 – 142; Brian Moloughney and Xia Weizhong, "Silver and the Fall of the Ming: A Reassessment", Papers on Far Eastern History, No. 40 (1989), pp. 51 – 78; Richard Von Glahn, "Myth and Reality of China's Seventeenth-Century Monetary Crisis", *The Journal of Economic History*, Vol. 56, No. 2 (June 1996), pp. 429 – 454。以上金世杰（Jack A. Goldstone）、万志英（Richard Von Glahn）论文的中文版见国家清史编纂委员会编译组《清史译丛》（第十一辑）；倪来恩（Brian Moloughney）、夏维中（Xia Weizhong）论文的中文版见《中国社会经济史研究》1990 年第 3 期。

② 值得一提的是，近来李庆对马尼拉商品进出口税的档案资料作了系统梳理和研究，并以此倒推出了明末清初美洲输入中国的白银，为中文学界提供了很好的参考，参见李庆《晚明中国与西属菲律宾的贸易规模及历史走向——基于"货物税"（*almojarifazgo*）文献的数据分析》，《中国经济史研究》2018 年第 3 期。

③ Dennis O. Flynn and Arturo Giráldez, "Spanish Profitability in the Pacific: The Philippines in the Sixteenth and Seventeenth Centuries", in Dennis O. Flynn, Lionel Frost and A. J. H. Latham, eds., *Pacific Centuries: Pacific and Pacific Rim History since the Sixteenth Century*, London and New York: Routledge, 1999, pp. 27 – 28.

明朝的覆灭。[①]

对于1700—1750年的墨西哥白银周期而言，弗林和吉拉尔德兹指出这一周期遵循了波托西—日本白银周期确立的白银套利模式，不同的是其中涉及巨大的环境动力。[②] 因为16世纪从美洲引入的诸如玉米、花生和马铃薯等美洲作物使得18世纪中国的耕地面积扩大了一半，作为白银消费者的中国人口随之激增，正是这种生态和环境因素导致已经货币化的中国对白银的需求再次拉升。从供应方面来看，18世纪美洲白银产量再次出现了井喷现象，并超过了16世纪和17世纪的总和，不过其中大部分来自墨西哥矿山，而不是波托西银矿。弗林和吉拉尔德兹指出，人们对于美洲矿业复苏的原因争论不一，有人将之归因于自发的市场力量，另一些人强调西班牙王室为促进矿业发展而采取的针对性措施，他们则强调中国巨大的白银需求对于美洲矿业开采的刺激。无论如何，供求力量的失衡，再度导致中国白银价格高于世界其他地区，中国的金银比率保持在1∶10—11的恒定水平，相比之下欧洲是1∶15，中国白银价格比欧洲高出了50%，尽管低于波托西—日本白银周期中100%。在套利利润的刺激下，美洲白银再次通过全世界的贸易线路汇入中国。因此弗林和吉拉尔德兹认为，连同墨西哥银矿业的供应方动力一起，中国的人口革命一起导致了18世纪上半期的全球第二次白银热潮。需要注意的是，尽管在墨西哥周期中，每盎司白银的套利利润比波托西—日本周期要小，但此次白银出货量要大得多，至于哪个周期产生的总利润更大还有待研究。[③] 但正如波托西—日本周期一样，数亿比索的白银进口最终使得中国市场再次饱和，到1750年中国的白银价格再次跌至国际水平，随着墨西哥周期套利利润的消失，全球贸易危机再次出现。

弗林和吉拉尔德兹虽然采用供求理论来解释两个白银周期，但他们的供求理论不同于一般经济学意义上的供求规律，而是采用了一种独特的供求模型，将库存供应（Inventory Supply）和库存需求（Inventory Demand）作为分析的核心概念。他们认为，对于作为全球白银终端市场的

---

① Dennis O. Flynn and Arturo Giráldez, "Born with a 'Silver Spoon': The Origin of World Trade in 1571", pp. 213 – 214.

② Dennis O. Flynn and Arturo Giráldez, "Globalization Began in 1571", p. 216.

③ Dennis O. Flynn and Arturo Giráldez, "Cycles of Silver: Global Economic Unity through the Mid-Eighteenth Century", pp. 406 – 408.

中国而言，消费需求这一概念并不适用，因为一些人持有白银是为了囤积，而不是消费。为了更形象地阐释这种供求模型，他们用泳池做了比喻。中国泳池的水位要比世界其他地区泳池低得多（即白银的价值较高），因为中国泳池的容量（其对白银的库存需求）远大于泳池内最初的实际水量（中国白银的最初库存供应）。一旦泳池相互贯通（越洋屏障变成了跨洋通道），水（白银）自然就会流动（美洲和日本的净出口/销售供应；中国的净进口/购买需求），从高水位池流向低水位池（即进行套利交易）。波托西—日本白银周期用了一个世纪的时间使中国的池水位达到了世界其他地区的水平。当1640年全球白银价格聚敛后（即套利利润消除之后），白银仍继续流入中国，一是因为小部分白银磨损或丢失了（水蒸发需要补充），二是因为18世纪美洲作物引起人口激增之后，中国对白银的需求再次剧涨（中国的库存需求显著扩大）。[①] 墨西哥白银周期则用了50年使中国在1750年的池水位达到了国际水平。

随着1750年墨西哥白银周期的终结和全球贸易危机的再现，18世纪中叶西方国家在亚洲的贸易格局发生巨变。英国通过1757年的普拉西战役控制了孟加拉，进而设法成功开辟了一种快速发展的新型贸易，其中涉及从孟加拉进口鸦片到中国，以部分交换中国茶叶的出口，全球贸易由此在1750年代后期进入了茶叶和鸦片周期。弗林和吉拉尔德兹指出，问题的关键不是白银在18世纪下半叶停止流入中国，而是茶叶和鸦片成了高利润的商品，白银则在盈利能力方面发挥补充作用。[②] 实际上中国在18世纪下半期（与17世纪下半期一样）仍然继续进口白银，只不过这时白银的利润率与波托西—日本周期和墨西哥周期相比并不高。弗林和吉拉尔德兹进一步指出，在茶叶和鸦片周期中，中国的鸦片消费本身是由16世纪波托西—日本白银周期期间通过菲律宾引入的美洲烟草的吸食习惯发展衍生出来的。这表明了早期全球化进程的发展和延续性，同时也再次表明了美洲作物所带来的生物交换对于早期全球化所产生的深刻影响。[③]

① Dennis O. Flynn and Arturo Giráldez, "Born Again: Globalization's Sixteenth Century Origins (Asian/Global verus European Dynamics)", pp. 377 – 378.

② Dennis O. Flynn and Arturo Giráldez, "Globalization Began in 1571", p. 217.

③ Dennis O. Flynn and Arturo Giráldez, "Globalization Began in 1571", p. 217.

不难看出，在早期全球化进程的三个周期特别是前两个白银周期中，不同大洲之间发生了弗林和吉拉尔德兹早期全球化定义中所说的“以一种将它们密切并且永久地联系在一起的方式持续地互动”。虽然他们的研究以贸易特别是以白银贸易为主，但并非仅仅局限于此，他们指出，在全球化时期，欧洲探险家最初为了进入亚洲市场获取贸易利润，无意间将旧世界疾病引入美洲，进而杀死美洲土著人口的50%—70%，并且这种人口灾难稍后在太平洋岛屿上重复发生。但由于美洲作物通过运输包括白银在内的商品和疾病的同一些船在世界范围内传播开来，从而导致整个旧世界的人口激增，其中非洲对于美洲作物的依赖要比其他大陆都更明显。具有讽刺意味的是，受到美洲作物滋养的数百万非洲人随后又被作为劳动力不断地运过大西洋，以替代被旧世界疾病毁灭的数千万美洲土著人口。① 换言之，贸易导致了致命疾病和动植物在全球范围内未知形式的传播，各种生态、人口和文化反应重新塑造了世界，重塑的自然和文化景观随后在一系列无止境的反馈循环中又对经济领域产生回响。②

三　早期全球化的动力

就近代早期全球贸易的动力而言，传统说法认为，欧洲对诸如香料、丝绸和瓷器等亚洲产品有着巨大的需求，并大量进口了这些商品。相比之下，亚洲对欧洲商品的进口却微不足道，部分是因为内向型的亚洲消费者对购买外国商品的兴趣不及欧洲同行。为了进口大量的亚洲商品，欧洲不得不年复一年地向亚洲输出货币，从而导致了大量的贸易逆差。因此，数百年来贵金属从欧洲流向亚洲最终归因于欧洲强烈的消费需求。③

弗林和吉拉尔德兹强烈反对这种贸易逆差论，并从三个方面提出了反驳。第一，贸易逆差论认为，必须将货币从欧洲运到亚洲以弥补贸易失衡。以此而言，那么预计会有各种各样的货币从欧洲流向亚洲，其中包括

① Dennis O. Flynn and Arturo Giráldez, “Born Again: Globalization's Sixteenth Century Origins (Asian/Global verus European Dynamics)”, pp. 370 - 371.

② Dennis O. Flynn and Arturo Giráldez, “Globalization Began in 1571”, p. 220.

③ Dennis O. Flynn and Arturo Giráldez, “Globalization Began in 1571”, p. 212.

已得到国际认可的黄金和白银。事实上虽然美洲白银确实从欧洲流到亚洲，但黄金却以相反的路线从亚洲流入欧洲，抽象的货币并未以贸易逆差论所谓的被动方式去平衡贸易赤字。准确地说，流到亚洲的是本身作为商品的白银，黄金只是交换白银的商品之一。这种贸易的原因在于地方性白银市场的发展，而不是非银市场的发展。无论如何，用白银换取黄金都不是一个欧洲对亚洲的二元性问题。因此最好是从白银自身的角度考虑影响白银供求的因素，而不是通过将这种独特的物质与其他金属统称为货币来混淆视听，并声称货币一直扮演着消极被动的角色。① 第二，需要考虑日本的作用。在波托西—日本白银周期中，日本与美洲同为世界的白银主产地，日本白银也是流向中国以换取中国的黄金，其原因与白银从欧洲流向中国的原因并无二致。因此应当将重点放在白银本身的供应方和需求方，不管哪个半球包含生产中心，而不是将全球贸易视为一种抽象的东西方二元问题。② 第三，贸易逆差论在解释美洲时存在一个基本缺陷。既然声称财富从欧洲流向亚洲是由于欧洲的贸易逆差，那么为什么没有用相同的逻辑来解释太平洋贸易呢？应该没有人会认为，马尼拉大帆船将大量的白银带到亚洲，是因为美洲对亚洲商品无法满足的需求导致了美洲对亚洲的贸易逆差。③ 由此可见，欧洲不是近代早期贸易的动力之源，东西方的贸易失衡不是推动世界贸易的机制。

关于欧洲人在全球贸易中扮演的角色，弗林和吉拉尔德兹指出，长期以来学者们一直感兴趣的是欧洲人对亚洲以及世界其他地区的影响，然而近年来焦点已经发生了转移，尤其是亚洲学者越来越强调亚洲内部市场的历史主导作用，这些修正主义者认为欧洲人只是参与了庞大而复杂的亚洲既有贸易网络，而不是他们将现代化引入了落后的亚洲，弗林和吉拉尔德兹明确表示自己也属于这一修正主义阵营。④ 日本白银的出口就为这种观点提供了一个

① Dennis O. Flynn and Arturo Giráldez, "Born with a 'Silver Spoon': The Origin of World Trade in 1571", p. 207.

② Dennis O. Flynn and Arturo Giráldez, "Born with a 'Silver Spoon': The Origin of World Trade in 1571", p. 215.

③ Dennis O. Flynn and Arturo Giráldez, "Born with a 'Silver Spoon': The Origin of World Trade in 1571", p. 215.

④ Dennis O. Flynn and Arturo Giráldez, "Born with a 'Silver Spoon': The Origin of World Trade in 1571", p. 217.

很好的例子，在这一东西方贸易案例中，首先是葡萄牙人、然后（1639 年以后）是荷兰人在这一重要的贸易中发挥了中介作用。而且在亚洲市场内部，欧洲人只是重要但有可能随时会被遗弃的中间人，在亚洲贸易伙伴出于便利的情况下会被取代掉，例如在 1637 年葡萄牙人就被德川幕府驱逐出了日本。①

那么，早期全球化的动力又何在呢？对于 1540 年到 1640 年的波托西—白银周期而言，弗林和吉拉尔德兹表示，近代早期中国对西方的经济影响要远大于欧洲对亚洲的任何影响，他们同意倪来恩和夏维中的观点，即“晚明中国不是以塞维利亚为中心的世界经济的前哨”。更准确地说塞维利亚是世界经济的前哨，世界不止有一个中心，而是有三个中心——中国是需求方面的中心，美洲和日本是供应方面的中心。② 如果可以将地球上的任何地区指定为动力中心的话，那么在全球化诞生之时，中国就是中心国家的主要候选者。③ 因为“没有中国对白银的需求，西班牙帝国就不会有融资机制。没有中国，就不会有长达一个世纪的价格革命。没有中国，世界贸易的诞生将会在某种未知程度上被推迟。但是中国在货币和财政上实现了白银化。这一事实在所有大陆都产生了回响，并使世界贸易在 1571 年诞生，从而为塑造现代世界提供了强大力量。”④ 对于 1700—1750 年的墨西哥白银周期而言，同样如此，正是中国人口的激增再次拉升了对于墨西哥白银的需求，进而造成了全球各地的白银差价，形成了全球贸易的第二波白银套利热潮。也就是说，中国对白银的强劲需求才是早期全球化的动力，正是中国对于白银的巨大需求，导致白银在中国的价值远高于世界其他地区，从而产生了促动早期全球化运行的白银套利机制。

值得指出的是，弗林和吉拉尔德兹在解释中国动力时引入了路径依赖

① Dennis O. Flynn and Arturo Giráldez, “Born with a ‘Silver Spoon’: The Origin of World Trade in 1571”, p. 206.

② Brian Moloughney and Xia Weizhong, “Silver and the Fall of the Ming: A Reassessment”, p. 68; Dennis O. Flynn and Arturo Giráldez, “Born with a ‘Silver Spoon’: The Origin of World Trade in 1571”, pp. 217 – 218.

③ Dennis O. Flynn and Arturo Giráldez, “Globalization Began in 1571”, p. 215.

④ Dennis O. Flynn and Arturo Giráldez, “Born with a ‘Silver Spoon’: The Origin of World Trade in 1571”, pp. 217 – 218.

（Path Dependence）的概念："一种路径依赖的过程——起源于15世纪中国纸币的过度发行以及由此导致的恶性通货膨胀——导致了全球化的诞生。"① 路径依赖最初是一个经济学概念，后来越来越多地应用于历史学和政治学等其他社会科学领域，这一概念用来解释事件的特定序列是如何产生特定结果，以及这种独特序列又是如何影响未来选择的，最重要的特征是强调事件发展过程的锁定性（lock-in）或不可逆性，即当一种很小的决定（如新技术或新制度）沿着一个结果路径产生时，这些决定会被不断再造和加强，以至于最初的决定将很难改变。② 基于路径依赖的分析框架，弗林和吉拉尔德兹指出，早期全球化诞生于美洲和亚洲之间建立直接和持久贸易联系的1571年，但它本身是中国白银价格较高的产物，中国白银价格的上涨又源于15世纪中叶中国货币体系的崩溃。也就是说，几个世纪以来的全球化趋势是由15世纪中国发生的货币或财政事件推动的。可见事件的特定序列产生了全球化的诞生这一特定结果，至于这种独特序列又是如何影响未来选择的，弗林和吉拉尔德兹进一步指出，15世纪中叶中国货币体系的崩溃这种现象的遗产一直保持到了最近，例如尽管美国做出了种种努力，但19世纪的美国贸易银元依然无法取代墨西哥比索在中国市场上的支配地位，从中不难看出长达数百年的中国白银化历史的痕迹。③

余论：特征和局限

通过以上的论述可以看出，弗林和吉拉尔德兹的早期全球化理论具有以下三方面显著特征。第一，兼重环球航路的闭合与稳定贸易的形成。弗林和吉拉尔德兹不认可早期全球化发生于13—14世纪的传统欧亚非大陆贸易，没有像其他强调大航海时代的学者那样将早期全球化的具体起源时间定在1450年或1492年，没有定在麦哲伦远征队首次实现环球航行的1521

① Dennis O. Flynn and Arturo Giráldez, "Path Dependence, Time Lags and the Birth of Globalisation: A Critique of O' Rourke and Williamson", p. 98.

② ［美］米歇尔·刘易斯-伯克、［美］艾伦·布里曼、［美］廖福挺主编：《社会科学研究方法百科全书》（第二卷），高勇、李洋、叶鹏飞译，重庆大学出版社2017年版，第977—978页。

③ Dennis O. Flynn and Arturo Giráldez, "Path Dependence, Time Lags and the Birth of Globalisation: A Critique of O' Rourke and Williamson", p. 99.

年，也没有定在乌尔达内塔开辟从亚洲返回美洲的太平洋返程航线从而实现环球航路闭合的 1565 年，而是定在 1571 年马尼拉被建立为联系美洲与亚洲之间大规模的、直接的和连续性的全球贸易中心这一年。这充分表明了他们兼重环球航路闭合和稳定贸易形成的双重条件的特征。近来芝加哥大学历史系康奈尔·弗莱舍（Cornell Fleischer）、哈佛大学历史系杰马尔·卡法达（Cemal Kafadar）和加州大学洛杉矶分校桑贾伊·苏布拉马尼亚姆（Sanjay Subrahmanyam）三位学者在一篇名为《怎样写假全球史》的评论性文章里，批评了耶鲁大学历史学者韩森（Valerie Hansen）认为的公元 1000 年时北欧人（维京人）已经和美洲东北部发生了联系，所以此时已经完成环球航线闭合和开启全球化进程的观点，他们赞同知名历史学家诺埃尔·马尔科姆（Noel Malcolm）对韩森的批评："即使考古学家在纽芬兰发现了一座维京人拥有的铜佛像，这对我们来说真的意味着一个全球化进程的开始吗？这个'进程'的关键部分直到哥伦布航行才得以恢复；而且即使维京人在那里停留更长的时间，他们也不会发现任何大规模的美洲东北部贸易网络与之连接。全球化不是在新大陆的边缘像针一样刺一下就实现了。"① 从这场争论中可以看出，全球化的诞生不仅需要环球航线的闭合，还需要确立稳定的贸易，这也表明弗林和吉拉尔德兹的观点还是相当有见地的。同时这一争论也警示我们，虽然全球史的研究方法强调互联，但研究对象之间的互联要建立在可靠的基准和尺度之上，任意的互联只能导致经不起推敲的纸牌屋。

第二，强调中国的动力中心作用，旨在于打破西方中心论。弗林和吉拉尔德兹反对传统贸易逆差论认为的，早期全球化的动力源自欧洲对于香料、丝绸和瓷器等亚洲产品的巨大需求，因而大量进口了亚洲商品，同时将货币从欧洲运到亚洲以弥补贸易失衡。他们认为这种贸易逆差论带有鲜明的东西方二元对立主义和西方中心论色彩，旗帜鲜明地认为促动早期全

---

① Cornell Fleischer, Cemal Kafadar and Sanjay Subrahmanyam, "How to Write Fake Global History", in Current Debates, *Cromohs*, September 9, 2020, pp. 2 – 3。该文全文可参见 https://oajournals.fupress.net/index.php/cromohs/article/view/12032/11611（2021 年 7 月 21 日访问）。关于韩森的观点，可参见 Valerie Hansen, *The Year 1000: When Explorers Connected the World—and Globalisation Began*, New York: Scribner, 2020；中译版为［美］韩森《公元 1000 年：全球化的开端》，刘云军译，北京日报出版社 2021 年版。

球化的动力机制是全球各地白银差价导致的白银套利机制，而造成全球白银差价的动力之源在于中国对于白银的强劲需求。具体而言，在1540年到1640年的波托西—日本白银周期中，是由于中国发行纸币失败和随后的一条鞭法改革造成的对于白银的巨大需求，在1700年到1750年的墨西哥白银周期中是由于中国的人口革命再度拉升了对于白银的消费需求，导致全球白银差价的形成。因此，中国才是早期全球化的动力中心。值得指出的是，虽然弗林和吉拉尔德兹认为早期全球化始于1571年，一定程度上是建立在西班牙开辟太平洋往返航线的基础之上，可能涉嫌强调早期全球化是西方开辟新航路带来的产物，但从其早期全球化研究中可以看出，他们遵循的是以彭慕兰为代表的加州学派的研究理路，强调早期全球化的动力中心在中国，旨在打破西方中心论。李伯重在一篇文章中指出，可能有人会怀疑，西方学者从全球史和世界体系的视野对世界史进行的分期是否有西方中心主义之嫌，但全球史和世界体系研究兴起的一个初衷就是反对长期支配学界的西方中心主义，这些学者在进行分期时对中国予以高度关注，因此合理地采用他们的研究结论作为世界贸易史分期的依据，并不会陷入西方中心主义的陷阱。[①] 诚然，在早期全球化的研究当中，似乎大航海时代以来欧洲在全球各地的殖民扩张成为贯穿各国各大洲纵向历史的主轴，因此如何找到大航海之外的横向联系脉络，推动早期全球化研究的多样性，也成为历史研究者的一项重要任务。

第三，重视跨学科研究方法的应用。如他们引入库存供应和库存需求概念来分析全球白银贸易，以及运用路径依赖的经济学概念来分析早期全球化进程。尤其值得一提的是，对于奥罗克和威廉姆森提出的全球化不可能源于1820年代以前，因为东西方贸易在欧洲任何一个国家的GDP中所占比例都很小，以致无法达到全球化所要求的强度和深度，弗林和吉拉尔德兹则综合运用生态学、人口学和经济学的研究方法来突破这一限制，正如他们所指出的：“数十年来对全球白银贸易的研究迫使我们不得不承认一个至关重要的见解：当试图在全球层面上解读多个世纪的周期时，不可避免地要认识到跨学科的联系。长时段的全球史迫使观察者放弃传统学科

① 李伯重：《中国海外贸易的空间与时间——全球经济史视野中的“丝绸之路”研究》，《北京大学学报》（哲学社会科学版）2021年第2期。

的界限。”① 这种跨学科方法也充分地体现在了他们的早期全球化研究当中，他们的早期全球化研究不仅涉及高价值的丝银贸易，还包括茶叶和鸦片贸易，更重要的是，他们多次强调贸易不仅仅是贸易，还有与贸易相伴相生的致命疾病和动植物在全球范围内的传播，由此产生的各种生态、人口和文化反应深刻地塑造了世界，重塑的自然和文化景观反过来又对经济领域产生回响，早期全球化进程正是在这种循环往复中不断加深加强。以他们的白银周期为例，对白银套利贸易利润的追求导致了美洲作物的引入，美洲作物的引入导致了中国耕地面积的扩大，这种生态变化带来了中国人口的激增，进而拉升了中国对于美洲白银的需求，这充分反映了生态学、人口学和经济学之间的密切关联。

与此同时，弗林和吉拉尔德兹的早期全球化理论也带有一些局限性。第一，过于强调亚美联系的重要性，以至于在某种程度上带有地理决定论的色彩。正如他们在对全球化的定义中所指出的，全球化研究必须涉及全球范围内所有人口稠密的大陆，他们在早期全球化的起源上强调亚美航线的开辟所带来的环球航路的闭合和稳定贸易的形成，这是他们理论的特色所在，但同时也是局限所在。第二，在早期全球化周期的时间划分上，存在一些前后抵牾或模糊之处。如前所述，一方面弗林和吉拉尔德兹认为早期全球化始于 1571 年，另一方面他们又将其早期全球化的第一个周期波托西—日本白银周期的时段划定为从 1540 年到 1640 年。诚然，他们将波托西—日本白银周期的开端上溯至 1540 年日本和美洲银矿的大规模开采也无可厚非，但 1571 年和 1540 年之间存在一个时间差，这在一定程度上造成了困惑。另外，弗林和吉拉尔德兹提出了全球化的起点，但没有讨论早期全球化的时间下限。第三，一些观点论证不足或有待进一步商榷。例如，在他们的两个白银周期中，他们认为海外白银大量涌入中国，导致白银在中国贬值到世界其他地区水平的同时，中国也发生了通货膨胀，这种观点受到了一些中国学者的批判。② 弗林和吉拉尔德兹对于日本为何在 1640 年没有像明朝和西班牙那样衰落的分析也明显不足。

① Dennis O. Flynn and Arturo Giráldez, “Globalization Began in 1571”, pp. 219 – 220.

② 参见杜恂诚、李晋《白银进出口与明清货币制度演变》，《中国经济史研究》2017 年第 3 期；陈春声、刘志伟《贡赋、市场与物质生活——试论十八世纪美洲白银输入与中国社会变迁之关系》，《清华大学学报》（哲学社会科学版）2010 年第 5 期。

当然，瑕不掩瑜，以往学者多以立足于印度洋的全球史和海洋史研究来批判和打破西方中心论，其中较具代表性的是乔杜里（K. N. Chaudhuri）和桑贾伊·苏拉马尼亚姆。[①] 弗林和吉拉尔德兹则另辟蹊径，主要以基于太平洋史和白银贸易史的早期全球化研究来达到同一目的，并且综合运用了跨学科研究方法，无疑极富特色和创见，并在经济学界和历史学界产生了巨大影响。随着中国的崛起，太平洋地区在全球化进程中的地位愈发重要，他们的研究对于当下无疑具有重要的学术价值和现实意义。

（王志红，华东师范大学历史学系博士研究生）

① 相关研究可参见 K. N. Chaudhuri, *The Trading World of Asia and the English East India Company*, 1660 – 1760, Cambridge: Cambridge University Press, 1978; K. N. Chaudhuri, *Trade and Civilisation in the Indian Ocean: An Economic History from the Rise of Islam to* 1750, Cambridge: Cambridge University Press, 1985; K. N. Chaudhuri, *Asia before Europe: Economy and Civilisation of the Indian Ocean from the Rise of Islam to* 1750, Cambridge: Cambridge University Press, 1990; Sanjay Subrahmanyam, *The Political Economy of Commerce: Southern India*, 1500 – 1650, Cambridge: Cambridge University Press, 1990; [美] 桑贾伊·苏拉马尼亚姆：《葡萄牙帝国在亚洲 1500—1700》，巫怀宇译，广西师范大学出版社 2018 年版。

1756年以来的“文明”概念：世界历史框架下的反思

帕特里克·曼宁（Patrick Manning）
（刘文明 译）

摘要 现代意义的“文明”一词出现于18世纪下半叶的欧洲，从19世纪至今一直在许多语言中广泛使用。它既指现代大国支配下的各个社会，也指古代著名城市社会所取得的成就。本文将“文明”概念置于世界历史框架下从科学、意识形态和学校教育三个维度进行探讨。科学意义上的“文明”概念意味着社会科学中新兴的研究实践。西方国家在意识形态上声称的社会优先权是对“文明”的挪用，这在资本主义扩张、帝国和白人至上的时代尤其明显。在世界各地建立的学校中，“文明”一词被纳入课程之中用来解释古代传统及现代社会的宗教信仰和文化习俗，但其中仍带有文明等级观念。随着知识的扩展和世界历史观的变化，“文明”概念的不足开始显现。需要将倡导社会平等、重视平民和地方的作用、反思种族主义和西方中心主义、批评文明等级观等因素考虑进当今“文明”概念的解释之中。

关键词 文明 科学 意识形态 帝国 学校教育

“文明”概念自1756年在法国出现以来，学者们开展了许多讨论。其中，对全球史有着浓厚兴趣的布鲁斯·马兹利什（Bruce Mazlish）曾在2004年出版了《文明及其内涵》一书[①]，他在书中巧妙地追踪了世界历史

① 布鲁斯·马兹利什著作《文明及其内涵》（*Civilization and its Contents*）的标题参考了另一本书，即西格蒙德·弗洛伊德（Sigmund Freud）的《文明及其不满》（*Civilization and its Discontents*）（在美国最早的版本是1930年）。

中“文明”概念的变化，主要从“文明”的科学话语和意识形态话语两个方面进行了考察。在本文中，我试图进一步丰富马兹利什分析“文明”概念的世界历史框架，对米拉波之后“文明”观念的变化，以五个历史时期来加以概括和解释。在每个时期，我都从“科学”“意识形态”和“学校教育”三条线索来考察“文明”话语，以此从思想观念史的视角对“文明”概念进行反思。

一　1756 年对“文明”的最初阐述

1756 年，米拉波侯爵维克多·雷奎蒂（Victor Riqueti, marquis de Mirabeau）在其《人类之友，或人口论》（后文简称《人类之友》）一书中创造了“文明”一词。① 该书后来广为流传，“文明”一词也得到广泛使用。1756 年这个出版时间是一个重要年份，因为这一年正值法国开始“七年战争”，在这场战争中，法国的大量殖民地输给了英国。米拉波在法国创作这本书时，同时与其远方的兄弟保持着通信，他的兄弟于 1753 年成为瓜德罗普岛（Guadeloupe）的总督。米拉波写下了他对农业和殖民地的兴趣，谈到了“殖民地的艺术”——将殖民当作一种艺术形式。米拉波在他的书中只两次明确提到“文明”，但多次间接地提到它。他谈到宗教是文明的源泉，有助于它限制贪婪和商业的负面影响。他还谈到了通过文明和财富的方式从野蛮走向堕落（decadence）的历史发展。② 在其他段落中，米拉波谴责种植园奴隶制，倾向于自由劳动力而不是奴隶劳动，但他又将非洲人认定为“不同的种族”。③ 总的来说，他创造了“文明”这个概念来表达了一种秩序井然的制度，鼓励社交和限制贪婪。这个“文明”概念暗示着有望解决当时的问题。此外，米拉波的《人类之友》表明，他创造“文明”这个概念并不仅仅是为了解释法国或欧洲，而且是为了从根本上解决殖民相遇（colonial encounter）及其带来的社会秩序和人口改变。④

① Mirabeau, *L'Ami des hommes, ou traité de la population*, Avignon, 1756.

② Bruce Mazlish, *Civilization and its Contents*, Stanford: Stanford University Press, 2004; Daniel Gordon, "'Civilization' and the Self-Critical Tradition", *Society*, Vol. 54, No. 2, 2017, pp. 106 – 123.

③ Pernille Røge, *Economistes and the Reinvention of Empire: France in the Americas and Africa*, c. 1750 – 1802, Cambridge: Cambridge University Press, 2019, p. 72.

④ Pernille Røge, *Economistes and the Reinvention of Empire: France in the Americas and Africa*, c. 1750 – 1802, pp. 67 – 71.

《人类之友》出版后，米拉波侯爵与经济学家弗朗索瓦·魁奈（François Quesnay）及其他知识分子组成了一个团体，被称为“重农学派”，强调农业而不是商业或工业是进步和自由的基础。这个团体的著作流行了20年之久。他们为法国本土和殖民地提出了经济和社会政策。① 他们对奴隶制持批评态度，并希望创造一种局面使殖民在非洲得到有效的扩展。随着其他人加入到对“文明”的新讨论，不同的观点表明“普遍主义和相对主义的各种变体都是可能的”。② “文明”一词最初的应用聚焦于当时的情况——欧洲和殖民地社会、18世纪中期的启蒙哲学，并且被当作与世界上许多其他地区进行比较的工具，因为当时欧洲人正在与世界其他地区进行稳步的密切接触。也就是说，“文明”概念出现于对当代哲学和思想观念的关注，后来才成为历史解释的工具。③

二　“文明”概念的世界历史框架

马兹利什在《文明及其内涵》中认为，“文明”一词确实是米拉波在1756年的书中创造出来的，因而他也就重申了其他学者的看法。④ 他还表示，这个新词有新的含义。两千年前，希腊人以古老词汇“文明的”和“野蛮的”两个形容词来区分冲突中的市民和农民。新术语“文明”是一个名词，更全面地指称一个社会，包括其宗教、文化、政治和社会的结构及内容。马兹利什把“文明”看作一个“具体化”的术语，这意味着该词由一个抽象的、也许是散乱的概念转变成了具体的、清晰的形式。由此，在读者心中，米拉波创造的“文明”就变成了某种真实的东西——也许是

---

① Pernille Røge, *Economistes and the Reinvention of Empire: France in the Americas and Africa*, *c.* 1750 – 1802, p. 101.

② Bruce Mazlish, *Civilization and its Contents*, Stanford: Stanford University Press, 2004, p. 20.

③ 伏尔泰在1756年出版的《风俗论》强调了过去有影响力的社会之间的相似之处，但没有强调文明的进步。参见 François-Marie Arouet Voltaire, *Essaie sur les moeurs et coutumes des nations*, Paris, 1756.

④ 马兹利什主要参考和引用了早先让·斯塔罗宾斯基（Jean Starobinski）的著作。佩妮莱·罗格（Pernille Røge）后来进一步证实，米拉波于1754年写给他在瓜德罗普岛当总督的兄弟的信中，使用了具有相同含义的“文明”一词。参见 Bruce Mazlish, *Civilization and its Contents*, p. 5; Pernille Røge, *Economistes and the Reinvention of Empire: France in the Americas and Africa*, *c.* 1750 – 1802, p. 100.

一种进程，也许是一种实体。[①] 马兹利什接下来追踪了这个新概念在法国知识分子和英语使用者中的传播。

为什么“文明”概念会在 18 世纪中期出现？马兹利什提出这个问题，并指出了“文明”这一术语在当时为何会出现的几个原因。总的来说，它有助于把社会当成一个整体来讨论。欧洲人在对礼仪和风俗进行了长达几个世纪的讨论后，现在能够在世界各地进行航行并观察世界，同时也感受到了国内人口日益增长的压力。奥斯曼帝国对欧洲造成的压力也使每个竞争者都在研究对方。欧洲哲学开始自我反省和研究自身的活动；而博物学和科学分类的兴起表明，对人类社会也可以进行科学分析。马兹利什强调，一旦这些想法出现，“文明”一词就为讨论它们提供了一种具体方式。“文明”作为一个对社会的概念设想（conceptual vision），有望为当时的问题提供解决方案。马兹利什指出，米拉波将文明视为应用于法国旧制度的“一根测量杆”。[②] 随着时间的推移，文明的逻辑也可以适用于地方和全球范围，适用于过去和未来。[③]

“文明”概念一旦流行开来，它就有了自己的生命。马兹利什探讨了文明话语的两条主要轴线：一是“科学话语”（Scientific discourse）（即“社会科学话语”），意味着在知识层面扩大知识的努力；二是“意识形态话语”（ideological discourse），涉及使用“文明”概念来支持一群人选择的社会优先权（social priorities）。

马兹利什首先关注的是作为科学或知识考察的文明。他在提出了用于分析世界历史中“文明”概念的框架之后，接着探讨了米拉波的“文明”概念如何能够应用于收集有关外国的科学知识。马兹利什引用历史学家戈登·伍德（Gordon Wood）的观点，认为 18 世纪末的思想家们受到了自然科学进步的启发——正如发现引力将物质聚合在一起——也寻求一种社会的类似物，例如“文明”，将人类在社会中凝聚在一起。[④] 马兹利什强调了

① Bruce Mazlish, *Civilization and its Contents*, p. 19.

② Bruce Mazlish, *Civilization and its Contents*, p. 139.

③ 斯塔罗宾斯基指出，“这个词首先指的是使个人、国家和全人类‘文明化’（civilized）的进程（‘文明化’是一个先前已存在的术语），然后指的是这个进程的累积结果”。参见 Bruce Mazlish, *Civilization and its Contents*, p. 13.

④ Bruce Mazlish, *Civilization and its Contents*, p. 12. “社会科学”一词似乎是在 1789 年法国大革命开始时由西耶斯神父（Abbé Sieyès）首次提出的。

两位英国探险队长官的科学观念。他描述了詹姆斯·库克船长在整个太平洋地区的航行（1768—1779 年），库克在收集自然科学数据时也分析了太平洋各民族不同的社会秩序。① 同样，马兹利什也试图表明，英国 1793 年访问中国乾隆皇帝的代表团团长乔治·马戛尔尼勋爵（Lord George Macartney），与皇帝一样对对方的社会进行了仔细研究，因为他们彼此都意识到了对方的相对优势。② 相比之下，马兹利什在讨论“文明”的意识形态或政治话语时，则是先给出了一个定义：“……一种殖民意识形态，也就是，用文明概念来证明其优越性和统治其他民族的合法性。”他接着指出：“这样的霸权令人困惑，它从一开始就带有怀疑甚至常常是负罪感的印记。”③ 因此，科学话语为研究提出了关于文明的问题，而意识形态话语则提出了关于文明被用作社会优先权的答案。

这些是马兹利什的文明研究框架的基本要素。在本文的后面部分，我试图进一步丰富马兹利什对文明概念进行世界历史分析的框架——在米拉波之后文明观念是如何发展和变化的。我以五个历史时期来概括马兹利什的观点和我自己的解释：（1）法国和法兰西帝国，1770—1815 年；（2）1850 年前的英国及其盟国；（3）资本主义世界及其帝国，1850—1950 年；（4）非殖民化，1950—2000 年；（5）当今的“文明”概念。在每个时期，我都对关于文明的“科学”话语和“意识形态”话语给予关注。除了马兹利什关于文明话语的两条轴线，我还增加了第三条：“学校教育”的话语，用于 1850 年后学校教育扩大的时代。年轻人的正规学校教育，从小学到大学都利用了现有知识，但也支持了国家或社区的社会计划。因此，学校教育中的“文明”话语是科学和意识形态的结合。

三　法国：作为科学和意识形态的文明（1770—1815 年）

整个 18 世纪，法国在其专制君主的牢牢控制下仍然富裕和强大，但

① Bruce Mazlish, *Civilization and its Contents*, pp. 33 - 38.

② Bruce Mazlish, *Civilization and its Contents*, p. 43.

③ Bruce Mazlish, *Civilization and its Contents*, p. 22.

是，在那些寻求从君主制束缚中解放出来的人中，发生了知识和社会的骚动。米拉波侯爵是法国殖民政策的批评者，他与其他人一起组成了一个经济批评者群体——重农学派。实际上，他们是法国和欧洲的启蒙思想家和改革者中的一个子群体。① 鲁博神父（Abbé Pierre-Joseph-André Roubaud）是重农学派的另一位成员，他于 1770—1775 年出版了多卷本关于亚洲、非洲和美洲的历史，赞同废除奴隶制的观点，认为可以通过殖民将“文明”输出到非洲。② 鲁博的书刚出版，雷纳尔神父（Abbé Raynal）出版了广为流传的《两个印度的历史》。雷纳尔虽然不属于重农学派这个群体，但他也同样批评了奴隶制和法国的殖民政策。③ 后来，在重农学派思想的实际应用中，18 世纪 80 年代中期法属塞内加尔的总督舍瓦利耶·德·布夫莱尔（Chevalier de Bouffleurs）在生产和出口农作物方面取得了成功。④

从 1789 年开始，法国革命给君主制带来了挑战，并在四年内推翻了君主制。随着“文明的矢量”（vector of civilization）指向自由、平等和进步，此时的文明观念在理论上得到了扩展，然后逐渐转向付诸实践。⑤ 米拉波侯爵的儿子米拉波伯爵于 1790 年在巴黎雅各宾俱乐部的一次著名演讲中，对已有巨大影响的支持奴隶制的声音做出了有力回应。他借用重农学派的经济观点，主张立即废除奴隶贸易，逐步解放奴隶。⑥ 法国制宪议会在 1791 年取消了对犹太人的限制，1794 年法国又废除了奴隶制（尽管拿破仑在 1802 年撤销了这项法令）。因此，在 1789—1815 年的革命和帝国时

---

① 包括苏格兰的启蒙运动。亚当·弗格森在 1767 年关于公民社会的书中采用了“文明”一词，尽管简化了其含义。参见 Adam Ferguson, *An Essay on the History of Civil Society*, ed. Fania Oz-Salzberger, Cambridge: Cambridge University Press, 1995, p. 7.

② Pernille Røge, *Economistes and the Reinvention of Empire: France in the Americas and Africa*, *c*. 1750 – 1802, pp. 99 – 100.

③ Pernille Røge, *Economistes and the Reinvention of Empire: France in the Americas and Africa*, *c*. 1750 – 1802, p. 102; Daniel Gordon, “‘Civilization’ and the Self-Critical Tradition”, *Society*, Vol. 54, No. 2, 2017, p. 123.

④ Pernille Røge, *Economistes and the Reinvention of Empire: France in the Americas and Africa*, *c*. 1750 – 1802, pp. 200 – 202.

⑤ “最重要的是，通过革命的经历，国家作为民族统一和融合的工具，获得了一种主导作用。”见：Stuart Woolf, “French Civilization and Ethnicity in the Napoleonic Empire”, *Past and Present*, No. 124, 1989, p. 107.

⑥ Pernille Røge, *Economistes and the Reinvention of Empire: France in the Americas and Africa*, *c*. 1750 – 1802, pp. 209 – 215.

期，关于“文明”的辩论经历了一种变化。虽然法国大革命初期强调对社会的理性认识和管理，但在 1790 年代最后几年，特别是从拿破仑 1799 年夺取政权开始，“文明”概念开始被用于意识形态和专制的术语。同时，在这一复杂时期，法国经历了工业变革和社会动荡，直到 1814 年后才参与到日益增长的资本主义网络和话语之中。与英国不同的是，法国一直保持着对国家和经济的专制控制。①

拿破仑 1799 年的政变，以执政府取代了督政府，重申了一个干预主义国家的领导地位。② 然而，科学的和意识形态的“文明”话语重叠在一起得到延续。拿破仑 1798 年对埃及的入侵包括了 150 多名科学人员：一旦征服完成，他们就考察并复制了大量的古埃及遗物。同时，他们还掠夺了许多埃及的文物，包括至今仍矗立在巴黎市中心的方尖碑。事实上，法国人掠夺欧洲艺术品收藏于卢浮宫，给法国带来荣耀，早在 1796 年就开始了。另一方面，在拿破仑统治时代，法兰西帝国扩张的普世主义努力，遇到了将合理性和普遍性强加于不同民族带来的复杂性。当法国将历史上的意大利托斯卡纳地区，以及从克罗地亚到阿尔巴尼亚的土地并入帝国时，决定将它们融入宗主国法国作为部门来管理，而不是作为独特的殖民地。法国官员认为托斯卡纳人是懒惰的，阿尔巴尼亚人是野蛮的，而犹太人的文明程度相对较高，但不愿意放弃他们的民族习俗来参与到普遍性之中。在每一种情况下，国家都对各民族做了具体的限制，以使他们服从。通过这些艰难的经历，法兰西国家领导的建设“文明”的活动，越来越注重民族等级划分的意识形态而不是普遍性。

因此在法国，“文明”话语通过对专制主义、民族性和帝国的挑战而展开：它在科学模式上是自我反省和自我批判的，但在意识形态模式上却不一定。拿破仑政权倒台了，但其机构和人员在法国及其前欧洲帝国仍有影响力。

---

① Jonathan Scott, *How the Old World Ended: The Anglo-Dutch-American Revolution*, 1500 - 1800, New Haven: Yale University Press, 2019. Pepijn Brandon, *War, Capital, and the Dutch State* (1588 - 1795), Leiden: Brill, 2015.

② Stuart Woolf, "French Civilization and Ethnicity in the Napoleonic Empire." *Past and Present*, No. 124, 1989, p. 107.

四 英国和盟国：1850 年前的资本主义和帝国

在法国及其帝国之外，其他大西洋国家也在发生着巨大的变化，特别是通过资本主义社会经济体系的建立而促成的变化。在荷兰、英国和美国，商人和国家的结合带来了几个层面的创新。资本主义不仅包括“经济”（意味着国内的工业和国外的自由贸易），还包括“政治”（国家和商人在国内的联盟、帝国的海外扩张）和“社会”（意味着国内外劳动和社会秩序的等级制）。[①] 即使在资本主义国家之间处于相互竞争和战争的情况下，新的全球体系也需要允许资本主义商业公司之间的合作。它需要将资本主义国家联系起来的法律规范；它需要将法律强加给被纳入日益扩大的网络中的国家和民族。构建全球资本主义体系不仅需要社会经济力量，还需要一种意识形态来强化它：一种关于资本主义和关于文明的理论。由此，“文明”概念解释了资本主义领导者如何需要被视为世界每个地方经济和社会的合法领导人。

在此，我通过美国、英国和荷兰的历史来描述 19 世纪初的这些过程。[②] 正如这些例子和其他例子所显示的那样，在不断扩张的资本主义体系中，一种意识形态的“文明”概念被热情地采用，在国内和国外按照种族和族裔对各民族划分等级。这样，越来越多的人从意识形态而是不从科学的角度来考虑文明。随着“文明”的意识形态越来越注重种族观念，现实中对种族差异的概括以及由此对文明的概括，简化成了白人至上主义（white supremacy）。

美国在 1783 年独立后，人口、经济和帝国方面都迅速发展。在法国战争期间，美国作为中立国在世界范围内的贸易蓬勃发展，在东北部地区销售由雇佣劳动生产的工业品，在南部地区销售由奴隶劳动生产的烟草和棉

---

① 对荷兰、英国和美国中这种联系的重要和开创性的解释，参见 Jonathan Scott, *How the Old World Ended: The Anglo-Dutch-American Revolution*, 1500 - 1800；一种与斯科特基本一致的对资本主义兴起的解释，参见 Patrick Manning, *A History of Humanity: The Evolution of the Human System*, Cambridge: Cambridge University Press, 2020, pp. 177 - 191.

② 从 1830 年起，法国和比利时也加入了遵循资本主义政策的行列。整个欧洲都在争论以资本主义国家取代专制主义政府的问题，但只有在 1850 年之后，才有更多的国家采取资本主义政策。

花，并向西扩张帝国。[①] 从1784年起，美国对阿巴拉契亚山脉以西和密西西比河以东的土地提出要求，然后对这些西部土地进行军事征服和占领。1814年之前，这些征服战争都由威廉·亨利·哈里森（William Henry Harrison）和安德鲁·杰克逊（Andrew Jackson）将军领导，他们两人后来都成了美国总统。[②] 接着，在一次对"文明"的明确的政治应用中，美国国会于1819年通过了"文明基金法"（Civilization Fund Act）。根据这项法律建立了学校，美国原住民儿童（从他们的家庭带走）被送去学习英语、农耕以及美国白人的服饰和文化。因此，"文明"与种族等级制度及歧视明确地联系在一起。[③]

在欧洲移民的推动下，白人移居者在向美国东部移民时，也迁移到世界许多地方。对北美洲和大洋洲的占领，涉及战争和白人移居者对塔斯马尼亚、澳大利亚、新西兰许多民族的屠杀，以及对加利福尼亚、俄勒冈、华盛顿和不列颠哥伦比亚省密集的原住民人口中的许多人的屠杀。和以前一样，原住民儿童通常被从其家庭隔离出来安置在学校中，目的是"教化"（civilize）他们。这是一种白人至上的做法[④]，其他的做法也在发展。

荷兰人早先展示了全球经济和国家间合作的道路。在1790年之前的数年里，他们试图与英国和美国结盟。荷兰人在法国拿破仑战争中受到打击，但后来又恢复了其作为主要资本主义国家的地位。随着法国在1795年征服荷兰，英国和荷兰的联盟也就失效了。荷兰革命者成立了巴达维亚共

---

① Douglass C. North, *Growth and Welfare in the American Past: A New Economic History*, 2nd ed. Englewood Cliffs, NJ: Prentice-Hall, 1974.

② 其他扩张步骤是，美国在与拿破仑的交易中购买了路易斯安那（1803年），从西班牙购买了佛罗里达（1819年），吞并了得克萨斯（1845年）和俄勒冈（1846年），并通过与墨西哥的战争（1848年）吞并了墨西哥西北部，然后征服了所有这些领土并移民定居。关于美国开始作为一个帝国的近期历史，参见 Daniel Immerwahr, *How to Hide an Empire: A History of the Greater United States*, New York: Picador, 2019.

③ "五个文明部落"一词在19世纪中期开始使用，指的是切诺基（Cherokee）、乔克托（Choctaw）、奇卡索（Chickasaw）、克里克（Creek）和塞米诺尔（Seminole）五个民族。尽管这些印第安部落在19世纪20年代和30年代被迁移之前有各种不同的文化、政治和经济联系，但这个词广泛地应用于印第安人保留区和俄克拉荷马州（Andrew K. Frank, "Five Civilized Tribes," *The Encyclopedia of Oklahoma History and Culture*, https://www.okhistory.org/publications/enc.php? entry = FI011.）。

④ 在阿尔及利亚、突尼斯、摩洛哥和南非的白人殖民地也有类似情况。

和国（Batavian Republic），它从 1795 年到 1806 年经历了各种变化，当时法国政府控制了荷兰和爪哇，直到 1811 年英国夺取了荷兰大部分殖民地。然而，在 1815 年之后，荷兰（现在是一个君主立宪制国家）重新与英国结盟，扩大其东印度群岛帝国，并积极参与全球贸易和金融。

英国在工业、贸易和帝国方面引领其盟友荷兰和美国。随着拿破仑战争的继续，英国从法国、西班牙和荷兰手中夺取了许多殖民地。英国东印度公司试图在 1803 年从马拉塔（Maratha）王国手中夺取印度北部，但没有成功。与此同时，英国驻奥斯曼帝国宫廷的大使埃尔金勋爵（Lord Elgin）从 1802 年开始，从雅典卫城挑选并移走许多大理石雕塑，并将它们运回英国。这些“埃尔金大理石雕”后来被卖给了大英博物馆，至今仍在那里。这一结果是英国作为现代全球霸主的一种意识形态宣示：英国占有古希腊的过去。

拿破仑在欧洲战败后，英国东印度公司于 1818 年征服了马拉塔人，并在 1820 年之前占领了印度的大部分地区。英国于 1819 年开始在新加坡修建一个重要港口。1824 年，英国和荷兰签署了一项条约，同意将马来亚（Malaya）让给英国，这使得荷兰能够重新征服爪哇并将其帝国扩展到印度尼西亚其他岛屿。与此同时，英国扩大了其在澳大利亚始建于 1788 年的监狱殖民地。

随着第一次鸦片战争的爆发，英国将文明等级划分推向了一个高峰。这场战争是英国和中国在广州及其附近的华南地区进行的，中国遭受严重失败。英国人在正式立场上拒绝服从清朝的鸦片进口禁令。[①] 战争结束时，中国将香港岛割让给英国，并承认英国在其他五个“通商口岸”的特权。英国继续向中国输出鸦片以换取白银和茶叶。同时，文明意识形态将中国降至更低的文明层级——这是第二种白人至上主义。鸦片战争后，清朝提高税收以偿还战时债务，这激起了反清的太平天国运动的兴起，他们夺取了古都南京，并在 1851—1864 年与清政府军作战过程中付出了数百万人生命的代价。这是战争、反叛和饥荒造成的若干次天灾人祸（尤其是在 19

① Frederic E. Wakeman, *Strangers at the Gate: Social Disorder in Southern China*, 1839 – 1861. Berkeley: University of California Press, 1966; Peter C. Perdue, “The First Opium War: The Anglo-Chinese War of 1839 – 1842”, 2011. https://visualizingcultures.mit.edu/opium_wars_01/index.html.

世纪晚期的南亚和东亚）中的一次——实际上，这是第三种类型的白人至上主义。[1]

资本主义在贸易和帝国方面的成功引起了来自世界各地区的回应。“文明”一词的运用，目的是在一个全球互动快速扩展的时代对当时的社会秩序进行全球性比较，欧洲强国试图将自己重新定义为建立起文明的国家，拉丁美洲新独立的国家也是如此。[2] 所有欧洲语言中的“文明”一词，包括俄语，都直接借用自法语。在亚洲和非洲，统治者需要对外来的帝国权力扩张和文明观念作出回应，因此“文明”一词也在他们的书面语言中发展起来，包括中文“文明”（wénmíng），印地语“सभ्यता”（sabhyata），日语“文明”（Bunmei），印度尼西亚语“peradaban”，阿拉伯语“الحضارة”（alhadara）。“文明”话语成为世界性话语，当然也有地方性差异。

五　帝国的繁荣和萧条（1850—1950 年）

从 1850 年开始，资本主义国家的帝国化快速发展。法国在经历 1848 年革命后，于 1852 年成为一个资本主义帝国。丹麦和普鲁士在 1850 年形成了资本主义的君主立宪制，意大利从 1860 年开始，日本从 1868 年开始也建立了资本主义君主立宪制。俄国在整个 19 世纪里扩大了它的征服范围，德国从 19 世纪 80 年代开始建立了一个海外帝国。在所有这些领土上，文明等级制度和白人至上主义成为规则。[3] 因此，随着帝国扩张、资本主义经济转型和欧洲文明的胜利，种族成为文明等级划分的主要标准，直到第一次世界大战爆发。

马兹利什在其著作中把关于这一时期的一章称为“作为欧洲意识形态的文明”。他展示了这个时代科学思维和意识形态思维的紧密联系，强调

---

① Mike Davis, *Late Victorian Holocausts: El Niño Famines and the Making of the Third World*, London: Verso, 2002.

② Jeremy Adelman, *Sovereignty and Revolution in the Iberian Atlantic*, Princeton: Princeton University Press, 2006.

③ 日本和清朝面临复杂的选择。一方面，他们反对种族的等级分类；另一方面，他们试图在种族和文明的等级制度中尽可能划分在高等级。

了法国学者兼外交家弗朗索瓦·基佐（François Guizot）1828 年广为流传的著作《欧洲文明史》。基佐在该书中正式将文明的逻辑从民族国家扩展到整个欧洲（尽管他认为法国是欧洲的领导者）。在他看来，罗马、基督教和封建主义的传统不断积累，使得欧洲达到了很高的成就（这种成就可以通过代议制政府来推进）。其他学者对文明的分析则影响较小。在英国，约翰·斯图亚特·密尔（John Stuart Mill）1836 年关于文明的文章，指出了文明的两个主要方面——人类总体上的改善、文明人与“蒙昧人和野蛮人”之间的具体区别。这篇文章为他后来关于自由和代议制政府的文章奠定了基础。① 马兹利什还注意到，查尔斯·达尔文在 1859 年取得的伟大科学进步，确定自然选择是生物进化的基本过程之后，在 1871 年《人类的由来》中表达了某些种族主义情绪。马兹利什的结论是，达尔文把他的自然选择概念放在首位，但他也采用了一些对人类的当代种族分类方法。

科学维度的“文明”概念在时间和空间上都得到了传播。希腊罗马古典世界处于埃及和美索不达米亚古代社会之后，现在已被纳入“文明”的叙述之中，这得益于海因里希·施里曼（Heinrich Schliemann）在 19 世纪 70 年代对特洛伊古战场的考古工作。尽管如此，欧洲的古典学领域，记录和比较古代社会似乎并不普遍依赖“文明”这个词汇，而是依赖更具体的专业化术语（institutional terminology）。因此，“文明”一词用于讨论古代社会，主要应用于那些为满足普通读者兴趣而撰写的概览性著作。

对“文明”更为充分的意识形态阐述，是法国作家兼外交官亚瑟·德·戈比诺（Arthur de Gobineau）于 1855 年出版的著作《论人类种族的不平等》。该书涉及的时间和空间范围很广，但为当时的帝国扩张提供了合理性。可能在当时许多欧洲人看来，戈比诺的逻辑被第二次鸦片战争（1856—1860）这一事件所证实。在这场战争中，英国和法国对中国进行了为期四年的战争，战争的起因是英国反对中国逮捕停靠在广州的英国“亚罗号”船上的中国人。胜利者获得了中国同意通商口岸对多达 20 个国家开放。这么多外国势力对中国的合作经济剥削（collaborative economic

---

① Bruce Mazlish, *Civilization and its Contents*, pp. 74 – 77.

exploitation）显示了资本主义体系的扩展运行。①

“文明”作为意识形态在日本也得到了体现。日本是一个没有欧洲传统的国家，但在国际秩序中获得了强国地位，这始于来自美国的刺激。1848 年征服了加利福尼亚的美国，在 1853 年派出一支舰队到日本，要求以中国通商口岸的模式开放贸易。日本政府在经过深入辩论后同意了。马兹利什强调，此时出现了一个表示“文明”的日语单词“Bunmei”。日本人“认为自己的过去是‘野蛮的’，从而加以否定，他们想在一个宏观的历史模式——文明史中，找到自己的立足之地。付诸行动时，他们重视教育改革，废除封建制度和形形色色的等级制，主张社会各阶层必须一同进入‘文明’”②。马兹利什在讨论日本和文明问题的结尾处，强调文明概念与现代性概念的紧密联系。日本学者兼翻译家福泽谕吉（Fukuzaki Yukichi）竭力主张，日本可以在科学、社会服务和战争方面通过学习西方的制度来促进文明，从而保持日本的独立。③

这一时期，“文明”概念继续强调自由和进步：例如，它被援引用来支持 19 世纪黑人奴隶、犹太人和东欧农奴的解放。然而，解放的后果带来了意识形态和法律的约束：隔离、等级制度、土地剥夺和反犹太主义，以此限制他们的人口，也制约他们取得文明的进步。当澳大利亚在 1901 年获得承认成为一个自治领时，新政府正式确定了“白澳”政策以限制移民，特别是来自亚洲的移民。1850 年后，中国人移民到美洲时，通常会遇到闹事、驱逐甚至杀害。在美国，到 19 世纪 90 年代已建立起一个新的移民制度，用精心设计的调查问卷取代了暴力驱逐，目的是只选择最“文明”的移民入境——实际上，这是第四种类型的白人至上主义。④

1850 年后，世界主要国家的学校教育在各个层面都迅速发展。成立于 1810 年的柏林大学，到 1850 年已经成为欧洲领先的研究机构。例如，1877 年成立的东京大学就广泛地模仿了柏林大学。⑤ 在同一时代，小学在

---

① Robert Nield, *China's Foreign Places: The Foreign Presence in China in the Treaty Port Era*, 1840 - 1943, Hong Kong: Hong Kong University Press, 2015.

② Bruce Mazlish, *Civilization and its Contents*, p. 102.

③ Bruce Mazlish, *Civilization and its Contents*, pp. 103 - 105.

④ Adam McKeown, *Melancholy Order: Asian Migration and the Globalization of Borders*, New York: Columbia University Press, 2008.

⑤ Patrick Manning, *A History of Humanity: The Evolution of the Human System*, pp. 87 - 89.

世界各地建立起来，例如在日本和埃及，它们为普通民众提供识字和文明的思想观念。①

20 世纪初，尽管资本主义大国在剥削世界的过程中曾希望相互协调，但合作破裂了，战争在 1914 年爆发。这是因为资本主义的政治经济结构吗？是因为处于基础的“文明”概念的缺陷吗？第一次世界大战之后，在社会科学层面上出现了对文明的批判性反思。

然而，在第一次世界大战后的学校教育中，文明意识形态得到继续，并在某些情况下还扩大了。在欧洲国家及其殖民地，历史被当作一个国家及其帝国的过去来讲授。在美国，学校提出了一个跨欧洲（trans-European）的文明版本，最初关注政治史，后来关注思想史。从 1919 年起，哥伦比亚大学要求学生学习一门经修订过的“当代文明”课程，这门课程成为其他学校的模板。该课程包括古代、中世纪和现代史的阅读材料，重点是思想史和政治哲学，也少量涉及社会和经济变迁——这一课程将美国历史与欧洲历史连接了起来。② 有关帝国和文明的课程在两次世界大战之间引入中学层面，并在第二次世界大战后的几年里出了简化版。

以奥斯瓦尔德·斯宾格勒、H. G. 威尔斯和阿诺德·J. 汤因比为首的欧洲大众历史作家，在第一次世界大战后详细回顾了世界历史：他们思考了帝国和文明观念中的缺点及优点。马兹利什对精神病学家西格蒙德·弗洛伊德的通俗著作《文明及其不满》提出了批评：马兹利什认为其主要优点是让读者意识到了文明的阴暗面，其缺点是将文明当作“一个抽象的、无时间性的（timeless）概念”，而不是当作“一种进程，不断地起作用”。德国社会学家诺伯特·埃利亚斯的著作《文明的进程》给马兹利什留下了更深刻的印象，埃利亚斯在该书中的分析关注个人和群体礼仪层面的文明，而不是帝国统治，强调文明的进步。③ 对于欧洲的埃利亚斯来说，就像中国的世界历史学家雷海宗一样，世界大战的危机和生存斗争使他们的解释被搁置一边，只是在战争结束后他们的观点才再次

① Raja Adal, *Beauty in the Age of Empire: Japan, Egypt and the Global History of Aesthetic Education*, New York: Columbia University Press, 2019.

② Gilbert Allardyce, "The Rise and Fall of the Western Civilization Course", *American Historical Review* 87, 1982, pp. 695 – 725.

③ Bruce Mazlish, *Civilization and its Contents*, pp. 83 – 88.

被探讨。①

到20世纪30年代，资本主义大国再次发现它们自己无法合作——苏联的崛起及其社会主义挑战使这种情况变得更加复杂。结果是发生一场比第一次世界大战更具破坏性的战争。第二次世界大战既屠杀了士兵，也屠杀了平民，并且在战争中不断地关注种族和文明问题，导致在欧洲屠杀犹太人，在太平洋和中国战场上种族对立。德意志和日本帝国在1945年崩溃，然后其他帝国也在广岛和长崎被轰炸后的30年里相继崩溃。②

六　非殖民化：对“文明”的批评（1950—2000年）

一些亚洲国家在二战结束后的五年内获得了独立，包括印度、巴基斯坦、锡兰、印度尼西亚、菲律宾、缅甸和三个阿拉伯国家，还有中华人民共和国的成立。这一变化虽然意义重大，但最初并没有明确显示出，几乎所有的殖民地都会很快成为独立国家，而帝国将直接消失，至少是以其旧有的形式消失。此时，世界秩序发生了巨大的变化，但是，科学维度的“文明”却没有什么变化。戈登·蔡尔德（V. Gordon Childe）的《历史上发生了什么》（1950年）向普通读者传递了“农业革命”（尤其是在10000年前的“新月沃地”）和“城市革命”（在大约5000年前的美索不达米亚）的概念。虽然蔡尔德的考古分析是复杂而微妙的，但他的解释被广泛认为是基佐观点的适度延伸，认为文明是从几个适当的（well-chosen）中心传播开来的。对于稍晚的一个时期，卡尔·雅斯贝尔斯（Karl Jaspers）将轴心时代确定为从公元前8世纪到公元前3世纪的一个时期，当时出现了伟大的宗教及道德领袖，呼吁人们更加关注自由和道德。③“轴心时代”理论为基佐对宗教的强调增加了细节。在这一点上，新的著述带来的不是新观念，而是重申了旧观念。

---

① Xin Fan, *World History and National Identity in China: The Twentieth Century*, New York: Cambridge University Press, 2021, p. 110.

② 我对帝国持批评和基本否定的看法，克里尚·库马尔则不同，他在最近的概述中赞同帝国的优势、连续性和好处，并认为帝国将在未来发挥作用。参见 Krishnan Kumar, *Empires: A Historical and Political Sociology*, Cambridge: Polity Press, 2021.

③ Karl Jaspers, *The Origin and Goal of History*, New Haven and London: Yale University Press, 1953.

战后时代出现了科学创新和科学发展的延续性。一个重要的学术创新是区域研究（Area-Studies）的兴起，欧洲和北美的大学成立了跨学科中心来研究亚洲、非洲、拉丁美洲、中东和斯拉夫的社会。从某种意义上说，这些研究将西方的“文明”概念更详细地扩展运用于这些地区，而这些地区以前在欧洲人的研究中被忽视了。同时，区域研究对这些地区的殖民统治和帝国视角给予了极大关注。此外，区域研究项目还关注新近形成的独立国家和新的国族性（nationhood）问题。

战后时代从欧美大学体系之外出现了关于“文明”的多种声音。例如范鑫对来自中国的声音做了出色的研究，他考察了中国的世界历史研究，追溯了四代人的热烈讨论。范鑫从清朝士绅周维翰在 19 世纪 80 年代撰写的多卷本《西史纲目》开始，然后转向来自中国新兴大学的专业世界史学家，他们在全球分析中表达了对欧洲中心主义的各种批评。对于中华人民共和国成立之后的世界史，范鑫评述了马克思主义的历史解释，追溯了那些支持新政权但又保持专业学者自主性的学者的职业生涯。范鑫特别关注世界古代史，这是世界史中经常被忽视的一个子领域，其重要性在于它提出了这样一个问题：占统治地位的世界历史叙事是否接受 1500 年之前全球互动的可能性，也就是说，在世界古代史中，早期中国历史是否可以被视为与世界历史相关。当这些学者作为世界历史学家与狭隘的民族主义进行斗争时，他们依靠对文明和生产方式的分析以及对欧洲中心主义的批评，以此来挑战僵化的民族主义思维。① 范鑫的研究只是传达了一个对文明进行历史反思的例子，这些反思同时是基于独立思考和对欧洲中心主义观念的质疑。同样地，对于非洲、亚洲其他地区和美洲，我们可以了解到其他地区对历史变迁的解释，这些解释也是对有关文明论题的回应。② 这些传统，当它们结合在一起，就可以为一种关于文明的丰富的科学对话提供一个基础。

20 世纪末的生物学发现也同样颠覆了人们对文明的固有看法。最突出的是 1987 年基于线粒体 DNA 的研究，显示所有人类都有大约 20 万—30

---

① Xin Fan, *World History and National Identity in China: The Twentieth Century*, pp. 314 – 337.

② Patrick Manning, and Jamie Miller, “Historical Writing in Postcolonial Africa: The Institutional Context”, *International Journal of African Historical Studies*, Vol. 52, No. 2 (2019), pp. 191 – 216.

万年前来自非洲的祖先。随后对人类基因组的研究追溯到大约 7 万年前人类从非洲东北部向外迁移。这些知识共同证实了所有人类个体的共性和平等性，从而放弃了种族差异，认为差异只不过是表面现象。①

1950 年后，文明的意识形态在许多方面遇到了挑战，尽管西方至上主义的信徒们继续坚持他们的观点。非殖民化意味着在许多新兴国家中有色人种起来取得领导地位，这是对白人至上主义提出的挑战，就像反对种族歧视的社会运动那样。在联合国大会上，1964 年成立的七十七国集团，为其国家争取更大的影响力和社会福利而进行游说。新兴国家的文化认可度提高了，但其经济地位仍然相对较低。在冷战中，随着支持社会主义的政府在 1980 年数量上升，以美国为首的资本主义集团强调一种文明的防御以维护其优势，这种做法促成了 1991 年苏联的解体。

之后，随着《文明的冲突与世界秩序的重建》在 1996 年出版——它是当时对苏联解体后的世界局势的解释，文明成为短时间内全球辩论的话题。作者塞缪尔·亨廷顿的结论是，世界可以根据宗教和种族划分为九个文明，这些文明将为争夺全球主导权而展开斗争。② 作为对这一著作的批评性回应，在伊朗总统穆罕默德·哈塔米（Muhammad Khatami，1997—2005 年）的倡议下，2001 年设为"联合国不同文明对话年"。布鲁斯·马兹利什是参与其中讨论的六位美国学者之一——他的参与促使他撰写了《文明及其内涵》一书。③ 这是战后关于文明的意识形态辩论中，发生的众多插曲之一。

在学校教育和对早期文明思想的系统反思中，威廉·H. 麦克尼尔出版了《西方的兴起：人类共同体史》（1963 年）。该书是世界历史的学术性学科中一部重要的著作，不仅叙述了各个文明的历史，而且追踪了它们之间的互动，以及欧美主导下一个世界性人类社会的最终形成。这本著作扩展了世界史的范围和方法，但仍然接近于继承的（inherited）文明解释。在这个意义上，这本著作所起的科学作用，与一个多世纪前基佐的《欧洲文明史》相类似。

---

① 后来又发现了更复杂情况：智人与尼安德特人及丹尼索瓦人的生物混合体。

② 亨廷顿的框架与多年前戈比诺的框架在表达简单化的偏见方面表现出明显的相似性。

③ Bruce Mazlish, *Civilization and its Contents*, pp. ix - x, 120 - 125.

从现在的角度来看，在帝国瓦解后的半个世纪里，关于文明的教学几乎没有什么显著变化。在对八个亚洲国家及其中学课程的研究中，我们发现几乎所有这些国家都在二战后不久开设了世界历史课程，但这些课程在很大程度上以欧洲为中心，侧重于欧洲历史和欧洲帝国，对民族国家或地区的历史关注不多。在对课程体系的定期修订中，虽然越来越关注民族国家史，但也只是渐渐地注意到了全球视角。[①] 在美国，世界历史的教学已经变得极为突出，但其解释同样没有赶上全球秩序的变化。“文明”概念是世界历史概览课程的基础，但“文明”几乎全部指欧亚大陆的古代社会，并且集中于他们的技术和物质文化，而不是更广泛的社会问题。[②] 从 1500 年开始，对世界的解释主要是通过考察大国及其帝国，或者全球文明中的大陆变化。对于 1950 年以来的时期，这些研究描述了非殖民化，但关注点集中于大国和冷战冲突，很少关注前殖民地国家间关系、联合国、国际组织或跨国公司。

余论：当今的“文明”概念

布鲁斯·马兹利什在其著作的结论章中问道：“‘文明’这个概念是否已经过时而失效了？在努力理解人类及其沧桑变迁的过程中，它是否弊大于利？……我的意思是，这个概念本身应该被视为处于危机之中，现在需要被检验。”[③] 他主张在社会科学中对“文明”概念进行新的分析，声称这个概念正显示出与世界历史揭示的内容严重不一致。这个巨大变化似乎对所有三个层面——科学的、意识形态的和学校教育的文明话语，都产生了影响。[④]

在科学方面，马兹利什建议取代“文明”概念，但并没有具体指出一个新概念。如前所述，尽管世界秩序发生了巨大变化，但“文明”分析仍

① Shingo Minamizuka, ed., *World History Teaching in Asia: A Comparative Survey*, Great Barrington, MA: Berkshire, 2019.

② Cynthia Stokes Brown, “What is a Civilization, Anyway?” *World History Connected*, Volume 6, Number 3, October 2009.

③ Bruce Mazlish, *Civilization and its Contents*, p. 138.

④ 马兹利什提供了他对作为这种研究框架的“新全球研究”学科的理解。

然没有什么变化（尽管有一些创新）。在一个平等主义的时代，“文明”提供的却是精英主义的理论。它关注的是权力中心，忽略了许多个体和小规模的社会，而它们每一个都有自身的价值。它把注意力集中在等级制度的领导者和大规模的分析上——当然，总体分析是重要的，但不能排除社会中局部范围的动力（local-scale dynamics）。它悄然接受了人类在生物学上平等的新知识，但却没有提出许多关于人类社会平等的问题。全球抗击新冠疫情的经历也提供了许多有启发性的例子，说明熟练的个人在拯救生命时局部工作的重要性，与医院或疗养院的高层管理人员不经意的决定形成对比。①

关于意识形态维度的“文明”，马兹利什认为，“文明”概念已经在公众意识中扎根太深，很难被取代。但是，旧帝国内部的批评之声，特别是世界范围内的批评，已经能够用一种赞同社会平等的意识形态来挑战文明的等级观——在种族、国族（nationality）和经济上的不平等。文明观念中另一个被忽视的因素是全球经济及政治力量平衡的变化。美国在世界总产值中的比例于 1960 年曾高达 40%，但现在已经下降到刚刚超过 20%。美国虽仍然是一个大国，但现在必须准备成为一个前霸主，并考虑如何在全球国际社会中扮演好一个突出但不占支配地位成员的角色。这种情况，英国、法国、荷兰曾在早先碰到过，中国及其他大国在历史上也曾面临过。相比之下，中国由于最近经济的快速增长，现在已经在许多经济部门成为最强大的国家。十年内，中国必将成为世界上最大的经济体。当然，对中国来说，增长也可能会受到国内资源以及全球环境的制约。今日的中国文明借鉴了以往综合的因素。例如，中国人可以回想起早期中原王朝的强大，或者是不平等条约的民族屈辱，或者是反华的种族主义歧视。但是，中国也要防止出现种族主义和民族主义情绪。②

在学校教育方面，战后随着教育机构前所未有的扩大，教育规模（即

---

① 我的《人类史》（*A History of Humanity: The Evolution of the Human System*）提出了文明研究的另一种选择。我没有简单地关注最大的社会政治单位及其领导人，而是试图研究人类互动的整个系统，其中包括平民而不仅仅是文明领导人的诸多不同范围的人类活动：我关注个体和协作群体的能动性，他们的社群和机构建设，以及他们对诸如种族、性别和不平等这种社会优先权的讨论。我关注精英和大众层面的语言、文化、移民、经济和知识。这种方法虽然复杂，但能够发现整体变迁中最重要的因素和互动。它有助于将文明概念置于帝国、国家和社群的情境中。

② Yinghong Cheng, *Discourses of Race and Rising China*. Switzerland: Palgrave Macmillan, 2019.

使不是质量）发生了变化。不过，虽然欧洲和北美以外地区的学校教育覆盖面扩大了，但在很大程度上仍然保持了早期的文明等级观。是否可以利用米拉波早期的概念对“文明”进行重新概念化？这将使人们重新关注社会的文化和经济方面，关注个人的自由，也为重新理解全人类的道德和社会平等留下了空间。这种方法将减少对建立霸权的国家和机构的关注，而更多地关注建立在地方和区域群体当中的互动网络，因为这些群体正在努力完成许多任务，以保护人类免受最终的社会不平等和生态破坏。学校教育要为各地（包括小学及其以上水平）的学生提供信息并发展他们的主动性和能动性。

综上所述，近年来世界史的研究表明，世界上所有的民族和社群都参与了世界历史的进程。“文明”概念并不那么简单。它于 18 世纪 50 年代被创造出来，是对科学的一大贡献，因为它在较大规模上——在国家甚至超越国家的层面上把社会概念化了。但这个规模还不够大，因为世界历史和全球视角还没有纳入“文明”概念之中。帝国的建设者们被一种只属于他们自己的文明理念所吸引。他们创造了一种意识形态，认为欧洲人必须统治世界并征服广大地区。他们的学校随着资本主义和帝国的发展而扩大——他们把帝国和白人至上主义当作科学来讲授。然而，在两次世界大战之后，帝国崩溃了，只剩下了（民族）国家。今天，“文明”概念也应该与世界史研究所揭示的内容保持一致，在科学的、意识形态的和学校教育的“文明”话语中，应该进一步减少精英主义和西方中心主义因素，以平等主义和文化多元主义取代文明等级制度和白人至上主义。

（作者帕特里克·曼宁［Patrick Manning］，美国匹兹堡大学安德鲁·梅隆［Andrew W. Mellon］世界史荣休教授，曾任美国历史学会主席；译者刘文明，首都师范大学历史学院教授）

“文明”视角下美国国家构建中的自我与多重他者

——以杰斐逊《弗吉尼亚笔记》为中心的考察*

张国琨

摘要 美国独立革命爆发后，出于国家构建的需要，“自我”与“他者”之间的差别和优劣之分日益得到强化，成为一种重要的意识形态构建方式，并为制度构建、政策制定提供了重要依据。本文从“文明”的视角，以杰斐逊的《弗吉尼亚笔记》为中心考察了早期美国国家构建中的自我与多重他者，分析杰斐逊以及他所代表的很大一部分美国白人精英对欧洲白人、印第安人和黑人的不同态度与策略如何服务于早期美国国家认同的塑造，促进国家的构建。美国白人精英这种“文明—蒙昧”“自我—他者”二元对立的话语极力高举自我，以“文明”最高级自居，同时贬低和排斥他者，并提出按照自我的标准来改造他者、推进他者的“文明化”，从而削弱他者的威胁、增进自我的利益，这将早期美国国家构建中的美国白人至上原则表现得淋漓尽致。美国联邦共和制度的建立以及西进扩张、孤立主义、同化印第安人、黑人海外殖民、种族隔离等重要政策与制度，都深深打上了这种意识形态的烙印，并影响到美国后来的发展。

关键词 文明 国家构建 自我 他者 《弗吉尼亚笔记》

美国建国初期，出于国家构建的需要，建国精英进一步强化了“自

* 本文为国家社科基金重大项目“西方史学史谱系中的文明史范式研究”（19ZDA237）的阶段性成果之一。

我”与“他者”之间的差别和优劣之分，在这一过程中“文明”成为一种重要的意识形态构建工具。以“文明”自居的欧美白人将美洲印第安人和黑人视为“文明”外部的他者，极力贬低和排斥。与此同时，欧洲与美国日益互相将对方视为“文明”内部的他者，通过贬低和排斥对方来塑造自我形象、突出自身价值、强化内部凝聚力。在这种语境下，与美国白人同处美洲大陆的印第安人又获得了一定程度的认同，成为美国在意识形态领域反击欧洲的一件“话语武器”。这种基于“文明”话语的自我与内外多重他者的复杂关系，在杰斐逊的经典著作《弗吉尼亚笔记》中得到了体现和阐释，这也为杰斐逊和他所代表的很大一部分美国白人精英提供了构建国家制度、制定内外政策的重要依据。

1784 年，时任美国驻法国公使的杰斐逊在巴黎自费匿名出版了他唯一的长篇专著《弗吉尼亚笔记》。他在书中回答了当时法国驻费城公使巴尔·马布瓦侯爵提出的一些问题，内容涉及弗吉尼亚州的地理、人口、军事、政治、法律、教育、宗教、经济等诸多方面。该书出版后产生了很大影响，随后又相继在英国、德国和美国出版。该书在美国国家构建上的重要意义，在于从弗吉尼亚州这个具体例子出发，扩展到对美国共和政体构建和国家发展道路的论述，书中的相关观点成为“一种新的共和政府科学的基础，以及杰斐逊的政治思想和辉煌事业的检验标准”①。

这部著作在论及美国白人与欧洲白人、印第安人、黑人的关系时，体现了“文明”观对以杰斐逊为代表的美国白人精英的影响。本文从自我与他者的差别和等级、自我在特定语境中对他者的有限认同、自我与他者的共存策略三个角度，探究该著作如何从美国白人群体的自我角度出发，对“文明”内部的他者（欧洲白人）与“文明”外部的他者（印第安人和黑人）采取不同态度与策略，以维护和加强自我的优越形象、独立地位、内部凝聚力与实际利益，促进美国早期的国家构建。

一　自我与他者之间的差别和等级

18 世纪下半叶，随着欧洲资本主义发展和海外扩张，“文明”观念也

① Dustin Gish and Daniel Klinghard, *Thomas Jefferson and the Science of Republican Government: A Political Biography of Notes on the State of Virginia*, Cambridge University Press, 2017, p. 15.

在欧洲发展起来。自诩为“文明”的欧洲人将其他民族视为“野蛮”或“半开化”，并带有强烈的欧洲中心主义和种族主义色彩。欧洲人的“文明的阶梯”观念强调以欧洲社会为标准，将欧洲人置于这个阶梯的最高层，而其他民族都处于较低级的层次，他们都要沿着这个阶梯向上发展，或者被较高级的文明取代。① 这种文明观在杰斐逊的《弗吉尼亚笔记》中得到了充分的体现。

杰斐逊作为一名出身于美国白人奴隶主阶层的建国精英，在《弗吉尼亚笔记》中明确从“文明”的角度表达了欧美白人优越、其他种族低劣的等级观念。他将印第安人和黑人排除在“文明”之外，指出在外表、勇气、情感、智力、对女性的尊重等方面，总体上白人优于印第安人，而印第安人又优于黑人。他将这一等级体系称为“造物主为他们排定的等级表”。② 对于印第安人，杰斐逊称他们为“蒙昧人”（savages），③ 并表示“不知道有印第安文物这回事，因为我不愿把箭头、石斧、石烟斗及半成形的偶像冠上那个美称”，④ 这实际上就相当于否定了印第安人有任何堪称“文明”的创造。他还进一步指出，不同种族的高下之分不仅体现在他们天生的外表、智力等方面，还体现为是否尊重他人“天赋的平等权利”，像印第安人男性对女性的压迫就表明他们处于“野蛮状态”，唯有处于“文明”状态的白人才能让妇女“重新享有她们天赋的平等权利”。⑤ 对于黑人，杰斐逊更是全方位详细描述他们与白人之间的巨大差距，并指出“造成差别的不是他们所处的条件，而是天性”，“黑人……肉体和精神的天赋都比白人差”。⑥ 例如，在外表方面，杰斐逊认为黑人的黑皮肤使“脸上永远蒙着黑面纱，把一切感情都遮盖住，缺乏变化”，而白人“白里泛红的肤色、靠血色衬托出来的各种各样的表情”则美得多，此外黑人的头

① 刘文明：《全球史理论与文明互动研究》，中国社会科学出版社 2015 年版，第 161—162 页。

② ［美］托马斯·杰斐逊：《弗吉尼亚笔记》，［美］托马斯·杰斐逊：《杰斐逊选集》，朱增汶译，商务印书馆 2011 年版，第 262 页；Thomas Jefferson, *Notes on Virginia*, in Thomas Jefferson, *The Life and Selected Writings of Thomas Jefferson*，中国人民大学出版社 2013 年版，第 281 页。

③ Thomas Jefferson, *Notes on Virginia*, in Thomas Jefferson, *The Life and Selected Writings of Thomas Jefferson*, 第 239 页。

④ ［美］托马斯·杰斐逊：《杰斐逊选集》，第 225 页。

⑤ ［美］托马斯·杰斐逊：《杰斐逊选集》，第 214—215 页。

⑥ ［美］托马斯·杰斐逊：《杰斐逊选集》，第 261、262 页。

发和体形也不如白人美，黑人的体味则很糟糕。① 他还认为，在勇气方面，黑人与白人一样，但似乎是因为黑人缺乏理性而更为鲁莽；在情感方面，黑人肉欲更强，对痛苦更健忘，他们多感觉而少思考；在智力方面，黑人的记忆力与白人相等，而推理、想象能力则与白人相去甚远，甚至还不如印第安人，即使一些黑人受过教育依然没有多大长进。② 杰斐逊特别指出，黑白混血儿与黑人相比在身心方面得到提高，进一步证明黑人这个人种不如白人；但他反对混血，主张将解放的黑人迁移出美国。③ 杰斐逊如此总结：“这种肤色上以及也许机能上的不幸的差别，对于这些人的解放是一个巨大的障碍。”④

当然，杰斐逊对“文明”外部他者的描绘带有很强的个人经验与主观判断色彩，并非完全符合事实；他也指出白人对黑人和印第安人的博物学研究一直很不够，因此他也说明他提出的黑人“肉体和精神的天赋都比白人差”是一个“模糊的想法”。⑤ 实际上，在杰斐逊撰写《弗吉尼亚笔记》的时代，已经有不少与他在书中的描绘相悖的例子，但这些例子可能超出了他的个人经验，或被他有意无意忽视了。例如他为了突出黑人智力低下、演讲能力匮乏，声称“我还从未发现一个黑人发表过一种超出简单叙述水平的见解”。⑥ 然而在他撰写该著作之前，黑人的演讲能力就已明显体现在日渐兴起的黑人布道者身上，他们当中最优秀的代表如黑人哈里（Harry）曾于 1781 年到过弗吉尼亚参与巡回布道，他 1781 年在费城的多次公开布道甚至得到了很多白人的称赞。⑦

在杰斐逊笔下，除了不同种族之间的等级差异外，同一种族内部的不同群体也有高下之分，他们在“文明”中的地位会上升或下降。尽管杰斐逊在贬低和排斥其他种族、突出自身优势的时候将白人当成一个整体，并不刻意区分美国白人与欧洲白人，然而在论及美国与欧洲，特别是与英国

① ［美］托马斯·杰斐逊：《杰斐逊选集》，第 257 页。

② ［美］托马斯·杰斐逊：《杰斐逊选集》，第 257—261 页。

③ ［美］托马斯·杰斐逊：《杰斐逊选集》，第 260、263 页。

④ ［美］托马斯·杰斐逊：《杰斐逊选集》，第 263 页。

⑤ ［美］托马斯·杰斐逊：《杰斐逊选集》，第 262 页。

⑥ ［美］托马斯·杰斐逊：《杰斐逊选集》，第 258 页。

⑦ Francis Asbury, *Journal of Rev. Francis Asbury: Bishop of the Methodist Episcopal Church*, Volume I, New York: Eaton & Mains, 1900, pp. 380, 424, 433, 434.

的关系时，杰斐逊明确区分了美国白人与欧洲白人。他指出美国在政治、经济、道德、宗教等各方面优于欧洲，特别强调美国共和政府的原则优于欧洲君主专制政府的原则，而且美国的农业经济为共和政治提供了具有美德的独立公民和防止腐败的优良基础，优于欧洲那种导致民众道德败坏、为专制和腐败提供温床的工业经济。因此他反对大量引入欧洲白人移民，以免他们到美国后继续推行专制原则或走向“极端”的自由，以致破坏整个美国社会的和平与幸福。[①] 虽然杰斐逊承认美国在“文明”的其他标志如哲学、军事、科技、高雅文化等方面暂时落后于欧洲，但他满怀信心地宣称美国正在迅速上升，而英国由于专制主义的腐败与暴力对美国“发动战争的态度……似乎不是科学或文明的正常合法产物”，这显示出英国正在“文明”方面迅速“坠落”，走向不可预测的混乱衰败。[②] 通过这样的优劣对比，杰斐逊实际上将美国白人置于“文明”的最高层次。这种严格划清美国白人与欧洲白人界限、扬美贬欧的话语，在早期美国国家构建时期十分盛行，例如潘恩在《常识》中也极力弱化美国白人与其“母国”之间的渊源关系，突出美国白人与欧洲白人的根本区别和优劣之分，亦即“酷爱自由与专制暴虐”的对比：“这个新世界曾经成为欧洲各地受迫害的酷爱公民自由与宗教自由的人士的避难所。他们逃到这里来，并不是要避开母亲的抚慰，而是要避开吃人怪物的虐待；把最初的移民逐出乡里的那种暴政，还在追逐着他们的后代，这话对英国来说至今仍然是适用的。”[③] 潘恩与杰斐逊一样强调这种区别存在于整体民族性的层面，而不只在于政府：“英国人支持他们自己的由国王、上议院和下议院统治的政府，这种偏见一半来自理智，一半来自民族自傲，甚或以后者的成分居多。”[④] 这种话语对于美国白人形成明确的自我意识、脱离欧洲建立独立国家发挥了很大的推动作用。

杰斐逊在《弗吉尼亚笔记》中对不同种族和同一种族内部不同群体的优劣高下区分，鲜明地体现了美国白人以自我为中心、贬低和排斥一切他者的态度，并强化了早期美国国家构建中美国白人至上的原则，有利于促

---

① 参见［美］托马斯·杰斐逊《杰斐逊选集》，第220—280页。

② ［美］托马斯·杰斐逊：《杰斐逊选集》，第217—219页。

③ ［美］托马斯·潘恩：《潘恩选集》，马清槐等译，商务印书馆1981年版，第22页。

④ ［美］托马斯·潘恩：《潘恩选集》，第8页。

进相对松散的各州、各地白人在他者的参照下增强自我意识和凝聚力，进而推动美国本土白人主导的独立国家的构建。另一方面，在杰斐逊笔下，由于自我与某些他者之间存在一些相似之处，而这些相似之处有利于维护自我形象、贬低其他的他者，因此自我对某些他者在特定语境中又有一定程度的认同；这种有限认同为针对某些他者的"同化"政策提供了重要依据。杰斐逊在贬低印第安人和黑人的语境中对欧洲白人的认同，作为一种典型的白人中心话语已有很多相关研究成果，在此毋庸赘述；本文接下来将重点分析杰斐逊在维护美国白人自我形象和贬低欧洲白人的语境中对印第安人的有限认同。

二　自我在特定语境中对他者的有限认同

在杰斐逊撰写《弗吉尼亚笔记》的18世纪80年代，美国刚刚独立，欧洲充斥着对美国不接纳、贬低的态度和话语，美国各州也尚未形成相对统一稳固的国家制度和意识形态。出于新生国家构建的迫切需要，杰斐逊在该著作中不但极力维护美国白人的自我形象及其共和制度，还针锋相对地对欧洲白人及其专制制度进行贬低。在这样的语境中，跟美国白人同处美洲大陆的印第安人成为杰斐逊反击欧洲白人的"话语武器"，他在该著作中多处表达了对印第安人的有限认同。

实际上，杰斐逊撰写《弗吉尼亚笔记》最初的目的在很大程度上就是反驳欧洲精英对美洲大陆的贬低，尤其是反驳法国博物学家布封等人的"美洲退化论"，帮助欧洲人了解北美的自然与社会环境。① "美洲退化论"在美国革命前后由布封等欧洲著名人士提出后，曾经风靡欧洲学术界，极大地影响了欧洲人的美洲观和美国观，有助于在欧洲人心目中将美国塑造为"在文化上衬托欧洲文明优越的'他者'形象"，从而"在很大程度上满足了欧洲人自傲的优越心理"。② 例如，布封在他的巨著《自然史》中写道："生机勃勃的大自然……在美洲不如地球上其他地方活跃、丰富，甚

① 王晓德：《文化的他者：欧洲反美主义的历史考察》，中国社会科学出版社2017年版，第90页。

② 王晓德：《文化的他者：欧洲反美主义的历史考察》，第52页。

至不够强壮；因为，通过列举美洲动物，我们能够发现不仅动物种类的数量更少，而且总体上它们的体型都比旧大陆的动物更小”；① “所有从欧洲引进的动物体型都已变得更小，而两个大陆共有的动物当中，美洲的动物体型比欧洲的小得多”②。布封极力以美洲动物种类少、体型小、引进的动物也变得“萎缩和减弱”来证明美洲的自然环境先天不足，阻碍了生命的繁衍与发展，远不如欧洲优越。③ 不仅如此，布封还将这种所谓的“萎缩和减弱”状况从美洲动物扩展到美洲原住民，将他们贬低到几乎与动物相当的低贱地位。他宣称大自然“就像继母而非慈母一般对待他们，既不给予他们慈爱之情，也不迫切地使他们的族类繁衍壮大”，致使这些人口稀少的“蒙昧人”无力改造自然、耕耘土地，只能作为“最高等级的动物”“机械一般的人”在广袤的美洲“游荡”。④ 布封用轻蔑的语气来描绘他自己并未亲身接触过的印第安人是何等“虚弱”：“在这些蒙昧人身上，生殖器官又小又弱；他们没有毛发，没有胡须，对女性没有激情；虽然他们惯于奔跑，因而比欧洲人更灵活，但不及欧洲人强壮；他们拥有的理智更少，而更加怯懦卑劣；他们没有生机，没有灵魂的活力，而他们身体的活力与其说是主动的活动，不如说是由于贫困匮乏而不得不采取的行动……”他还反复强调印第安人情感冷漠，对父母、妻子、孩子、同胞都没有爱，而且“举止粗暴，将他们的妇女当作生来做苦工的，甚至是负重的牲畜”。布封断定：“这一切都出于一个原因：他们冷漠是因为他们虚弱……大自然通过缩减爱的能力来削弱他们，比任何其他动物更甚。”⑤

尽管“美洲退化论”后来被证明与事实不符，最终退出了历史舞台，但它在欧洲留下了巨大的影响。在美国刚刚独立的时期，风靡欧洲的“美洲退化论”涉及的人种范围已经从印第安人扩大到印第安人与白人的混血儿，以及欧洲白人移民及其后裔⑥，这对新兴的美国和美国人的自我形象、自信心及国际声誉都是极大的贬低和破坏。“美洲退化论”已经不只是一

① Georges-Louis Leclerc, Comte de Buffon, *Natural History* (Ⅶ), translated by James Smith Barr, 高等教育出版社 2017 年版，第 14 页。

② Georges-Louis Leclerc, Comte de Buffon, *Natural History* (Ⅶ), 第 20 页。

③ Georges-Louis Leclerc, Comte de Buffon, *Natural History* (Ⅶ), 第 20 页。

④ Georges-Louis Leclerc, Comte de Buffon, *Natural History* (Ⅶ), 第 20 页。

⑤ Georges-Louis Leclerc, Comte de Buffon, *Natural History* (Ⅶ), 第 20—21 页。

⑥ 王晓德：《文化的他者：欧洲反美主义的历史考察》，第 80 页。

个学术谬误，而是成为一种政治意识形态上的严重威胁。与欧洲人一样怀有强烈自我优越感的美国人对此自然不能容忍，尤其是他们当中的建国精英如富兰克林、杰斐逊、麦迪逊、亚当斯、汉密尔顿等积极对此进行反击。[①] 汉密尔顿在 1787 年制宪会议期间撰文批评欧洲人“想自诩为全世界的主人……而且郑重声明：一切动物，包括人类在内，在美洲是会退化的，就是狗，只要在我们的空气中呼吸一会儿，也就不会叫了”，并呼吁美国人通过组成联邦、构建相关国家制度来反击欧洲人：“维护人类的荣誉，教育那个傲慢的弟兄谦虚一点，就是我们的事情了。联邦会使我们做到这一点。不联合会给它的胜利增加新的牺牲品。但愿美国人不屑于做大欧洲的工具！但愿十三州结成一个牢不可破的联邦，同心协力建立起伟大的美国制度，不受大西洋彼岸的一切势力或影响的支配，并且还能提出新旧世界交往的条件！”[②] 反击欧洲人自我中心的“美洲退化论”对于早期美国国家构建变得十分必要，甚至在一定程度上成为建立联邦共和制度的动力之一，而杰斐逊的《弗吉尼亚笔记》就是对“美洲退化论”的第一次系统的反驳。[③]

杰斐逊不但反驳了布封关于美洲自然禀赋较差导致美洲动物在体型、力量、数量方面都弱于欧洲动物的错误论断，还反驳了布封关于印第安人在各方面弱于欧洲白人的错误论断。他首先肯定印第安男子在性能力、勇气、情感和智力方面与白人相同：“与上述说法相反，印第安人在情欲方面既不比被迫和他进同样饮食、从事同样活动的白人差，性行为的能力也并不比这些白人弱；在做一件需要勇气的事情的时候他是勇敢的……他对待子女是充满感情的……他的感情扩及到他的其他各种关系，而且和我们一样，随着关系一层又一层地远离核心而逐渐减弱……在相同的环境下，他们的思想活动和我们是一样的……”[④] 关于印第安人的人口稀少问题，杰斐逊特别指出由于印第安妇女“被迫从事繁重的劳动”、参与打仗和狩

① 王晓德：《文化的他者：欧洲反美主义的历史考察》，第 90 页。

② ［美］亚历山大·汉密尔顿：《〈联邦党人文集〉第十一篇》，［美］亚历山大·汉密尔顿、约翰·杰伊、詹姆斯·麦迪逊：《联邦党人文集》，程逢如、在汉、舒逊译，商务印书馆 2020 年版，第 66 页。

③ 王晓德：《文化的他者：欧洲反美主义的历史考察》，第 89 页。

④ ［美］托马斯·杰斐逊：《杰斐逊选集》，第 214 页。

猎、营养不良和主动堕胎导致人口繁殖不如白人快，但是同样的印第安妇女如果嫁给白人商人而得到充足的食物和安定的生活，又不干重体力劳动，她们生育和抚养的孩子就会跟白人妇女一样多。①

杰斐逊在论述了印第安男性与女性的天赋与白人一样之后，进一步从历史和社会的角度为印第安人缺乏高级文化创造进行辩护："在我们宣称这个大陆的印第安人缺少天资之前，我们必须考虑到他们中间还没有引进文字。"② 他认为不能拿当时的印第安部落跟古罗马时期欧洲北部的日耳曼部落比较，因为后者人多、竞争激烈，有利于文化发展；即便如此，"当时阿尔卑斯山以北的欧洲产生了多少优秀的诗人、多少杰出的数学家、多少有创造性的艺术家或科学家？只是在16个世纪以后才出了一个牛顿。"③表面上看这是杰斐逊为印第安人辩护，实际上这是他为美国白人辩护作必要的铺垫。紧接着，杰斐逊就以同样的方式反驳"美洲退化论"对美国白人的贬低。杰斐逊指出，法国的雷纳尔神父将布封的理论"应用于从欧洲移居的白人"，宣称"令人吃惊的是，美国至今尚未产生过一个优秀的诗人、一个杰出的数学家，一个在单独一门艺术或单独一门科学中的天才"；然而，杰斐逊强调这是因为美国白人"作为一个民族"存在的时间还很短，人口也少，尽管如此，美国已经产生了华盛顿、富兰克林等天才人物；而法国人和英国人作为独立民族的历史比美国人长得多、人口也多得多，却并未成比例地产生比美国多得多的天才。④

针对欧洲精英的"美洲退化论"对美洲自然环境、印第安人和美国白人的贬低，杰斐逊进行了以上系统的反驳，极力突出印第安人与白人在天赋上相同，并且在历史与社会发展、高级文化创造方面，印第安人与美国白人也有相似之处。由于二者同处美洲大陆、同受欧洲白人贬低，因此在面对欧洲白人这个他者的时候形成了"唇齿相依、唇亡齿寒"的关系，为印第安人辩护实际在很大程度上就是为美国白人辩护。

杰斐逊不但面对欧洲白人的贬低进行有效"防守"，还抓住欧洲白人、尤其是英国人的专制制度及其危害进行积极"进攻"。杰斐逊受欧洲流行

---

① ［美］托马斯·杰斐逊：《杰斐逊选集》，第214—215页。

② ［美］托马斯·杰斐逊：《杰斐逊选集》，第216页。

③ ［美］托马斯·杰斐逊：《杰斐逊选集》，第216页。

④ ［美］托马斯·杰斐逊：《杰斐逊选集》，第217—219页。

的文明话语的影响，将印第安人视为“高贵的蒙昧人”。印第安人对于杰斐逊而言是“天生的共和主义者”，他们的社会组织形式表明“社会不依赖于对统治阶级权威的屈从，而是自然表达人的社交属性”①。这与美国白人的共和政府原则颇有相似之处，因此被杰斐逊用来反击欧洲专制制度。杰斐逊在《弗吉尼亚笔记》中指出，印第安人分成许多小群部落，其原因是“他们从不服从任何法律、任何强权、任何政府”，“唯一控制他们行为的只是他们的生活方式”和每个人天生的“是非感”；但印第安人当中犯罪极少，以至于让人认为“没有法律”“未开化”的印第安人要比有“太多法律”“开化”的欧洲人更幸福，而欧洲“太多法律”带来了“最大的祸害”。② 杰斐逊尤其指责英国国王“靠法律和暴力”剥夺北美殖民地权利，并讽刺英国议会缺乏智慧和诚实，依靠世袭和金钱，指责英国议会在内战期间“继承了国王对内和对外的全部权力，便开始接收对殖民地的权力”，利用其立法权对殖民地进行干预。③ 相比之下，杰斐逊认为印第安人社会的情况要好得多，他由此得出这一结论：“羊自己生活，要比在狼的照顾下生活幸福。”④ 在这里杰斐逊实际上再次强调了欧洲，尤其是英国的专制制度导致了他们在“文明”上的堕落，反而不如“未开化”的印第安人，更不如崇尚美德和自由，并对共和制度进行精心设计和不断改进的美国白人。

不过，虽然杰斐逊在一定程度上认同印第安人可能是与白人平等的种族，甚至欢迎印第安人与白人混血，但他依然是带着白人自上而下的优越感将印第安人作为博物学的研究对象，视其为具有出色潜质和需要白人引导的孩子。⑤ 在杰斐逊眼中，印第安人在智力上优于黑人，他们在白人的帮助下有可能逐渐摆脱原先的蒙昧状态，成为美国的一部分，但这必须以

---

① ［美］彼得·S. 奥鲁夫：《杰斐逊的帝国：美国国家的语言》，余华川译，华东师范大学出版社2011年版，第22页。

② ［美］托马斯·杰斐逊：《杰斐逊选集》，第224—225页。1787年杰斐逊在法国写给美国一位军官的信件中也宣称：“我确信，在那些没有政府而存在的社会里（例如印第安人社会），人民大众享有的幸福要比那些生活在欧洲政府下的社会不知高出多少倍。”（［美］托马斯·杰斐逊：《致爱德华·卡林顿上校》，［美］托马斯·杰斐逊：《杰斐逊选集》，第406页）

③ ［美］托马斯·杰斐逊：《杰斐逊选集》，第234—235、239页。

④ ［美］托马斯·杰斐逊：《杰斐逊选集》，第225页。

⑤ Roger Kennedy, “Jefferson and the Indians”, *Winterthur Portfolio*, Summer-Autumn, 1992, Vol. 27, No. 2/3 (Summer-Autumn, 1992), p. 105.

印第安人放弃自己的游猎生活方式、融入更高级的白人“文明”为前提。这种“同化”（incorporation）观念在早期美国印第安人政策中占据了极其重要的地位。[①] 对于黑人，杰斐逊并未像富兰克林、汉密尔顿这些建国精英一样将他们视为能够与白人平等的种族，实际上他将黑人看作对白人严重的威胁，黑人与白人混血对他来说是非常可怕的事。[②] 这些观念极大地影响和塑造了《弗吉尼亚笔记》中自我与多重他者不同的共存策略，而这些策略在早期美国国家构建中得到了不同程度的实施，对美国的后续发展产生了很大影响。

三　自我与他者的共存策略

基于自我与他者的差别和等级关系，以及自我对特定他者的有限认同，杰斐逊在《弗吉尼亚笔记》中根据当时弗吉尼亚州的特点和美国国家构建的情况，提出了不同的共存策略。这些策略充分考虑了自我与不同他者直接接触的情况，以及不同他者的攻击力强度：对攻击力最强但地理距离最遥远的欧洲白人提出“隔离—有限接触—改造”策略，对攻击力不断衰减的紧邻印第安人则力图推行“文明化—融入”策略，对表面软弱但已嵌入自我内部结构、具有巨大潜在攻击力的黑人，则提出了“文明化—彻底隔离”策略。

杰斐逊对欧洲白人的策略与他当时的农业立国思想密切相关。杰斐逊赞扬农民是“上帝的选民”[③]，是“最道德高尚、最独立自主的公民”[④]，是共和国保持“健康”、防止“腐化”的良好基础；而欧洲的制造业使欧

① Jonathan Elmer, “The Archive, the Native American, and Jefferson's Convulsions”, *Diacritics*, Vol. 28, No. 4, Trauma and Psychoanalysis (Winter, 1998), p. 15.

② Roger Kennedy, “Jefferson and the Indians”, *Winterthur Portfolio*, Summer-Autumn, 1992, Vol. 27, No. 2/3 (Summer-Autumn, 1992), pp. 105, 106.

③ ［美］托马斯·杰斐逊：《杰斐逊选集》，第 280 页。

④ ［美］托马斯·杰斐逊：《杰斐逊选集》，第 285 页。杰斐逊 1787 年在法国给麦迪逊写的信中再次强调：“人民是维护我们自由的唯一靠山……只要我们始终保持高尚道德，这个靠山就不会欺骗我们，而我认为，只要我们把农业当作主要目标（只要美国任何地方还有未被占有或使用的土地，就一定会这样），我们就一定能保持高尚道德。一旦我们大城市里像欧洲一样人满为患，我们就会变得像欧洲一样腐化堕落，像欧洲一样人吃人。”（［美］托马斯·杰斐逊：《致詹姆斯·麦迪逊》，［美］托马斯·杰斐逊：《杰斐逊选集》，第 434 页）

洲道德败坏，“产生奴性及唯利是图，扼杀美德的萌芽，为野心家的阴谋提供合适的工具”①。因此，应该使土地资源丰富的美国成为农业国，让制造业留在土地资源匮乏的欧洲：“把粮食和原料运给欧洲的工人，要胜于把欧洲工人带到这里来吃粮食和使用原料，把他们的生活习惯和行为准则也一并带来。”② 他反对依靠大量引入欧洲移民来迅速增加美国的劳动力，因为他们“从小就接受”的各项专制原则与美国的共和主义水火不相容，大量欧洲移民会破坏美国的“有节制自由”③。因此，美国虽然能够接受主动移民的欧洲白人成为美国公民，但不应该“靠特殊的鼓励吸引他们来”，只能是吸引少数“有用的技工”来教美国人不会的一些技术，而这些技工教完技术后“可以去种田”④。这充分体现了杰斐逊的农业立国思想：在他的蓝图中引进制造技术只是作为农业的辅助和补充，而不是美国经济的基础和关键，对于欧洲移民则尽量将他们改造为符合美国本土标准的农民。这种思想在出身于南方种植园主阶层的美国建国精英当中十分典型，例如华盛顿也表达过同样的观点：“对于任何国家，再没有比振兴农业、畜牧业及其他农业经营的各业更为实际和重要”⑤，而理想的移民政策是“除有用的技术工人和一些特定的及有专长的人以外，其他无须鼓励”⑥。

农业在杰斐逊笔下成为自我保持美德与和平、跟腐化堕落的他者划清界限的基础。杰斐逊相信拥有丰富土地资源、以务农为主的美国人民不需要像欧洲人那样因土地资源匮乏而出海四处经商，以致引发战争、耗费财富、损害国家利益，因此与欧洲共存的理想策略应该是孤立主义：“为了消除尽可能多的战争起因，我们最好把海洋完全放弃，因为海洋是我们容易同其他国家角逐的自然环境。让别人把我们需要的东西送来，把我们多余的东西运去，这样我们就不会受欧洲攻击，因为我们在海上没有东西好让他们掠夺，我们全体公民可以致力于耕种土地；我再说一遍，耕种土地

① ［美］托马斯·杰斐逊：《杰斐逊选集》，第 280 页。

② ［美］托马斯·杰斐逊：《杰斐逊选集》，第 281 页。

③ ［美］托马斯·杰斐逊：《杰斐逊选集》，第 220—221 页。

④ ［美］托马斯·杰斐逊：《杰斐逊选集》，第 222 页。

⑤ ［美］乔治·华盛顿：《华盛顿选集》，聂崇信、吕德本、熊希龄译，商务印书馆 2012 年版，第 275 页。

⑥ ［美］乔治·华盛顿：《华盛顿选集》，第 281 页。

的人是最道德高尚、最独立自主的公民。”[①] 尽管美国最终还是走上了杰斐逊的政治对手——汉密尔顿主张的工商业发展道路，在经济和军事实力增强之后也不可避免地与欧洲列强展开海外竞争，但杰斐逊提出的农业立国与孤立主义策略在美国早期国家构建中也发挥了自我保护、休养生息的重要作用；尤其是杰斐逊担任总统期间推动购买路易斯安那使美国获得了巨量土地资源，为美国农业经济和整个国家的进一步发展打下了更加坚实的基础。

与欧洲白人这个攻击力最强但受到地理距离限制的他者相比，杰斐逊清醒地认识到，印第安人这个与自我紧邻的他者攻击力虽不弱却在不断衰减，而黑人这个遭受奴役、看似最软弱的他者，则由于已嵌入自我内部结构而具有巨大的潜在攻击力。因此，杰斐逊对同为“非我族类”的印第安人和黑人提出了不同的共存策略。

印第安人的土地资源对于杰斐逊理想的美国白人农业共和国独立和发展道路具有极其关键的作用。在《弗吉尼亚笔记》撰写的年代，印第安部落在白人向西拓殖的压力下日益衰落、分散，他们的土地被白人以各种方式购买、骗取或夺取，但他们依然坚持与白人进行抗争。印第安人此起彼伏的武力抗争给羽翼未丰的美国带来了巨大的军事威胁和沉重的财政负担，美国建国精英认识到不得不采取一些非暴力策略，否则就如华盛顿所说，双方“欲期和平相处，决无可能”[②]。因此，早期美国联邦政府一方面将印第安部落当作敌对的主权实体，将其排除在构建中的美国国家体系之外；另一方面力图推动印第安人放弃传统的游猎生活，改为从事农业，接受白人的文化，走上白人为他们准备的“文明”社会道路。杰斐逊就是这种策略的一个典型代表，他在《弗吉尼亚笔记》中明确指出了对“野蛮”的印第安人进行“文明化”的必要性，支持当地白人对印第安人的教育和传教，对白人与印第安人通婚表示肯定、赞赏，并反对当地一度流行的将印第安人当奴隶这种做法。[③] 杰斐逊担任总统后，在给印第安部落的信中宣称“红人”（即印第安人）与白人“居住

① ［美］托马斯·杰斐逊：《杰斐逊选集》，第285页。
② ［美］乔治·华盛顿：《华盛顿选集》，第286页。
③ ［美］托马斯·杰斐逊：《杰斐逊选集》，第214、215、216、267、268页。

在同一块土地上”，白人将其“视为同胞手足”，希望与其“作为一个民族生活在一起”，并表示“我们将非常高兴地看到你们的人民愿意为他们的衣食而耕种土地、饲养家畜、纺纱织布。这些方法是可靠的，它们决不会使你们失望，而狩猎的办法可能会失败，使你们的妻儿遭受饥寒之苦。我们将乐于为你们提供最必要的技艺和工具，同时派人去教你们怎样制造和使用它们”①。在第二次总统就职演说中杰斐逊宣称：“人道主义要求我们教会他们种田和从事家庭手工业，鼓励他们勤奋劳动，只有劳动才能使他们生存下去，并且让他们及时对那种除了增加肉体享受之外还能提高智力和道德水平的社会状态做好准备。所以，我们已经向他们提供了大量农具和家用工具，派了许多人到他们那里去传授制造生活必需品的技术。”② 美国政府对印第安人的这种“文明化”政策后来变得日益强硬，到 19 世纪晚期全面剥夺了印第安部落的独立主权和自治权，并力图瓦解其部落组织及部落认同而将其强制同化，同时逐步赋予印第安人美国公民身份。③ 然而，印第安人在丧失大量土地与部落传统之后仍然未能完全融入美国社会，在身份认同上至今依然有很大障碍，早期美国国家构建中“文明化”目标的实现依然遥遥无期，而实现目标的过程中造成的巨大创伤与鸿沟恐怕永难弥合。

具有讽刺意味的是，杰斐逊极力想要同化的印第安人作为一个群体实际上一直抗拒完全融入美国，而对于努力争取融入美国的黑人群体，杰斐逊在《弗吉尼亚笔记》中却完全否认了他们融入的可能性。④ 美国黑人作为遭到美国白人压迫和排斥最强烈的他者，反而跟自我的直接接触最为密切，甚至已经深深嵌入（但并未融入）自我的内部结构，同时主动、迫切地寻求融入自我。例如，当时大量黑奴和自由黑人积极皈依基督教、加入白人教会，期待以此获得宗教上与白人平等的信徒身份，甚至在世俗社会中进一步提升自己的地位。然而，长期的奴役造成的种族鸿沟难以在短时间内填平，即使是杰斐逊这样相对较为开明的奴隶主，依然严格划清自我与他者的界限，防范嵌入自我内部的他者的颠覆活动。

---

① ［美］托马斯·杰斐逊：《杰斐逊选集》，第 329—330 页。
② ［美］托马斯·杰斐逊：《杰斐逊选集》，第 337 页。
③ 王坚：《美国印第安人政策史论》，天津人民出版社 2018 年版，第 82—88 页。
④ 王坚：《美国印第安人政策史论》，第 44—45 页。

杰斐逊在《弗吉尼亚笔记》中明确表达了自己对奴隶制的反对，并介绍了该州逐步解放奴隶的方案，还以充满自我优越感的语气详细叙述了方案中的“文明化”内容：“解放所有在法案通过后出生的奴隶……奴隶将继续和他们的父母共同生活到一定年龄，然后由公家出资按照他们的天赋教他们学习耕种、艺术或科学，直到女性年满 18 岁，男性年满 21 岁，再送他们移居于当时情况认为最合适的地方，去时随身携带武器、家具及工具、种子、家畜，等等，宣布他们是自由和独立的人，并对他们扩大我们的联盟和保护，直到他们有了力量为止；与此同时，还派船到世界其他地方运进同样数目的白人，给他们适当的赞助以诱使他们移居此地。”[①] 尽管杰斐逊以慈爱家长的语气描绘了如孩童一般需要家长照顾和教育的黑人美好的未来，如同他描绘印第安人的“文明化”一样，却并未给黑人在美国本土留下与印第安人一样的位置。他认定即使是获得解放的“文明化”黑奴后代也不可能融入美国，其原因在于“白人根深蒂固的偏见；黑人关于他们所受伤害的无数记忆；新的挑衅行为；大自然所创造的真正的差异以及其他许许多多情况”，这些会造成美国的严重分裂、动乱，“这些动乱除非一个或另一个种族灭绝恐怕永远不会停止”[②]。除了这些政治原因还有黑人与白人之间“生理上和道德上的障碍”，导致双方格格不入，无法融合，因此必须由政府出资将他们“迁送到不至于发生混血的地方”。[③] 杰斐逊表述的这种强硬策略力图将嵌入自我内部结构的他者进行“文明化”，然后彻底剥离出去，体现了以“文明”最高级自居的自我在对他者处处戒备、排斥的同时，还具有强烈改造控制欲，而这种损害他者以利自我的欲望往往在“文明化”话语的掩盖下显得十分堂皇。从美国独立革命到内战废除奴隶制，这种企图将美国建造为一个纯粹白人国家的策略得到了民间和官方在舆论、人力、财力等方面的大力支持，最显著的一个成果是美国殖民协会帮助海外殖民的美国黑人在非洲建立了利比里亚联邦（后独立成为利比里亚共和国）。到 19 世纪 60 年代，林肯政府积极推进黑人海外殖民政策，还争取

① ［美］托马斯·杰斐逊：《杰斐逊选集》，第 256 页。
② ［美］托马斯·杰斐逊：《杰斐逊选集》，第 256 页。
③ ［美］托马斯·杰斐逊：《杰斐逊选集》，第 256、263 页。

到了国会批准的大量专项拨款。但是这一政策也一直面临耗资巨大、海外殖民地条件恶劣、黑人死亡率高等严重问题，遭到强烈反对，在美国废除奴隶制后退出了政治舞台，它的"隔离"目标转而由日益变本加厉的种族隔离制度来实现。然而，无论是海外殖民还是国内隔离，都无法彻底解决《弗吉尼亚笔记》中直言不讳的两个种族之间的分裂、动乱，早期美国国家构建中留下的这一巨大隐患一直延续至今。

四　结语

在欧洲的文明观影响下，杰斐逊的《弗吉尼亚笔记》表现出了鲜明的"文明—蒙昧""自我—他者"二元对立的思维模式，凸显了早期美国国家构建中的美国白人至上原则。作为一名出身于美国南方种植园奴隶主阶层的白人建国精英，杰斐逊非常明确地划清了自我与他者之间的界限，以"文明"最高级自居，并针对"文明"内部和外部的三类他者采取了不同的态度和策略。一方面，杰斐逊极力强调自我与他者的差别和等级，贬低和排斥他者，宣扬"隔离"策略，以保护自我的独立性和利益，避免自我被他者侵蚀、同化或颠覆。另一方面，由于杰斐逊笔下的自我对某类他者在特定语境下有一定程度的认同，因此他对于相似点相对较多、直接接触相对少一些、攻击力相对受限的他者（欧洲白人和印第安人）又试图采取"有限接触—改造"和"文明化—融入"策略，而对于相似点最少、直接接触最多、潜在攻击力巨大的他者（黑人）则宣扬"文明化—彻底隔离"策略，并从根本上否定其"融入"的可能性。总之，杰斐逊笔下的自我不但居于"文明"山巅俯视"文明"内部其他成员，而且对"文明"外部的他者负有"文明化"的使命，无论是"文明"内部还是外部的他者要想提升在"文明"等级体系中的地位，都必须向自我的标准靠拢。杰斐逊在《弗吉尼亚笔记》中明确表达的这种美国白人至上的自我中心观念，成为早期美国国家构建中一种重要的意识形态构建方式，有利于在国内外意识形态领域塑造美国的自我形象、突出自身价值、提升自信心、增强内部凝聚力，并为制度构建、政策制定提供重要依据和动力。美国联邦共和制度的建立以及西进扩张、孤立主义、同化印第安人、黑人海外殖民、种族隔离等重要政策与制度都深深打上了这种意识形态的烙印，一方面促进了美国国家的构建，使美国独立后迅速成长为一个本土白人主导的现代民族国家；另一方面也遗留了诸多问题和创伤，至今仍然难以解决和治愈。

（张国琨，首都师范大学世界史专业博士生，对外经济贸易大学讲师）

18世纪欧洲文本记述与艺术形塑中的太平洋土著女性

徐桑奕

摘要 18世纪后半叶，欧洲国家开始了新一轮对太平洋的探索，南太平洋地区的波利尼西亚成为他们考察的主要目的地。在航海家和旅人的文字记录中，以大量篇幅描述了热情美丽的土著女性，她们由是成为太平洋在欧洲的重要文化符号之一。与此同时，约翰·韦伯等画家也绘制《波杜婀》等有关土著女性的诸多画作，进一步突出了她们的“自然之美”，与启蒙时代一些学者的主张相呼应。然而，随着欧洲对太平洋的深入了解，它在文明社会视角下的众多落后、野蛮之处被昭然于世，而单纯的“女性”形象不但无法拯救太平洋整体形象的崩塌，还与土著社会的风俗文化进行了“捆绑”，最终也无法扭转这种态势，并落得“污名化”。土著女性在欧洲的形象变迁说明，近代世界各文明间的交往仍处在欧洲“单方面”的阶段，文明程度的领先使其在历史阐释中拥有更多的话语权；同时也表明，欧洲会根据自己的利益和需要塑造文化上的“他者”。

关键词 18世纪 太平洋土著女性 文本建构 艺术刻画 文化符号

18世纪后半叶是欧洲国家进行太平洋探索的高峰期。伴随着抢占“新世界领土和资源”① 的潜在诉求，各海洋国家纷纷派遣船队前往太平洋腹

---

① 在官方给詹姆斯·库克的航海指导中数次提到了这些目标。可参见 James Cook: *The Voyage of the Endeavour* 1768 - 1771, J. Beaglehole, ed., Cambridge: Cambridge University Press, 1955, p. cclxxxiii, 以及 James Cook: *The Voyage of the Resolution and Adventure* 1772 - 1775, J. Beaglehole, ed., Cambridge: Cambridge University Press, 1961, p. clxviii.

地，而非浅尝辄止。同时，尽管太平洋文化圈是由密克罗尼西亚（Micronesia）、美拉尼西亚（Melanesia）和波利尼西亚（Polynesia）三地[①]构成，但18世纪欧洲船只主要到达之地和接触人群大多处在南太平洋，即波利尼西亚。同时，由于具备较多令人印象深刻的特质，以至于在很长一段时期内，欧洲人都将波利尼西亚地区默认为他们所意指的“（南）太平洋”或“南海”（South Seas）。[②]

欧洲各国，特别是英法两国对太平洋的关注首先是出于政治、军事和外交等“高阶政治”（high politics）考量。18世纪后期，詹姆斯·库克船长（Captain James Cook）先后3次受命前往太平洋，探寻“南方大陆”“北方航线”等谜题的真相，同时也为英国贸易路线的开辟寻找可能性。然而有意思的是，航行中对于民俗、地理、水文、植物等领域的科考，反而“喧宾夺主”，成为社会和学界更感兴趣的话题。包括库克在内，如英国的约翰·拜伦（John Byron）、塞缪尔·沃利斯（Samuel Wallis）、菲利普·卡特莱特（Philip Carteret）、乔治·温哥华（George Vancouver），及法国的路易·布干维尔（Louis de Bougainville）、拉佩鲁兹（La Pérouse）等人，都曾在1765—1800年间前往太平洋进行过探索，并留下了篇幅较大、涵盖甚广的航海笔记，是为考察这一时期欧洲和波利尼西亚之间交往史的重要资料。正是在他们的记述中，关于太平洋土著岛民的最初和最直接的印象开始被理解和构建，舒适的气候、秀美的环境，以及迷人的土著女子，都令欧洲人歆羡不已。而随着了解的加深，欧陆学界对太平洋的社会和文化展开了深入考察，循着女性形象等元素，学者们对此作出了不同角度的解读，并在文明发展的框架下进行了比较分析。

另外，关于身体、艺术和文本的讨论也是18世纪学界和艺术界的一个关注所在，世俗观念中的“自然”身体以及它的符号（semiotic）意义等观念和论点都在这一时期兴起和发展，“身体”日渐被置于科学和美学的双

---

① 这种划分方式在19世纪初出现，参见唐纳德·弗里曼《太平洋史》，王成至译，东方出版中心2011年版，第69—70页。

② Bengt Danielsson, *Love in the South Seas*, London: George Allen & Unwin Ltd., 1956, pp. 12 - 13.

重角度下研究。[①] 这些艺术领域的探讨在有关太平洋的叙事中投射出了具象。有学者指出，在 18 世纪中期的若干美学思想中，“身体”的意象既喻指一种“理想的美”，也不忌讳在呈现中突出某些局限之处。[②] 不难想象，在妆容盛行、技巧高超的当时，来自太平洋的“原生态”面孔和身体，无疑更符合这些欧洲艺术家的审美需求，也给他们留下了更大的想象和创作空间。一些画家不远万里，前往太平洋岛屿采风，并绘制出了令时人惊艳的风景和人像画作。而相比绘画等形式的文本，书面文本则具有更大的体量和信息量，其中的不同观点和论述是影响太平洋及其女性子民在欧形象的重要推手。有关此方面的阐述，如唐纳德·弗里曼（Donald Freeman）、玛格丽特·林肯（Margarette Lincoln）、维罗妮卡·凯莉（Veronica Kelly）等学者都曾在其撰著或编著中有所提及。

在此，亦有必要注意的是“女性”和“女性形象”之间的差别。“女性”本身是自然且美好的，其行为也符合其所在文化背景下的秩序和惯例；但部分文本倾向于将一些土著社会固有的风物习俗与女性进行“捆绑”，从而糅合出他们眼中的“女性形象/土著社会形象”，并以“野蛮”（savage）这样带有显著情感倾向的词汇概括之。这对土著女性来说无疑有失公允，但却是数量可观的文本记录中的常态。

一　活色生香：航海和旅行行纪中的太平洋女性

1740—1744 年，英国皇家海军将领乔治·安森（George Anson）曾率领船队完成了环球航行。由于一路上不断遭遇恶劣天气和疾病的侵袭，同时也囿于经度测算方面的技术问题，安森一行并未和波利尼西亚的土著岛民有实质的接触。他在回国后出版的《环球航行记》（*A Voyage Round the World*, 1740 - 1744）一书，再度唤起了欧洲对东方和海洋世界的好奇。随之而来的“七年战争”，将战事引向全球，并促使英法等国向太平洋进发，

① 尽管作为专门学科的符号学（semiotics）产生于 20 世纪，但在 18 世纪就有持续的有关语言本质和起源、符号的本质、符号产生的模式等问题的论争。可参见 Veronica Kelly and Dorothea von Mucke, eds., *Body and Text in the 18th Century*, California: Stanford University Press, 1994, pp. 9 - 10.

② Veronica Kelly and Dorothea von Mucke, eds., *Body and Text in the 18th Century*, p. 11.

开辟“新的前线”。数年后，欧洲人的船只终于邂逅南太平洋；自那时起，波利尼西亚自然、安宁和快乐的生活方式便深深吸引了他们，“人间乐园”（earthly paradise）之谓即由此而来；而拥有“性感”“温柔”以及“头戴花环”等美丽特质的太平洋女子更是令人沉醉，乃至成为日后很长一段时间里，欧洲人提及太平洋时所产生的第一印象①，还以小说、绘画和新闻报道等形式长期占据“文明社会”的视野。

两个文明的最初接触并非十分融洽。1767 年 6 月，沃利斯的“海豚”（Dolphin）号作为首次邂逅塔希提的欧洲船只，随即在尝试登岛与当地土著发生冲突。岛民们对英国人的到来抱持疑惧的态度，以数百艘独木舟严阵以待，紧随其后的是盗窃和乱石抛射行为。② 此举显然激怒了英国人，他们回之以滑膛枪和大炮的火力，最终酿成了一场屠杀。实际上，英方对此应有所准备，正如海军部在此前的谕令中所提到的，虽然远洋船只应“在征得当地居民同意的前提下获得给养”，但更重要的是应当“在条件允许的状况下占据主动，以确立英皇的权威”。③ 令英方满意的是，在流血事件之后，双方的互动开始以和平方式为主，贸易活动也逐渐展开；同时，或是出于畏惧和示好，土著开始将部族中的女子觐献给海员们。富有戏剧性的是，有关爱慕与情感的话题成为跨洋关系中的主题，或正是以此为滥觞。“海豚”号的乔治·罗伯森（George Robertson）如是记述道：“海员们发誓，他们从未见过如此美丽的女性。他们纷纷表示，为得到一个这样的女子，愿意少拿三分之一的薪水……（可以得到土著女子的消息让）他们疯狂爱上了这片海滩，即使是几周前被医生确诊的病号们，似乎也非常乐意为此奋不顾身……”④

事实上，有关波利尼西亚女子美貌和优雅的描述可见诸许多欧洲著述和文学作品的字句间。库克第二次远洋航行得到随行学者乔治·福斯特

① Glyndwr Williams, “Seamen and Philosophers in the South Seas in the Age of Captain Cook”, *The Mariner's Mirror*, Vol. 65, No. 1, 1979, p. 7.

② Glyndwr Williams, “Seamen and Philosophers”, p. 6.

③ Alan Frost, “Shaking off the Spanish Yoke: British Schemes to Revolutionise Spanish America, 1739 - 1807”, in Margarette Lincoln, ed., *Science and Exploration in the Pacific: European Voyages to the Southern Oceans in the 18th Century*, Suffolk: Boydell & Brewer Ltd., 1998, p. 26.

④ Hugh Carrington, ed., *The Discovery of Tahiti*, London: The Hakluyt Society, 1948, pp. 166 - 167.

(George Forster) 在他的见闻中写道:“(有一位汤加女子) 身段优雅,五官精致,且比例十分和谐……洋溢着青春的甜美和魅力,她的眼睛就像是闪耀着的火光……”① 一本名为《塔希提夫人》(*Madame Tahiti*) 的著作描述道:“……塔希提女子如猫一般优雅,又裹挟着一种异域风情的慵懒之感……她们的芳名都有着出众的音乐感:像波玛(Poma)、玛拉欧(Maraou)、特卡欧(Tekao)……”②

气质超脱的土著女子们令欧洲旅人倾倒,而她们本身也善解风情。18 世纪后期,拉佩鲁兹在他的著述中提道:“一些萨摩亚(*Samoa*)的美丽女子,为我们提供了水果和家禽,乃至主动献身……”③ 在他之前,布干维尔也曾记述道:“(塔希提)岛民邀请我们到其家中,为我们提供餐食;但主人的款待(civility)还不止于此,一些少女也会被提供给客人……”④ 有时,欧洲人所带来的珍奇之物也会吸引异性的目光,为他们带来艳遇。例如,有海员在汤加群岛购买了一些红色羽毛,它们在塔希提大受欢迎,当地女子竞相前来,簇拥在持有这种羽毛的海员周围。乔治·福斯特因之记述道:“这些大洋洲当地的产品比任何外国物品都更受欢迎……它们革命性地改变了土著女子和海员之间的关系。”⑤ 相比之下,沃利斯的例子则更具有传奇性。在他登上塔希提后,曾受到主宰一方的女性酋长普蕾娅(Purea)的热情招待。据记载,普蕾娅举止大方,具有领袖的权威;⑥ 同时,她也对沃利斯悉心照料,表现出了无微不至的关心。沃利斯对她也一见倾心,甚至逾越了自己身负的政治使命和界限,称她为自己的“公主”;每当要与她分离时,他的“眼里和心中都充满了伤感和难过”。⑦

在出众的相貌之外,土著女子多有着开朗外向的性格和丰富的情感表达。由于从未见过来自工业文明的舳舻巨舰和相貌迥异的欧洲人,波利尼西亚人对外来舰船和旅行者们表现出了强烈的好奇心和热情。1770 年左

---

① George Foster, *A Voyage round the World in Resolution*, Vol. II, London, 1777, p. 183.

② André de Wissant, *Madame Tahiti*, New York, 1943, p. 148.

③ Bengt Danielsson, *Love in the South Seas*, p. 16.

④ Louis de Bougainville, *Voyage autour du Monde*, Paris, 1771, p. 197.

⑤ George Forster, *A Voyage Round the World*, Nicholas Tomas and Oliver Berghof, eds., Honolulu: University of Hawaii Press, 2000, p. 360.

⑥ Samuel Wallis, *An Account of a Voyage*, London, 1773, p. 461.

⑦ Samuel Wallis, *An Account of a Voyage*, pp. 462, 479.

右，西班牙人菲利普·冈萨雷斯（Felip Gonzales）在他的复活节岛（Easter Island）日志中记载："妇女们非常热情好客，她们穷尽本领地邀请我们。或许在她们的男人们看来，她们并没有表现得很越界，因为男人们还会要求她们来吸引我们的注意。"① 跟随库克航行的瑞典学者安德斯·斯帕曼（Anders Sparrman）曾记录到，塔希提人在英舰上受到了友好的招待，他甚至打趣道："假如（塔希提女子们）能表现出自己热情一半的勇敢，她们肯定能控制整艘船。"② 数十年后，这种景象依然可见。19 世纪中期的一位英国商人记录称，当他所在的船还未停靠马克萨斯群岛（Marquesas Islands）的海岸时，就已有一些当地的年轻少女涉水游泳而来，以示迎接；同时，她们在水中叫喊、嬉戏，一度令船只难以前进。③ 而最能体现土著女性风采的是她们的舞蹈。18 世纪末，英国海军将领乔治·温哥华记载了夏威夷女子们的舞蹈场景："她们身着色彩斑斓的服饰，排列整齐。这场盛会由 3 个方阵组成，大约 200 名女子……她们的声音和队列如此整齐划一、天衣无缝。她们放松、投入，而又十分优雅……"④

作为与欧洲人互动最为频仍之地，塔希提是一个"真正的爱情群岛"（true isles of love），这里的男女"就连一起游泳时也在想着爱情"。⑤ 法国学者菲利贝尔·肯默生（Philibert Commerson）的论述很好地总结了 18 世纪欧洲人所见之波利尼西亚的社会风貌。他在塔希提行纪中提道："这个地方已让我将之与托马斯·莫尔所说的乌托邦相联系起来……这里的人们没有偏见，没有纷争。美丽的蓝天之下是果实丰盈的土地……在这里，人们只识爱神。"⑥

二　自然之美：艺术审美与太平洋女性的形塑

18 世纪，化妆品和化妆术的方兴未艾一度引发了社会关于其道德合法

① Felip Gonzales, *The Voyage ... to Easter Island*, Cambridge: Cambridge University Press, 1908, p. 24.

② Anders Sparrman, *A Voyage round the World*, London, 1944, p. 81.

③ E. H. Lamont, *Wild Life among the Pacific Islanders*, London: Hurst and Blackett, 1867, p. 29.

④ George Vancouver, *A Voyage of Discovery*, Vol. III, London: The Hakluyt Society, 1984, p. 76.

⑤ André de Wissant, *Madame Tahiti*, p. 55.

⑥ Philibert Commerson, Lettre, *Mercure de France*, Paris, 1768, p. 461.

性的思考。当时的一份杂志曾经刊文写道："在艺术中心和殿堂的法国，很多女性几乎都一样漂亮，要把她们区别开来可不是一件容易的事……如此看来，真正的美（real beauty）已经很难再对构造的美（sophisticate beauty）保持什么优势……"[①] 对身体加以粉饰和增色的手法被认为是道德上的不端；更有甚者，绘画艺术也有受到波及之虞，被一些说法形容为是"效果加强版的复杂化妆手段"[②]。将"化妆"与"欺诈""世故"等评价联系起来的风气，反映了对当时女性较为严格的身心束缚，时人有言："当一个女孩不再腼腆和害羞时，她即失去了女性最动人的美丽。"[③] 显然，在这种观点看来，化妆就是令女性失却美丽的"祸首"。

在此背景下，土著居民之"天然雕饰"的身体面庞和文化生态就将显得更加可贵。卢梭在 1762 年出版的《爱弥儿》（*Émile, ou De l'éducation*）中塑造了一个在自然条件下接受教育，并保持了人类美好的自然天性的形象，是一个"完全为自己而活的"独立的人。[④] 涟漪也随着太平洋岛民的形塑和赴欧不断泛起。1774 年，塔希提土著欧麦（Omai）随库克一道返回英国，在受到海军部和王室接见的同时，他的到来还引来了英国文化圈的好奇打量，以致被谑称为"伦敦之狮"[⑤]（Lion of London）。约书亚·雷诺兹（Joshua Reynolds）曾绘制过欧麦穿着奇异的东方服饰的肖像画。[⑥] 如他所言，艺术需要具有"非凡性"（singular forms）、"地方性"（local customs）和"独特性"（particularities）；[⑦] 同时他还强调，艺术（家）应该把握住不同族群的个性，因为它们都具有自己的中心特征（central form）。[⑧]

---

① *The Gentleman's Magazine: and Historical Chronicle* 6, 1736, p. 377.

② Tassie Gwilliam, "Cosmetic Poetics: Coloring Faces in the Eighteenth Century", in Veronica Kelly and Dorothea von Mucke, eds., *Body and Text in the 18th Century*, p. 144.

③ Dr. John Gregory, *A Father's Legacy to His Daughters*, Boston: Leonard C. Bowles, 1832, p. 14 - 16.

④ ［法］卢梭：《爱弥儿》，李平沤译，商务印书馆 1978 年版，第 9 页；代志卿：《从"社会人"到"自然人"：卢梭〈爱弥儿〉对理性崇拜的反思》，《理论观察》2016 年第 7 期。

⑤ Matt Matsuda, *Pacific Worlds: A History of Seas, Peoples, and Cultures*, Cambridge: Cambridge University Press, 2012, p. 138.

⑥ ［美］唐纳德·弗里曼：《太平洋史》，第 243 页。

⑦ Joushua Reynolds, *Discourses on Art*, Robert Wark, ed., New Haven: Yale University Press, 1975, p. 44.

⑧ Deidre Lynch, "Overloaded Portraits: The Excesses of Characters and Countenance", in Veronica Kelly and Dorothea von Mucke, eds., *Body and Text in the 18th Century*, p. 133.

而在其他艺术家的笔下，塔希提等地“人间乐园”和“天堂”的中心特征和形象则被一再渲染，其中的男女具有与欧洲人十分近似的相貌和肤色，并很快成为一种“情色艺术”的代表和符号。随库克前往过波利尼西亚的著名博物学家约瑟夫·班克斯爵士（Sir Joseph Banks）在其个人行纪中不乏对此情节的香艳描述，这在引起英国民众好奇的同时，也令一些上流社会人士“感到震惊”①。

数次航行中不乏艺术家，尤其是画家的身影，他们以自己的知识背景和偏好描绘太平洋的景象。在库克的首次航行中，苏格兰艺术家西德尼·帕金森（Sydney Parkinson）完成了数百幅有关太平洋风土人情的画作。从内容上看，帕金森的工作更接近于自然和民俗的写实，例如他所绘制的大量植物插画，以及毛利人臀部旋涡状的文身等；从风格上看，他的创作则接近于希腊和罗马神话的经典油画，所呈现画面并非太平洋的真实景象②，这或许是出于帕金森对“裸体”意象的避讳心理，特别是在考虑到他贵格会的宗教背景后。

作为官方指派的艺术家，英国画家约翰·韦伯（John Webber）参与了库克的第三次远洋航行。在此行中，他在新西兰、夏威夷和南太平洋诸岛完成了大量画作，故被认为是最早和太平洋进行深入接触的欧洲艺术家之一。韦伯所作的大量景观写生名闻遐迩，而他关于土著女性的人像画作也是对 18 世纪南太平洋社会及风土人情的忠实记录，产生的影响亦不亚于前者。当时的一种理解看来，艺术“理应是自然（之美）的仆从和表达（servant and assistant）”③。在韦伯的笔下，土著女性的举手投足和面容情感被呈现得比较完整，也较为贴近原始社会生活的事实状况。这些作品大多在 1780 年代出版成册，其中的一些如今还能在英国国家海洋博物馆中一睹真容。1777 年，韦伯所作的《女子夜舞》（*A Night Dance by Women*）是其群像作品中较为著名的存在，它描绘了汤加的哈派地区（Ha'apai）土著女子们群舞的景象。在该画中，女子们头戴花环，上身赤裸，下身着长裙，分为两列，在树枝的合拍中整齐地起舞，库克一行则受邀在一旁进行观

① ［美］唐纳德·弗里曼：《太平洋史》，第 243、247 页。

② ［美］唐纳德·弗里曼：《太平洋史》，第 244 页。

③ *The Gentleman's Magazine*, p. 377.

看。她们的群舞一度引发了库克船长的兴趣，他试图将之与英国本土的舞蹈进行比较，但却无疾而终。他评价认为，任何笔触都无法准确描绘出这种情景。①

较之于群像作品，韦伯所绘制的单一人物肖像在数量和质量上都要更高一筹，且更能体现出岛民对于欧洲人朴素和直接的态度。1777 年，他在塔希提完成《携带礼物的塔希提少女》（*A Young Woman of Otaheite, Bringing a Present*）一作。画中女子巧笑倩兮，发间以鲜花点缀，身着规制巨大的树皮布衣（tapa cloth），并饰以羽毛制作的护颈胸布（gorgets 或 breast plates）。据记载，这些华美盛大的衣装和配饰都是献给英国船长的礼物。②无独有偶，1779 年绘制于桑威治群岛③的《桑威治群岛的少女》（*A Young Woman of the Sandwich Islands*）刻画了一位发饰张扬的女子，她虽然不似塔希提少女那般端庄明媚，但其毛利人自由野性的特征尽显无疑。此外，她颈上穿戴夏威夷花环（lei），该配饰一般表示对贵宾的致意或敬仰，或表达其处于一种愉悦的心情中。④

这些画作均从不同角度体现了太平洋女子的风貌；而韦伯最著名的作品之一，是完成于 1784 年的《奥里奥之女波杜娴》（*Poedua, the Daughter of Orio*）。波杜娴是来自社会群岛的赖阿特阿岛（Raiatea）哈阿玛尼诺（Haamanino）地区的一位贵族女子，大约出生于 1758 年。⑤ 韦伯作此画时，波杜娴时年 19 岁。当时，库克的海员中有两人擅自离开，波杜娴的兄弟和丈夫遂因此被作为人质扣押；她的父亲奥里奥酋长（chief Orio）也因此协助库克寻找这两名海员。正是在此时，韦伯得以接触到波杜娴，并完成了一幅她的速写。波杜娴正怀有身孕，还受到了此事的波及与牵连；但韦伯隐去了波杜娴的负面情绪，代之以安静的面容，并以柔和的色调衬托了她姣好的相貌、气质和体态。该作可谓塑造了太平洋女性留存于世的经典形象，其中流露出的“平静的诱惑”（tranquil allure）⑥，很好地凸显了

① National Maritime Museum, PAF6438.

② National Maritime Museum, PA14152.

③ 现夏威夷群岛。

④ National Maritime Museum, PA14190.

⑤ National Maritime Museum, BHC2957.

⑥ National Maritime Museum, BHC2957.

波利尼西亚女性的自然气质和恬静的幸福感，这在热衷于盛妆艳抹的社会时尚中，无异于一涓清流，也是卢梭笔下“自然人”的一幅时代写真。如今，此画仍高悬在国家海洋博物馆中，作为近代太平洋土著女性的代表性形象，接受着一代代观众的瞩目。

后世的艺术家的作品中亦不乏对南太平洋往昔宁静的追忆。著名画家保罗·高更（Paul Gauguin）曾客居波利尼西亚诸岛多年，并与当地女子同居；他在此期间完成的手记《诺阿·诺阿》（*Noa Noa*），部分勾勒了18世纪塔希提的风土人情[①]，其中的插图描述与以往的旅行者们如出一辙：“海滩上，一对姐妹正在沐浴，身体放松地舒展着，似乎在谈论昨天的甜蜜恋情，以及明天、后天的打算。”“……（一名女子）保有着一种奇异的优雅（a strange elegance）……”[②] 这些风光美丽的岛屿给予了他对于自然的纯粹体验，令其画作有着沉思、肉欲乃至神秘的特质[③]，这和约翰·韦伯等人的风格大相径庭。高更笔触下的土著女子具有原始而独特的神秘色彩，亦展现出了富有生命力的美感，是她们现代形象的来源之一。

三　利益、道德与文明演进：女性及太平洋形象的三重演绎

尽管为欧洲社会提供了不少值得关注的文化现象，政治因素仍是横亘在双方友好交往中的一道“铁幕”，“女性形象”的流行恰恰体现了太平洋社会在其中表现出的守势和屈从。相比于船坚炮利的欧洲来客，太平洋诸岛的军事实力的确无法与之抗衡；因此，在欧洲人未表现出明显敌意的情况下，岛民对其文化和风俗的应用与展示，既是天性的体现，也不乏一些实用的考量。据记载，沃利斯属意于普蕾娅后，即赠予后者诸多礼物，包括“一件大的蓝色斗篷、一面镜子、一些不同款式的珠串”等。[④] 其他土著女子也有样学样，开始向海员要求馈赠。那么，什么样的礼物既易于获得，又能满足土著们的猎奇心理？答案是钉子。它几乎成为当时最有价值

---

① Bengt Danielsson, *Love in the South Seas*, p. 11.

② Paul Gauguin, *Noa Noa*, Paris, 1929, pp. 13 – 14.

③ ［美］唐纳德·弗里曼：《太平洋史》，第245—246页。

④ Samuel Wallis, *An Account of a Voyage*, p. 18.

的“礼物”。就这一点，有学者认为，土著女子的“政治价值”被低估了；她们索要礼物，一方面是出于天性，另一方面也是部族酋长和长老的授意为之。① 虽然两种文明之间的交往暂时呈现一种较为和谐的景象，但欧洲人毕竟在物质上大幅领先，并且完全有可能在毫无预兆的情况下开战，这是土著首领们所不得不忌惮的。因而，在自认毫无胜算的情况下，尽可能多地获取钉子这样的物品，既可以令欧洲船只无法正常运作，在一定程度上削减欧洲人的战斗力，也为自己的部落获得了铁质工具——对他们来说的一项“未知科技”；② 当时的另一个利好是，欧洲人在多数情况下甚至都不会察觉和在意钉子的去向。但后来显然对此有所警觉，在沃利斯之后到来的库克曾明令禁止使用包括钉子在内的一切铁器作为“礼物”赠予他族。③

虽然这种“交换”看起来比较公平：欧洲海员排解了漫长了航海周期中的苦闷和孤寂，获得了身心上的愉悦；土著民族则避免了不希望的冲突，还获得了“文明”的火种，但仍能看出太平洋社会在互动过程中表现出的自保与逢迎之态。然而，即便土著女子的热情中真的掺杂了如此的考量，那也是不得已而为之。双方实力上的巨大鸿沟注定了这不会是绝对平等的互动。

同时，不同时期、不同视角的众多书面文本相互交织，构建了太平洋土著社会的复杂造像，而其中的女性因素背后所关联和隐喻的性道德与文化习俗，令太平洋社会逐渐被欧洲学界定性为“野蛮”，且很大程度上掩盖了女性本身的、由绘画作品传达的“自然之美”。但应当注意的是，这不能“归咎”于土著女性，因为上述道德和习俗的存在、发生和作用都是客观的，并不受她们的控制；只是女性天然地在其中更受欧洲人的注意，从而“不经意地”成为太平洋文化的一个代表。可以肯定的是，“自然之美”的说法并没有被所有人接受。一些现世于 18 世纪的化妆品书籍宣扬了化妆术的永葆美丽的神奇功效，同时暗示了女性应当拥有自己的私密空

---

① Matt Matsuda, *Pacific Worlds: A History of Seas, Peoples, and Cultures*, pp. 134 – 135.

② Matt Matsuda, *Pacific Worlds: A History of Seas, Peoples, and Cultures*, p. 135.

③ Vanessa Smith, *Intimate Strangers: Friendship, Exchange and Pacific Encounters*, Cambridge: Cambridge University Press, 2010, p. 61.

间和情感，而非只是暴露在“监控”之下，任凭世俗的审视和评判。[①] 另外，即便土著女性天然不饰的形象能令无数欧洲人倾倒，但却似乎走向了另一个极端，因为土著社会性道德和性观念是“文明社会”所难以认同的，对此的“祛魅”遂势在必行。“人间乐园”“天堂”等标签受到了更加持重的思考和判断，并受到各式各样的剖析。

从亲历者的观感和体验中可见一斑。尽管柯马森对塔希提的风光赞赏有加，但他仍指出，当地人的生活事实上是和“堕落共处的”（live with vices）。[②] 库克也在自己的行纪中表达了对此的看法，他认为：“……（塔希提人的）贞洁实际上被看得一钱不值，特别是在中年人中间更是如此，如果一位妻子红杏出墙了，那她受到的唯一惩罚也就是被丈夫打一顿。男人们非常愿意把年轻的姑娘送给陌生人，即使是他自己的女儿，并且如果你拒绝的话，他会觉得很奇怪，但这样做只是为了求财。”[③] 这样的负面评论在库克的日记中还为数不少。历史地看，库克的记述是对土著人民俗的一种直观表征，出于他的文化背景和固有观念，当中的较多内容都带有一定的情感偏向。尽管不乏局限或纰漏，但毫无疑问，其重要性不言而喻，它们是英国人关于太平洋最早、最详细的勾勒和白描之一。[④]

库克的太平洋叙事中也蕴含了许多“怒其不争”的意味。例如，他曾直言：“‘毫不在乎’（indifferency）可以说是他们民族的性格。这十多年来，欧洲人已经多次访问他们。但是，这里并没有产生新的艺术，旧社会也没有改善，他们什么也没有从我们这里学到。”[⑤] 而较之航海家和旅人的描述，传教士们的言辞要激烈许多。一些观点认为，波利尼西亚的文化“即便十分复杂”，那也是“低等的”；[⑥] 而循着“女性符号—性开放—对

---

① Tassie Gwilliam, Cosmetic Poetics: Coloring Faces in the Eighteenth Century, pp. 144 - 147.

② Philibert Commerson, Lettre, *Mercure de France*, p. 461.

③ ［英］詹姆斯·库克：《库克船长日记——“努力”号于 1768—1771 年的航行》，［新西兰］比格尔霍尔编，刘秉仁译，商务印书馆 2013 年版，第 149—150 页。

④ Neil Hegarty, “Unruly Subjects: Sexuality, Science and Discipline in 18 - Century Pacific Exploration”, in Margarette Lincoln, ed., *Scientific and Exploration in the Pacific*, Suffolk: Boydell, 1998, pp. 183 - 184.

⑤ James Cook, *The Journals of Captain James Cook: The Voyage of the Resolution and Discovery* 1776 - 1780, J. Beaglehole, ed., London: The Hakluyt Society, 1967, p. 241.

⑥ Rod Edmond, “Translating Cultures: William Ellis and Missionary Writing”, in Margarette Lincoln, ed., *Scientific and Exploration in the Pacific*, p. 152.

此的批判”的逻辑线索，与之相关的一切多数被冠以“一夫多妻制”“通奸”“淫秽”等名头，进而又上升到“巫术”“贪婪”“愚昧”[①] 等社会意识和民俗文化方面的无差别攻击。一位俄国探险家如是评论道：“……最令我感到吃惊和可怕的是，（马克萨斯群岛）一个不到 8 岁的小女孩，还在懵懂的、本该欢笑和玩耍的年纪，就开始尝试禁果……对此我感到遗憾和恶心……”[②] 土著女性们曾经给予的美好形象和想象，将在这样的批判中受到严峻的挑战。

此外，女性形象所折射出的土著社会习俗文化，引发了启蒙思想家们的思考，且产生了深远影响。卢梭等人的学说认为，只有最简单的、自然的人才是好的、善的，而科学与文明是造成世界上所有悲剧的原因[③]，“高贵野蛮人”（noble savages）之说即由此而来。70 年代初，狄德罗（Denis Diderot）完成了《布干维尔航行补编》（*Supplement au Voyage de Bougainville*）一作，在其中，他首先表达了对塔希提式“自由恋情”的肯定和支持，呼吁国人突破传统道德的壁垒，追求不受束缚的情欲。[④] 其次，他也指责了布干维尔，认为正是布氏等人的活动将欧洲的不良习气传播到了波利尼西亚，同时也惊扰了岛屿上宁静祥和的生活。对此，狄德罗指出，欧洲人还应该对七年战争的战火蔓延到全世界而感到愧疚。[⑤]

尽管思想家们对土著社会都怀有一定的同理心，但“高贵野蛮人”的说法显然无法概括，甚至有些悖逆于当时世界发展的历史和趋势，关于人的行为模式以及社会制度的延伸思考也需要擢升到理论的高度。故而，启蒙思想家遂尝试从不同角度探析各地区间出现文明分异的原因。孟德斯鸠提出了“气候决定论”，主张气候、地理等因素决定了欧洲的繁荣；伏尔泰则从不同民族风俗的背后发掘出欧洲领先的原因，即理性和勇气。[⑥] 哲学家图尔果（A Turgot）指出，欧洲社会在克服人性中野蛮成分方面要比历史上其他文明更加彻底，其不断发展着的理性与科学精神便是其成功的

---

① Bengt Danielsson, *Love in the South Seas*, p. 22.

② A. J. von Krusenstern, *Voyage around the World*, Vol. I, London, 1813, p. 116.

③ Bengt Danielsson, *Love in the South Seas*, p. 20.

④ Glyndwr Williams, Seamen and Philosophers, p. 9.

⑤ Glyndwr Williams, Seamen and Philosophers, p. 9.

⑥ 陈铭、石坚：《启蒙运动时期“文明”观念嬗变研究》，《海南大学学报》（人文社会科学版）2017 年第 3 期。

最好证明，欧洲为各民族的发展提供了一个普遍性的标准。他认为，如果所有的人类都能按照欧洲社会的发展模式不断克服“野蛮性”，思想不断得到启蒙，那么，各民族在行为方式上将会越来越接近，民族与民族之间的间隙会不断缩小，整个人类就会朝着统一目标前进，结果将是人类的进步在本质上趋同，而欧洲则居于世界的主导地位。①

狄德罗作为参编者之一，在《哲学与政治史》一著中也提出了自己的见解。他指出，人类受到来自自然、世俗和宗教的三重行为规范；但既然生活在社会中，那么人的风俗习惯就必然被世俗和宗教的规范所塑造，有时甚至会违背自然的规范。即使是波利尼西亚人，他们在自然法则下无忧无虑生活的时日，恐怕也不会长久，文明社会将是他们的宿命。② 同时，不同于孟德斯鸠等人，狄德罗没有将环境因素的作用过分放大，他认为环境因素只能在基本需求的层面上影响不同地区的居民，如印第安人的和善或者鞑靼人的刚猛；至于“民族性”（national character），则是由当地世俗、宗教的各种传统所构建的，它或许来源于自然，但最终将超越自然，而归属于文化的范畴。③

关于文明和野蛮之间的分别，狄德罗和同时代的亚当·斯密（Adam Smith）等人认为，社会之所以是文明的，首先因为它将人的各类本能需求尽数“分解”（decomposition），成为不同的规范和守则，并将之限制在一定程度内，以保护群体的利益。另外，“文明人”既是“过去的总和”，又对未来存在着忧患意识，最重要的是，他们拥有好奇心和怀疑的态度。文明社会是复杂的，它是多种性格和情感的总和，其基础是对故土和祖国的热爱。相反，“野蛮人”只满足于本性的冲动，在即刻的满足之后，他们不会考虑更多，例如真理和理性。他们虽然很快乐，也会对自然现象产生一定的想象，但那基本都只能定义为“迷信”。雷纳尔（Guillaume-Thomas Raynal）等学者也指出，野蛮人和斯多葛派（stoicism）看透世事后的平淡

① 陈铭、石坚：《启蒙运动时期“文明”观念嬗变研究》，第151页。

② Raynal, *Histoire philosophique et politique des établissemens et du commerce des Européens dans les deux Indes*, Vol. 10, Paris: A. Costes, 1820, p. 285; Diderot, Denis, *Supplement au Voyage de Bougainville*, 1773, Paris: lePetitLitteraire. fr, 2017, p. 52; Anthony Pagden, *European Encounters with the New World*, New Haven: Yale University Press, 1993, pp. 145, 153.

③ Anthony Pagden, *European Encounters with the New World*, pp. 147 – 149.

从容不同，他们的快乐只因无法或者无力认清现实的残酷，遂就这样把自己从对时间和空间的需要中解放出来，享受无知带来的快乐（happy ignorance）。[①] 可见，经过学者们这样由表及里、由此及彼的解构之后，太平洋社会已和“野蛮”基本趋同，它内部的各种元素也都是“野蛮社会”的组成部分。这些欧洲视角的评述说明，同情和反思，在学者当中是两种并行不悖的态度。

结语：从个体到整体的“附会”

从 18 世纪后期欧洲和波利尼西亚交往的过程可以看出，“女性”和“女性形象”是其中的重要因素。最初，与土著岛民接触的主要是航海者和海员，颠簸的海上生涯必然在“人间乐园”般的海岛生活中显得失色，加之土著女子的热情和慰藉，让前者的航海叙事中无不充满对太平洋这个“乐园”的颂扬，“高度冒险”与“异国情调”的结合[②]亦同时取悦了欧洲读者。然而随着口头和书面资料的增加、土著人的来访，以及欧洲对太平洋政治、军事和经济价值的兑现需求，“女性”受到了学者们的进一步建构和审视，开始走向符号化；太平洋土著社会亦开始被进行思想上的盘剥和解析。这种解析首先具有“高阶政治”上的必要，同时在艺术和审美上表现得更为典型。有学者注意到，早在古希腊时期，“欧洲式美感”（European ideas of beauty）或就已发轫；[③] 还有学者指出，18 世纪的某些诗学流派推出“真身”（true body）的概念，将“自然”定义为“文化”的附庸，意在维护其所代表的集团利益；[④] 此外，雷诺兹的观点中也或多或少昭示了艺术文本中“他者”的存在。这些证据无不表明，当时的欧洲应存

① Anthony Pagden, *European Encounters with the New World*, pp. 149 – 153; I. Hont and M. Ignatieff, “Needs and Justice in the Wealth of Nations: An Introductory Essay”, in I. Hont and M. Ignatieff, eds., *Wealth and Virtue, the Shaping of Political Economy in the Scottish Enlightenment*, Cambridge: Cambridge University Press, 1983, pp. 7, 130 – 131; Raynal, *Histoire philosophique et politique*, Vol. 5, p. 14.

② ［美］唐纳德·弗里曼：《太平洋史》，第 251 页。

③ Francis Grose, *Rules for Drawing Caricatures, with an Essay on Comic Painting*, London: Samuel Bagster, 1788, pp. 4 – 5.

④ Veronica Kelly and Dorothea von Mucke, eds., *Body and Text in the 18th Century*, p. 11.

在一些认知与审美上的“刻板印象”，它们或来源于历史文化，或左右于现实利益，总体上是以欧洲标准作为参照。同时，蓬勃发展的启蒙运动让思想家着手在太平洋的框架下进行案例研究。尽管对土著社会的自然性有所肯定，但将之置于文明发展的线性历程中，能够看出，土著居民与卢梭等人理想中的形象还是有较大偏差，学者们对其实质上的落后和“野蛮”也直言不讳。

总体上看，18 世纪的太平洋土著女性形象是“毁誉参半”的。它成就于航海者的记述和艺术家的创作，但其所意指的太平洋土著文化随即又在各类文本的交织、解读和互文中崩塌，关于土著人的“高贵”想象亦开始走向幻灭。接下来的 19 世纪，观望和试探不复存在，欧洲各国以及新晋崛起的美国开始全面进驻，并利用宗教、贸易或暴力手段，强行侵入各个岛屿社会，划定势力范围，肆意攫取富饶的鲸、木材、鸟粪和人力等资源。在此过程中，太平洋的真实状况被暴露无遗，土著岛民被迅猛地拽入“文明社会”，沦为资本主义世界的附庸；监管、托管、共管①等剥削方式层出不穷。“乐园”？“天堂”？太平洋的形象已经不再重要，因为欧美人已经可以乘坐最新的蒸汽动力舰船，从容地在大洋上巡航，获取直观的经验。而综观近代欧美和世界其他文明交往互动的历史，可以发现，这种形象“塑造—变迁—坍塌”的程式实则不在少数。与此同时，土著人作为“话语权”较弱的一方，却无法进行——或没能留下——过多的回应或回击。目前所能查阅到的文献资料，绝大多数仍是以欧洲视角来叙述和建构的，而对土著人情感和文化的探寻，还需从只言片语②或当地的宗教、舞蹈、手势等线索开展研究。

在可考和不可考的漫长时间里，太平洋社会一直遗世独立，按它特有的模式进行着；即便是在 16 世纪初西班牙人巴尔博亚（V. Balboa）“发现太平洋”后的近 300 年中，它的运作方式依然没有太大的变化；无论是女性还是其他因素，都自然、客观地存在和作用，并成为整个原始社会的一部分。所谓各种“形象”，都是先进文明赋予它的“意义”，是不同文本之

① 汪诗明：《论英国对西南太平洋岛屿的殖民统治模式》，《历史教学问题》2013 年第 1 期。

② 瓦妮莎·史密斯曾对土著语 *Taio* 一词进行过考证与解析，可参见 Vanessa Smith, *Intimate Strangers: Friendship, Exchange and Pacific Encounters*, pp. 62 – 80.

间互动互文的产物，土著人并不理解，也就无法对此表示认同或辩解，毕竟不同类型的文明间是无法通约的（incommensurable）。[①] 即便如此，抛却了道德捆绑的单纯“女性”仍然可被看作是“太平洋形象”这个“覆巢”之下的一颗“完卵”，弥散着持久的魅力。正如《波杜婀》一画定格住的只有端庄婉丽，而没有外务纷扰的土著女子，亦如后世法国军官马克斯·拉迪盖（Max Radiguet）在其马克萨斯群岛行纪中所言：“……（岛上女子）约中等身高，她们的外形中有一种法国女性所不具有的纯净（purity），这种气质也许只能在雕塑中找到；其五官像是经过精心雕琢，其身型饱满且结实，皮肤的质感更是极佳……我敢说世界上其他地方都罕有如此典雅的女子……”[②]

（徐桑奕，南京大学历史学院博士研究生）

① 徐桑奕：《启蒙哲思：狄德罗“野蛮人”的多重意蕴及时代律动》，《西南大学学报》（社会科学版）2021 年第 4 期。

② Max Radiguet, *Les Derniers Sauvages*, Paris: Ducharte & Van Buggenhoudt, 1929.

“文明”话语与19世纪前期英国殖民话语的转向

——以英属印度为中心的考察*

魏孝稷

摘要 印度作为英属殖民地最重要的组成部分，关于印度的知识成为英国殖民话语中最重要的环节。19世纪早期，英国征服了印度大部分土地，帝国版图也急剧扩大，英国殖民者需要建构新的殖民话语为帝国统治辩护。此时英国的殖民话语呈现了一个明显的转向，即从注重英国与印度的“亲缘性”转向了“差异性”，其中“文明”话语或文明等级论是后一种殖民话语的基础。在这次转向当中，几位关注并深度参与英属印度殖民事务的思想家詹姆斯·密尔、托马斯·马考莱、约翰·密尔发挥了极其重要的作用。

关键词 英属印度 殖民主义 文明等级论

1757年，经过普拉西战役的胜利，英国人征服了印度最富庶的地区——孟加拉。尽管1783年失去了北美13块殖民地，但是，随后英国在全球特别是在印度大肆扩张，重建了英帝国。毫无疑问，印度在英属殖民地的谱系中占据最重要的地位。到了1820年前后，英国基本完成了对南亚次大陆的征服。如何统治庞大的殖民地，尤其是人口数量远远大于殖民者的印度，摆在了英国人面前。萨义德等人认为，殖民统治不仅依赖政治和军事的力量，还依赖文化、思想、知识、语言、话语等若干种形式的意识

* 本文为国家社科基金重大项目“西方史学史谱系中的文明史范式研究”（19ZDA237）的阶段性成果之一。

形态力量。乌代·辛格·梅塔（Uday Singh Mehta）注意到，英国所有的自由主义思想家都有过关于帝国的著述，而且，他们中的大部分思想家关于英属印度的著述格外丰富。媒体提到的自由主义思想家包括：埃德蒙·伯克、杰里米·边沁、詹姆斯·密尔、托马斯·马考莱、亨利·梅因、约翰·斯图亚特·密尔等人。① 然而，托马斯·梅特卡夫则认为，英属印度统治的意识形态包括自由主义“没有呈现一个单一且连贯的思路”，相反，意识形态内部总是“充斥着矛盾与多边”。② 但是，通过仔细分析，能够找出一些较为清晰的线索，比如，从1757—1858年英属印度的殖民话语存在一个转向，即从关注英国和印度的“亲缘性”到强调“差异性”。本文将从“文明”话语兴起的角度揭示殖民话语转向的时代背景（context）与内在理路。

一 “亲缘性”与早期殖民话语

众所周知，萨义德揭示了东方学与殖民统治的权力关系。但是，18世纪后期出现的第一批研究印度的东方学家，并不像萨义德所说的那样对印度充满了偏见，相反，他们往往对印度文明充满了热爱和敬畏之情。托马斯·陶德曼认为印度学者存在两种类型，一种是“崇印派”（Indomania），一种是“厌印派”（Indophobia），③ 前者包括早期的印度学家威廉·琼斯（William Jones）、亨利·科尔布鲁克（Henry Thomas Colebrooke）、查尔斯·威尔金斯（Charles Wilkins）等人。其中，威廉·琼斯被誉为现代比较语言学和印度学的奠基人。实际上，“崇印派”对印度的赞美也是一种殖民话语。因此，萨义德没有真正被挑战，他在《东方学》中已经揭示了印度学的建立与英国在印度实施殖民统治的直接关系。④ 威廉·琼斯的现代

---

① Uday Singh Mehta, *Liberalism and Empire: India in British Liberal Thought*, New Delhi: Oxford University Press, 1999, p. 4.

② ［美］托马斯·梅特卡夫：《新编剑桥印度史·英国统治者的意识形态》，李东云译，云南人民出版社2015年版，“前言”，第2页。

③ 参见 Thomas R. Trautmann, *Aryans and British India*, Berkeley: University of California Press, 1997, pp. 19 – 27.

④ ［美］爱德华·萨义德：《东方学》，王宇根译，生活·读书·新知三联书店1999年版，第98—103页。

语言学就是在第一任英印总督沃伦·黑斯廷斯（Warren Hastings）的资助下在印度完成的。1784 年，黑斯廷斯在孟加拉建立亚洲学会（Asiatic Society）。[①] 亚洲学会属于半官方的学术机构，活动经费来自政府拨款，印度总督一般担任名誉会长。亚洲学会聚集了一大批印度学家，他们研究印度的语言、文字、宗教、法律、地理，既为殖民统治提供实用性的知识，也为英印统治提供正当性辩护，后者依赖更深层次的殖民话语资源。

早期印度学家确实不像 19 世纪的“厌印派”那样贬低印度文明，这反映了两套殖民话语建构的规则是不同的，“崇印派”话语建构的规则是“亲缘性”，即通过建构欧洲人与印度人文化甚至血缘上的“亲缘性”来打造英国殖民者与印度精英阶层的“亲密”关系。早期殖民话语的主要建构者是威廉·琼斯。

威廉·琼斯从小就表现出了惊人的语言天赋，他一生共熟练掌握 13 种语言，包括希腊语、拉丁语、波斯语、阿拉伯语、希伯来语、梵语等古老的东西方语言，这为他做语言的比较研究打下了基础。同时，他在法学上也有很深的造诣，发表过法学论文，从事过律师的职业。由于兼具良好的语言学素养和法学素养，1783 年，他被英国政府派往印度担任加尔各答最高法院的法官，这让他有机会接触印度的语言和文学，从而使他成为现代语言学的奠基人。

1784 年，他担任亚洲协会（Asiatic Society）首任任会长，直至 1794 年去世。他还创办学术刊物《亚洲研究》（*Asiatick Researches*），1788 年该杂志出版第一卷，很快被翻译成德文和法文，在西方学术界产生巨大影响。[②] 他还向西方社会译介了大量的梵语文献，例如《沙恭达罗》《摩奴法典》以及部分《吠陀》和《罗摩衍那》。这促使欧洲兴起了“东方文艺复兴”的思潮，琼斯的作用即使不是中心性的也是极其重要的。[③]

琼斯最重要的贡献之一是正式提出了梵语、波斯语、希腊语、拉丁语以及其他几种欧洲语言的同源假说。1786 年，他在亚洲协会的第三周年年

---

① 关于黑斯廷斯支持殖民知识生产讨论，参见李士珍《沃伦·黑斯廷斯与英国在印度的殖民知识生产》，《世界历史》2017 年第 6 期。

② Thomas R. Trautmann, *Aryans and British India*, p. 29.

③ Javed Majeed, *Ungovened Imagings*: *James Mill's The History of British India and Orientalism*, Oxford: Clarendon Press, 1992, p. 45.

会上发表一次著名的演说，演说中提出了他的梵语、希腊语、拉丁语同源的观点。他说道：不管梵语是一种多么古老的语言，它的结构都令人称奇。它比希腊语更完美，比拉丁文更丰富，比这两种语言更典雅。同时，不管是在动词的词根上，还是在语法形式上，它与希腊语和拉丁语非常相似，其近似程度恐怕远非巧合的说辞就能解释。的确，三种语言如此相似，以至于语言学家如果不认为它们是同源演变而来的话，将不可能深入研究这三种语言。[①] 不久出现的“印欧语”概念正是基于琼斯的研究。

琼斯的目的并没有停留在建构印度的梵语与欧洲语言的“同源性”上，他还进一步提出了印度民族与欧洲诸民族“同源性”。琼斯将婆罗门教中的神话人物和故事与圣经中的神话故事相比附，认为这是一个世系的不同表述，进而论证印度人与欧洲人拥有共同的祖先。琼斯的民族学虽然没有像语言学那样带来持久性的影响，但是，他却为英属印度的民族学提供了一个范型，也为后来“雅利安”种族学说提供了一个理论基础。

除了琼斯之外，早期的印度学家诸如卢克·斯克兰顿（Luke Scrafton）、昆汀·克劳福德（Quentin Craufurd）基于基督教的一神论理解印度教，尽管印度教存在复杂的诸神体系，以及偶像崇拜，而偶像崇拜正是基督教反对的。但是，斯克兰顿认为，偶像崇拜只是印度教的一个过失或者祭司制度的次要形式，不是印度教的本质，化解了一神教与偶像崇拜的冲突。而且他们还认为，印度教的仁爱精神为古代印度人带来了繁荣，恰恰后世外族征服特别是穆斯林的统治，偏离了印度教的仁爱精神，造成了印度的衰落。[②]

埃德蒙·伯克尽管不是印度学家，但是因为严厉批评黑斯廷斯和东印度公司的腐败而强烈关注印度事务。他从保守主义立场出发对印度和英国的君主制一视同仁，且不吝赞美。他在1783年主编的《年度实录》（*Annual Register*）中这样描绘同时代的迈索尔王公海德·阿里（Haider Ali）：海德·阿里无疑是印度历史上最伟大的王公和勇士之一。……即使他不是一个立法者，但是在他的治理之下建立了亲民且公平的政府体制。这种功

① William Jones, *The Works of Sir William Jones*, Vol. 1, London: Printed for G. G. and J. Robinson, 1799, p. 26.

② Thomas R. Trautmann, *Aryans and British India*, pp. 64 – 66.

绩不仅使众多新臣民强烈地依赖这位君王，而且也让周围的居民借机表达他们归附的意愿。……不管是在欧洲还是在亚洲，他都称得上这个时代最杰出的政治家之一。① 可以看出，伯克这么高度评价海德·阿里符合保守主义的政治理念。保守主义提倡“一个拥有传统法律和稳定政府的社会是值得维护的”②。

然而，不管是支持黑斯廷斯的琼斯，还是反对黑斯廷斯的伯克，以及其他早期的印度学家热衷于寻找英国与印度的“亲缘”关系，蕴含一个共同的逻辑，即，向印度精英阶层示好，拉近与他们的距离，调和英国殖民者与印度人的矛盾，降低当地人的抵抗意志。支持东方学研究的黑斯廷斯在与东印度公司伦敦总部董事会主席纳撒尼尔·史密斯（Nathaniel Smith）的通信中提道：“积累任何一种知识，尤其是通过与基于征服的权利（the right of conquest）而被我们统治之民族的社会交往而获得的知识，对国家是有益的……它能吸引和安抚遥远的情感；它能够减轻土著被统治的沉重枷锁，并且它还能强化我们国人的责任心和仁慈之心。”③ 黑斯廷斯说出了东方学研究的根本动机，也说出了作为一种系统性知识的东方学的权力指向。黑斯廷斯对“亲缘性”话语的打造颇有信心，他认为，印度博学的梵学家“对传授知识的渴望不亚于对我们接受知识的渴望”。④ 埃德蒙·伯克曾严厉批评非正义的帝国统治，他尊重印度的制度与文明，但是，从根本上说，伯克并不反对帝国统治，尤其是针对非白人的帝国统治，他只是希望用英国式的方式，即所谓“人道和正义”，实行长久有效的统治。因此，他在批评黑斯廷斯时担心，东印度公司的腐败和暴力将最终致使英国失去印度，在印度不留下教堂、医院、学校、宫殿、桥梁、公路等英国人的痕迹，甚至不如其他征服者那样留下纪念碑。⑤

---

① *Annual Register*, 1783, pp. 88 – 90. 转引自 George D. Bearce, *British Attitudes Towards India*, 1784—1858, Westport: Greenwood Press, 1982, pp. 14 – 15.

② George D. Bearce, *British Attitudes Towards India*, 1784—1858, p. 15.

③ 信的内容参见 Charles Wilkins, ed., *The Bhagvet-Geeta or Dialogue of Kreeeshna and Arjoon*, London: Printed for C. Nourse, 1785, p. 13.

④ Charles Wilkins, ed., *The Bhagvet-Geeta or Dialogue of Kreeeshna and Arjoon*, p. 15.

⑤ Edmund Burke, *The Works of the Right Honourable Edmund Burke*, Vol. 2, London: John C. Nimmo, 1887, pp. 462 – 463.

二 “文明”话语与“差异性”的建构

到了19世纪，“亲缘性”的殖民话语逐步让位于“差异性”的殖民话语。福柯从知识考古学的角度也发现了此一时期西方人组织话语规则的认识型（episteme）发生了转换，即从古典时代（17世纪、18世纪）认识型转向现代认识型（19世纪）。福柯认为，前一种认识型，意味着“事物的秩序”依赖空间上的识别与分类，比如林奈的博物学，后一种认识型基于时间或“历史”的规则将不同的事物组织在一个序列当中。[①] 现代认识型强调“进步”“阶段”“分期”。18世纪中后期出现的“文明”观念很快流行起来，形成了影响深远的文明进步论和文明等级论。[②] 因为，“文明”概念本身包含着从一种野蛮状态向初级文明再向高级文明变化的分期、步骤与尺度。19世纪西方的学者还进一步把非西方的世界囊括到更大的“文明”话语秩序当中，构成了新的殖民主义话语。“文明”话语突出西方与非西方在“文明”尺度上的“差异”。这种殖民话语规则的转变与福柯谈到的认识型的转变相一致。但是，这一转变本身却有着深刻的现实背景。

19世纪初期，特别是拿破仑战争期间，英国获得大量殖民地，成为世界上最大的殖民帝国，英帝国的总人口甚至达到世界总人口的26%。[③] 同时，英国在经济上和军事上相对于殖民地的优势更为突出。拿破仑战争的失败，法国丧失了几乎所有殖民地，所以，1815年，维也纳会议以后法国加快殖民扩张的步伐，以弥补拿破仑战争期间的损失。[④] 这些现实因素刺激着英法两国的知识界为殖民扩张和帝国统治寻找正当性的话语支持。他们面临黑斯廷斯同样的“使命”，既要鼓励国内民众积极参与殖民事务，又要安抚殖民地人民的不满。但是，威廉·琼斯式的殖民话语显得保守

---

① Michel Foucault, *The Order of Things: An Archaeology of the Human Sciences*, London and New York: Routledge, 2002, p. 237.

② 刘文明：《19世纪中叶前中国与欧洲的“文明”观念》，《首都师范大学学报》2010年第5期。

③ C. A. Bayly, *Imperial Meridian The British Empire and the World*, 1780 - 1830, London: Longman, 1989, p. 3.

④ Philip D. Curtin, *The World and the West: The European Challenge and the Overseas Response in the Age of Empire*, Cambridge: Cambridge University Press, 2000, p. 40.

了，一种激进的话语被建构出来，以适应广度和深度都大大拓展的殖民统治。

19 世纪的西方殖民话语的基础是“文明”话语或者“文明使命”话语，这是典型的一种文明等级论。著名的印度学者阿希斯·南迪（Ashis Nandy）指出：“如果从殖民主义中减去文明使命（civilizational mission），殖民主义就根本不存在了。”① 可见，“文明”话语在殖民主义意识形态中的关键地位。“文明”话语的建构离不开一些西方思想史上的巨擘。在法国他们是圣西门的追随者，以及托克维尔。② 在英国他们包括英国功利主义思想家詹姆斯·密尔与约翰·密尔父子，英国文学家、历史学家、政治家托马斯·马考莱。

詹姆斯·密尔的殖民主义思想主要体现在《英属印度史》（*The History of British India*）这部皇皇巨著当中。该书出版于 1817 年，甫一出版即引起极大反响，也改变了詹姆斯·密尔及其家族的命运。1819 年，老密尔被聘在东印度公司伦敦总部的通讯部任职，通讯部是机要部门，他负责起草发往印度的公函。他先任助理检查官，1923 年升任该部门最高长官——检察官，已经处于东印度公司权力的中心。从此，密尔家族财运亨通。《英属印度史》后来成为英属印度文官考试的教材。③

1806 年密尔就开始了《英属印度史》的写作，历经十年写就，其间，詹姆斯·密尔始终关注英属印度的殖民地事务，并在《爱丁堡评论》等期刊上发表关于印度统治的看法。与威廉·琼斯等东方学家不同，密尔既不懂印度的语言，也从没有到过印度，他主要根据公开的资料和旅行家、传教士对印度的描述编撰了这部书。所以，这部书实际不是严谨的历史学著作，确切地说，它只是苏格兰的玄想式的哲学历史与功利主义轻率结合的产物。④ 这部书的目的性很强，艾瑞克·斯托克斯（Eric Stokes）指出，密

---

① Ashis Nandy, *The Intimate Enemy: Loss and Recovery of Self under Colonialism*, Delhi: Oxford University Press, 1983, p. 11.

② 参见 Jennifer Pitts, *A Turn to Empire: The Rise of Imperial Liberalism in Britain and France*, Princeton University Press, 2005, pp. 196 – 239; Osama Abi-Mershed, *Apostles of Modernity—Saint-Simonians and the Civilizing Mission in Algeria*, Stanford: Stanford University Press, 2010。

③ ［英］乔治·皮博迪·古奇：《十九世纪历史学与历史学家》，耿淡如译，商务印书馆 1989 年版，第 502 页。

④ Jennifer Pitts, *A Turn to Empire: The Rise of Imperial Liberalism in Britain and France*, p. 121.

尔这部书主要是为了试图对印度社会进行一个哲学分析，并评估其在"文明尺度"（scale of civilizaiton）上的位置。[①] 还认为，他的一个主要目的是驱除他认为的那些启蒙时期思想家对东方专制主义愚蠢式的羡慕和赞美。[②] 老密尔批评的主要对象是威廉·琼斯。他认为琼斯把印度文明视为一种高等文明是极其"不幸"的。[③]

在詹姆斯·密尔看来，印度步入文明状态也仅仅是最低的文明阶段，而且，印度民族进入了文明状态之后停滞了，甚至出现了倒退[④]，所以，印度的低级状态是一种半文明的或半野蛮的状态（semibarbarous state or half-civilized）。[⑤] 密尔还认为，由于印度和东方民族长期处在这种低级的文明状态，他们与野蛮人没有区别了，印度人与美洲的印度安人"同处一个时代"，"与蒙昧的美洲人一样"。[⑥] 他还将印度人、阿拉伯人、中国人的习俗与非洲人、鞑靼人、西伯利亚人的野蛮习俗归为一类。[⑦] 相反，在老密尔的眼中，欧洲国家通过不断地进步到了文明等级的最高点。实际上，《英属印度史》的根本目的就是论证英国处在文明等级的最高端，印度却处在文明等级的最底层。[⑧]

老密尔的文明"话语"直接传授给了另一位影响力更大的学者，也就是他精心培养的儿子约翰·斯图亚特·密尔。1823年，小密尔得益于其父亲的举荐，刚过完17岁生日就被招进老密尔的办公室，并从小职员一步步升至通讯部主要负责人，直到1858年东印度公司被解散。因此，约翰·密尔的本职工作是东印度公司的职员和管理者。

小密尔的"文明"观念受其父亲的影响是显而易见的。他在《自传》中直言不讳老密尔以及《英属印度史》在他思想形成中的作用，他写道："从教育的最佳意义上讲，对我教育贡献很大的一本书是父亲的《印度

① James Mill, *The History of British India*, Vol. 2, London: James Madden and Co., 1840, p. 152.

② Eric Stokes, *The English Utilitarians and India*, Oxford: Clarendon Press, 1959, p. 53.

③ James Mill, *The History of British India*, Vol. 2, p. 156.

④ James Mill, *The History of British India*, Vol. 1, p. 177.

⑤ James Mill, *The History of British India*, Vol. 2, pp. 162 – 163.

⑥ James Mill, *The History of British India*, Vol. 2, p. 161.

⑦ James Mill, *The History of British India*, Vol. 1, pp. 446 – 447.

⑧ Adam Knowles, "Conjecturing Rudeness: James Mill's Utilitarian Philosophy of History and the British Civilizing Mission", In *Civilizing Missions in Colonial and Postcolonial South Asia: From Improvement to Development*, eds., Carey A. Watt and Michael Mann, London: Anthem Press, 2011, p. 44.

史》。……从这本优秀的作品中我汲取了许多新的思想；它对印度的社会与文明以及对英国的制度与管理条例的评判和专题论述，赋予我的思想以指导、推动和鼓励的作用，使我很早就熟悉这些道理，对我以后的进步大有裨益。"① 无疑，约翰·密尔继承了詹姆斯·密尔的文明观，但并不是完全复制。

小密尔虽然没有专门论述印度及其文明状态的作品，可能有了老密尔的《英属印度史》，小密尔无须再写，但他发表过不少论述文明的文章，比如《时代之精神》（*The Spirit of the Age*，1831）、《论文明》（*Civilization*，1836）、《边沁》（*Bentham*，1838）、《柯勒律治》（*Coleridge*，1840）、《略论不干涉》（*A Few Words on Non-Intervention*，1859），以及《论自由》（1859）、《代议制政府》（1861）都有不少关于印度的论述。

在《论文明》一文中，密尔分出了"文明"的两层含义，第一层是广义的，指"普遍的人类进步"或者全面的进步；第二层是狭义的，专指"富有""强大"两种指标的进步，这种层次的"文明"概念与"蒙昧"或"野蛮"相反，就是说蒙昧或野蛮代表着"贫困"和"软弱"。小密尔在这篇文章中特别强调要讨论狭义文明的概念及其后果，也就是探讨"富有"和"强大"这两种文明要素的成就与弊病。所以，他说，正是从狭义的意义上，我们才可以提出"文明是一种善还是一种恶"的问题。在他看来，狭义的"文明"作为一种事实已经在一些欧洲国家实现，并取得了巨大的成就，但是在获得这些成就之余，在某些方面并未跟进，甚至受到损害，比如人的个体性格甚至出现了弱化。②

小密尔对狭义文明的某些担忧主要受到柯勒律治浪漫主义思想的影响。柯勒律治是英国浪漫主义思想家和文学家的代表，而浪漫主义的出现正是对启蒙思想和法国大革命特别是雅各宾主义的反思。但是，小密尔则通过与"野蛮"的对立来诠释狭义"文明"的概念。为了规定狭义的"文明"，小密尔提出了区别"文明"与"野蛮"的四个标准：第一，大规模人口定居的生活；第二，出现了农业、手工业和商业；第三，能够联合行

---

① ［英］约翰·穆勒：《约翰·穆勒自传》，郑晓岚、陈宝国译，华夏出版社2007年版，第18页。

② John Stuart Mill, *The Collected Works of John Stuart Mill*, Vol. 18, London: Routledge and Kegan Paul, 1977, pp. 119, 129.

动；第四，出现了保障个人人身和财产安全的法律和社会制度。[①] 显然，在密尔眼中，文明社会具备这四种特征，野蛮社会恰恰与这些特征相反：小规模的人口群体，处于游牧的状态，无法联合行动，缺乏保障人身和财产安全的制度规则。因此文明社会能够“富有”和“强大”，野蛮社会贫穷而软弱，只能被文明社会征服。

具体到“文明”话语中的世界秩序，密尔认为，英格兰、法国、德国和美国处在文明的前端[②]，非欧洲国家则属于野蛮或半野蛮的地区。他根据能否联合结盟的标准判定印度人和土耳其人是野蛮民族，这两个民族内部不能团结起来的证据是“印度人的土邦逐一被英国人征服了，土耳其被法国入侵时同俄国人媾和”。[③]

密尔后期的著作显示，广义文明概念与狭义文明概念有合流的倾向，也就是“文明”的要素在“富有”“强大”之外加入了一些精神性的标准，比如个体自由。他在 1859 年出版的《论自由》中提道：在统治野蛮人时，专制主义是政府治理的合法形式，只要目的是为了他们的进步，实现这一目的的手段便是正当的。自由作为一种原则，在人类借由自由和平等的讨论而获得进步之前的任何状态中，是不能适用的。[④] 密尔在这里论证不自由的野蛮人适合专制制度，而自由的文明人适合民主政治。这种观点在《代议制政府》中表现得更为淋漓尽致。从密尔的表述中可以得知，个体自由成为新的文明标准。同时，他对狭义文明的担忧不见了。

另一位重要的自由主义者托马斯·马考莱比小密尔长六岁，也有一段与印度事务深度关联的经历。1832 年，马考莱进入英国议会设立的管理东印度公司的监督局（Board of Control）担任秘书；1833 年，他在议会发表激情演讲，反对废除东印度公司的动议，主张对东印度公司进行改革。1834 年，他被派往印度担任总督议事会法律事务参事，从事改革的任务，直到 1838 年回国。在印度期间他制定了影响深远的文件《印度教育备忘录》（1835 年），该文件支持采用英国式的教育，包括用英语改造印度的精英阶层。这些经历让马考莱有更多表达有关印度的看法。

---

① John Stuart Mill, *The Collected Works of John Stuart Mill*, Vol. 18, p. 120.

② John Stuart Mill, *The Collected Works of John Stuart Mill*, Vol. 18, p. 94.

③ John Stuart Mill, *The Collected Works of John Stuart Mill*, Vol. 18, p. 123.

④ John Stuart Mill, *The Collected Works of John Stuart Mill*, Vol. 18, p. 224.

马考莱对印度的态度极为鲜明，那就是极力地贬低印度文明。与密尔父子相比，有过之无不及。马考莱具有文学家的天分，语言修辞富有煽动性。他的一句话经常被引用：“即使把所有梵语著作中的历史知识加起来，还不如一本再简单不过的英国小学生课本有用。”[①] 另外，他称印度是“一个堕落在奴隶制和迷信深渊中的民族，实行了三千多年的专制主义和祭司制度”[②]。

从上面的论述可以看出，自由主义者密尔父子和马考莱极为关注印度事务，留下了大量关于印度的表述（representation）。他们借用“文明”的尺度和等级将西方与非西方放在一个“差异”甚至对立的话语秩序当中。这一话语的秩序与世界的秩序是对应的，其实质是为殖民主义辩护的一种重要的意识形态，赋予殖民统治以正义性、崇高性和道德性。就此而言，马考莱是深有自觉的，他在给黑斯廷斯撰写的传记中说：“当初，英国的权力并没有受到英国道德（English morality）的掩护，从印度人变成我们的臣民到开始思考我们必须履行作为统治者的职责，经历了一段时间。”[③] 在马考莱看来，黑斯廷斯时代对印度的统治是没有道德义务的，从埃德蒙·伯克的批评可以看得出来，但到了他所处的时代，英国人开始有了道德的责任心。实际上，马考莱感受的不同是殖民话语转向的一个后果。它也是“文明”话语指涉的权力起到的作用。

三 “文明”话语的权力安排

萨义德认为，东方学是“对东方进行描述、教授、殖民、统治等方式来处理东方的一种机制：简言之，将东方学视为西方用以控制、重建和君临东方的一种方式”[④]。作为东方学的典型作品，老密尔编撰的《英属印度史》表达的正是英国人统治印度、殖民印度的权力。他在书中毫不含糊地

① Thomas Macaulay, “Minute on India Education”, in *Selections from Educational Records: Part 1, 1789—1839*, ed., H. Sharp, Calcutta: Superintendent, Government Printing, 1920, p. 110.

② Thomas Macaulay, *The Miscellaneous Writings and Speeches of Lord Macaulay*, London: Longmans, Green, Readers, and Dyer, 1871, p. 572.

③ Thomas Macaulay, *Warren Hastings*, London: Macmillan and Co., Limited, 1899, p. 10.

④ ［美］爱德华·萨义德：《东方学》，第4页。

表露出了他的政治动机。他写道：“确认印度在文明等级中的真正位置，不仅仅是出于人类好奇心之本性，对于统治大部分世界人口的英国民族来说，还有最高的实践意义。”[①] 所谓“实践意义”，不过是为英国统治印度提供“史实”和理论的合法性基础。所以在这部书中他较少明确地主张干涉印度的政治。但是，《英属印度史》表达的话语权力指向却是显而易见的。

在编写《英属印度史》的同时，为了缓解家中的经济紧张状况，老密尔经常为《爱丁堡评论》撰写时政文章，养家糊口。这些文章也包含了《英属印度史》中的观点，与它不同的是，它们“以《英属印度史》所不具有的方式直接干涉帝国政治”[②]。实际上，这些文章表达的话语权力与《英属印度史》是完全相同的。比如，他在一篇文章中说：“如果我们希望延长英国政府在印度的统治，并且确实是诚心诚意的，这也是为了当地人的利益，而不是出于英国利益的考虑。统治印度从来都只是一个负担，不过，就算是负担也绝不能放弃。然而，在印度的英国统治，虽然具有种种罪恶，但对于印度人民来说仍然是难以形容的福祉。我们相信，欧洲权力的极端滥用都比最温和的东方专制要好。”[③] 老密尔之所以说，统治印度“不是出于英国利益的考虑”，是因为，同为苏格兰人的前辈亚当·斯密认为殖民统治不合乎英国人的整体利益。但是，老密尔回避了统治印度的利益得失，而鼓吹统治印度的道义责任。道德考量取代利益考量成为老密尔评判是否应该统治印度的标准。也就是说，在密尔看来，统治印度是一种正义行为。这种正当性辩护的前提正是密尔在《英属印度史》中反复阐释的“文明”话语，即印度处在文明等级的最低端，形同野蛮社会，英国则处在文明等级的最高端。按照这种逻辑，英国人统治印度尽管存在一些问题，与印度人自己的东方专制政策比起来，英国人赐予印度人民的福祉多得“难以形容”。所以，改变殖民统治的道德认识使这种行为变得合法化。

老密尔的“文明”话语以及话语中的权力安排都由小密尔继承。小密尔的观点集中在《论自由》和《代议制政府》两部著作中，这两部政治学

---

① James Mill, *The History of British India*, Vol. 2, p. 152.

② Jennifer Pitts, *A Turn to Empire: The Rise of Imperial Liberalism in Britain and France*, p. 125.

③ James Mill, “Review of *Voyage aux Indes orientales*”, *Edinburgh Review*, 15 (1810), p. 371. 转引自 Jennifer Pitts, *A Turn to Empire: The Rise of Imperial Liberalism in Britain and France*, p. 125.

经典著作内容之丰赡、体系之严谨、影响之大使得小密尔的观点极具权威性。尽管如此，小密尔无法摆脱他父亲的影响。小密尔认为“属于高级民族或更先进的社会状态的外国人”对低等级的民族实行专制统治是应然的。他说：“统治者比他们统治的人在文明程度上高级，臣服于这种外国的统治，尽管不可避免带了一些害处，但是对被统治的民族来说，却带来最大的好处，文明的统治者使他们快速进入进步的阶段，并且为他们清除阻碍进步的各种障碍。”① 这几乎可以看作老密尔观点的翻版，所不同的是，小密尔不完全针对英印统治。所以，在密尔父子看来，被殖民者之所以应该向殖民者臣服，因为他们是低等的野蛮人，“文明人”的统治能给予他们物质和制度的进步。

小密尔也曾明确列举出改进低等级民族的若干举措，比如：更完善的财产保护制度、适度的税收、有利的土地使用制度、破除阻碍经济发展的迷信、促进精神活动的发展、引进技术和输入资本等。② 但是，与其父相同，小密尔的“文明使命”不包括输出代议制民主政治，也就是不给殖民地居民自由和公民权，而主张在殖民地实行专制统治。③ 也就是说，密尔父子开出的改进措施是残缺不全的，而且有意漏掉了最重要的部分。如此矛盾之处是如何化解的？还是依赖这套“文明”话语。在小密尔看来，处于野蛮或蒙昧状态的人民，不知道团结，“每个人都为自己活着”，且桀骜不驯，勇于私斗。这样的人民“如果没有任何外部的控制，是不可能取得任何文明的进步的，除非他们学会了服从。因此，建立在统治一个民族之上的政府的不可缺少的美德就是让这个民族学会服从。为了做到这一点，这个政府的宪制必须是接近或者完全是专制主义的”④。然而，专制的野蛮社会往往产生暴君，出现“好的专制君主是件罕见和稍纵即逝的偶然事件”，来自文明社会的专制则能够连续不断地提供好的专制君主，促使本土的野蛮居民走向文明状态。⑤

---

① John Stuart Mill, *The Collected Works of John Stuart Mill*, Vol. 19, p. 419.

② John Stuart Mill, *The Collected Works of John Stuart Mill*, Vol. 2, pp. 186 – 187.

③ 密尔提到的改革措施比如输出资本更多地还是攸关英国的经济利益。参见 Eileen P. Sullivan, “Liberalism and Imperialism: J. S. Mill's Defense of the British Empire”, *Journal of the History of Ideas*, p. 610.

④ John Stuart Mill, *The Collected Works of John Stuart Mill*, Vol. 19, p. 394.

⑤ John Stuart Mill, *The Collected Works of John Stuart Mill*, Vol. 19, pp. 418, 567.

小密尔的部分观点可能来自马考莱，包括在印度实施“专制统治”等于“良好统治”的观点。[1] 马考莱积极鼓动向印度传播“文明”，激进程度甚至超过了密尔父子。他在议会中向英国人说道：“我们是自由和文明的，但如果不向印度人分享我们的自由和文明，那我们的自由和文明将变得毫无意义。”他设想用英国的语言、习俗、制度彻底地改造印度社会。马考莱在《印度教育文件》中提出，当务之急是在印度培养一个“虽然仍然带有印度人血统和肤色但拥有英国人审美、观点、道德和智力的印度人阶级”[2]。当然，这个改造过程必须由“文明的英国人”来完成。但是，马考莱坚持认为在印度“不能有代议制制度”。这不是他个人的观点。他还提到，“无数为印度政治提建议的专家，据我所知，没有一个人同意现在应该把民主制度给予印度”。马考莱像所有英国的精英一样主张在印度实行专制统治。所以，他认为英国人正在给印度人民一个“良好的政府”（good government）而不是给他一个“自由的政府”（free government）[3] 他在论述此种理由的时候还特意提到詹姆斯·密尔也说过，在印度实行代议制度“绝无可能”。

总之，密尔父子和马考莱等人将相互矛盾的表述整合在“文明”话语当中。此套话语一方面强调西方人与非西方之间“文明与野蛮”的鸿沟，一方面表示基于当前的“差异”向非西方传播“文明”。“差异”使英印殖民统治的不平等秩序合法化，所谓的“传播”大多停留在承诺层面，是虚幻的，也并非真诚的。小密尔对马考莱提议在印度全面实施英式教育的做法表示不满。杰拉尔德·西尔金因此怀疑约翰·密尔是否是一个功利主义者。[4] 在老密尔思想的指导下，印度总督丙丁克（William Bentinck）实施了一些改革，比如1829年废除寡妇殉夫制度（sati），但是，效果极微，改革之后寡妇殉夫的现象与改革之前一样普遍。正如梅特卡夫所说，这样“罪恶行为”的戏剧性表演只是英国统治者自我形象塑造的必要元素。

---

① Uday Singh Mehta, *Liberalism and Empire: India in British Liberal Thought*, pp. 65 – 66.

② Thomas Macaulay, “Minute on India Education”, in *Selections from Educational Records: Part 1, 1789—1839*, p. 116.

③ Thomas Macaulay, *The Miscellaneous Writings and Speeches of Lord Macaulay*, p. 557.

④ Gerald Sirkin and Natalie Robinson Sirkin, “John Stuart Mill and Disutilitarianism in Indian Education”, *The Journal of General Education*, Vol. 24, No. 4 (January 1973), pp. 231 – 285.

1835 年丙丁克离任后不久，丙丁克的塑像就被竖立起来，以颂扬他“废除了残酷的仪式”。[①]

从根本上说，“文明”话语是为殖民主义服务的政治修辞，正如一些学者看到的，“文明使命”若成功执行，殖民地与宗主国同样晋升为“文明”民族，这也意味着“文明使命”的总结，英国殖民统治失去了合法性。[②] 这不是殖民统治者愿意看到的。历史事实也表明，“文明”话语的建构强化了英国人与印度人之间的隔阂，而不是相反。17 世纪、18 世纪英国尚未完全征服印度时，东印度公司的职员与当地妇女通婚是很正常的，混血子女也拥有继承父亲财产的权利，然而，进入 19 世纪，通婚和私通的现象被禁止。[③]

四　余论

按照福柯的理解，话语的基本单位或原子是陈述（statement），也就是说，话语是由一些彼此关联的陈述构成的，但是在这些陈述当中，它们的地位是不同的，“从根本上来看，陈述的数量是极少的，因为一个话语虽然可能包含无数的陈述，通常只有少量陈述可以构成某种话语。在该话语中，这些陈述会被反复提及”[④]。“欧洲人文明、非欧洲人野蛮”就不是一个简单的命题，它是构成 19 世纪殖民话语的核心陈述。所以，阿希斯·南迪赋予“文明”话语在殖民话语中的中心地位，是合理的。马克·索尔特也说：“作为进步与归属制造者的‘文明’观念，在 19 世纪和 20 世纪初的国际关系理论中处于核心地位。”[⑤] 很大程度上，“文明”话语起到了“范式”（paradigm）的支配性作用。19 世纪的哲学、政治学、人类学、法

---

① ［美］托马斯·梅特卡夫：《新编剑桥印度史·英国统治者的意识形态》，第 92 页。

② Carey A. Watt and Michael Mann, eds., *Civilizing Missions in Colonial and Postcolonial South Asia: From Improvement to Development*, p. 15.

③ Durba Ghosh, *Sex and the Family in Colonial India: The Making of Empire*, Cambridge: Cambridge University Press, pp. 35 – 69.

④ ［澳］J. 丹纳赫、T. 斯奇拉托、J. 韦伯：《理解福柯》，刘瑾译，百花文艺出版社 2002 年版，第 40 页。

⑤ ［英］马克·索尔特：《国际关系中的野蛮与文明》，肖欢容等译，新华出版社 2004 年版，第 212 页。

学，当然还包括东方学都受到“文明”话语的广泛影响。托马斯·库恩认为，科学范式的转换是由某一小部分完成的。[①] 殖民话语的“文明”范式的形成也是少数人推动的。同为自由主义者的詹姆斯·密尔、托马斯·马考莱、约翰·密尔发挥了极其关键的作用。

（魏孝稷，安徽大学历史学院讲师）

① ［美］托马斯·库恩：《科学革命的结构》，金吾伦、胡新和译，北京大学出版社2003年版，第85页。

再造传统：英属印度1877年帝国杜尔巴仪式

赵媛春

摘要 1876年4月27日，英国议会通过了《女皇称号》法案，宣布维多利亚女王加冕为印度女皇，并于1877年1月1日在印度德里举行了盛大的加冕礼仪式。为了借机拉拢印度土邦王公、巩固英属印度的稳定，英印政府对印度传统政治文化中的“杜尔巴”（Durbar）进行再造，结合游行、致敬礼、授勋、阅兵式等西方仪式，打造出一整套宣扬帝国权威、巩固印度本土贵族在英帝国荣誉体系中的附属关系的帝国仪式，此后帝国杜尔巴成为英王加冕印度皇帝时最重要的仪式，杜尔巴式的政治集会也成为印度社会的“新传统”。这一看似简单的文化现象，实际上是英国宣告对印度的权威、展示英帝国的一致性和永恒性的公开发声，映射出19世纪下半叶英国人的帝国文化心态。帝国杜尔巴虽然在英国国内引起了对帝国典礼的狂热情绪，在印度却因为知识界的觉醒逐渐遭遇阻力，并为印度民族主义提供了批判发声的平台。

关键词 英帝国　印度　加冕礼　杜尔巴

1877年1月1日，为正式宣布维多利亚女王加冕印度皇帝，印度政府在德里举行了一次盛大的帝国杜尔巴仪式①，这场融合了英国加冕礼和印

---

① 英印政府分别于1877年、1903年和1911年在印度德里举行了三次为英国国王加冕印度皇帝的帝国仪式。本文以第一次仪式为研究对象。目前在国外学术界的研究中对这三次典礼主要有以下几种表述：Delhi Durbar、Coronation Durbar、Imperial Assemblage、Proclamation Durbar、Imperial rites等，国内学术界对此课题的研究较少，尚没有统一的提法，大致对应的译名有“杜尔巴”“德里集会”“帝国集会”等几种。从词源看，“杜尔巴”（波斯语：دربار，拉丁化：Durbar）一词源自波斯语，意为“波斯统治者的朝廷”。在莫卧儿时期的印度，“杜尔巴”主要指供王侯贵族们进行咨询、册封等政治事务的议事厅。而到了英属印度时期，则从政治场所演变为纪念性的文化仪式，原来带有政治性质的杜尔巴被英国人主导的“国家议会”或“地方议会”所取代，仪式中也通过不可继承的荣誉称号和赏赐礼物等更为强调印度土邦王公在英帝国荣誉体系内的等级。所以笔者将这种结合了西方加冕礼与印度传统政治仪式的新杜尔巴译为“帝国杜尔巴”，对应英文为Imperial Durbar，一家之言，如有不妥，请不吝赐教。

度传统杜尔巴的帝国庆典并不仅仅是时任印度总督利顿（Edward Robert Lytton）个人好大喜功的产物，而且是英国政府出于对东西方政治文化的认识、针对当时英属印度在文化上陷入分裂的状况而作出的反应。通过精心的筹划，1877 年帝国杜尔巴给印度土邦王公贵族和民众带去了极大的视觉冲击，因此爱德华七世和乔治五世加冕印度皇帝时也盛大上演。这个经过再造的"新传统"是东西方政治文化碰撞的产物，更是英帝国对印度进行文化统治的重要部分，是对武力征服的补充，传达着英国的帝国思想和帝国政策。但在很长时间内，除了当时的官方记录外，学术界对这一文化现象缺乏关注。

随着新帝国史和后殖民主义理论的兴起，英国与印度的文化互动有了更多的研究。在《传统的发明》[①] 一书中，《维多利亚时期印度的权威表象之确立》一章的作者博纳德·S. 科恩（Bernard S. Cohn）以 1877 年帝国集会（Imperial Assemblage）的建构过程为研究对象，考察了英国的文化传统是如何被移植到殖民地印度并对英印两国的公共仪式产生影响。艾伦·特里维西克（Alan Trevithick）从社会人类学的角度研究了三次帝国杜尔巴，在文章《1877—1911 年英帝国德里集会的一些结构性和延续性的特点》中提出帝国仪式"仅仅是权力的代理人试图巩固自身权力的一个手段"，然而，这场意在"寻求共识"的仪式，却为印度社会中对多样性甚至是竞争和权利的诉求提供了表达的舞台。[②] 朱莉·科德尔（Julie F. Codell）在《权力与阻力：1877 年、1903 年和 1911 年的德里加冕礼》中，从影像史学角度探讨这一仪式如何反映出殖民主义的逻辑与其内在的矛盾，拍摄这些盛大的杜尔巴的照片的初衷是震慑印度人，却表现出其中的裂缝和张力。[③] 普拉莫德·纳亚尔（Pramod K. Nayar）在《殖民之声：帝国的话语》[④] 一书中延续了萨义德对文化帝国主义的研究，将帝国杜尔巴视为政

① ［英］E. 霍布斯鲍姆、T. 兰杰：《传统的发明》，顾杭、庞冠群译，译林出版社 2008 年版。

② Alan Trevithick, "Some Structural and Sequential Aspects of the British Imperial Assemblages at Delhi: 1877 - 1911", *Modern Asian Studies*, Vol. 24, No. 3 (Jul., 1990), p. 564.

③ Julie Codell, *Power and Resistance: The Delhi Coronation Durbars*, 1877, 1903, 1911, Ahmedabad: Mapin Publishing Pvt. Ltd. and The Alkazi Collection of Photography, 2012.

④ Pramod K. Nayar, *Colonial Voices: The Discourses of Empire*, New York: John Wiley & Sons, 2012.

治景观的变化，他认为英国人利用“莫卧儿王朝的遗产”，用加冕仪式将莫卧儿皇帝的权力转移到英国女王身上，竭力抹去印度人关于1857—1858年起义的记忆，庆典仪式也成为塑造帝国身份的一项固定的政治景观，权力成为一场视觉的艺术和印度“新传统”。本文以1877年帝国杜尔巴仪式的出台和表演为引线，考察英帝国如何试图通过一场融合东西方传统政治文化的帝国仪式来弥合英属印度在文化上长久以来的分裂状况，以及这场帝国仪式对英国国内、印度本土王公贵族和印度新兴知识分子等群体分别带来了哪些影响。

一　英属印度社会的文化分离：帝国杜尔巴出台的背景

进入19世纪后，无论是从地缘政治还是从社会经济体系的角度来看，印度都是英帝国最重要的殖民地。在经济上，印度的商业据点是英国进行世界贸易的重要枢纽，其丰富的资源和廉价的商品是英国发展自由贸易、维持英国对外贸易平衡的重要支柱。在军事外交上，印度的地理范围超过法国、西班牙、意大利及德国的总和，对英国有显著的战略意义。面对俄国、德国等新兴帝国在亚洲对英国霸权的挑战，英国的局面是“只要保持对印度的控制，就是世界上最强大的国家，而一旦失去印度，就会沦为三流势力”①。因此有学者认为，在整个19世纪，英国在东方的外交方针都可以总结为四个字：保卫印度。② 就是在这样“竞争的凛冽寒风”③ 中，英国政府在印度逐渐改变了“自由贸易的帝国主义”方针，转而谋求建立和巩固“有形帝国”，通过1813年、1833年和1853年三个《东印度公司特许状法》逐步取消了东印度公司对印度贸易的垄断权，由议会派专人管理印度的立法事宜，改变了曾由公司和议会组成的双重权力中心，由英国政府实行直接的管理，所谓的“仁慈专制”统治开始了。

---

① Avner Offer, “The British Empire, 1870 - 1914: A Waste of Money”, *The Economic History Review*, New Series, Vol. 46, No. 2 (May, 1993), pp. 227 - 228.

② 张本英：《保卫印度：19世纪英国东方外交的全部秘密》，《安徽史学》2003年第5期。

③ 张红：《英国保守党政府的“有形帝国”政策（1874—1880）》，《史学月刊》2000年第6期。

与英国在其他白人殖民地中盛行自由主义观点，并允许其在代议制的基础上逐步建立责任制政府的统治政策不同，针对印度的专制统治政策建立在一种杂糅了种族主义、功利主义、福音主义、进化论和“白人的责任”等观念的帝国主义思想之上，在持这种观点的英国人看来，一地或一国的文明可以通过其神学体系、科技发明、种族特征、政治机构的建设等条件来评估定级。在这种评价标准下，“东方是非理性的，堕落的，幼稚的，‘不正常的’；而欧洲则是理性的，贞洁的，成熟的，‘正常的’”①。就连著名的东方学家威廉·琼斯（William Jones）也强调印度人在人种上劣于欧洲人，尽管印度的哲学与文学作品很优秀，但“理性和审美是欧洲人思想的特权”②。英国作家吉卜林（Joseph Rudyard Kipling）更通过其文学作品反复强调一些固定的观念，如“战士的荣誉”“白人的负担”等，在文学作品中形成了一个“套话的印度”，隐晦地提出“一种恒定的等级标准，一种对世界和一切文化真正的二分法”③。在英国人看来，在印度实行“开明专制”，是因为对像印度这样的“野蛮人”来说，“独裁政府是合理的……当他们还没有能力运用自由和平等讨论改善以前的状态时，自由是不适用的，而应当顺从一位阿克巴（Akbar）或查理曼那样的君主”④，印度人处在“低幼化”阶段，就算英国人离开印度，他也会被俄国蚕食或因内部争斗而毁灭，统治印度，是英国人的“责任”⑤。

正是在这种东方文明劣于西方文明的帝国主义观念影响下，19世纪上半叶英国殖民者在印度采取了极为冒进的统治政策，包括发展英语教育、打击印度本土文化、无视印度教传统强夺土地等。其中一些针对印度本土文化的不平等政策，尤其是基督教传教的狂热行为，引起了印度民众的抵触情绪，最终成为引发1857—1858年印度大起义的导火索。虽然英国人严酷镇压了大

① ［美］爱德华·萨义德：《东方学》，王宇根译，生活·读书·新知三联书店1999年版，第49页。

② S. N. Mukherjee, “Sir William Jones and the British Attitudes Towards India”, *Journal of the Royal Asiatic Society*, Vol. 49, No. 2, 1964, p. 45.

③ 巴柔：《从文化形象到集体想象物》，孟华主编：《比较文学形象学》，孟华译，北京大学出版社2001年版，第127页。

④ John Stuart Mill, *On Liberty*, Boston: Ticknor and Fields, 1863, p. 24.

⑤ Duncan S. A. Bell, “Empire and International Relations in Victorian Political Thought”, *The Historical Journal*, Vol. 49, No. 1 (Mar., 2006), p. 288.

起义，并于1858年8月2日通过《印度政府法》（*Act for the Better Government of India*），结束了东印度公司对印度的统治，由英国女王正式接管，任命印度总督作为英王的代表（副王）进行全面的统治，但在政治统一的外表下，印度人对英国统治者仍存在不信任。这主要表现在：第一，英国的统治并未深入印度广阔的内地，影响局限于英国殖民者居住的地区和对外贸易发达的城市，只有少数上等阶层和中介商人的印度土著精英受到影响。为了取得统治的合法性，大起义前东印度公司一直宣称是莫卧儿皇帝的保护者，因此，在等级观念强烈的农村地区，莫卧儿皇帝仍然是印度人心中的“荣誉之源”①，英国人被视为“篡夺者”②。第二，印度大起义的爆发，使英国人与印度人对彼此的信任感都大大降低了。起义被镇压后，英国人一度疯狂地报复平民，“包括大量妇女孩童被当作叛乱者杀死；在抗击英国人的农村，如阿佤德的一些地区，许多村庄被焚毁；哗变的士兵以及他们假定的支持者常常被立即处死”③。在起义中表现最为活跃的印度穆斯林也一度遭到最多的歧视和打压，在加尔各答，直到1868年前，没有穆斯林担任官方文官和高等法院法官。④ 同样，因为英国人向印度人开放的文官职位十分有限，许多印度知识分子对英国政府的承诺也并不买账。

因此，在《印度政府法》颁布之时的情况就是，英国统治者小集团与2.5亿印度人之间存在着明显的分裂。⑤ 大起义的爆发证明在印度推行全面“英国化”的政策是完全错误的，在这样一个拥有上千年文明传统的东方大国，对传统秩序的颠覆，必然会引起社会的震动。因此1858年的女王宣言中明确表示要在印度实行宗教宽容政策，保证新的英印政府既没有权力也没有野心传播基督教，并特别强调英国人“会在法律的框架内，充分尊重印度古老的权利、习惯和风俗”⑥。如此一来，发明一项融合东西方文化

---

① ［英］E. 霍布斯鲍姆、T. 兰杰编：《传统的发明》，第198页。

② ［德］马克思：《印度史编年稿（664—1858年）》，张之毅译，人民出版社1957年版，第163页。

③ ［英］P. J. 马歇尔主编：《剑桥插图大英帝国史》，樊新志译，世界知识出版社2004年版，第42页。

④ 王坚德：《英国是怎样在印度推行“分而治之”政策的》，《福建师范大学学报》（哲学社会科学版）1994年第1期。

⑤ ［英］E. 霍布斯鲍姆、T. 兰杰编：《传统的发明》，第191页。

⑥ *Queen Victoria's Proclamation*, Published by the Governor-General at Allahabad, November 1st, 1858.

的“新传统”以构建全新的英印社会秩序的政策就势在必行了。

二　寻求一致：帝国杜尔巴的出台

《印度政府法》颁布后，英国正式结束了通过东印度公司对英属印度施行“间接统治”的历史，宣布由英国女王正式接管印度，1876年4月27日通过的《女皇称号法案》（The Royal Titles Act of 1876），更为维多利亚女王戴上了“印度女皇”的桂冠。

但《女皇称号法案》的出台在英国国内引起了一些争论，对许多英国人来说，首相本杰明·迪斯雷利（Benjamin Disraeli）的这个提议非常荒谬，“皇帝”这个称号很容易让人联想起德国皇帝和俄国沙皇，这些英国在中亚地区的劲敌和封建专制的象征。还有议员担心此举会削弱议会对印度事务的权力，印度地方王公也害怕自己的独立性会因此受到打击。[①] 为了打消反对者们的疑虑，这一法案的主要推动者首相迪斯雷利和印度事务大臣索尔兹伯里（Lord Salisbury）极力表明这一法案“只是印度问题”，并不会影响英国国内的民主体制。同时向议会解释这一法案背后的深远意义，力证这可以成为确立英国在中亚统治绝对优势的象征性事件，打消俄国的侵略念头，也让印度国内亲俄的地方势力不再蠢蠢欲动。最终，法案在下院通过了。[②]

但这一法案在提交印度政府讨论时，总督利顿认为不仅要在印度颁布一项新的法案，更要借《女皇称号法案》之机扩展英国在印度的统治。当英国国内为法案争执不下时，1876年5月13日的印度报纸《印度之友》（*Friend of India*）发表评论说“（如果《女皇称号法案》未获批准）我们可能要错过一个极好地与英国加强联系的机会了”[③]，利顿认为这说明印度社会对法案的期待很高，于是他在给索尔兹伯里的信中表示“无视这种热

① L. A. Knight, “The Royal Titles Act and India”, *The Historical Journal*, Vol. 11, No. 3, 1968, p. 494.

② L. A. Knight, “The Royal Titles Act and India”, p. 490.

③ *The Friend of India*, Vol. XLII, No. 2148, 13 May 1876, p. 409. *Nineteenth Century UK Periodicals.*

情将让他们失望"[①]，因为印度人"像追逐实际利益一样极为看重小恩小惠和荣誉头衔"[②]，适当的荣誉能为英帝国换取更大范围的支持。至于为何最终选择改造杜尔巴仪式而不是采用西方的政治文化仪式作为"唤起印度土著精英的热情与满足感"的媒介，则是利顿政府在考察印度前殖民时期的历史和政治现实后做出的决策。

首先，杜尔巴仪式可以更好地向印度民众表明英国政权与印度传统政权的传承关系。面对当时的社会状况，急需在印度创造一种英国人统治的传统，作为政治统治的重要附属物和武力征服的补充。尽管对英国人来说，盛大的东方庆典就像"被屠夫抛掉、连解剖实验都用不上的肉"[③]一样毫无用处，但从政治角度看，采用以印度风格为外壳、英国精神为内核的杜尔巴仪式能为在人种、文化、宗教等方面存在明显差异的英国和印度社会提供相似的、能引起共鸣的文化基础。杜尔巴"是印度最古老的政治惯例之一，从封地偏远的王公首领到重要的亲王贵族都汇聚在此庆祝新国家的建立或是新帝王的继位。关于这类庆典的故事在两部印度教经典史诗《罗摩衍那》和《摩诃婆罗多》中有诸多记录，这种记忆至今仍存在于整个印度社会"[④]。利用这套仪式公开宣告英国的权威，可以掩盖英印政权的外国特性，用温和的方式宣告政权的转换。

其次，杜尔巴可以为在印度的政治盟友——土邦王公们设立新的勋爵体系和封赏仪式。许多参与甚至领导大起义的地方王公，主要是因为不满英国人无视其当然利益、不顾印度传统（养子继承），而强行颁布"无嗣失权"强占土地。因此在重建英印社会政治体系时，维护、巩固与印度贵族的联盟关系成为第一要务。承认甚至提高他们的政治地位，有利于加强印度贵族的忠诚度，使外族政权更为巩固。而杜尔巴正是印度历史中传统的封赏仪式，特定的会场安排、服装饰物和互赠的礼物都微妙地表明特定的权威和等级体系，借鉴这项传统仪式来强调团结、忠诚与服从，可以向

① L. A. Knight, "The Royal Titles Act and India", p. 495.

② Alan Trevithick, "Some Structural and Sequential Aspects of the British Imperial Assemblages at Delhi: 1877 - 1911", p. 561.

③ Alan Trevithick, "Some Structural and Sequential Aspects of the British Imperial Assemblages at Delhi: 1877 - 1911", p. 562.

④ James Talboys Wheeler, *The History of the Imperial Assemblage at Delhi*, Calcutta, 1877, p. 2.

印度土邦王公们表明“虽然政权的形式从公司统治转为女王领地，但从前的关系不会发生变化，封建领主们会长久地保有权力，不仅不需要对未来感到恐惧，还会获得更多的好处”①。

最后，在经历“叛乱”、新皇帝取代旧王朝的时刻，盛大的杜尔巴仪式能给人一种在混乱后重塑社会秩序、复兴文化的意味，也能在一定程度上缓解大起义后残留的对立情绪和紧张气氛，抹去关于大起义的记忆。利顿在给索尔兹伯里的信中强调公开的庆典对印度人有一种类似“巫术”的独特吸引力②，杜尔巴将开启印度历史的新篇章，在这块广袤的大陆上，从前因个人利益互为仇敌、相互厮杀的地方领袖们汇聚一堂，成为牢靠的盟友，成为和解与大赦的标志③。

由此可见，帝国杜尔巴仪式的出台是出于英国人对印度历史文化、政治现实和英印关系等各方面的考量，也是东西方政治文化相互碰撞的产物。虽然英国国内曾对是否值得为一场仪式花费巨额资金进行讨论，但利顿多次强调，“这场庆典会为我们接下来的统治省出数以百万计的钱”④。这说明，对英国统治者来说，帝国杜尔巴仪式不仅是重要的文化现象，也具有实际的政治经济利益，是用帝国仪式的小恩小惠满足印度王公对荣誉的诉求和民众对于帝国的想象，为英国在印度的统治省出数以万计在军队和金钱上的花费。那么，如何最大限度地满足印度人对于荣誉的诉求，并隐晦地在仪式中表现出恰当的英印关系，向广大的竞争者宣示英国在印度的威权呢？这就需要通盘考虑两国的文化传统，选择恰当的象征物，精心设计仪式的流程。

三　再造传统：帝国杜尔巴的设计与表演

通过考察1877年帝国杜尔巴的官方记录可以看出，仪式中地点的选

① James Talboys Wheeler, *The History of the Imperial Assemblage at Delhi*, p. 45.

② Julie Codell, “On the Delhi Coronation Durbars, 1877, 1903, 1911.” *BRANCH*: *Britain, Representation and Nineteenth-Century History*. Ed. Dino Franco Felluga. Extension of *Romanticism and Victorianism on the Net*. Web, p. 3. 2021年7月26日访问。

③ James Talboys Wheeler, *The History of the Imperial Assemblage at Delhi*, p. 44.

④ Alan Trevithick, “Some Structural and Sequential Aspects of the British Imperial Assemblages at Delhi: 1877 - 1911”, p. 562.

择、器物的设计、流程的规范甚至官方史书的编撰，都在阐释着英国统治者如何通过再造印度的传统仪式，在印度构建全新的社会秩序和以英国政权为中心的新的集体记忆。

（一）德里帐篷城

在英王乔治五世宣布将印度首都迁往德里之前，英国在印度的政权中心一直都是加尔各答。但在1877年（包括其后的两次）举行帝国杜尔巴仪式时，却选择德里作为仪式的中心，因为德里是莫卧儿王朝的首都，也是印度历史上最古老的城市之一，它“几乎与印度历史上每一个重要时代有关——无论是拉杰普特、伊斯兰教还是马拉塔人，这座城市本身就是因陀罗（Indra-prastha）的纪念物”①，德里的古代建筑能直观地表达出英国统治的合法性。此外，德里也是镇压大起义的主要战场之一，战争后曾遭到洗劫，在这里举行仪式，有一种在衰败后重塑社会秩序、复兴文化的意味，当然也象征着英国政权的镇压和军事威力。

按照莫卧儿传统，1877年帝国杜尔巴仪式在专门修建的“帐篷城”（tent city）而不是城市已有建筑中举行。“这些帐篷城就像传说中的阿拉丁（Aladin）神殿一样，是居鲁士（Cyrus）、亚哈随鲁（Ahasuerus）、成吉思汗（Chengiz Khan）和帖木儿（Timur）时代就有的传统习俗。”② 为了强调英国人的统治地位，利顿特别将英国人的帐篷营地安置在1857年英国军队取得胜利的一处战斗遗址上。营帐设计也专门与印度土邦王公豪华浮夸的营地帐篷相区别，设计得非常朴素。营地由相对的两排帐篷组成，中间宽阔的路上装饰着英国风格的草地和花丛，帐篷的规模大小由身份等级决定，利顿总督的帐篷是最大的，由帆布制成；各省地方长官的帐篷略小，而外国嘉宾和记者等人的帐篷就设在宴会区。与英国人简单大气的营帐形成强烈对比的是印度地方贵族的奢华营帐，他们被允许按照自己的喜好进行设计，许多王公贵族的营帐是莫卧儿式的或古典印度风格，还有一些则采用鲜艳的颜色和黄金装饰，从外表看异常华贵，就连随行的仆人也身着

---

① James Talboys Wheeler, *The History of the Imperial Assemblage at Delhi*, pp. 2 – 3.

② James Talboys Wheeler, *The History of the Imperial Assemblage at Delhi*, p. 46.

华丽的服装，吸引着外国观察者的目光，还有许多的骆驼和大象。[①] 此时东西方营地之间还有刻意为之的差异，西方人的营帐安静、简约、自制，而东方贵族的营帐则色彩斑斓、规模壮观、音乐吵闹。但这只是暂时的，很快，英国殖民者和印度王公贵族就互相借鉴，东西方政治文化也在不断融合。

在英国人的描述中，“帐篷城”具有重要的象征意义，它意味着复兴和进步。这里曾经不过是德里西北角的一片不毛之地，现在则拥有温泉、铁路、精致的花园、医疗救助中心、体育场和四通八达的道路，是英国人带来文明，将尘土化作花园，以秩序取代混乱。[②] 那些因祖辈的战争而从未说过话的地方王公们在此期间和平地聚在一起，离开闷热的属地城堡，在这里感受田园诗歌般闲适的时光[③]，更说明了英国的统治让原本分崩离析、内战混乱的印度成为一个文明、统一的国家。在现实中，这个人工打造的帐篷区根本不能被称为城市，但它在仪式期间却扮演了“微缩帝国”的角色，通过不同规格的营帐、卫生设施、装饰设计等，表明英印帝国权力网络中的空间等级秩序。在德里门的两端，看到的是面貌迥异的两个世界：“帐篷城”外，霍乱、疟疾肆虐，贫民因饥荒和疫病被迫离开家园寄居在环境恶劣的棚户中；“帐篷城”内，则环境优美，宾客华贵优雅，是隔离现实统治难题的幻想，构成了一个完美的殖民地社会。

（二）器物与细节设计

1877年帝国杜尔巴仪式的主要目的是“唤起印度土著精英的热情与满足感”[④]。因此，在庆典期间，除了要正式宣布维多利亚女王加冕印度皇帝，还要给印度的王公贵族们施以恩典，提高他们的热情和对英国政权的满足感，以便回报他们在大起义时对英国人的效忠。为此，殖民政府的主要政策是：提高王公贵族的年金，为其颁布额外的奖励和纪念性的旗帜勋章，并设立“印度之星”（star of India）勋爵体系和杰出勋章等奖励地方

---

① James Talboys Wheeler, *The History of the Imperial Assemblage at Delhi*, p. 47.

② Julie Codell, “On the Delhi Coronation Durbars, 1877, 1903, 1911”, pp. 4 – 5.

③ James Talboys Wheeler, *The History of the Imperial Assemblage at Delhi*, p. 46.

④ Alan Trevithick, “Some Structural and Sequential Aspects of the British Imperial Assemblages at Delhi: 1877 – 1911”, p. 563.

精英。

由此可见，位于印度社会上层的土邦王公和传统贵族既是帝国杜尔巴的参与者，同时也是主要的观众。因此，仪式在器物设计上非常“英国化”，以强调经过再造的帝国杜尔巴是一个表示从属和臣服的仪式，而不是像莫卧儿时期那样，是一个分享权威的仪式。① 相比于作为中心的英帝国形象，印度文化只是以附属地位出现的“亚文化”。利顿拒绝使用有印度特色的装饰或形象，除采用莲花图案与英格兰玫瑰、苏格兰蓟和爱尔兰三叶草共同装饰帐篷外，其他装饰主要是象征英格兰英雄形象的圣乔治十字架和英国国旗。当他进入会场时，由六位号兵一齐吹奏瓦格纳的歌剧《唐怀瑟》（Tannhäuser）的音乐旋律。同时，他还主张用一种中世纪的基调以凸显印度彼时的黑暗与英国的家长式权威，也代表着仁慈、和谐、田园的封建制度。② 但利顿允许土邦王公们自由设计自己的帐篷和游行仪式，这也为继任者们设计风格的改变埋下伏笔，英国人从印度王公们声势浩大、隆重奢华的象队游行中受到启发，印度王公们则从 1877 年英国帐篷营地的设计中看到了西方风格的魅力，两种文化发生了碰撞，逐渐融合。这些被选择的器物体现了“有偏见的动员”（mobilization of bias），是统治精英将盛大的庆典作为宣传工具巩固其意识形态上的优势的一个例证。③

（三）帝国杜尔巴的行程

利顿总督对帝国杜尔巴仪式的最大贡献，除了赋予这项传统的仪式以全新的表达方式，还在于通过这一次的实践，为大规模的帝国仪式建立了一整套范式。一次持续大约两到四周的帝国杜尔巴庆典中，除了有印度传统杜尔巴中的游行、宣誓效忠礼等，还包含西方的阅兵式、体育比赛、招待酒会、户外聚会、艺术展览或表演等庆祝活动。虽然总督可酌情做出不同的设计，如寇松增添了为小学生喂食糖果（1903 年）、哈丁设计了盛大的焰火表演（1911 年）等，但以下几项传达着英国人的态度和政策的核心仪式，是历届帝国杜尔巴中的指定表演内容。

---

① Julie Codell, “On the Delhi Coronation Durbars, 1877, 1903, 1911”, p. 1.

② Julie Codell, “On the Delhi Coronation Durbars, 1877, 1903, 1911”, p. 2.

③ ［英］E. 霍布斯鲍姆、T. 兰杰编：《传统的发明》，第 119 页。

一是帝国杜尔巴的核心价值所在——印度臣民对英帝国的效忠仪式。不同于 1911 年仪式中数万臣民亲自向国王乔治五世和玛丽王后表示效忠，1877 年仪式中没有王室成员出席，与会者只能面对维多利亚女王的巨幅画像奉献礼物和行礼。利顿总督代表女皇为参加仪式的 68 位印度地方王公颁授特定纹饰的旗帜和金银币，并表明“这是由女王陛下赠予你们家族的礼物，以作为陛下加冕印度皇帝的纪念。女王陛下坚信，这表明英国王室与你们之间的紧密联系，也非常希望能看见你们的辖地强大、富强和永久存在”①。

二是游行（state entry）。如果说加冕礼和授勋仪式面对的是印度社会的精英，那游行则面对普通大众。在游行中，象征英帝国权威的副王、地位显赫的殖民政府官员（后来也包括印度王公们）沿着装饰有旗帜、标语（如“天佑吾王”）的德里城行进 4—5 英里，最后到达帐篷城，配合着雄壮的音乐和威严的军队，给民众一种庄严感和荣誉感。游行路线要尽量涵盖所有能体现帝国形象的场所，1877 年游行中精心设计了一条经典线路，穿过著名的月光集市（Chandni Chowk），途经高里三喀庙（Gauri Shankar Mandir，印度教寺庙）、中央浸信会（Central Baptist Church，基督教会）、希斯甘吉谒师所（Gurdwara Sis Ganj Sahib，锡克教圣地）和伊斯兰教的两座清真寺［金色清真寺（Sunehri Masjid）、贾玛清真寺（Jama Masjid）］等，同时还有能突出英国统治权威的大起义的遗址和纪念碑。这条线路途经了德里几乎所有重要宗教教派的圣地，令参加盛会的印度宗教团体极为满意，也包含德里重要的建筑和民众最多的街市，因此成为经典路线，被后来者沿用。

三是阅兵式（review troops），由王室成员或副王检阅英印军队、慰问 1857 年参加过镇压印度“兵变”的老兵。阅兵式暴露了英国政权的脆弱性和矛盾性，因为 1858 年的女王宣言和一系列弥合英印冲突的文化仪式都说明英国人试图创造新的集体记忆以取代大起义的历史，但对阅兵的热衷和战争遗址的建设却强调英国在印度的统治中包含着军事威胁和武力镇压。通过在杜尔巴中展示 1857 年英国人在平定“叛乱”中的各种纪念物，英

① James Talboys Wheeler, *The History of the Imperial Assemblage at Delhi*, p. 131.

国人试图向自己和世界定义英印帝国的概念，是加强对印度统治的宣言①。

四是副王演讲，演讲内容主要是向土邦王公和新闻界传达杜尔巴的主题和英国的统治政策。作为具有首创性的第一次帝国仪式，利顿在演讲中郑重宣告英国女王加冕印度皇帝，并再次宣读了1858年女王宣言，向与会的王公贵族传达了英国的态度，将会“保护你们承袭自祖先的荣誉，保证你们的合法利益，无论是王公贵族还是普通民众都能感受到对未来的希望”。当然利顿也为印度人做出促进社会发展的保证，承诺会提供更多的公共服务，增加印度本土受过英语教育的专业人士的就业机会。②

以上这些固定活动构成了一场帝国杜尔巴的主要行程。通过大量的文娱活动和面向大众公开售票的设计，使帝国杜尔巴在意义上更像是西方的加冕礼，而从前在杜尔巴中讨论政务的传统则被更为西方化的各级议会所取代。

（四）帝国杜尔巴的官方记录

官方史书不仅会详细地记述这次盛会的具体细节，为下一次仪式提供范式和指南，也体现着彼时英国人的印度观。1877年的官方史书《德里帝国杜尔巴史》由被称为“官僚历史学家”的泰尔博伊斯·惠勒（James Talboys Wheeler）编撰。惠勒于1861年开始受雇于马德拉斯政府做秘书和书记工作，曾利用官方档案写作了《旧日的马德拉斯》（*Madras in the Olden Time*）一书，开创了在政府工作报告中回溯印度历史和政治传统的个人风格，在受命记录此次帝国杜尔巴的详细情况后，他也将自身重视历史与现实结合的风格融入杜尔巴历史的写作之中。

惠勒本人非常认同利顿总督复兴杜尔巴仪式的政策，他认为“印度的土邦王公们早已接受了英帝国的统治，认同维多利亚女王作为印度的皇帝，对英国的行政体系也早已适应。为女王在印度举行盛大的加冕礼，会表明英国对印度事务的重视，迎合印度社会各阶层的需求”③。他也敏锐地察觉到，这场以女王加冕为中心的帝国杜尔巴绝不仅是一个文化仪式或是

① Sonakshi Goyle, “Tracing a Cultural Memory: Commemoration of 1857 in the Delhi Durbars, 1877, 1903, and 1911”, *The Historical Journal*, Vol. 59, No. 3, (2016), p. 815.

② James Talboys Wheeler, *The History of the Imperial Assemblage at Delhi*, p. 79.

③ James Talboys Wheeler, *The History of the Imperial Assemblage at Delhi*, p. 44.

政治统治的附属物，它本身就是政治的一部分。为了在书中体现英国对印度统治的合法性，他将印度在1877年以前的历史划分为拉杰普特统治（Rajput India）、伊斯兰教统治（Muhammadan India）、马拉塔人统治（Mahratta India）和英国统治（British India）四个阶段，分别论述其统治状况的不同，希望“这种历史与现实交织的写法能反映印度的过去和现在的不同画面，让大家看到英国统治下的印度与历史中的印度有什么不同”①，而帝国杜尔巴的举行“将开创英印历史的新纪元，是印度在政治上融入英帝国的必然结果”②。随后，惠勒详述了1877年帝国杜尔巴的情况，包括举行这场大典的原因、副王入城仪式、战象游行、帐篷城的装饰设计等，也在附录中详细记录了出席嘉宾名单、各类荣誉的颁授名单、各地因大典而大赦罪犯的人数、驻军情况、游行路线、各级嘉宾所享用的礼炮响数等，体现了利顿政府为庆典所做的所有考虑和筹划。为了给观礼嘉宾和外国游客提供一些旅行指南，惠勒还对德里和勒克瑙（Lucknow）的莫卧儿遗迹和兵变纪念碑进行了图文并茂的介绍。从内容上看，这部史书堪称一部帝国杜尔巴仪式的大百科全书，为后来的仪式设计保留了一套完整的流程和规则。

惠勒的著书出版后受到了英国国内的一致赞扬，这说明英国政府不仅关心整个仪式的具体过程，更关心其背后的深意，即如何将印度的历史与未来巧妙地结合起来。这本官方史书的作用正如萨义德所说，“正统、权威性的国家及研究机构对历史的观点往往是把多变的、充满争端的历史僵化成为官方的、正式的东西。……服务于印度、恭敬和臣服的传统都在这种（象征英国对印度神秘而永久性的统治的）仪式中得到了表现，造成了整个次大陆的一种超历史的形象。这个形象屈从于一位英国人，而这个英国人的形象又是制造出来的。他曾经统治，而且必须永远统治潮流和印度”③。英国人再造了英属印度的文化传统，也试图在印度创造新的集体记忆，正如惠勒在书中信心满满地写道：“印度未来的历史毋庸置疑，英国将不惜一切代价以保证印度的和平。1857年时，这种安定与和平曾被‘土

① James Talboys Wheeler, *The History of the Imperial Assemblage at Delhi*, p. v.

② James Talboys Wheeler, *The History of the Imperial Assemblage at Delhi*, p. 1.

③ ［美］爱德华·萨义德：《文化与帝国主义》，李琨译，生活·读书·新知三联书店2003年版，第444页。

兵叛变’打破，但恐慌和叛乱的记忆很快就会被德里壮丽的杜尔巴故事所取代。”①

然而这些看似丰富的官方记录资料中却有一个明显的缺失，就是极为重要的民意调查部分，从官方的刊物中，我们可以看到华丽庆典的方方面面，却无法看出印度社会对这些帝国杜尔巴的真实反应，这只是英国人视角下的帝国杜尔巴。考察印度新闻界对这次帝国杜尔巴的评论与报道，就会看到一个完全不同的景象，这场初衷是寻求共同性的仪式成了印度知识界发表异见和提出政治诉求的舞台。

四　结语

在1877年帝国杜尔巴中，英国殖民政府希望通过借用在印度社会中最有历史渊源的政治文化仪式，确立其殖民统治的合法性乃至神圣性，制造出英属印度社会最盛大的政治景观。毋庸置疑，1877年帝国杜尔巴仪式的举行开创了英印统治的一个新时期，成为印度政治文化中的“新传统”，启导了其后两次规模更为盛大的庆典，不仅仪式的花费水涨船高，更受到英国王室的重视和直接参与。1903年的庆典中有王室代表康诺特公爵夫妇（Duke and Duchess of Connaught）出席，1911年庆典中英国国王乔治五世不仅亲临印度还积极参与细节设计，下令邀请著名画家乔治·胡德（George Jacomb-Hood）参加宴会为盛典制作影像作品②，还在效忠礼中复兴了印度教传统的“达仙”（Darshan）③，借机扩大英国君主的权威。莫卧儿时期的遗迹红堡（Red Fort）被改造为临时皇室宅邸，国王夫妇穿着全套礼服站在阳台上接见民众、展示皇室的形象。据估计，至少有10万民众涌向红堡以目睹国王夫妇的真容。这场接见仪式让数以万计不同种姓和教派的民众直接向皇帝致敬，被官方誉为“臣民的盛宴”④，在英国和印度新

① James Talboys Wheeler, *The History of the Imperial Assemblage at Delhi*, p. 42.

② 大部分影像资料已经电子化，可以通过互联网查看：http：//www. colonialfilm. org. uk/node/1956.

③ Darshan：达仙，印度教教义，指因见到了伟人一面而沾光得福，在帝国杜尔巴中指国王接见民众的环节。

④ Alan Trevithick, “Some Structural and Sequential Aspects of the British Imperial Assemblages at Delhi: 1877 - 1911”, p. 575.

闻界都大肆宣传。

可以说，1877年在印度德里举行的这场帝国仪式为如何举行一场融合帝国内部各种族、多文化的大型庆典创立了一种范式，形成了一种可供推广的礼仪标准。在1887年以后的英国，一整套以皇室形象为中心的帝国礼仪被“发明”了出来，英国君主制的公共形象也由此发生了根本性的转变，君主制成为一致性、稳定性和共同体的化身。① 用庆典仪式的表演来塑造帝国身份和权威的方式成为一个固定的政治景观，权力与文化紧密结合，形成一种具有视觉冲击的政治艺术。关于帝国仪式的一切知识，包括仪式流程、宣传及新闻报道、场地和服饰的设计、游行路线的选择等都迅速地形成了体系，并逐渐完善，将更大范围的民众吸引进来。

从英国殖民印度的历史来看，1857年印度民族大起义从根本上改变了英印关系和英国对印度的统治政策。大起义的爆发迫使英国人正视英印社会在文化上的分裂，采取更为温和的政策，希望通过放弃公开传播基督教、复兴印度方言和传统文化等方式在殖民统治中加入更多的印度元素。其中，本文所论述的帝国杜尔巴仪式就是最直观的表现之一。有学者认为在“后兵变时代”，英国殖民者在印度所采取的文化政策都可被称为“杜尔巴政策”，其特征正如这场融合东西文化的帝国仪式一样，用英国的思想做标尺、印度的器物做装饰，以此来掩盖英国统治中的外国特性。

从表面上来看，1877—1911年举行的三次帝国仪式的确因令人印象深刻的庆典和皇室成员的盛装出席为英国的殖民统治带来了一些迷幻的色彩，不仅使在英国国内受到束缚与限制的君主权威有了表演的舞台，还在英国官方的宣传中造成了一种英帝国统一、和平和强大的假象。但综合考察这些仪式出台的背景和影响可以发现，看似是为了调和英印社会冲突的帝国仪式因其深刻的内在矛盾反倒给了印度社会各界力量进行博弈的机会。在那样一个充满变革的时代，东西方政治文化发生着剧烈的碰撞，被刻意再造的传统仪式，是英帝国文化强行并轨进入印度历史、确认帝国身份认同、维持帝国荣光的最后挣扎。如果说1857年大起义爆发前英国人鲜少在印度制造集体记忆是对帝国的自信，那么镇压起义后频频通过帝国仪式所表达的，或许是帝国的焦虑。如今，印度政府也在曾举行过三次帝国

① ［英］E. 霍布斯鲍姆、T. 兰杰编：《传统的发明》，第156—158页。

杜尔巴仪式的遗址上修复了当时的建筑，成为德里北部著名的观光景点（coronation park），就像一百年前代表印度社会两极分化的“帐篷城”曾引起知识分子对殖民统治的思考与批判一样，现在，这些历史遗迹也提醒人们保持对殖民历史的反思。

（赵媛春，北京师范大学历史学院博士研究生）

“巴尔干战争”的他者叙事与巴尔干主义话语

——以《卡内基报告》为中心的考察

李建军

摘要 1912—1913年的巴尔干战争是第一次世界大战之前的一场战况激烈、内情复杂的地区冲突。美国卡内基国际和平基金会作为一个具有重要国际影响力的非政府组织，组织国际委员会对巴尔干战争进行调查在当时是一种新的国际干预行为。为实现政治目的，这个“独立机构”的调查报告对巴尔干战争的看法充满巴尔干主义偏见，将巴尔干战争的起因及期间的暴力行为归结于根深蒂固的古老仇恨和种族矛盾。这种巴尔干主义话语在表达“文明世界”的“人道主义”关切之时，使报告成为帝国主义干预巴尔干的工具，也为后来美国干预巴尔干的行动提供了文本支持。

关键词 巴尔干战争 《卡内基报告》 巴尔干主义

1912—1913年的巴尔干战争是塑造20世纪现代史至关重要的事件。著名的巴尔干战争研究者理查德·C. 霍尔（Richard C. Hall）认为这场战争复杂而又模糊，标志着欧洲历史上一个由民族主义和冲突主导的时代的开始。① 说其复杂，源其牵连巴尔干小国、欧美大国等多方力量。言其模糊，因各国官方、媒体、学界及民间对其起因、过程和影响的解读众说纷纭。不过，在历史书写和研究中，西方学者对巴尔干战争的叙述常常会提

---

① Richard C. Hall, *The Balkan Wars 1912 - 1913*, *Prelude to the First World War*, London and New York: Routledge, preface.

到一份1914年出版的调查报告——美国卡内基国际和平基金会的《国际委员会关于巴尔干战争起因和行为的调查报告》[①]（以下简称《卡内基报告》），人们或引用其数据和案例，或辨析其材料真假，开展争鸣。[②] 国内学界尚无学者从《卡内基报告》入手探析西方的巴尔干战争观，本文拟在这方面做出一点尝试，以该报告为中心考察西方对巴尔干战争的叙事，进而从话语的视角对报告所持观点和目的作一简要评述，以期进一步加深对巴尔干战争的理解。

一　1912—1913年的巴尔干战争

1912—1913年的巴尔干战争是第一次世界大战前夕世界局势恶化下的一场局部战争。19世纪末20世纪初，资本主义进入帝国主义阶段，各大列强之间势力发展不平衡，致使重新瓜分世界的斗争加剧，同盟国、协约国两大军事集团形成。到了一战前夕，这一紧张局势更是发展到了极端尖锐的程度，不断出现国际冲突和局部战争，包括1908—1909年的波斯尼亚危机、1911年的摩洛哥危机、1911—1912年的意土战争，还有本文所聚焦的巴尔干战争。

巴尔干战争不仅是国际形势紧张加剧的体现，也是长期以来存在于巴尔干地区的各种矛盾尖锐化的结果。其中，最重要的就是巴尔干各民族与奥斯曼土耳其的矛盾。1354年，奥斯曼土耳其人占领加里波列之后开始向巴尔干地区扩张。奥斯曼帝国征服和占领巴尔干长达四五百年，给巴尔干

---

① *Report of the International Commission to Inquire the Causes and Conducts of the Balkans Wars*, Washington DC: Carnegie Endowment for International Peace, 1914.

② 参见 Ivo Banac, *The National Question in Yugoslavia: Origins, History, Politics*, Ithaca and London: Cornell University Press, 1984. Misha Glenny, *The Balkans, 1803 - 1999: Nationalism, War and the Great Powers*, London: Granta Books, 1999. Mark Mazower, *The Balkans: A Short History*, New York: Modern Library, 2002. Richard C. Hall, *The Balkan Wars, 1912 - 1913: Prelude to the First World War*, New York and London: Routledge, 2000. Paul Mojzes, *Balkan Genocides: Holocaust and Ethnic Cleansing in the Twentieth Century*, Plymouth: Rowman & Littlefield Publishers, 2011. Fatme Myuhtar-May, *Identity, Nationalism, and Cultural Heritage Under Siege: Five Narratives of Pomak Heritage: From Forced Renaming to Wedding*, Leiden: Koninklijke Brill, 2014. Philipp Ther, *The Dark Side of Nation State: Ethnic Cleansing in Modern Europe*, New York: Berghahn, 2014.

人民带来了灾难。[①] 随着奥斯曼帝国的衰落、青年土耳其党对民族解放运动的镇压，在意土战争后出现了有利于巴尔干各族人民摆脱土耳其异族统治的形势。其次，19 世纪民族主义思想在巴尔干的传播激发了巴尔干各族人民的大国梦，但是它们之间的愿望重叠、互相竞争。马其顿地区便是塞尔维亚人、保加利亚人、希腊人竞争的焦点。再次，1878 年结束俄土战争的《圣斯蒂法诺和约》虽然建立了一个大保加利亚，并扩大了塞尔维亚和黑山，但是欧洲大国为了维持均势，在柏林会议上做出调整，大保加利亚变成了奥斯曼宗主国下的自治保加利亚公国，塞尔维亚领土缩小，黑山失去了在战争获得的利益。保加利亚人、塞尔维亚人、黑山人、希腊人均视《柏林条约》为实现民族愿望的障碍。最后，青年土耳其党的革命未能使巴尔干的臣民甘心接受奥斯曼的统治，反而加速了这个帝国的瓦解。[②] 就连阿尔巴尼亚人也越来越疏离奥斯曼帝国并在 1910—1911 年发生叛乱，呼吁各界承认阿尔巴尼亚是个国家。阿尔巴尼亚的叛乱既鼓励了各国要求拿回属于自己的领土，也鼓励了奥地利和意大利梦想在东南欧得到新的立足点。[③] 因此，所有这些国家都试图牺牲日益衰落的奥斯曼帝国来实现自己的民族主义议程，并且反抗强国入侵奥斯曼巴尔干领土的企图。巴尔干国家对战争的决心比大国避免战争的决心更坚定。[④]

在这样的复杂背景下，巴尔干战争爆发。1912 年 3—8 月，保加利亚、塞尔维亚、希腊和黑山结成反土的巴尔干联盟，目的是利用土耳其在意土战争中被削弱的机会，把奥斯曼土耳其逐出巴尔干半岛，并瓜分被征服的领土。巴尔干联盟在 1912 年 10 月发动了对土耳其的进攻，并在大部分战

① 朱晓中认为主要表现在三个方面：第一，它消灭了南部斯拉夫民族的中世纪国家，彻底改变了其正常的发展；第二，将伊斯兰教移植到了巴尔干，致使在南部斯拉夫民族之间形成了天主教、东正教和伊斯兰教三教鼎立的局面，并造成各民族在民族特性、文化、习俗等方面出现了明显的差异性；第三，奥斯曼帝国入侵引起的民族大迁徙，造成不同民族的杂居和民族分界线的犬牙交错，这在巴尔干，特别是南斯拉夫地区遗留下了极为复杂的民族和宗教关系，为日后的民族和领土纠纷埋下了祸根。参见朱晓中《从巴尔干到东南欧：冷战后巴尔干地缘政治变迁》，《东欧中亚研究》1998 年第 3 期。

② ［英］马克·马佐尔：《巴尔干：被误解的“欧洲火药库”》，刘会梁译，天津人民出版社 2007 年版，第 105 页。

③ ［英］马克·马佐尔：《巴尔干：被误解的“欧洲火药库”》，第 106—107 页。

④ Richard C. Hall, *The Balkan Wars* 1912 – 1913, *Prelude to the First World War*, p. 21.

线上击退了土耳其军队。1913 年 5 月，土耳其与巴尔干联盟签订《伦敦和约》，后者收回大片巴尔干领土，土耳其在欧洲的领土仅保存了伊斯坦布尔和海峡北面的狭小地区。第一次巴尔干战争由此结束。战争似乎也应该到此为止，但各国一致对外后，内部之间因无法克服的领土竞争主张再生摩擦，1913 年 6 月，巴尔干联盟内部即塞尔维亚、希腊、黑山与保加利亚之间发生冲突，第二次巴尔干战争开始。这次连罗马尼亚、土耳其也趁机加入了对保加利亚的战争。结果保加利亚战败，1913 年 8 月各方签订《布加勒斯特和约》，保加利亚丧失大量领土。

在整个战争过程中，欧洲列强的介入把巴尔干战争纳入了大国纷争的轨道。他们不愿看到巴尔干人们掌握自己的命运，都怀着各自的帝国主义目的插手巴尔干。在第一次巴尔干战争中，战败的土耳其请求列强调解，列强趁机谋求自己的利益。在巴尔干联盟与土耳其的和谈中，同盟国支持土耳其，协约国支持巴尔干同盟。阿尔巴尼亚虽然独立，但要受欧洲列国的保护。第二次巴尔干战争中，奥匈帝国支持保加利亚，协约国支持塞尔维亚、希腊、黑山。这场局部战争使巴尔干各国事实上分为受同盟国和协约国影响的两个阵营，集中反映和加剧了当时两大军事集团的对立和争夺，也使巴尔干成为第一次世界大战的爆发地。

该战争使巴尔干半岛各参战方的边界重新划分。保加利亚获得了罗多彼山和色雷斯西部；希腊占领了大部分伊庇鲁斯；希腊和塞尔维亚瓜分了马其顿的大部分争议地区；黑山和塞尔维亚分裂了诺维帕扎尔的桑贾克；塞尔维亚获得了科索沃的大部分阿尔巴尼亚人的领土。与此同时，一个独立的阿尔巴尼亚建立，多民族的奥斯曼帝国几乎从欧洲大陆消失。① 英国历史学家泰勒指出，巴尔干战争结束之后签订的《布加勒斯特和约》“所规定的边界直到今天没有改变，除了保加利亚在 1919 年失去了它在爱琴海的出海口”②。

新的巴尔干民族国家建构使巴尔干各国以怀疑的眼光看待“局外人”。对于巴尔干联盟来说，巴尔干战争是“解放”战争。在巴尔干新兴民族主

---

① Richard C. Hall, *The Balkan Wars 1912 - 1913, Prelude to the First World War*, preface.

② ［英］A. J. P. 泰勒：《争夺欧洲霸权的斗争（1848—1918）》，商务印书馆 2020 年版，第 641 页。

义运动的背景下，奥斯曼帝国被视为巴尔干“民族”自决的障碍。按照这种看法，穆斯林人口或者说“土耳其人”，是可以被驱逐的局外人。巴尔干各国军队采取的排斥方式是杀戮、抢劫、驱逐等。随着战争的进展，暴力行为不仅针对穆斯林，也瞄准了敌对的族裔群体。随着对非本族平民施加暴力，“暴行”成为当时外界关注巴尔干战争的焦点之一。

可见，巴尔干战争不仅是东方问题发展的最后阶段，也是东南欧民族国家建立过程中的决定性时刻。[①] 巴尔干战争的爆发离不开国际形势、大国争夺、地区冲突和民族主义，战争中的暴行也无法脱离奥斯曼帝国解体和新的民族国家建构的背景。然而，《卡内基报告》对巴尔干战争的看法却充满“文明世界”的偏见，这离不开当时西方叙述巴尔干事件和构建巴尔干形象的他者话语。

二 《卡内基报告》解读的战争及其“暴行”

巴尔干战争的规模及其产生的“暴行”立刻引起了欧美国家的注意。来自俄国、英国、爱尔兰、美国、德国的记者突至巴尔干各国首都，收集有关暴行的证据。[②] 1913 年 7 月，《纽约时报》刊登了希腊国王康斯坦丁一世和保加利亚沙皇斐迪南一世的声明，描述了与第二次巴尔干战争爆发有关的事件。[③] 两位统治者相互指责，都否认对暴行负责，导致声明内容互相矛盾。美国卡内基国际和平基金会交流与教育部主任尼古拉斯·默里·巴特勒（Nicholas Murray Butler）发现了这种信息的不一致性。于是，巴特勒给基金会董事会主席伊莱胡·卢特（Elihu Root）发去了一份紧急电报，他说：“保加利亚对希腊国王的指控令人难以置信，这给了我们一个迅速作出反应的绝好机会。如果获得批准，我将立即向巴尔干派遣一个透

---

① Paul Ersilian ROŞCA, “Romania and the Balkan Wars”, *Astra Salvensis*, VI, 2018, Special Issue, pp. 1015 – 1022.

② Florian Keisinger, “Uncivilized Wars in Civilized Europe? The Perception of the Balkan Wars, 1912 – 1913, in English, German and Irish Newspapers and Journals,” in Mulligan, Geppert and Rose ed., *The Wars Before the Great War*, London: Cambridge University Press, 2015, pp. 345 – 350.

③ “Grey Says Balkans Must Fight It Out”, *The New York Times*, July 15, 1913; “A Year of Slaughter and Rapine Directed Against Mussulman and Christian Alike”, *The New York Times*, July 18, 1913. “King Describes More Outrages”, *The New York Times*, July 19, 1913.

明的委员会，以查明事实，并确定继续敌对行动和执行罪行的责任。”① 卢特在同一天批准了这个提议。巴特勒得到批准后立刻组织了一个国际委员会来调查巴尔干战争。显然，巴特勒认为当时的巴尔干局势是一个机会，基金会的国际委员会可以作为仲裁者介入并在解决军事危机方面发挥作用，但其调解的最终目标绝不是人道主义。

国际委员会由 8 名成员组成。他们分别是：奥地利维也纳大学公共法教授约瑟夫·雷德利希博士（Dr. Josef Redlich），法国外交家、参议院议员埃斯托内莱斯·德·康斯坦特（Estournelles de Constant），法国国民议会律师议员 M. 贾斯汀·戈达特（M. Justin Godart），德国马堡大学公共国际法学教授、海牙国际法庭第一位德国法官瓦尔特·舒金（Walther Schücking），英国《经济学人》编辑弗朗西斯·瑞格利·赫斯特（Francis Wrigley Hirst），英国著名记者 H. N. 布拉斯福德博士（Dr. H. N. Brailsford），俄国杜马议员、历史学家保罗·米留科夫博士（Pavel Milyukov），美国哥伦比亚大学教师学院教授塞缪尔·T. 达顿（Dr. Samuel T. Dutton）。② 其中，康斯坦特是该委员会的领导人。雷德利希、舒金和赫斯特三人没有参与实地调查，但他们参与了报告的编辑和校对。这是一支由西方六大国经济学、国际法、历史学和政治学等领域的知名精英组成的调查团队。

调查发生在 1913 年 8—9 月，历时 5 周，委员会到过塞尔维亚、希腊、马其顿、土耳其、色雷斯、保加利亚，从平民证人和受害者那里收集了信息和证据，检查了被摧毁的村庄、宗教地点（教堂和清真寺）和乱葬坑，之后花费将近一年的时间起草和出版了调查报告。③ 该报告在第一次世界大战爆发前一个月由卡内基国际和平基金会发表，名称为《国际委员会关于巴尔干战争起因和行为的调查报告》。报告内容包括前言和七章。内容涉及巴尔干战争的历史原因，针对平民的暴行，保加利亚人、土耳其人和塞尔维亚人之间的关系，种族同化和对外国民族的迫害，战争对国际法的

---

① Morton Abramowitz, “Preface”, in *The Other Balkan Wars: A 1913 Carnegie Endowment Inquiry in Retrospect with a New Introduction and Reflections on the Present Conflict by George Kennan*, Carnegie Endowment for International Peace, Washington, DC, 1993, pp. 1 – 2.

② *Report of the International Commission to Inquire the Causes and Conducts of the Balkans Wars*, p. iv.

③ *Report of the International Commission to Inquire the Causes and Conducts of the Balkans Wars*, pp. 5 – 6.

违反，战争的经济、道德和社会后果。

整篇报告都是用所谓“文明世界”的目光凝视战争。康斯坦特首先在前言中站在“文明世界”的视角区分了两次巴尔干战争。他认为第一次巴尔干战争是独立战争，“是对暴力的最高抗议，总体上是弱者对强者的抗议……出于这一原因，它让整个文明世界感到光荣并受到欢迎”。第二次是一场掠夺式的战争，在这场战争里，谁也没有获益，“胜利者和被征服者在精神上和物质上都蒙受损失”。[①] 对于巴尔干地区发生战争，“文明世界”被认为有懈怠责任。康斯坦特在 8 月 21 日写给戈达特及其伙伴的信中提道，“如果欧洲在过去的 30 年里真心希望帮助他们，她就会给他们一个国家赖以生存的东西，那就是铁路、电车、公路、电报和电话，此外还有学校。一旦这些变得富饶的国家与欧洲其他地区连接起来，并且像欧洲其他地区一样连接起来，他们就会通过商业、贸易和工业手段变得和平”[②]。报告最后，委员会带着“文明世界”的拯救语气来纠错，“这时文明世界对巴尔干的责任是什么？……显然，首先，他们（文明世界）应该停止为了利益而剥削这些民族。他们应该鼓励他们去达成仲裁条约，并坚持履行它们。他们应该以身作则，寻求司法解决所有的国际争端”[③]。

来自“文明世界”的国际委员会从巴尔干战争中看到了伊斯兰教与基督教的对立。报告认为，第一次巴尔干战争爆发的表面原因有以下三个：第一，濒临解体的土耳其软弱且缺乏远见；第二，欧洲无力将改革强加给立宪的土耳其；第三，（巴尔干）联盟给巴尔干国家带来了力量增强的意识，每个国家面前都有一个国家使命，即保护居住在土耳其统治下的本民族和本宗教的人不受奥斯曼化政策的影响。[④] 其中，奥斯曼化和种族同化政策是导致第一次巴尔干战争爆发的主要因素之一。奥斯曼帝国通过禁止民族学校和俱乐部的存在，限制宗教团体的自由，有系统地组

① *Report of the International Commission to Inquire the Causes and Conducts of the Balkans Wars*, p. 4.

② *Report of the International Commission to Inquire the Causes and Conducts of the Balkans Wars*, p. 8.

③ *Report of the International Commission to Inquire the Causes and Conducts of the Balkans Wars*, p. 273.

④ *Report of the International Commission to Inquire the Causes and Conducts of the Balkans Wars*, p. 49.

织对农民和革命领袖的镇压，激起了当地人民的怨恨，从而发起了分离运动。①

但是，报告结合历史分析认为，巴尔干战争的根本原因在于根深蒂固的古老仇恨。正如康斯坦特在报告前言中所言，巴尔干人民混杂在语言和宗教的混乱中，导致了持续的政治斗争。这里对立的种族和民族包括："土耳其人、保加利亚人、塞尔维亚人、克罗地亚人、说阿尔巴尼亚语的塞尔维亚人、瓦拉几亚人、希腊人、阿尔巴尼亚人、吉普赛人、犹太人、罗马尼亚人、匈牙利人、意大利人。"② 报告指出，"巴尔干地区事态的实际发展情况非常接近于土耳其人进入欧洲之前的情况。当时和现在一样，基督教国家为了在半岛上保持霸权而不断进行自相残杀的斗争。"③ 报告将当时的冲突追溯到中世纪，那时保加利亚、塞尔维亚和希腊进行着政治和宗教霸权的持续斗争。随着不同的地区被并入多民族的大塞尔维亚或大保加利亚等短暂的"伟大"国家，巴尔干半岛的种族分布变得混杂，从而为未来对马其顿等地区的争端埋下了隐患。虽然奥斯曼帝国的征服暂时"像发挥了一个巨大冰箱的冷冻功能"压制住了交战国们的领土渴望，但是，"民族意识并没有被完全抹杀"，"任何有利的环境，任何外来的火花，都足以重新点燃民族的火焰"④。在反抗奥斯曼的政治解放运动期间，他们之间的斗争又重新开始。按此推断，中世纪大塞尔维亚和大保加利亚王国的复辟与拜占庭帝国的重建成为巴尔干国家民族观念的中心特征。

报告认为，正是过去这种互相竞争的民族敌意导致塞尔维亚、保加利亚、希腊对马其顿展开争夺。希腊在马其顿追求历史权利，塞尔维亚也以此为出发点。当奥地利阻止其他势力在亚得里亚海进行扩张、塞尔维亚只能在巴尔干南部寻找扩张出口时，塞尔维亚的民族主义学者和政治领袖宣称马其顿是杜尚大帝（Douchan the Great）统治下的旧塞尔维亚的一部分，

---

① *Report of the International Commission to Inquire the Causes and Conducts of the Balkans Wars*, pp. 35 – 36.

② *Report of the International Commission to Inquire the Causes and Conducts of the Balkans Wars*, p. 3.

③ *Report of the International Commission to Inquire the Causes and Conducts of the Balkans Wars*, p. 21.

④ *Report of the International Commission to Inquire the Causes and Conducts of the Balkans Wars*, pp. 21 – 22.

并坚称吞并马其顿是一种历史权利。[①] 塞尔维亚士兵和希腊人一样，坚信在马其顿会找到同胞。于是，塞尔维亚和希腊军队一进入马其顿，就对当地居民犯下暴行，企图维持其统治地位。马其顿的保加利亚学校被关闭，教师、牧师、主教、革命的知识分子被赶出该省，而农民则被敦促改变国籍，宣布自己是塞尔维亚人或希腊人，并宣誓效忠希腊东正教。[②] 保加利亚政府相对于其竞争对手原本具有相当大的优势。不过随着塞尔维亚开始巩固其在马其顿的影响力，它要求修改分割线，理由是保加利亚拒绝向其盟友提供军事支持，违反了联合协议。尽管俄国为避免冲突作了仲裁努力，但是双方都不满意，第二次巴尔干战争未能避免。毕竟“由于巴尔干各民族之间长期存在着不和谐的苗头，我们所知道的联盟条约无法遏制它”[③]。

报告分析了巴尔干战争的原因之后，描述了两次巴尔干战争期间在马其顿、色雷斯和爱琴海战场上发生的“暴行”。根据收集的各种证据和目击者的证词，委员会得出结论，所有交战国都表现出同样程度的残忍和暴力，因此对人的生命和财产的破坏负有同样的责任。根据英国马其顿救济基金机构的估计，被塞尔维亚和希腊军队占领的莫纳斯提尔（Monastir），80%的村庄被烧毁，数以千计的难民被迫移居国外。[④] 法国天主教在库库什传教会的负责人佩雷·米歇尔（Pere Michel）曾描述过，在臭名昭著的保加利亚游击队领袖东切夫占领的库库什地区，他在一天之内烧毁了雷恩诺沃（Raionovo）、普拉尼特萨（Planits）和库库尔特沃（Kukurtevo）村345座土耳其人房屋，还把清真寺里的人关押起来，并在他们试图逃跑时将他们活活烧死，或将他们枪杀。[⑤] 报告也描写了土耳其人的野蛮报复。例如，当保加利亚军团行进穿过古穆尔基纳（Gumurjina）时，就目睹了大约50具被土耳其人谋杀的保加利亚农民的尸体，其中一个女人的尸体被吊

① *Report of the International Commission to Inquire the Causes and Conducts of the Balkans Wars*, pp. 25 – 28.

② *Report of the International Commission to Inquire the Causes and Conducts of the Balkans Wars*, pp. 52 – 59.

③ *Report of the International Commission to Inquire the Causes and Conducts of the Balkans Wars*, p. 49.

④ *Report of the International Commission to Inquire the Causes and Conducts of the Balkans Wars*, p. 72.

⑤ *Report of the International Commission to Inquire the Causes and Conducts of the Balkans Wars*, pp. 73 – 75.

在树上，另一个带着婴儿的女人尸体躺在地上，她们的眼睛被挖了出来。结果兵团的士兵们报复性地向第二天行军中遇到的所有土耳其村民或遣散的士兵开枪，这样杀死了大约 50 名男子和两三名妇女。①

然而，报告对出现这些“暴行”原因的解释，却将其归之于巴尔干的历史和文化特性。首先，报告认为这种“暴行”有其历史渊源，“五个世纪以来，种族间的压迫使巴尔干半岛的历史成为反叛、镇压和屠杀的记录。仔细观察在马其顿发生的事情，当巴尔干军队南下时，这场解放战争呈现出一种更加肮脏和熟悉的面貌。它释放了积存的仇恨和几个世纪以来继承下来的复仇。它使受压迫的基督徒在几个月的时间里成为穆斯林统治者的主人和法官。它给每一个对残暴的地主或残暴的邻居怀有怨恨的农民提供了复仇的机会”②。报告认为，源自种族仇恨的暴力行为不仅发生基督徒与穆斯林之间，而且发生在基督徒，也就是盟国之间。布拉斯福德调查了在多科萨托（Doxato）、色雷斯和达米尔－希萨尔（Demir-Hissar）发生的事件，保加利亚人在那里据称犯下了一些“最卑鄙的罪行”。例如，多克萨托的 270 座希腊人房屋中，只有 30 座房屋完好无损，其他全部被保加利亚人毁掉。在保加利亚进攻色雷斯的过程中，6000 所房屋中最后有 4000 所被毁，致使大量人口陷入贫困。③ 希腊政府和媒体指责保加利亚军队故意烧毁城市并屠杀居民。虽然委员会证实保加利亚人对一些暴行负有责任，但它也发现希腊的指控言过其实，大多数暴力事件是对以前袭击的一种报复。④ 据保加利亚人对上述事件的描述，先是希腊叛乱分子袭击了保加利亚的一个车队，然后一支由波玛克人组成的步兵队进入该市，屠杀了数百名希腊平民。⑤ 报告认为，无论是希腊人还是保加利亚人，色雷斯的

① *Report of the International Commission to Inquire the Causes and Conducts of the Balkans Wars*, p. 76.

② *Report of the International Commission to Inquire the Causes and Conducts of the Balkans Wars*, p. 71.

③ *Report of the International Commission to Inquire the Causes and Conducts of the Balkans Wars*, p. 79.

④ *Report of the International Commission to Inquire the Causes and Conducts of the Balkans Wars*, p. 94.

⑤ *Report of the International Commission to Inquire the Causes and Conducts of the Balkans Wars*, pp. 81－83. 根据报告中的说法，波玛克人从种族上属于保加利亚人，受土耳其人逼迫皈依了伊斯兰教，后保加利亚人使他们又重新皈依了基督教，因而对保加利亚军队表现出忠诚。

遭遇都让他们深感耻辱。①

其次，报告提出，极端暴力倾向是巴尔干半岛区别于欧洲其他地区的一种文化特征。"那些试图理解这些页面所见证的暴行的道德家，必须反思所有巴尔干民族都是在土耳其的战争模式中成长起来的。巴尔干地区的民歌、历史和口头传统一致地将战争视为一个包括强奸、掠夺、破坏和屠杀的过程。"② 报告提供的一个证据就是在萨洛尼卡和比雷埃夫斯的街道上国际委员会看到的两张庆祝希腊军队在库库什取得胜利的海报。第一张图片名为"保加利亚食人者"（Bulgarophagos），画面上一个希腊高地人（evzone）抓着一个活着的保加利亚士兵的手臂，在啃食他的脸。背景中展示的燃烧房屋的火焰和成堆的尸体提醒人们保加利亚遭受了可耻的失败。图片配有以下诗句："火海在我胸中沸腾/用我灵魂的狂暴浪潮呼唤复仇/等索非亚的怪物们不动了才会平息/他们的生命之血也能消除我的仇恨。"③ 第二幅海报描绘了一个战场，胜利的希腊军队正在用步枪和刺刀赶走被征服的保加利亚人。画面中央，一名希腊士兵正在挖一名躺在地上还活着的保加利亚人的眼睛。在两幅海报中，希腊士兵的眼睛都被突出强调，表现出愤怒和凶残。④ 海报会让人联想到"保加利亚屠夫"拜占庭皇帝巴西尔二世的传说。⑤ 委员会用海报来说明以复仇传统为基础的战争方法是巴尔干的独特特征。报告还列举了大量平民成为暴力的对象和施暴者的例子来证明这一点，并认为一些最严重的暴行正是由一群非正规士兵犯下的，而他们的行动往往得到了官方军事指挥部的批准。⑥

报告由此提出，根深蒂固的仇恨和暴力使巴尔干战争之后巴尔干实现

---

① *Report of the International Commission to Inquire the Causes and Conducts of the Balkans Wars*, p. 92.

② *Report of the International Commission to Inquire the Causes and Conducts of the Balkans Wars*, p. 108.

③ *Report of the International Commission to Inquire the Causes and Conducts of the Balkans Wars*, pp. 96 – 97.

④ *Report of the International Commission to Inquire the Causes and Conducts of the Balkans Wars*, pp. 97 – 98.

⑤ 据说巴西尔二世的军队在克雷迪昂（Kleidion，位于今天的北马其顿共和国）战役中俘虏了保加利亚沙皇萨穆埃尔的1.5万名士兵，并刺瞎他们的眼睛。参阅［英］狄奥尼修斯·史塔克普洛斯《拜占庭一千年：一部帝国史》，陈友勋译，化学工业出版社2020年版，第157页。

⑥ *Report of the International Commission to Inquire the Causes and Conducts of the Balkans Wars*, p. 169.

永久和平的前景黯淡。“塞尔维亚目前正与阿尔巴尼亚处于战争状态，保加利亚正为她所认为的不公正待遇而苦恼，希腊还不确定她是否能在新获得的某些领土上进行统治。这些国家中没有一个能够将自己的军队减少到实现和平的数量，因为他们的邻国随时准备撕毁条约，就像他们随时准备撕毁条约一样。保加利亚认为失去多布罗加和马其顿是不合理的，而希腊和塞尔维亚尚未巩固其在被征服领土上的影响力。”① 作为“文明世界”的代表，国际委员会对巴尔干国家的未来表达了一种家长式的担忧。该报告认为“文明世界”“应该停止利用这些国家谋取利益。他们应该鼓励这些国家签订仲裁条约，并坚持遵守这些条约。他们应该以身作则，寻求司法手段解决所有国际争端。”② 也就是说，虽然大国对冲突的爆发没有直接责任，但它们在道义上有义务防止冲突再次发生。

三 《卡内基报告》中的“巴尔干主义”话语

卡内基国际和平基金会为何要成立国际委员会来调查巴尔干战争？作为调查结果的《卡内基报告》为何聚焦并突出战争中的“暴行”？

从当时大的国际环境来看，此次调查活动离不开 19 世纪下半叶和 20 世纪初和平运动这个大背景。19 世纪下半叶，和平运动在世界范围内扩展开来，其突出特点就是广泛建立和平组织。美国内战结束后，美国和平协会成为最大、最有影响力的反战宣传推广组织。19 世纪末，欧洲和平主义者开始关心的国际仲裁问题成为美国和平协会的正式政策。从 1895 年起，该组织在莫洪克湖（Lake Mohonk）连续举行和平会议以促进仲裁运动。在美国，仲裁运动因符合美国帝国主义的政策而广受欢迎。③ 那个时期美国的许多知识分子和实业家都支持这些努力，包括安德鲁·卡内基和发起巴尔干战争调查的巴特勒。在卡内基的倡议下，卡内基国际和平基金会于

---

① *Report of the International Commission to Inquire the Causes and Conducts of the Balkans Wars*, p. 272.

② *Report of the International Commission to Inquire the Causes and Conducts of the Balkans Wars*, p. 273.

③ 仲裁条约对于维护门罗主义具有战略意义。美国通过推动国际法取代战争，可以将其政治文化的元素输出到海外。

1910 年在美国成立，以"促进各国之间的和平事业，加速废除国际战争，并鼓励和促进和平解决国际分歧"[①]。巴特勒也主张，为了成功地建立和平的国际社会，各国的精英都应该引导舆论和外交。[②] 其中，对巴尔干战争的调查是卡内基国际和平基金会第一次以科学的方式解决国际危机的正式尝试，但如前文所述，他们的活动从一开始就非仅仅出于道义，而是为了政治目的。

由此，出于政治目的的调查委员会站在道德和智力的优越感上看待问题，使调查报告充满了"文明世界"的傲慢和偏见。因此，报告认为巴尔干战争的起因及相关"暴行"绝不是欧洲帝国主义争夺巴尔干的结果，而是交战双方的原始主义、古老仇恨和根深蒂固的种族冲突的产物。笔者认为，这种看法是当时西方"巴尔干主义"话语的一个有力例证。

历史学家玛莉亚·托多洛娃受赛义德关于"东方主义"研究的启发，在梳理文学家、政治观察家、情报人员、外交官员、记者等撰写的关于巴尔干的文学游记、著述、报告、剧作、画作、诗篇等文本后，发现从 18 世纪到现在，西方话语逐渐塑造了一个刻板、僵化的巴尔干形象，这种刻板印象将巴尔干置于"文明"的边缘。巴尔干虽然在地理上与欧洲不可分割，但在文化上却被建构为欧洲内部的"他者"。尤其是"到了 20 世纪初，巴尔干变成了一个贬义词，是由伴随着奥斯曼帝国的瓦解和建立弱小的、经济落后的、独立的民族国家并努力实现现代化的实践所引发的。这一现代化进程的困难和随之而来的民族主义的泛滥造成了一种情况，即巴尔干开始成为侵略、不宽容、未开化、半发达、半文盲和半东方的象征。"[③] 将巴尔干污名化并使其成为欧洲内部"他者"的这种话语便是巴尔干主义。

1912—1913 年的巴尔干战争成为西方污名化巴尔干的一个高潮[④]，战

---

① "The Carnegie Endowment for International Peace", *The American Journal of International Law*, Apr., 1911, Vol. 5, No. 2, Apr., 1911, pp. 448 – 450.

② Nicholas Butler, *The International Mind: An Argument for the Judicial Settlement of International Disputes*, New York: Charles Scribner's Sons, 1912, p. 102.

③ ［美］玛莉亚·托多洛娃：《想象巴尔干》，李建军译，世界知识出版社 2020 年版，第 296 页。

④ Predrag Simić, "Balkans and Balkanisation: Western Perceptions of the Balkans in the Carneigie Commission's Reports on the Balkan Wars from 1914 to 1996", *Perception*, Summer 2014, Volume XVIII, Number 2, pp. 113 – 134.

后的《卡内基报告》强化了这种刻板印象。

第一，报告充满了对巴尔干的“东方主义”想象。巴尔干经常被西方视为“东方”，被认为像东方社会那样是固定不变的。参与报告撰写的布雷斯福德就持这种看法，他在《马其顿》一书的开篇曾这样写道“东方不发生任何变化，这是一种司空见惯的现象……典型的斯拉夫村庄，隔绝在一些狭窄而高大的峡谷里，没有教师和牧师，村民过着自己平静的生活，遵循着可以追溯到异教徒时代的虔诚的传统”①。报告中，20 世纪初的巴尔干与欧洲相比仍然是落后贫穷的，以至于康斯坦特反问“如果这些不幸的巴尔干人民的赞助人——欧洲大国竞相帮助他们，为他们提供公路、铁路、水路、学校、实验室、博物馆、医院和公共工程，我们能想象得出他们今天的处境吗?”② 巴尔干不仅经济、社会是落后的，思想、文化上也没有进步。如前所述，报告中认为，几个世纪以来，巴尔干人们的种族敌意根深蒂固，复仇方式没有改变，他们的暴力行径仍然是野蛮的、原始的。在20 世纪初西方的“文明”的话语中，巴尔干战争的发生脱离了“文明世界”的规则，让“文明世界”无法理解，战争“产生了令人遗憾的结果，我们要从不同民族在以最原始的方式进行的基本的生存斗争中所犯下的‘过分行为’来研究”③。

第二，调查委员会成员以一种简单统一的方式看待巴尔干国家，认为极端暴力倾向是巴尔干心态的固有特征。委员们把巴尔干战争期间发生的暴行归因于固有特征和古老仇恨，归为集体责任，并对冲突中各参与方的行为没有作什么区分。这是对问题的简单化处理，不是根据具体情况进行的分析。暴力虽要谴责，但不可否认，报告中对“暴力”的描述是沿袭了西方对巴尔干暴力的看法。例如，1903 年塞尔维亚亚历山大国王和王后德拉加被谋杀后抛出窗外，《纽约时报》报道称，把人抛出窗外是“一种种族特征”，归因于“一种原始的斯拉夫血统”：“就像勇敢的英国人用拳头击倒敌人，南部法国人用科学艺术降服敌人，意大利

① H. N. Brailsford, *Macedonia: Its Races and their Future*, London: Methuen & Co., 1906, p. 1.

② *Report of the International Commission to Inquire the Causes and Conducts of the Balkans Wars*, p. 18.

③ *Report of the International Commission to Inquire the Causes and Conducts of the Balkans Wars*, p. 50.

人用刀子、德国人用手中的啤酒杯征服敌人，而波西米亚人和塞尔维亚人则是把敌人扔出窗外。”① 理查德·C. 霍尔并不认为暴力是民族对立的结果，他认为几个世纪以来，阿尔巴尼亚人、保加利亚人、希腊人、塞尔维亚人和土耳其人一直生活在彼此相对接近的地方，即使不亲密，也肯定不是彼此孤立的。② 因而，暴力不是这一地区固有的特征。各民族在和平共处几个世纪后出现暴力行为，与他们把排他性的国家意识形态作为道德核心有关，暴力行为的目的是为了实现一个同质的民族国家。因此，纵火、抢劫、谋杀、强奸造成的故意恐怖活动，目的是为了刺激人们离开某一特定地区。

第三，报告认为巴尔干文明与欧洲文明大相径庭。英国政治家威廉·格莱斯顿（William Gladstone）有句名言：总体而言，（土耳其人）从他们第一次进入欧洲的黑暗日子起，就是人类最大的反人类标本。无论他们走到哪里，身后的足迹上都留下了一大片血迹；当他们的统治达到一定程度时，文明就从视野中消失了。③ 委员会将交战国的极端暴力描述为欧洲和巴尔干之间深刻的文化差异的证据，认为有系统地迫害敌方民众、非正规军队的介入，以及对整个城镇和村庄的毁灭，作为这场冲突的共同特征在欧洲战争中是没有的。“屠杀、掠夺、纵火、平民流离失所的事件数不胜数，这违反了欧洲的人道标准。”④ 由此报告中常常这样评价：“保加利亚指挥官炮击城外大批武装农民的行动在我们看来是可疑的……他对一个没有设防的城镇使用大炮是对文明战争法的严重滥用”⑤，“在西方国家发行此类图片（指上文提到的两个海报）的印刷商将会被判犯有严重诽谤军队罪”⑥，“委员会找不到足够强有力的语言来谴责这种对人类的暴行，

① Milica Bakić-Hayden, “Nesting Orientalisms: The Case of Former Yugoslavia”, *Slavic Review*, Winter, 1995, Vol. 54, No. 4, pp. 917 – 931.

② Richard C. Hall, *The Balkan Wars* 1912 – 1913, *Prelude to the First World War*, p. 137.

③ W. E. Gladstone, *Bulgarian Horrors and the Question of the East*, New York: Lovell, Adam, Wesson, and Company, 1876, p. 10.

④ *Report of the International Commission to Inquire the Causes and Conducts of the Balkans Wars*, p. 108.

⑤ *Report of the International Commission to Inquire the Causes and Conducts of the Balkans Wars*, p. 92.

⑥ *Report of the International Commission to Inquire the Causes and Conducts of the Balkans Wars*, p. 97.

并认为应该对所有类似的案件进行最广泛的宣传，尽可能指出罪犯的姓名，以遏制全世界一致谴责的野蛮本能”[①]。在报告中，委员会将巴尔干“军国主义”同文明世界促进国际和平的努力作了对比，从而表明交战各方的行为是文化落后的标志。正如托多洛娃所暗示，巴尔干主义者的话语将不文明、暴力的巴尔干与积极、自我陶醉的西方形象并列在一起。[②]

《卡内基报告》发表后，未能对公众舆论产生预期的影响，一个重要的原因就是报告持一种巴尔干主义偏见。众所周知，导致巴尔干战争的原因在很大程度上也促成了一战的爆发，那些原因比交战双方所谓的根深蒂固的种族冲突、文化特性解释要复杂得多。尽管调查委员会将巴尔干战争中的暴行解释为原始主义的标志，但它们实际上反映了欧洲战争性质的变化。历史学家注意到，巴尔干战争是第一次世界大战的前奏。报告发表一个月后，第一次世界大战爆发，先进的欧洲或者说西方并没有比巴尔干更宽容，它们使用现代武器（坦克、潜艇、飞机和大规模毁灭性武器）改变了战争规则，使人类蒙受空前的灾难，“文明世界”陷入了一场全面战争的野蛮状态。约翰·霍恩（John Horne）和艾伦·克雷默（Alan Kramer）就详细记录了第一次世界大战开始的几个月里，德国士兵在比利时和法国北部对非战斗平民犯下的大规模处决、酷刑、殴打、勒索、纵火和强奸行为。那里成千上万的平民，就像巴尔干战争期间的马其顿平民一样，为了逃避德国士兵的这些行为而逃离家园。[③] 因此，巴尔干没有垄断战争和暴力行径，《卡内基报告》只是当时巴尔干主义流行话语的一部分。

作为一项知识的生产，《卡内基报告》使用这种巴尔干主义话语是为了服务于政治。学者威廉·斯潘诺斯（William V. Spanos）认为知识生产创造了一个可被征服、绘制、分类、殖民和管理的监督空间。换句话说，这是一种纪律的凝视，或者更广泛地说，是一种帝王的凝视。[④] 对列强来说，

---

① *Report of the International Commission to Inquire the Causes and Conducts of the Balkans Wars*, p. 143.

② ［美］玛莉亚·托多洛娃：《想象巴尔干》，第 288 页。

③ John Horne and Alan Kramer, *The German Atrocities of 1914: A History of Denial*, New Haven: Yale University Press, 2001, pp. 78 – 86, 420, 422 – 423.

④ William V. Spanos, *The Legacy of Edward W. Said*, Chicago: University of Illinois Press, 2009, p. 31.

这是与经济或军事优势同样重要的统治手段。[①] 调查委员会站在“文明世界”对巴尔干的“暴力”表达道德愤慨，而道德上的愤慨和歇斯底里常常成为“文明世界”以人道主义为借口的干预，因此报告也反映了美国在欧洲的新外交政策。

这次干预的真正目的是提高美国在巴尔干地区的影响力。在报告中委员会就明确表达了对《布加勒斯特条约》的不满：“就《布加勒斯特条约》批准胜利国家的非法要求而言，这是一项不公正的工作，很可能无法抵抗时间的行动。改写条约难道不是比等待其邪恶果实的发展和成熟更符合各国人民团结的真正感情吗?”[②] 1914 年夏天，调查巴尔干战争的这个委员会准备开始修订《柏林条约》和《布加勒斯特条约》，后被第一次世界大战中断。有学者指出，一战后，20 世纪 20 年代在中欧和东南欧进行的重建计划的规模表明：尽管美国国会拒绝批准《凡尔赛条约》，也未批准美国加入国际联盟，即便美国国务院没有率先采取行动，美国的外交政策实际上也参与了进来。[③] 卡内基国际和平基金会等非营利组织与美国政府之间的模糊联系，使其在美国 20 世纪的外交政策中发挥了重要作用。[④] 从这个层面来说，调查只是实现政治目的的手段，报告成了帝国主义的工具。

四　结语

综上所述，1912—1913 年巴尔干战争的起因是各种历史和现实因素交织作用的结果，战争期间的暴力行为离不开民族国家建构的背景，绝不是巴尔干地区的独有特征。《卡内基报告》作为记叙巴尔干战争历史事件的一份非政府组织调查资料，具有历史参考价值，但它塑造了一个“文明世

---

① Patrick J. Adamiak, “Perceiving the Balkan Wars: Western and Ottoman Commentaries on the 1914 Carnegie Endowment's Balkan Wars Inquiry”, in M. Hakan Yavuz and Isa Blumi, War & Natioanlism, *The Balkan Wars*, 1912 – 1913, *and their sociopolitical implications*, Salt Lake City: The University of Utah Press, 2013, pp. 474 – 494.

② *Report of the International Commission to Inquire the Causes and Conducts of the Balkans Wars*, p. 206.

③ Nadine Akhund, “The Two Carnegie Reports: From the Balkan Expedition of 1913 to the Albanian Trip of 1921”, *Balkanologie*, Vol. XIV/1 – 2 Paris 2012, pp. 1 – 17.

④ 关于卡内基国际和平基金会在一战后国际秩序重建中发挥的作用，参见滕凯炜《卡内基基金会与一战后国际秩序的构建》，《世界历史》2021 年第 3 期。

界”的反面形象，将巴尔干战争的起因和行为简单归因于原始主义的观点，是20世纪早期巴尔干主义话语的典型例证。这种巴尔干主义话语最终服务于政治，使它赋予“文明世界”以“拯救的责任”，为“文明世界”站在道德制高点干涉巴尔干的行动提供了强有力的文本支持。

值得一提的是，利用《卡内基报告》的巴尔干主义话语干预巴尔干事务，美国不仅仅只实践了一次。20世纪90年代南斯拉夫解体爆发战争时，该报告被重印。在再版序言中乔治·凯南（George Kennan）断言，“这份报告最大的价值在于向这个时代的人们揭示了当今的问题有多少根深蒂固，又有多少没有。如果把这些现实牢记在心，就会更容易想出解决办法”①。尽管20世纪初的巴尔干战争和20世纪末的巴尔干战争有所不同，但是凯南认为造成这种局面的原因还是在于由来已久的仇恨：“这些根源不仅可以追溯到几个世纪以来土耳其的统治，还可以追溯到甚至在此之前拜占庭帝国对巴尔干半岛的渗透。”② 可见，巴尔干战争爆发80年后，巴尔干仍然如80年前被看作欧洲的他者，承受着西方在政治、意识形态和文化上的偏见。美国重印《卡内基报告》，借助同样的话语手段再次以拯救者的姿态强势介入了南斯拉夫解体后的重建。

（李建军，首都师范大学历史学院副教授）

① Morton Abramowitz, “Preface”, in *The Other Balkan Wars: A 1913 Carnegie Endowment Inquiry in Retrospect with a New Introduction and Reflections of the Present Conflict by George Kennan*, p. 9.

② Morton Abramowitz, “Preface”, in *The Other Balkan Wars: A 1913 Carnegie Endowment Inquiry in Retrospect with a New Introduction and Reflections of the Present Conflict by George Kennan*, p. 13.

“文明国”特例：日本与1919年华盛顿国际劳工大会*

张 亮 王 萌

摘要 第一次世界大战前后，确立八小时工作制等劳动制度成为国际劳动立法运动斗争的核心。随着一战后日本国际地位的提高，日本政府一改以往在国际劳动立法上的“失语”状态，决定派遣代表参加在美国华盛顿召开的首届国际劳工大会。大会上日本政府、资方、劳工代表间的激烈对立，不仅将日本的劳动问题暴露于世人面前，而且折射出英美两国在国际劳动立法理念上的差异。最终在英国的支持下，日本成为国际劳动标准上“文明国”的特例。日本在国际劳动立法运动中以“特殊国”自居，反映出日本政府及产业界对国际劳动立法精神的漠视。但国际劳工大会的召开为日本产业界采取以英美主导的全球化劳动标准提供了契机。

关键词 华盛顿国际劳工大会 “文明国” 八小时工作制 日本劳动改革

近代日本对“文明国”的认知与追求，反映了其以欧美列强为中心的世界文明观。正如思想家福泽谕吉所言，“现代世界文明以欧美诸国为最文明国，土耳其、中国、日本等亚洲诸国则为半开化国”“稍识事理之人，越对事理了解透彻，越能洞悉吾国状况，越以吾国不如西洋而感到不安，

* 本文系2019年度辽宁省社会科学规划基金青年项目“张学良军事思想研究”（项目编号：L19CZS002）阶段性研究成果。

于是就有仿效西洋，发奋图强与之并驾齐驱之心”。① 明治维新以来，随着日本国力的增长与在历次对外战争中取得胜利，日本的国际地位不断提高。在第一次世界大战结束后的巴黎和会上，日本被预选为国际联盟五大常任理事国之一，成为与英美比肩的“一等国”。对日本政府而言，如何在国际事务中践行“文明国”标准，展现日本的“文明国”形象，成为其必须直面的重要问题。

为了回应战时各国劳工阶层强烈的呼声，国际联盟下属的国际劳动法制委员会决定于1919年10—11月期间在美国华盛顿召开首届国际劳工大会。原本对国际劳动立法漠不关心的日本，决定派遣代表参会。在大会上，日本政府与资方代表为了谋求“特殊国”的待遇，不顾日本劳工代表的反对，最终使日本成为“文明国”的特例。日本舆论将此视为“国耻”：“所谓产业上的‘特殊国’，实乃劣等国也，即不得与‘文明国’同列，而与印度、暹罗、南非、埃及等国同一视之对待也。我国民开辟迄今之努力，乃因不堪忍受欧美各国视我为劣等国之耻辱，力求脱此‘特例’而与各文明国同一地位也。”②

以往虽有学者在研究一战后日本与国际联盟的关系等问题时，对日本代表在华盛顿国际劳工大会上的活动有所述评，然而以笔者陋见，似还没有形成系统研究日本应对国际劳动立法运动的专题论著。③ 日本为何要派代表参加国际劳工大会？在国际劳工大会上日本政府、资方、劳工代表之间存在怎样的争论？日本何以能够成为“文明国”的特例？笔者试图从全球史的视角对这些问题作一初步考察。

---

① 福沢諭吉：《文明論之概略》，《福沢全集》（第三巻），東京：時事新報社1898年版，第13頁。日本学者关于一战前后“文明国”的概念，有较精确的描述。如筒井若水所称，在旧国际法体系中，“文明国”一般指欧美先进国家或采用欧美国家各种基准来整备国内体制的国家。参见筒井若水《国際法辞典》，東京：有斐閣，1998年，第300頁。

② 《労働時間制》（一），《神戸新聞》1919年11月25日。

③ 目前学界研究的成果，集中于对华盛顿国际劳工大会形成机制的考察，其中简要概述了日本代表在会上的一些活动，然而并未就日本三方代表的立场及背景展开深入的分析。参见张力《国际合作在中国：国际联盟角色的考察，1919—1946年》，（台北）“中央研究院”近代史研究所1999年版，第267—270页；今井清一：《大正デモクラシー》（日本の歴史23），東京：中央公論社1966年版，第197—198頁；海野芳郎：《国際連盟と日本》，東京：原書房，1972年，第71頁；矢野達雄：《大正期労働立法の一断面—労働争議調停法の成立過程》，《法制史研究》第27号，1978年。

一　日本派代表参会

20世纪初，在欧美各国劳工组织及社会主义团体的推动下，国际劳动立法运动取得长足进步。在1906年由国际劳动立法协会（International Association for Labor Legislation）组织的瑞士伯尔尼会议上，各国劳工组织代表制定了包括废除黄磷火柴生产、女工彻夜工作制等条款的《伯尔尼条约》。虽然会议敦促并未参会的日本签订这一条约，但遭到日本政府的拒绝。① 此后，在瑞士召开的1908年卢塞恩会议、1910年卢加诺会议、1913年伯尔尼会议上，各国相继签订一系列保护劳工权益的协定，从而为一战后国际劳动立法运动确立了基本方向。

一战结束后，各国劳动问题重新浮出水面。在美国等国劳工组织的呼吁下，1919年1月31日，巴黎和会成立以美国劳工联合会会长塞米尔·龚伯斯（Samuel Gompers）为主席，包括两名日本委员在内由十五名委员组成的国际劳动法制委员会。委员们共同起草了一个“保障劳工精神及物质最小权益”的“国际劳动条约”，即为日后《凡尔赛和约》的第十三部。为了解决现实中的劳动问题，各缔约国承诺每年召开一次国际劳工大会，并组织成立一个永久性质的跨国劳动机构——国际劳动组织（International Labor Organization）。在英美两国委员的主导下，劳动法制委员会经过多次磋商后决定：首届国际劳工大会将于1919年10月29日美国华盛顿召开，议题将以统一改善各国工业劳动条件为目的，具体讨论八小时工作制的普及、对失业劳工的救济、废除女工夜班制、限定劳工最低雇佣年龄、禁止使用工业黄磷等问题。按照“国际劳动条约”的组织设计，国际劳工大会将成为国际劳工组织的议事机关。

日本政府通过驻外领事馆捕捉到首届劳工大会即将举办的信息。外相内田康哉在致日本驻法大使松井庆四郎的电报中称，虽然“日本认为采用与欧美诸国同一法制将搅乱本国工业状态而使劳工利益受损”，但“日本并无置身国际联盟圈外的理由，故而政府鉴于此中密切的利害关系，必须

① 河合栄治郎：《労働問題研究》，東京：岩波書店1922年版，第151頁。

对此问题深思熟虑”。[①] 日本劳动学者河合荣治郎分析了当时日本在国际劳动立法运动中所处的地位，“日本历来对劳动立法冷淡，这早已招致了欧美诸国的疑忌，以前我国并未赞成伯尔尼会议制定的各项协定，遂使他国疑我国民是否具有正义人道精神，此次大战中我国恰好处于中立地位且获得巨大利益，故而又成为他国嫉妒的对象”[②]。

在华盛顿国际劳工大会的参会人选上，国际劳动法制委员会规定：各国参会代表由四人组成，其中政府代表两人，企业工厂主（资方）、劳工代表各一人，每位代表均有一票表决权，参会国另可派出顾问若干名，以备三方代表随时咨询。委员会之所以认为政府代表应拥有两票，乃考虑到各国政府对于本国立法机关最终批准大会决议具有重要影响力，故而“他们似应于立法讨论中发出决定性的声音”；[③] 通过初议的大会草案将交由全体代表表决，若得三分之二以上通过，则将作为国际劳工大会的决议向各参会国通报，最终由其立法机关修订相关法律或以其他形式付以实施。因关于参会代表的诸种规定主要由英国设计，故其殖民地印度也享有派遣独立代表的资格。

显然，代表的选定极为重要。国际劳动法制委员会特别强调：劳资双方代表必须来自该国最具代表性的团体，且持有能够证明其真实身份的信任状。如果某国政府未能派遣资方或劳方代表，那么该国政府代表虽可列席会议，但终将失去投票资格。当时，关于日本政府与资方代表人选的择定备受各界瞩目，松井庆四郎认为，“政府的首席代表应是通晓英语或法语的大臣或前大臣级别的人物；而资本家代表则应是能够向各国详细说明日本劳工雇佣、利益分配状况的人物，可以预见，此人的答辩将引起各国的极大关注”[④]。

---

① 《国際労働法制問題ニ関スル日本政府ノ方針開示ノ件》，1919 年 3 月 6 日，日本外務省：《日本外交文書》（大正八年第三冊上卷），東京：外務省，1971 年，第 1390 頁。

② 河合荣治郎：《労働問題研究》，第 165 頁。河合荣治郎（1891—1944）毕业于日本东京帝国大学法科大学政治学科。1918 年曾赴美考察该国《工厂法》，与龚伯斯等工运领袖会面。回国后曾为日本政府起草应对首届国际劳工大会的改革草案，但该方案最终为日本政府所否决。

③ Antony Alcock, *History of the International Labour Organisation* , London and Basingstoke: The Macmillan Press Ltd, 1971, pp. 21 – 22.

④ 《国際労働大会ニ出席スル本邦代表者ノ選任ニ関シ意見具申ノ件》，1919 年 6 月 14 日，日本外務省：《日本外交文書》（大正八年第三冊上卷），第 1460—1461 頁。

经过一番酝酿，日本政府于1919年9月宣布政府代表人选。担任正使的镰田荣吉，曾出任庆应义塾塾长及日本众议院、贵族院议员，具有两次考察欧美国情的经历，日本政府认为镰田“识见人格皆能担负内外舆望，作为日本政府代表能够担负与列国折冲的大任”①。副使冈实不仅是国际劳动法制委员会的现任委员，而且作为日本政府1916年《工厂法》的主要起草者，对于日本劳动问题素有研究。首相原敬在送别日本政府代表的宴会上，特别强调日本此次派遣代表参会的目的，乃“为调和世界的共通原则与日本的特殊状况”，他还特别要求各方代表“绝不可损害日本的国威与国家利益”。② 在赴会前，镰田荣吉谈及他对国际劳动立法运动的态度，“即使各项条款原则上为国际劳工大会所承认，然而日本以今日国情决无立即与列国采取同一步伐的可能，故多少要求一些特例及获得相应的缓冲期间”③。原敬与镰田事实上均表明了日本政府的立场：日本在劳动问题上有别于欧美各国的情况，日本在劳动立法上必将提出特殊的要求。

国际劳工大会即将召开的消息传至日本，日本产业界围绕大会各项议题展开激烈讨论。按照国际劳动法制委员会的规定，日本资方代表表面上由东京等六大都市商工会议所联合选举产生，但毫无悬念来自当时日本的支柱产业——棉纺织业。事实上，1919年8月末在日本纺织联合会临时总会上，日本最大纺织企业之一钟渊纺织会社社长武藤山治已被内定为资方代表。武藤对减少劳动时间的提案持坚决否定的态度，他认为日本原料匮乏，无法以自身之力遏制进口或增加出口，高强度的劳动是日本保护自身产业的必要武器。武藤并不否认女工夜班制等日本企业工厂现行的劳动制度对劳工身心造成伤害，但强调“一国若其生产体系突遭变动，必将导致该国产业秩序的紊乱”④。武藤还指出，日本一旦废除女工夜班制，不仅意味着其国内纺织业将至少损失二分之一的生产力，生产成本将大大提高，

① 参见《故枢密顧問官鎌田栄吉勲章加授ノ件》，《叙勲裁可書·昭和九年·叙勲巻一·内国人一》，日本国立公文書館藏，勲00734100。

② 大原社会問題研究所編：《日本労働年鑑》（1920年度），東京：大原社会問題研究所出版部，1920年，第680頁。

③ 《八時間賛成、最早や世界の大勢、ただ労働者の自覚が伴うか叶うか、実行は猶予を要す、労働会議の正使たるべき鎌田栄吉談》，《国民新聞》1919年9月8日。

④ 飯島幡司：《日本紡績史》，大阪：創元社1949年版，第219頁。

产品也将在国际市场上丧失廉价优势。[①] 他认为，日本企业工厂的理想劳动模式，乃通过家长督导式的“温情主义”来疏导雇主与劳工间的紧张关系。[②]

一战期间，日本产业迅猛发展，资方大获其利。物价日益高昂，劳工的薪资却不高，日本各地罢工运动此起彼伏，劳工要求提高生活待遇与改善劳动条件的呼声日益高涨。[③] 华盛顿国际劳工大会的召开，使日本劳工阶层看到希望，“明治初年我国各种制度文物皆仿文明国之例，实乃外部压迫下的抉择。今日召开的国际劳工大会将如何改造我国，实乃吾等极感兴趣的问题”[④]。然而令日本劳工大失所望的是，日本政府无视当时日本两大劳工组织——友爱会与信友会的存在，在国际劳工大会召开前夕匆忙组织了一个所谓的“劳工代表选定全国协议会”，从日本国内工厂中选出200名协议员，并由他们审定符合“日本政府意愿”的劳工代表人选。因第一、第二人选本多精一、高野岩三郎迫于舆论压力而放弃出任劳工代表，工厂技师出身的第三人选枡本卯平最后当选。[⑤] 枡本随即被贴上“官选代表”的标签，遭到了友爱会等劳工组织的强烈反对，友爱会会长铃木文治声称，日本政府必须反省干涉劳工代表选举的行为，“以此方可缓和劳工们的强烈反感”[⑥]。

虽然受到友爱会等劳工组织的反对，枡本卯平仍将出任劳工代表视为光荣的使命。枡本在赴美前特意考察了日本各地工厂的劳动条件，他同情日本劳工所处的悲惨境遇，既不赞成日本政府所提出的日本国情特殊论，也不认同资方所提倡的“温情主义”，认为日本劳动问题的症结在于社会缺失公平正义。枡本特别强调政府在劳资协调中应持公平公正的立场，“政府应代表全体社会公众，且具有保证劳资双方势力平衡的权威，确保

① 按1916年日本颁布的《工厂法》，在正常情况下，日本实行两班制及以上交替制的纤维企业可实施女工夜班制至1931年8月。参见若泉小太郎《工業法令要覧》，大阪：松村文海堂1919年版，第8—9頁。

② 入交好修：《武藤山治》，東京：吉川弘文館1964年版，第139頁。

③ 参见松岡正一《最近数年間ニ於ケル内外労働問題ト労働者状態》，出版地不明，1920年，第4、24頁。

④ 《国際労働会議開催、外部の圧迫と帝国の進歩》，《親愛知》1919年8月21日。

⑤ 此次劳工代表选出风波，即日本工运史上著名的“华盛顿国际劳工大会代表问题”，关于其来龙去脉，可参见鈴木文治《労働運動二十年》，東京：一元社，1931年，第199—214頁。

⑥ 参见《国際労働会議の使命、此使命を理解しない日本》，《新愛知》1919年9月18日。

劳资双方的安全，同时维持国家及社会的秩序，劳工大会召开的目的也即在于此”①。枡本当选劳工代表事件及其掀起的波澜，对于当时日本的劳工运动产生了重要影响，它大大加剧友爱会等劳工组织与日本政府的对立。枡本因其言论而被武藤山治等资本家视为“强敌”，武藤叫嚣将与其在劳工大会上“一决胜负”，劳资代表伊始便暴露出在尖锐的对立。

二　会上日本三方代表的论争

首届国际劳工大会如期在华盛顿召开，然而形势并不乐观。虽然英国、日本、中国等39国派遣约百名代表出席会议，然而作为大会倡议国的美国，却因国会并未批准《凡尔赛和约》而无法派遣代表出席。因此，法国政府代表亚瑟·冯廷（Arthur Fontaine）代替龚伯斯出任议长之职。不过，龚伯斯不仅能够列席大会，而且可以即席演讲，反映出美国劳联仍对国际劳工大会具有潜在的影响力。

会议按既定议题展开讨论，其中最受各国代表关注者，乃劳动时间的统一问题。11月4日英国政府代表邦斯（George Nicoll Barnes）在关于该问题的讨论会上做主题发言，他强调各国实行八小时工作制的普遍意义。邦斯指出，虽然战后欧洲建设确需投入大量劳动力，但这绝不应依靠长时间劳动，而应依靠产业组织的合理化与劳动条件的改善来实现，唯有在实现这两个原则后，劳工才能忠于职守，劳工阶级才能与其他阶级共享生产带来的利润。邦斯的发言引起满堂喝彩，但在谈到日本等国的劳动时间问题时，他却话锋一转：“然而吾非期待各国统一实现八小时制，若勉强行之，则必生不公。美、英、法等先进国所实行的八小时制，实等同于落后国或气候恶劣国实行的九小时或十小时制。印度及日本若采用欧美诸国同一时间标准与欧美竞争，其大部分工业必将遭受破坏。”② 为了“考虑东洋诸国的特殊情况”，邦斯特别提议成立一个“特殊国”委员会，专门讨论日本、印度等国是否应该享受“特殊国”地位及其劳动时间的特殊性问题。邦斯的建议令日本政府与资方代表欣喜不已，但受到劳工代表枡本卯

① 枡本卯平：《国際労働会議と日本》，大阪：工業教育会出版，1920年，第4、26—27頁。

② 参见外務省《第一回国際労働会議報告書》，東京：外務省，1920年，第18—19頁。

平的坚决反对。然而在加拿大与印度代表的声援下，邦斯的提议获得全体代表的通过，枡本愤而退席，此后由劳工顾问武藤七郎代行其职。

11 月 11—24 日期间，由邦斯担任议长的“特殊国”委员会多次进行讨论，会上日本三方代表各抒己见，劳资双方代表争论尤其激烈。武藤七郎认为，日本并无成为“特殊国”的必要且应立即实行八小时工作制。他指出，一战期间日本劳工人数逐年递增，在日本的“曼彻斯特”——大阪地区，棉纺织业已具备强大的生产能力；但另一方面，大部分工厂业主无视劳工人格，仍以封建主从关系虐使劳工，若大会允许日本加入“特殊国”之列，则日本在劳动问题上意味着“丧失改良进步之机会”。资方代表武藤山治的观点则与之针锋相对，他援引英人的调查报告称，日本产业的生产能率与西方的相比程度尚低，“一般产业仅至 35%—50%，即使最发达的造船业亦不过 70%”，而日本劳工“从事出口绢棉纺织工业者仅占日本人口总数的 3%，矿工则仅占 1%”。武藤强调日本工厂的“温情主义”特色，其结论是目前日本《工厂法》所规定的劳动时间若由最高十三小时制改为十一小时制，至少也需五年方可实现。政府代表冈实并不否认八小时工作制乃未来日本努力奋斗的目标，但他强调目前日本正处于工业化过渡阶段，在实现八小时工作制之前尚需一个缓冲阶段。最终，在邦斯的协调下，冈实同意日本政府原则上实行九小时半工作制，并尽快推行星期日休息制。①

尽管遭到意大利、荷兰等国代表的反对，但在邦斯的庇护下，“特殊国”委员会仍将日本与印度等国列为“特殊国”。委员会在《劳动时间决议》中写入关于日本的两项特殊条款：（1）在日本十人以上规模的工厂中，十五岁及以上年龄的劳工，每周劳动时间不超过五十七小时，但缫丝业可达六十小时，此项规定最晚从 1922 年 7 月 1 日起实施；（2）一般产业十五岁以下劳工及从事地下开采业的矿工，每周劳动时间不得超过四十八小时，且此项规定中的“十五岁”，最晚从 1925 年 7 月 1 日起改为“十六岁”。②

① 三方的具体观点及邦斯的多次协调，参见外務省《第一回国際労働会議報告書》，第 64—95 頁。

② 参见岡野辰之介《八時間労働問題》，東京：日新閣，1920 年，第 266—269 頁。

关于劳工的失业救济及妇女妊娠期的雇佣问题，国际劳动法制委员会已在会前反复讨论，日本三方代表均未表示异议。但在女工夜班制的废除问题上，因妇女就业委员会以1906年《伯尔尼条约》为《夜间女子雇佣决议》蓝本，日本是否加入《伯尔尼条约》，成为日本代表间争议的关键问题。武藤七郎认为，日本应立即加入《伯尔尼条约》，并按该约规定，经两年准备期后，即从1921年7月1日起彻底废除女工夜班制。① 武藤山治则坚决反对加入该约，他强调日本一旦废除女工夜班制，棉纺织业将遭受重大打击，“生产锐减后蒙受最大打击者，实乃普通民众”。因注意到当时英、法、意等欧洲主要工业国皆已加入《伯尔尼条约》，为了避免日本在国际劳动立法运动中陷入孤立，日本政府代表镰田荣吉权衡再三，承诺日本原则上接受国际劳工大会的劝告加入该约，并按《女工夜间雇佣决议》最晚于1922年7月1日前废除女工夜班制。

在少年劳工的最低雇佣年龄问题上，国际劳动法制委员会虽已明确各国产业不得雇佣十四岁以下的少年，然而日本与印度政府代表均要求享受“特殊国”待遇。日本政府代理代表上田贞次郎强调，按日本《小学令》，六至十四岁少年必须接受六年小学义务教育，若按法制委员会的规定，日本十二岁毕业的少年则将被工厂排除在外，这终将引发各种社会问题。上田强调日本人的体质较西方人的更早发育，与欧美以十八岁为下限的惯例不同，日本应以十六岁为下限。在英国政府代表邦斯等人的支持下，大会出台的《工业雇佣幼工最低年龄决议》《工业雇佣幼工夜班决议》基本接受上田的请求，即“日本工厂得以雇佣十二岁以上受过小学课程的幼工”“日本幼工从事夜班年龄不得低于十五岁，且从1925年7月1日后改为十六岁”。同样在日本政府及资方代表的支持下，两份决议规定印度除若干危险艰苦行业外，其工厂得以雇佣十二岁以下的劳工，且从事夜班劳工最低年龄为十四岁。②

三　日本何以能够成为“特例”？

改善劳动条件、提高劳动待遇，原本就是文明社会实现公平正义的题

① 参见外務省《第一回国際労働会議報告書》，第186頁。

② 参见外務省《第一回国際労働会議報告書》，第223—258頁。

中之义，世界范围内的国际劳动立法运动也基此宗旨而展开。第一次世界大战前后，在全球各工业国确立八小时工作制等劳动制度，成为国际劳动立法运动斗争的核心。

在1919年8月初国际劳工大会第三回筹备委员会上，虽然受到法国、意大利等国的强烈反对，但在英国的全力支持下，日本被推选为八大工业国之一，由此日本在国际劳动局理事会获得了较大的权利：日本理事不仅可以推举劳动局局长、审议提交国际劳工大会的草案，而且还可监督其他国家对“国际劳动条约”的实施情况。① 应该说，国际社会对明治维新以来日本所取得的工业成就的认可，确立了战后日本的工业国地位。在日本政府看来，日本理所当然地已经踏入“文明国”的行列。随着一战后日本国际地位的提高，以“文明国”自居的日本再也无法回避国际劳动立法运动的强大影响力。日本政府一改以往在劳动问题上“失语”的状态，对国际劳工大会的积极参与，实则为维护其“文明国”形象的有效策略。

日本对国际劳工大会的参与，也受到本国舆论的督促。日本成为八大工业国之一的消息传至国内，舆论为之一片欢呼。对于一般日本民众而言，日本的劳动问题原本是国内产业或社会政策上的症结，随着日本舆论对国际劳动立法运动的广泛报道与宣传，民众逐渐认识到，日本的劳动问题已成为国际劳动问题中的一环，“日本今日已享五大国的荣耀，当然再无要求‘例外’于国际劳动问题的口实，英美劳工原本即愤慨我国政府对待劳工的态度，而以凶暴手段压迫我国。吾等当然欢迎此种压迫。日本若受此压迫而得与各文明国并列共同解决劳动问题，则实乃万幸”。② 在当时不少日本媒体人眼中，日本对国际劳工大会的参与，既可促进国内劳动条件的改善，亦可显示其与欧美“文明国”相埒的国际地位。

然而，如上所述，在华盛顿国际劳工大会上，当面对减少劳动时间等具体问题时，日本政府代表举棋不定，援引英国之力以求享受“特殊国”

---

① 参见《国際労働総会第三回準備委員会会議ノ議事経過報告ノ件》，1919年8月6日，日本外務省：《日本外交文書》（大正八年第三冊上卷），第1497頁；预备成立的国际劳动局理事会由二十四名理事组成，其中美、英、法、意、比利时、瑞士、西班牙、日本八大工业国各可派遣一名政府代表，其他四名从他国中选出，另十二名由首届国际劳工大会的劳资代表中各选出六位组成。参见河合栄治郎《労働問題研究》，第172頁。

② 《国際労働会議開催、外部の圧迫と帝国の進歩》，《新愛知》1919年8月21日。

待遇；日本资方与劳工代表则各怀本位，互不相让，产生严重分歧。日本劳动问题的真实状况，恰好以三方代表在国际劳工大会上的论争为缩影，淋漓尽致地展现于世人眼前。日本最终何以能够成为“文明国”的特例？显然是多重因素交织影响下的产物。

首先是日本政府、产业代表与劳工代表三者间协调、博弈、斗争的结果。镰田荣吉认为，日本虽已取得“文明国”的国际地位，但在产业发展上仍属“特殊国”，更重要的是日本在劳动立法水平上与欧美存在差距，在大会上“日本在废除妇女夜班等问题上与欧美各国采取同一步伐，已属巨大进步。欧美经历百年达到之领域，日本以十数年即已达到。日本虽在劳动时间、最低年龄问题上要求若干特殊条款，但绝非希望将之长久保留”[①]。在冈实看来，日本作为“特殊国”不过“目前唯求暂时之例外而已”。回国后武藤山治坚称他在国际劳工大会上捍卫了日本雇主的利益，他承认日本作为“特殊国”不为人喜，但希望民众“认清”现实，“今日先进国不仅禁止他国劳工移民，而且尽可能以高关税减少进口，在此不公平现状下，如日本般地域狭小的落后国，若与地广物丰的先进国处于同一劳动条件，岂是真正的国际社会正义？岂会真正带给吾国劳工实质的利益与幸福？”[②] 在武藤眼里，日本成为“特殊国”不外乎是日本产业立足于国际竞争环境下的现实需要，是维护日本产业利益的经济武器。可以看到，政府代表与产业代表在观点上差异较小，立场较为接近，最终形成对劳工代表的“攻守同盟”。另一方面，资方代表与劳工代表之间的矛盾极为激烈，武藤山治讽刺的“国际社会正义”，恰是枡本卯平宣传的主张，故而枡本撰文批驳武藤的观点，称“所谓日本的特殊国情，不过是现代产业物质上的问题，然而彼等隐瞒了日本的特殊问题——乃缺乏作为大会精神的社会正义，彼等只谈社会正义与国际生产竞争之间的冲突，却闭口不谈其对调和国内阶级之意义，由此可见，彼等对于弱者原非持有诚意的态度”。[③]

其次，是国际劳工立法运动中英美势力博弈与争夺主导权的结果。对

---

① 《労働会議と日本、華盛頓にて鎌田栄吉》，《大正日日新聞》1920年1月7日。

② 《社会的正義と国際労働会議、武藤山治氏談》（上），《大阪時事新報》1920年3月13日。

③ 《国際労働会議と日本、枡本卯平（寄）》（四），《東京日日新聞》1920年3月7日。

于日本所追求的“特殊国”待遇，美国的反对声音最为强烈。在1919年3月末的国际劳动法制委员会上，日本委员落合谦太郎患得患失，始终以“尚需等待本国政府训令而暂取保留态度”为由搪塞，引起他国委员的不满。[①] 另一委员冈实则强调，若各国无视日本劳动问题的历史及现实，强迫日本采用与欧美诸国相同的劳动制度，则无异于“杀鸡取卵”，故各国应为日本特设变通之例或予以缓冲之期。[②] 冈实的表态随即遭到美国委员龚伯斯的严厉批评，龚伯斯指斥日本政府的立场自相矛盾，日本一方面在国际劳动法制委员会上要求特例，但另一方面却在巴黎和会上主张废除人种歧视。[③] 龚伯斯对日本的反对，出于维护美国劳联自身利益的考虑。一战后美国排日运动高涨，其背后大多受到美国劳联等劳工组织的煽动或支持。[④]

如前所述，日本之所以能够成为“特殊国”，在于获得英国政府代表邦斯的支持，背后反映出英国对大会的主导地位。与美国的态度不同，松井庆四郎在私下与英国委员邦斯交换意见时，邦斯则表示英国政府完全赞成日本的主张。英国支持日本，乃因考虑到印度在国际劳工大会上亦有类似的特殊要求，这尚需获得日本的支持。[⑤] 每当大会上日本政府及资方代表陷入困境，邦斯总能给予声援，而日本劳工代表的背后则可发现龚伯斯的身影。日本代表间的对立，从本质上折射出英国在国际劳动立法上所采取的现实主义政策与美国的理想主义政策之间的矛盾。英国对日本的支持，在邦斯看来不仅是为了获取日本对印度的支持，而且还具有英国支配战后国际政治空间的现实考量：在英国主导下，国际联盟下属的国际劳工组织应拥有广泛且灵活的力量，它完全有能力应对各种特殊的情况，[⑥] 这

---

① 鈴木文治：《国際労働問題》，東京：文学社，1920年，第200頁。

② 《国際労働法制統一問題ニ関スル協議ノ件》，1919年4月2日，日本外務省：《日本外交文書》（大正八年第三冊上巻），第1410頁。

③ 参见《国際労働会ニ於ケル日本委員ノ態度ニ関スル報道ニ付真相査報方ノ件》，1919年4月7日，日本外務省：《日本外交文書》（大正八年第三冊上巻），第1425頁。

④ 在米日本人事跡保存部編：《在米日本人史》，ロサンゼルス：在米日本人会，1940年，第1071—1074頁。

⑤ 参见《労働問題ニ関スル八月二十六日付総括報告書》，1919年8月26日，日本外務省：《日本外交文書》（大正八年第三冊上巻），第1470頁。

⑥ Barnes，George Nicoll：*The Industrial Section of the League of Nations*，London：Oxford University Press，1920，p. 11.

喻示着英国在国际劳动立法上具有的绝对权威。

日本政府及资方代表观察到大会的整体氛围并制定出相应的对策。冈实回忆称，“这次大会实由英人主导，故而带有保守色彩，其必为激进的劳动派所不喜。若检之大会的各项组织，即可发现满庭皆是保守分子”①。武藤山治坦率道，“吾虽不知欧洲劳动界的实情，但从劳工大会上欧洲代表的态度可见，世界大战中欧洲各国不堪烦恼的思想界，已随和平的恢复而趋于平静，欧洲各国劳资双方似也意识到反目对立之不利，故而渐有采取协调的态度”②。如果了解当时大会时的国际环境，不难发现，这种协调与保守，来自欧美各国政府与产业界对蓬勃发展的社会主义运动的警惕心理。在当时的会场气氛下，冈实与武藤强调日本产业相较欧美的特殊性，避免触及日本劳工运动的现状，在报告与申辩时采取了“审时度势”的策略，达到了其预想的效果。

四　余论

当“政府与资方代表终将日本列入产业幼稚国之列”的消息传至日本国内，信友会等劳工组织实施八小时工作制的希望随之破灭。③ 日本舆论悲观地认为，劳动大会的决议“彻底暴露出日本国民自身的错误，赤裸裸地展示了我无任何实力的国民的悲哀”④。在华盛顿国际劳工大会的影响下，日本劳工对“八小时工作制”的诉求空前高涨。⑤ 1920 年 5 月 2 日，友爱会与信友会等劳工组织于东京上野公园举行了日本第一次“五一劳动节”游行。“五一劳动节”起源于1886 年 5 月 1 日美国劳工组织于芝加哥举行的大规模罢工运动，它与当时美国劳众要求“八小时工作制”的浪潮

---

① 《労働会議の素質、ワシントン・ホテルにて政府代表者岡実氏談》，《東京日日新聞》1919 年 12 月 26 日。

② 《国際労働会議に関する報告、鐘淵紡績会社武藤山治氏》，《大阪朝日新聞》1920 年 2 月 22 日。

③ 岡野辰之介：《八時間労働問題》，第 112 頁。

④ 《実力なき悲哀、華府会議と我日本、ワシントン特派員後藤武男》（下），《大阪時事新報》1919 年 12 月 23 日。

⑤ 参见小川信一《労働者の状態及び労働者運動史》（下），東京：岩波書店 1932 年版，第 8 頁。

密不可分。[①]“八小时工作制”作为战后日本劳工运动带有强烈国际化色彩的政治符号，它的提出，已不仅立意于改善劳动条件，更体现于对劳工基本劳动权利的维护。在友爱会等劳工组织的推动下，减少劳动时间的诉求成为劳工阶层开展阶级斗争的话语武器。

另一方面，国际劳工大会之后，一些开明的日本工厂业主或管理者就已意识到，所谓的“文明国”特例，不过是为日本产业界推行劳动改革争取到的缓冲期。八小时工作制的推行乃时代潮流所趋，如川崎造船厂厂长松方幸次郎在全厂 2 万名劳工中积极推行八小时工作制，取得了相当的成功。[②] 1920 年 4 月后日本经济步入萧条期，一些业主出于减少成本的考虑，主要要求减少劳动时间，据日本内务省统计，至 1920 年 11 月末时日本实行八小时工作制的工厂达 214 家，其中即包括大阪制铁厂等有名的重工业企业。[③] 在劳动强度极大的棉纺织业，虽有一些中小纱厂业主希望将劳动时间维持至十小时半，但受到以纺织巨头和田丰治为代表的日本纺织联合会的坚决反对，和田称，“此举不仅丧失国际信用，且实为我联合会之耻辱”。[④]《改正工厂法》出台后，禁止役使童工的观念深入人心，1921 年以后全日本工厂雇佣少年劳工人数呈逐年递减的趋势，1921 年日本未满十六岁男工为 62016 人，占男工总数的 7%，未满十六岁女工为 240224 人，占女工总数的 26%；至 1924 年时前者为 43401 人，占 5%，后者为 220907 人，占 23%。[⑤]

客观而言，虽然一战期间日本产业发展迅速，整体水平与欧美各国仍存在较大差距，劳工人均收入远较欧美各国低下，[⑥] 日本政府及产业界希望在采取国际统一劳动标准之前预留缓冲期，原本亦属合情合理的考虑。然而问题的关键在于，日本政府与产业界是否对日本成为“文明国”的特例进行深入的反思？是否认识到国际劳动立法精神的真正意义？答案是否

① 参见张友伦、陆镜生《美国工人运动史》，天津人民出版社 1993 年版，第 337—338 页。

② 参见松岡正一《最近数年間ニ於ケル内外労働問題ト労働者状態》，第 24 頁。

③ 岡野辰之介：《八時間労働問題》，第 319—343 頁。

④ 小風秀雅等編：《実業の系譜：和田豊治日記》，東京：日本経済評論社，1993 年，第 95—96 頁。

⑤ 参见東洋経済新報社編《明治大正国勢総覧》，東京：東洋経済新報社，1927 年，第 540 頁。

⑥ 参见東洋経済新報社編《明治大正国勢総覧》，第 695 頁。

定的。在处理与国际劳工大会关系上，日本在面对第二次国际劳工大会的"海员劳动问题"与第三次大会的"农业劳动问题"时，均援引华盛顿国际劳工大会之例以"特殊国"自居，其对国际劳动立法精神的漠视，遭到了越来越多国家的嘲讽与反对，日本的国家信用由此受到国际社会的质疑。

另值一提的是，日本在国际劳动立法所要求的"特殊化"，引起美国的疑忌。当得知华盛顿劳工大会最终通过日本成为"特殊国"的决议后，在美日侨领袖山冈音高愤恨不已，他预见到未来日美关系在劳动问题上的危机：

> 若会议将日本列入劣等国、非文明国之列，则日本永不能脱身矣。其国会中的排斥派原将吾等日本同胞视为劣等国民，此时正得口实，形成"区别待遇、排斥日人乃理所当然"之结论。而吾等竟无与其抗张之理论，（日本代表）竟将此视为与在美同胞并无直接关系，实乃浅见之甚，其结果必将留下日美无穷纷争之恶种。①

一战后美国掀起的反日浪潮，以1924年7月1日反日移民法案的出台为顶峰。以山冈的逻辑，日本在华盛顿国际劳工大会上成为"文明国"特例之后果，乃使日本丧失了在劳动问题上对美抗议的依据，导致日本在"反对人种歧视论"上难以自圆其说。有学者将反日移民法案的出台视为日美太平洋战争爆发之远因，② 从某种程度而言，日本在一战后国际劳动立法上的"特殊化"，成为日美在劳动问题上冲突升级的催化因素。

（张亮，大连外国语大学马克思主义学院讲师；王萌，武汉大学历史学院副教授）

---

① 黒川勝利：《国際労働会議とシアトル日本人社会に関する資料—補遺》，《岡山大学経済学会雑誌》1996年第4期。

② 蓑原俊洋：《排日移民法と日米関係—「埴原書簡」の真相とその「重大なる結果」—》，東京：岩波書店2002年版，第1—2頁。

皮毛与帝国：1820年代美洲西北海岸外交危机新论*

梁立佳

摘要 1821年沙俄敕令由俄、美两国在美洲西北海岸长期的商业冲突而来，引发1820年代美洲西北海岸的外交危机。俄美英谈判基本围绕商业利益展开，美国政府则通过干涉俄、英边界划分，寻求在有利条件下解决俄勒冈问题，直接促成三边会谈向双边条约的形式转变。根据1824年俄美协议与1825年俄英协议，俄国放弃限制外商的各项要求，俄英两国在西北海岸的边界划分最终获得解决。1820年代西北海岸的商业冲突向外交争端转变的事件是俄、英两国应对19世纪美国大陆扩张运动的生动体现。而这次外交危机中呈现的商业掠夺与移民拓殖两种殖民方式的较量，在某种程度上预示出19世纪以后北美大陆地缘政治演进的趋势。

关键词 1821年敕令　西北海岸　非殖民原则　皮毛贸易　美俄关系

1821年9月，沙皇亚历山大一世发布敕令，明令禁止外国船只在美洲西海岸温哥华岛（51°N）以北俄国美洲移民区的“海岸、岛屿登陆，或在沿岸100意大利里海域内航行”，严格限制“外国商船与俄美公司职员或上述区域内的原住民进行贸易”。① 敕令的内容不仅危及英美国家在美洲西

* 本文系国家社科基金青年项目“国际史视域下的近代阿拉斯加问题研究”（项目编号：18CSS006）的阶段性成果。

① “Ukase of September 13, 1821, renewing privileges of the Russian-American Company,” Alaska Boundary Tribunal, *The Case of the United States before the Tribunal Convened At London*, Washington: Government Print Office, 1903, p. 27; “Ukase of September 4, 1821”, Alaska Boundary Tribunal, *The case of the United States before the Tribunal Convened At London*, p. 25.

北海岸的商业利益，而且挑战了以英国为代表的“自由贸易”的权利主张，引发 1820 年代美洲西北海岸的外交危机，直至 1824 年俄美协议与 1825 年俄英协议的签订，这场波及甚广的外交危机才获得暂时的平息。学术界对这场外交危机的研究主要集中于 1821 年敕令颁布动因的考察，分析“美洲非殖民原则”形成的背景。① 此外，美俄关系史②、英美关系史③、俄美公司史④等领域也有相应研究。这些研究大多认为 19 世纪初的美洲西

---

① 1823 年 12 月 2 日，美国总统詹姆斯·门罗在年度咨文中强调，美俄两国围绕“美洲西北海岸的各项权利和利益的协商”，促进这样一个原则的形成，自由而独立的美洲将不再是“任何欧洲势力在未来寻求殖民的对象”。自此，1821 年沙俄敕令便以“非殖民原则”形成的重要背景而进入学术界视野。如苏联史学家 B. П. 波将金认为，1821 年敕令是美国政府“形成‘门罗主义’的直接理由或者毋宁说借口”。美国学者克拉伦斯·海恩斯（Clarence Hines）则强调围绕 1821 年敕令进行的谈判与门罗宣言的出台有着密切关联。参见“Seventh Annual Message to the Congress of the United States, December 2, 1823”, Stanley S. Jados, *Documents on Russian-American Relations: Washington to Eisenhower*, Washington, D. C.: The Catholic University of America Press, 1965, p. 5；［苏］B. П. 波将金：《外交史：第一卷，从古代到十九世纪七十年代初》，史源译，刘丕坤校，生活·读书·新知三联书店 1979 年版，第 664 页；Clarence Hines, “Adams, Russia and the Northwest Trade, 1824”, *Oregon Historical Quarterly*, 1935, No. 4, pp. 348 – 358.

② 俄国学者尼古拉·N. 博尔赫维蒂诺夫侧重从俄美两国商业—政治外交关系构建的整体脉络中探查西北海岸危机及外交谈判的历史价值。美国学者霍华德·I. 库什纳认为，1821 年敕令是美俄两国在西北海岸商业、政治等领域长期冲突的产物，而帝俄政府在谈判中态度的转变正是美国大陆扩张压力下的被动调整。参见 Nikolai N. Bolkhovitinov, *The beginnings of Russian American Relations, 1775 – 1815*, trans. Elena Levin, Cambridge: Harvard University Press, 1975, pp. 256 – 257；Howard I. Kushner, *Conflict on the Northwest Coast: American Russian rivalry in the Pacific Northwest*, 1790 – 1867, Westport: Greenwood Press, 1975, pp. 48, 62.

③ 加拿大学者格林·巴勒特认为，英国参与 1820 年代外交谈判的出发点在于拉拢俄国，以阻挡美国向太平洋沿岸的扩张。美国学者伊尔比·尼科尔斯则注意到潜藏于俄美英谈判中的英美矛盾，强调英国外交大臣乔治·坎宁选择单独谈判的目的在于避开美国的扩张锋芒，而坎宁口中的“门罗宣言”不利于对俄谈判的论述，则仅仅是一种外交辞令。参见 Glynn Barratt, *Russian Shadows on the British Northwest Coast of North America, 1810 – 1890: a study of rejection of defense responsibilities*, Vancouver: University of British Columbia Press, 1983, pp. 14 – 15；Irby C. Nichols. Jr. and Richard A. Ward, “Anglo-American Relations and the Russian Ukase: a reassessment,” *Pacific Historical Review*, Vol. 41, No. 4 (Nov., 1972), pp. 444, 459.

④ 俄美公司作为俄国在美洲西北海岸经济和政治势力的代表，与 1821 年敕令及其谈判都有紧密的联系。帝俄时代史学家季赫麦涅夫在谈及 1824 年俄美协议与 1825 年俄英协议的影响时，强调这些协议“不仅使俄国美洲移民区陷入经营困境，就连俄美公司本身的存在都成为问题”。苏联学者奥孔则认为，俄美公司与美国商人竞争的无力，以及俄国政府与美国政府协商的失利，最终成为 1821 年沙俄敕令出台的主要原因。而俄国政府在美英联合压力下签订的 1820 年代诸协议，正是俄国政府以牺牲俄美公司的经济利益为代价，换取欧洲大陆战略利益的生动体现。参见 P. A. Tikhmenev, *A History of the Russian American Company*, translated and edited by Richard A. Pierce and Alton S. Donnelly, Seattle: University of Washington Press, 1978, p. 164；［苏］谢·宾·奥孔：《俄美公司》，俞启骧等译，郝建恒校，商务印书馆 1982 年版，第 68—70、84 页。

北海岸危机，其实质是俄美英商业利益争夺与美国利用英俄矛盾巧妙外交的产物。不过敕令目标与谈判结果的鲜明反差以及与当事国对此评价的内在逻辑联系，未见有说服力的探查和阐释。实际上，19 世纪是北美大陆政治格局成形与稳定的关键时期。一方面，美洲西北海岸的主权归属与政治区划问题逐渐获得确立。另一方面，欧洲的战略收缩与美国的领土扩张交相辉映，成为北美大陆历史进程的主旋律。从历史发展的长时段出发，1820 年代美洲西北海岸外交危机正是上述两种时代趋势交织作用的集中体现，进而对 19 世纪中后期美洲太平洋地区的国际关系产生了深远的影响。

一　毛皮贸易与 1821 年沙俄敕令

太平洋毛皮贸易是近代欧美国家对华贸易的天然产物。欧美社会对茶叶、瓷器、棉布等中国商品不断增长的需求，以及应用中国市场的商品和金银通货的匮乏，共同推动毛皮成为 18 世纪末 19 世纪初欧美国家对华贸易的重要商品。据统计，美国商人每年从特林吉特人手中获得 1000—2500 张河狸皮。每年向广州市场输入 15000 张海獭皮和 5000 张河狸皮。① 太平洋毛皮贸易还成为美洲西北海岸国际争端的导火索。18 世纪俄国毛皮商人在阿拉斯加海岸的活动唤醒了西班牙王室对美洲西海岸所有权的关注，西班牙在美洲西海岸的探险殖民则直接引发西班牙与英国之间的努特卡海角冲突，随后英国和西班牙的毛皮商人逐渐退出，美俄两国成为美洲西北海岸毛皮贸易的主要竞争者。②

随后，美俄两国商人围绕太平洋毛皮贸易展开更为激烈的争夺，并最终促成美洲西北海岸的经济冲突向政治对抗的转变。俄国作为太平洋毛皮

---

① Nikolai N. Bolkhovitinov, *The Beginnings of Russian American Relations*, 1775 - 1815, trans. Elena Levin, Cambridge: Harvard University Press, 1975, p. 173.

② 英国退出西北海岸毛皮贸易的因素很多，经济的，政治的，不一而足，但学界普遍认可东印度公司与南海公司的贸易专营权冲突，以及更有诱惑力的鸦片贸易是其中最重要的因素。西班牙方面则存在新西班牙与马尼拉的贸易主导权争夺、毛皮获取渠道狭窄等因素的影响。参见 Barry M. Gough, *The Northwest Coast*: *British Navigation*, *Trade*, *and Discoveries to* 1812, Vancouver: University of British Columbia Press, 1992, pp. 56 - 126; Paul Chrosler Philips, *The fur trade*, volume II, pp. 40 - 48, p. 66; Adele Ogden, *The California Sea Otter Trade*, 1784 - 1848, Berkeley: University of California Press, 1941, pp. 15 - 32.

贸易的开拓者，曾长期主导这一产业的发展，自 1784 年伊尔库茨克商人舍利霍夫在阿拉斯加沿岸的科迪亚克岛建立定居点，即已拉开俄国商人进军美洲大陆的序幕。为规范美洲贸易秩序、增强本国商业竞争力，沙皇保罗一世于 1799 年授权成立俄美公司。① 俄美公司的建立提升了俄国的商业竞争力，仅在 1803 年，公司美洲事务官巴拉诺夫就向国内运送了超过 1.5 万张海獭皮和大约 28 万张海豹皮，总价值高达 250 万卢布。② 然而，美国商人凭借发达的航运、制造业和广州市场的便捷，③ 后来居上，更为甚者，美国商人为最大限度地获取商业利润，经常将枪支、火药和烈酒作为商品与土著居民交换毛皮，④ 甚至不惜鼓动俄国移民区内的原住民部落武装暴

① 俄美公司，全称为“俄罗斯美洲公司”，是 19 世纪中叶以前俄国在美洲—北太平洋区域扩张的主要力量。该公司依据 1799 年沙皇保罗敕令而组建，是沙俄第一家官方性质的股份贸易公司。公司凭特许状享有在阿拉斯加（55°N 以北地区）、阿留申群岛、千岛群岛，以及东西伯利亚海岸的毛皮狩猎、对外贸易、殖民拓殖、宗教传播等权利与义务。这些活动基本构成两次鸦片战争以前沙俄在远东太平洋区域活动的重要部分。从这个意义上，俄美公司可以被视为 19 世纪前半期沙俄在北太平洋地区殖民扩张的“急先锋”。正如美籍乌克兰学者阿纳托利·马祖尔在述及俄美公司与东印度公司等西欧特权贸易公司的差异时所说，在缺乏强大中产阶级的封建专制的俄国，沙皇专制的氛围和商人群体在国际竞争中的无力，都促成俄美公司由私人贸易公司向沙俄政府代理机构的转变。参见 Anatole G. Mazour, “The Russian-American Company: Private or Government Enterprise,” *Pacific Historical Review*, Vol. 13, No. 2 (June 1944), pp. 168 - 170. 有关 1799 年沙皇敕令的内容，参见 *Fur Seal Arbitration. Proceedings of the Tribunal of Arbitration, convened at Paris, under the treaty between the United States of America and Great Britain concluded at Washington February 20, 1892, for the determination of questions between the two Governments concerning the jurisdictional rights of the Unites States in the Waters of Bering Sea*, Volume VIII, Washington: Government Printing Office, 1895, pp. 13 - 14.

② P. A. Tikhmenev, *A history of the Russian American Company*, translated and edited by Richard A. Pierce and Alton S. Donnelly, p. 68.

③ 需要说明的是，俄国对华贸易的口岸曾长期固定在中俄边界的恰克图。中俄两国的贸易源远流长，早在 1689 年《尼布楚条约》中，既有“两国今既永修和好，嗣后两国人民如持有准许往来路票者，应准其在两国境内往来贸易”。随后签订的 1728 年《中俄恰克图条约》则在“准两国自由通商”外，还添加了“可在尼布楚和色楞格之恰克图选择适当地点建盖房屋，周围墙垣栅子可酌情建造。情愿前往贸易者，均指令由正道行走，倘或绕道，或有往他处贸易者，将其货物入宫”。自此，中俄贸易被限制在恰克图。而西洋国家则追随“祖制”，只能在广州口岸贸易。参见［俄］尼古拉·班蒂什 - 卡缅斯基编《俄中两国外交文献汇编（1619—1792）：根据外务委员会莫斯科档案馆所藏文献于 1792—1803 年辑成》，中国人民大学俄语教研室译，商务印书馆 1982 年版，第 369 页；［苏］米·约·斯拉德科夫斯基：《俄国各民族与中国贸易关系史（1917 年以前）》，宿丰林译，徐昌瀚审校，社会科学文献出版社 2008 年版，第 144 页。有关清代朝贡制度的情况，参见［美］费正清编《中国的世界秩序》，杜继东译，中国社会科学出版社 2010 年版。

④ “A report from Imperial Chamberlain Rezanov to Minister of Commerce Rumyantsev about a voyage to Alta California in the Ship Yunona and the situation in the Russian Colonies. New Archangel. 17 June 1806,” James R. Gibson and Alexei A. Istomin compiled and edited, *Russian California. 1806 - 1860: A history in documents, volume I*, James R. Gibson trans, London: Published by Ashgate for The Hakluty Society, 2014, p. 240.

动。[1] 1808 年，俄美公司转向求助沙俄政府，美洲西北海岸的经济竞争逐渐上升到政治角逐的层次。1809 年夏，俄国赴美代表达什科夫（Dashkov）和帕连（Pahlen）首次向美国政府提议管制美商的非法贸易问题。[2] 然而，19 世纪初的美国政坛是民主党一统天下的时代，詹姆斯·麦迪逊（James Madison）和詹姆斯·门罗（James Monroe）一致奉行杰斐逊式的"小政府"政策，反对政府干涉私人商业活动。[3] 1810 年 1 月 4 日，达什科夫正式向美国国务卿罗伯特·史密斯递交第一份官方文件，由此启动俄美两国围绕限制美国商船在俄国移民区活动的谈判。在这次交涉中，美国政府首次提出有关俄国美洲移民区边界的问题。[4] 从中可见，俄属美洲的边界问题溯源于俄、美两国有关西北海岸贸易争端的交涉过程，在某种程度上揭示出毛皮贸易与 1821 年沙俄敕令之间的密切关联。随后的谈判中，史密斯再次以达什科夫未获得商谈俄国移民区南部边界的授权而拒绝谈判。[5] 事后，达什科夫被迫转向美国私商，尝试通过与阿斯特公司的合作，以制止美商猖獗的走私活动。[6] 这一方案因 1812 年英美战争的爆发而终止。1815 年英美和解后，美国商人卷土重来，俄、美两国围绕西北海岸商业利益的争端愈演愈烈。[7] 同时，以阿斯特为代表的毛皮商人开始与约翰·弗洛伊德（John Floyd）、托马斯·阿特·本顿（Thomas Hart Benton）等国会议员相联合，向美国国会施压"占领哥伦比亚河流域"，"在河口修建港口"，

---

① "The Chevalier de Poletica to the Secretary of State, Wahington, February 28, 1822", *Alaska Boundary Tribunal: The Case of the United States before the Tribunal Convened At London*, p. 35.

② Nikolai N. Bolkhovitinov, *The Beginnings of Russian American Relations*, 1775 – 1815, trans. Elena Levin, Cambridge: Harvard University Press, 1975, p. 255.

③ Daniel L. Schlafly Jr., "The First Russian Diplomat in America: Andrei Dashkov on the New Republic", *The Historian*, Vol. 60, No. 1 (Fall 1997), p. 42.

④ "To the Secretary of State [Robert Smith] September 5, 1810", Worthington Chauncey Ford edited, *Writings of John Quincy Adams*, *Vol. III*, 1801 – 1810, New York: The Macmillan Company, 1914, pp. 486 – 493.

⑤ Nikolai N. Bolkhovitinov, *The Beginnings of Russian American Relations*, 1775 – 1815, trans. Elena Levin, Cambridge: Harvard University Press, 1975, pp. 256 – 257.

⑥ "John Jacob Astor to Thomas Jefferson, 14 March 1812", https://founders.archives.gov/documents/Jefferson 2019 – 09 – 09.

⑦ "6 April 1817 [Main Office] to Governor General Baranov", Raymond H. Fisher, *Records of the Russian-American Company*, 1802, 1817 – 1867, Washington: The National Archives, 1971, p. 22.

并制定“与国内通行的财政制度”。① 1821 年 1 月 26 日，《国家情报员》（*National Intelligencer*）上刊发了威廉姆·大卫·鲁滨逊（William David Robinson）写给国会的信件，呼吁“美国政府在北太平洋沿岸建立一个移民区，以阻止俄国人的扩张”②。美国国会和报刊舆论的这些“反俄”导向，成为沙俄政府出台 1821 年敕令的直接诱因。③

1821 年 9 月 4 日，沙皇亚历山大一世发布敕令，宣称俄属美洲的商业利益深受外国走私活动的破坏，俄国政府迫切需要出台有关俄属美洲边界和规范沿岸航行的制度。④ 当天，俄国政府发布关于俄属东西伯利亚海岸、美洲西北海岸、阿留申群岛、千岛群岛和其他岛屿的航海限制和贸易规定的公告。其中最为值得关注的有三项条款，分别规定俄属美洲的南部以 51°N 为界，俄属领地海岸 100 意大利里的领海权，以及严厉禁止外国商船与俄属美洲境内土著居民进行贸易。⑤ 这项敕令发布后不久便在西北海岸拥有巨大利益的美英等国引起巨大反响，一场大国在西北海岸的角逐缓缓地拉开了序幕。

二　西北海岸危机与外交谈判

1821 年沙俄敕令的出台与实施在俄美英等大国间引发严重的西北海岸危机。1821 年 10 月 3 日，美国驻俄公使米德尔顿首次向国务卿昆西·亚当斯汇报有关 1821 年沙俄敕令的情况。米德尔顿分析，敕令中限制贸易的内容“几乎损害了所有航海国家的利益”，而边界方面的要求

---

① “A Bill to authorize the occupation of the Columbia River, and to regulate the intercourse with the Indian tribes within the United States and territories thereof”, 16th Congress, 2nd Session, A Century of Lawmaking for a New Nation: U. S. Congressional Documents and Debates, 1774 – 1875, The Library of Congress, https://memory. loc. gov/2019/09/04.

② Howard I. Kusher, *Conflict on the Northwest Coast: American-Russian rivalry in the Pacific Northwest*, 1790 – 1867, pp. 26 – 30.

③ “Russian America”, *Niles' Registers*, *December 29*, *1821*, p. 279, https://babel. hathitrust. org/cg 2019 – 09 – 09.

④ “Ukase of September 4, 1821, Edict of his imperial Majesty, Autocrat of all the Russians”, Alaska Boundary Tribunal, *The Case of the United States before the Tribunal Convened At London*, p. 25.

⑤ “Rules established for the limits of navigation and order of communication along the coast of the eastern Siberia, the northwestern coast of America, and the Aleutian, Kurile, and other lands”, Alaska Boundary Tribunal, *The Case of the United States before the Tribunal Convened At London*, p. 26.

则“特别危及英国的领土”[①]。沙俄敕令正巧在1821年12月第17届国会会议期间传到美国国内，引起国会议员和报刊媒体的广泛关注。1821年12月29日，《奈尔斯周刊》（*Nile's Weekly Registers*）刊发题为“俄属美洲”的文章，简要介绍了1821年沙俄敕令的内容以及欧美报刊对此的报道，强调沙俄政府的主张严重损害了美国在西北海岸的所有权。[②]1822年2月11日，俄国驻美公使波列提卡正式将1821年敕令的文本传递给昆西·亚当斯，同时说明敕令出台的目标旨在限制外国商船的走私活动，维护俄美公司的商业利益。[③] 2月16日，议员弗洛伊德提案，要求门罗总统就沙俄是否侵占美国西海岸领土问题发表公开声明，[④] 进一步激化国会内的反俄情绪。随后，国务卿昆西·亚当斯在与英国驻美大使斯特拉福德·坎宁（Stratford Canning）的会谈中，首次表达出美国政府对1821年敕令的态度：“不承认俄国对所要求领土的所有权”，“尤其反对敕令中针对大范围海域内禁止外国商船航行的规定”。[⑤] 显然，敕令中有关限制航行—贸易的规定，损害了美商在西北海岸的经济利益。更为严重的是，沙俄在1821年敕令中有关航海—贸易权限的规定，很可能被英国这个世界海洋霸主所继承，进而对美国的海外贸易造成巨大的破坏。[⑥] 2月25日，亚当斯致函俄国公使，对1821年敕令中所涉及的俄国领海和领土方面的要求正式提出抗议，并且要求俄方对这些要求的事实

① “Mr. Middleton to Mr. Adams, St. Petersburg, 3d Oct., 1821”, Alaska Boundary Tribunal, *The Case of the United States before the Tribunal Convened At London*, p. 31.

② “Russian America,” *Niles'Registers*, *December 29*, *1821*, p. 279, https://babel.hathitrust.org/cg 2019-09-09.

③ “Mr. Poletica to Mr. Adams, Washington, February 11, 1822”, Alaska Boundary Tribunal, *The Case of the United States before the Tribunal Convened At London*, p. 31.

④ Seventeenth Congress. -First Session: comprising the period from December 3, 1821, to May 8, 1822. *The debates and proceedings in the Congress of the United States*; *with An Appendix*, *containing important state papers and public documents*, *and all the laws of a public nature*; *with a copious index*, Washington: Printed and Published by Gales and Seaton, 1855, p. 1074.

⑤ “Mr. Stratford Canning to the Marquis of Londondary, Washington, February 19, 1822”, Alaska Boundary Tribunal, *The Case of the United States before the Tribunal Convened At London*, p. 13.

⑥ “Inclosure No. 1 -Prepared, but not delivered”, “Mr. Middleton to Adams, St. Petersburg August 8, 1822”, Alaska Boundary Tribunal, *The Case of the United States before the Tribunal Convened At London*, p. 44.

依据做出解释。[①] 4 月 17 日，门罗总统针对弗洛伊德的提案发表演说，论述美国在西北海岸拥有“不可忽视的经济价值”，否认“俄国在西北海岸所有权的合法性”，进而强调 1821 年敕令是“较之西北航道探查和努特卡海角争端更为严重的外交事件”。[②] 同年 5 月，昆西·亚当斯再次指示美国驻俄公使米德尔顿，要求其向俄国政府发表明确声明：“美国对沙皇敕令中涉及的损害美国国家权利或美国公民权利的相关内容，是一刻也不能容忍的。”[③] 时任俄国驻美公使的波列提卡注意到美国政府对待 1821 年敕令中有关禁止外国商船贸易的规定十分恼火，甚至扬言不惜武力，通过战争的方式维护美国公民的权益。[④]

英国同样对 1821 年沙俄敕令的内容持否定态度。1821 年 11 月 12 日，俄国驻英公使尼古拉向英国伦敦侯爵传达沙俄敕令文本，并再三解释敕令出台的目标在于禁止美国商人在俄国美洲移民区的非法贸易活动。[⑤] 11 月 17 日，俄国外交大臣内塞尔罗杰再次向英国驻俄公使巴格特（Bagot）表示，1821 年敕令是俄国政府维护俄美公司商业利益与俄国美洲移民区政治稳定的必要手段。[⑥] 11 月 29 日，俄国外交官里拉（Lieren）致函伦敦侯爵，内附内塞尔罗杰写给里拉的信件，强调“制止外国商人在俄属西北海岸从事非法贸易”的外交宗旨。[⑦] 俄国政府的这些解释在一定程度上减缓了英国政府的疑虑，加之英国在西北海岸的利益有限，因此，英国政府的

---

① “Mr. Adams to Mr. Poletica, Washington, February 25, 1822”, Alaska Boundary Tribunal, *The Case of the United States before the Tribunal Convened At London*, p. 32.

② “Message from the President of the United States, transmitting the information required by a resolution of the House of Representatives of the 16th of February last, in relation to Claims set up by Foreign Governments, to Territory of the United States upon the Pacific Ocean, north of the forty-second degree of latitude, &c. April 17, 1822”, North America Review, 1822, pp. 370 – 372. https://babel.hathitrust.org/cgi/ls? field 2019 – 09 – 09.

③ “Mr. Adams to Mr. Middleton, Washington, 13 May, 1822”, Alaska Boundary Tribunal, *The Case of the United States before the Tribunal Convened At London*, p. 39.

④ “Cheralier de Poletica to Mr. Adams, Washington, 2, April (21 March), 1822”, Alaska Boundary Tribunal, *The Case of the United States before the Tribunal Convened At London*, pp. 36 – 37.

⑤ “Baron Nicolay to the Marquis of Londonderry, London, November 12, 1821”, Alaska Boundary Tribunal, *The Case of the United States before the Tribunal Convened At London*, pp. 96 – 97.

⑥ “Sir C. Bagot to the Marquis of Londonderry, St. Petersburg, November 17, 1821”, Alaska Boundary Tribunal, *The Case of the United States before the Tribunal Convened At London*, p. 101.

⑦ “Count Lieren to the Marquis of Londonderry”, Alaska Boundary Tribunal, *The Case of the United States before the Tribunal Convened At London*, p. 99.

态度有所缓和。同时，英国政府陆续向皇家法学会[①]、捕鲸行业商会[②]、哈德逊湾公司[③]等涉事部门征求有关 1821 年沙俄敕令的合理性问题。1822 年 1 月 18 日，伦敦侯爵致函俄国外交代表里拉伯爵，表明英国不承认俄国所要求的领土与领海权利的合法性。[④] 10 月 17 日，威灵顿公爵再次向内塞尔罗杰伯爵传达英国政府的强硬态度："现在我们能够证明英国人的西北公司和哈德逊湾公司在许多年以前就在落基山脉中，以及 49°N—60°N 间的太平洋沿岸——新卡利多尼亚（New Caledonia,）建立起堡垒和商站。"[⑤] 到了此时，英国政府意识到沙皇敕令对其利益的危害，为了维护本国商人在美洲西北太平洋海岸既得利益不受到侵犯，其态度转向强硬自然也在情理之中了。值得注意的是，英美这两个昔日的商业—政治竞争对手，在面临 1821 年敕令问题上却拥有共同的利益。英美两国的联合反对很可能使俄国陷入绝对孤立的境地，西北海岸的国际形势日益恶化。

同时，1821 年敕令的实施使俄国美洲移民区陷入更为严重的危机之中。如前所述，沙俄政府颁布敕令旨在保护俄美公司的商业利益，维护俄国美洲移民区的稳定。然而，俄国在美洲太平洋区域薄弱的海军，难以有效阻止外国商船在本国移民区海域的航行与贸易行为，却加剧了移民区粮食和商品的匮乏状态。这里有必要说明俄国美洲移民区的补给问题。补给问题作为俄美公司生存与发展的命门，其实质是俄国地理环境、工商业发展水平、海洋运输与军事实力等多种因素共同作用的结果。但是不可否认，俄国特有的国家形势，即以封建贵族官僚为主的沙皇专制制度使这一情况更为复杂。在环球航行耗资巨大、加利福尼亚和夏威夷群岛贸易时断时续、远东—太平洋运输线路漫长艰巨等客观条件下，美国商船逐渐在俄

---

① "The King's Advocate to the Marquis of Londonderry, November 20, 1821", Alaska Boundary Tribunal, *The Case of the United States before the Tribunal Convened At London*, p. 102.

② "Board of trade to Foreign Office, London, January 7", Alaska Boundary Tribunal, *The Case of the United States before the Tribunal Convened At London*, pp. 103 – 104.

③ "Hudson's Bay Company to the Marquis of Londonderry, London, March 27, 1822", Alaska Boundary Tribunal, *The Case of the United States before the Tribunal Convened At London*, pp. 106 – 107.

④ "The Marquis of Londonderry to Count Lieren, January 18, 1822", Alaska Boundary Tribunal, *The Case of the United States before the Tribunal Convened At London*, pp. 104 – 105.

⑤ Alaska Boundary Tribunal, *The Case of the United States before the Tribunal Convened At London*, p. 19.

国移民区补给问题上占据重要地位。颇具讽刺意味的是，1821 年敕令不仅对美国商船与原住民的贸易活动无能为力，反而有效地禁止了俄美公司获取美国商品的渠道，导致移民区陷入物资极度短缺的境地。更为严重的是，俄美公司一方面难以供应原住民部落对各种商品的需求，同时还严厉禁止原住民与外国商船的贸易活动，激起原住民部落的仇视与反抗。[①] 在这样的历史条件下，俄美公司转而寻求俄国政府重新恢复公司与外国商人的贸易，[②] 其实质是近代欧美国家在美洲太平洋区域扩张中形成的竞争与合作关系的生动体现。事实上，美国驻俄公使米德尔顿在获知 1821 年敕令的相关内容后，即认识到在缺乏强大的太平洋海军的条件下，沙皇新的美洲政策注定难以为继。[③]

西北海岸的危机迫使俄国政府重新调整自己的美洲政策。1822 年 7 月，沙俄政府在征询俄美公司意见的过程中，首次表达出避免与英美两国冲突继续恶化的意愿，并放缓海军巡航的执行力度，甚至有意取消敕令相关规定。[④] 1823 年，俄国政府提议英国政府授权驻俄公使查尔斯·巴格特、美国政府授权本国驻俄公使拉什，以全权在圣彼得堡与俄国代表进行谈判。[⑤] 英美两国政府先后同意了俄方这一要求。[⑥] 这样，围绕 1821 年敕令及其外交危机，俄美英尝试通过三边会谈的形式加以解决。沙俄政府则在谈判期间主动放缓有关航行—贸易管制的实施。[⑦]

---

① ［苏］谢·宾·奥孔：《俄美公司》，俞启骧等译，郝建恒校，第 78—79 页。

② “27 February 1824, Main Office to Governor General Muraviev”, Raymond H. Fisher, *Records of the Russian-American Company, 1802, 1817-1867*, p. 87.

③ “Mr. Middleton to Adams, St. Petersburg August 8, 1822”, Alaska Boundary Tribunal, *The Case of the United States before the Tribunal Convened At London*, p. 42.

④ “Officers of the ministry of finance, 2nd division, 3rd table, to the chief manager of the Russian-American Company”, Alaska Boundary Tribunal, *The Case of the United States before the Tribunal Convened At London*, pp. 40-41.

⑤ “Baron Tuyll to Mr. Adams, Washington. April 24, 1823”; “Count Lieren to Mr. G. Canning, London, January 31, 1823”, Alaska Boundary Tribunal, *The Case of the United States before the Tribunal Convened At London*, pp. 46-47, p. 118.

⑥ “Mr. G. Canning to Sir C. Bagot, Foreign Office, February 5, 1823”, “Mr. Adams to Baron Tully, Washington, May 7, 1823”, Alaska Boundary Tribunal, *The Case of the United States before the Tribunal Convened At London*, pp. 47, 118-119.

⑦ “Count Nesselrode to Count Lieren, St. Petersburg, 1823”, Alaska Boundary Tribunal, *The Case of the United States before the Tribunal Convened At London*, pp. 122-123.

三　美国的领土要求与俄美英谈判的双边转向

1821 年沙俄敕令中关于航海—贸易管制的规定成为英美联合的重要基石。1823 年 7 月，亚当斯在写给米德尔顿的信中表达出美国政府对待航海—贸易管制的基本立场，强调美国人自建国伊始既已航行于美洲太平洋沿岸，航海与贸易已经成为美国人不可剥夺的权利。① 事实上，早在 1822 年初，亚当斯就向英国驻美公使斯特拉特福德·坎宁（Stratford Canning）表明美国政府反对沙俄政府有关领海范围和贸易垄断权的立场。② 威灵顿公爵认为 1821 年敕令违背了万国公法，损害了英国商业和贸易的利益。③ 英国外交大臣乔治·坎宁在下达给威灵顿公爵的函件中述及沙俄敕令对"自由航行原则"与"国际法权利"的侵犯，④ 要求将沙俄敕令作为英国代表在维罗纳会议上谈论的主要内容。⑤ 1822 年 11 月 28 日，威灵顿公爵正式致函俄国政府，反对俄国单方面限制航行的规定，强调"一个国家可以通过行动或法令而放弃在某一海岸的航行权利"，但是"没有权力限制其他国家进行航行"⑥。同时，英国商船协会亦活跃于议会，希望乔治·坎宁迫使俄国取消有关限制外国船只航行的法令。⑦ 1823 年 5 月 3 日，斯特拉福德·坎宁向乔治·坎宁传达美国国务卿昆西·亚当斯提议的英美两国联合对俄谈判的计划。其中最重要的判断是，美国政府只希望涉及敕令中

---

① "Mr. Adams to r. Middleton, Washington, July 22, 1823", Alaska Boundary Tribunal, *The Case of the United States before the Tribunal Convened At London*, p. 48.

② "Mr. Stratford Canning to the Marquis of Londonderry, Washington, February 19, 1822", Alaska Boundary Tribunal, *The Case of the United States before the Tribunal Convened At London*, p. 106.

③ "Memorandum by the Duke of Wellington, September 11, 1822", Alaska Boundary Tribunal, *The Case of the United States before the Tribunal Convened At London*, p. 108.

④ "Mr. G. Canning to the Duke of Wellington, Foreign Office, September 27, 1822", Alaska Boundary Tribunal, *The Case of the United States before the Tribunal Convened At London*, p. 112.

⑤ " Earl Bathurst to the Duke of Wellington. Downing Street, September 14, 1822, inclosure. Memorandum", Alaska Boundary Tribunal, *The Case of the United States before the Tribunal Convened At London*, p. 108.

⑥ "The Duke of Wellington to Count Lieren, Verona, November 28, 1822", Alaska Boundary Tribunal, *The Case of the United States before the Tribunal Convened At London*, p. 117.

⑦ "Shippwners' Society to Mr. G. Canning, New Broad Street, June 11, 1823", Alaska Boundary Tribunal, *The Case of the United States before the Tribunal Convened At London*, p. 121.

自由航行与自由贸易的内容，并不准备牵涉西北海岸的领土纠纷。[①] 7 月 12 日，乔治·坎宁致函驻俄公使巴格特，论述美国政府的视线可能更关注海洋航行权限，首次谈及英美联合谈判的可能性。[②] 对此，巴格特通过与美国驻俄公使米德尔顿的交谈，推测美国政府在谈判中不会对俄国施加过大的压力，可能的手段是尽可能维持俄国政府的尊严。同时，巴格特赞同乔治·坎宁提议的英美联合的谈判策略，但是需要向俄国政府要求在涉及俄属美洲的边界问题时，举行单独的谈判。[③] 到了此时，俄美英围绕 1821 年敕令而展开的三边会谈格局正式形成。三边会谈开始后，英国代表巴格特很快意识到，在对待北太平洋的航海特权问题上，俄国政府的态度并不坚定。[④] 其间，尽管俄美公司不断要求维持航行和贸易的垄断权，[⑤] 沙俄政府在英美两国的压力下很快书面同意取消 1821 年敕令相关规定。[⑥] 这样，俄美英三边会谈在促使俄国政府取消航海—贸易限制方面，发挥出一定的积极意义。

俄美英外交谈判的另一项重要议题是领土划分问题。根据 1821 年敕令的文本，俄国人独享 51°N 以北地区的美洲西北海岸领土。不难看出，这项内容仍然旨在扩大和维护俄美公司的经济利益，在很大程度上，是 19 世纪以来俄美公司和沙俄政府的美洲南部殖民计划的延续。需要注意的是，限制外商航行贸易与俄国领土要求之间的紧密联系。如前文所述，美俄两国在西北海岸的商业冲突由来已久，英国也曾短暂参与。1808 年以后，西北海岸的商业竞争成为美俄两国交涉的重要内容。其间，以国务大臣鲁缅采夫为代表的俄国政府多次要求美国政府出台阻止本国商人在俄国美洲移

---

① "Mr. S. Canning to Mr. G. Canning, Washington, May 3, 1823", Alaska Boundary Tribunal, *The Case of the United States before the Tribunal Convened At London*, p. 120.

② "Mr. G. Canning to Sir C. Bagot, Foreign Office, July 12, 1823", Alaska Boundary Tribunal, *The Case of the United States before the Tribunal Convened At London*, p. 123.

③ "Sir C. Bagot to Mr. G. Canning, St. Petersburg, August 31, 1823", Alaska Boundary Tribunal, *The Case of the United States before the Tribunal Convened At London*, pp. 125 – 126.

④ "Sir C. Bagot to Mr. G. Canning, St. Petersburge, October 29, 1823", Alaska Boundary Tribunal, *The Case of the United States before the Tribunal Convened At London*, p. 130.

⑤ "M. Poletica to Count Nesselrode, St. Petersburg, November 3, 1823", Alaska Boundary Tribunal, *The Case of the United States before the Tribunal Convened At London*, p. 138.

⑥ "Count Lieren to Mr. Canning, Ashburnham House, November 26, 1823", Alaska Boundary Tribunal, *The Case of the United States before the Tribunal Convened At London*, p. 143.

民区的非法贸易和政治鼓动，以促进两国在西北海岸的经济合作。然而，以国务卿昆西·亚当斯为代表的美国政府则表示，难以实现对美国商人在海外商业活动的控制。因为美国商人有权在未被殖民的区域从事贸易活动。可以说，美国政府的论述让俄国政府意识到限制非法贸易与确立殖民领土边界的内在联系。①

沙俄敕令中的领土要求直接威胁到英国在北美的殖民利益。正如美国驻英公使米德尔顿所说，这项条款“特别损害了英国的领土利益”②。英国政府坚决反对俄国人的领土主张，③ 否认俄国在西北海岸的所有权。④ 值得注意的是，英国在反对俄国敕令的同时，更为警惕美国在西北海岸的扩张。如哈德逊湾公司提醒本国政府注意俄美两国在西海岸的扩张活动，尤其强调美国对西北海岸的领土野心。⑤ 英国代表巴格特直言，英国拥有对 59°N 以南美洲西北海岸的所有权，但 57°N 也在可以接受的范围内。同时，巴格特特别防范美国政府介入领土划分问题，强调西北海岸的领土谈判仅仅涉及英、俄两国的实际利益。⑥ 由此可见，西北海岸的领土问题不仅表现出英俄两国的势力划分，更成为英美两国角逐美洲西海岸的重要战场。

事实上，沙俄敕令引发的领土谈判为美国提出西北海岸的领土要求创造了条件。敕令出台伊始，美国国务卿昆西·亚当斯既强调应该通过条约的形式确立美俄两国在西北海岸的边界问题。亚当斯认为俄国在 59°N 以

---

① “Abstract of diplomatic communications between the United States and Russia on the subject of the trade of the northwest coast”, Alaska Boundary Tribunal, *The Case of the United States before the Tribunal Convened At London*, pp. 63 – 65.

② “Mr. Middleton to Mr. Adams, St. Petersburg, 3d Oct., 1821”, Alaska Boundary Tribunal, *The Case of the United States before the Tribunal Convened At London*, p. 31.

③ “The Marquis of Londonderry to Count Lieren, Foreign Office, January 18, 1822”, Alaska Boundary Tribunal, *The Case of the United States before the Tribunal Convened At London*, p. 105.

④ “Hudson's Bay Company to Mr. George Canning, Hudson's Bay House, London, September 25, 1822”, Alaska Boundary Tribunal, *The Case of the United States before the Tribunal Convened At London*, p. 110.

⑤ “Hudson's Bay Company to the Marquis of Londonderry, Hudson's Bay House, London, March 27, 1822”, Alaska Boundary Tribunal, *The Case of the United States before the Tribunal Convened At London*, pp. 106 – 107.

⑥ “Sir C. Bagot to Mr. G. Canning, St. Petersburg, October 29, 1823”, Alaska Boundary Tribunal, *The Case of the United States before the Tribunal Convened At London*, pp. 129 – 130.

南的美洲大陆没有任何移民区，而 57°N 的西特卡岛移民区不足以支持俄国的土地所有权。美国则先后通过 1818 年英美协议与 1819 年美西横贯大陆条约，确立起对北美西海岸的所有权。① 同时，美国政府积极介入西北海岸的领土谈判，并提出以 55°N 为界的谈判方案。显然，较之英国在 57°N的要求，符合 1799 年沙皇敕令的 55°N 划分更容易为俄国政府所接受。其实质是美国政府希望通过领土方面的妥协换取俄国对美商管制问题上的让步。此时，美洲整体国际形势动荡，拉美爆发独立运动，神圣同盟准备武装干涉，英国则筹划重新殖民拉美。在这样的历史条件下，俄国在西北海岸的领土扩张很可能危及美国在美洲的整体战略。另一方面，美国政府也希望以此为契机，发表独立的美洲政策。事实上，正是在俄美英谈判过程中，亚当斯提出了反对欧洲在美洲殖民的声明，成为 1823 年底出台的“美洲非殖民原则”的最初蓝本。②

面对美国政府干涉领土谈判的企图，英国政府予以坚决抵制。外交大臣乔治·坎宁依据哈德逊湾公司提供的资料，认为在涉及领土问题上，美国的介入没有任何益处和法理依据。英国不希望同时解决英属北美西海岸南、北两条边界的划分。另外，坎宁指出美国单方面提议 51°N 为英美西海岸边界的做法，无疑是以英国的领土为代价换取本国的商业利益，其实质是美国政府一以贯之的削弱美洲英国势力方针的延续。最后，坎宁还表现出对“非殖民原则”的无视态度，强调英国享有在美洲任何地区殖民的权利。③ 随后，坎宁以门罗宣言有碍领土谈判为由，倡议英俄两国单独在伦敦谈判西北海岸的领土问题。④ 而英国政府甚至愿意放弃俄国移民区内

① “Mr. Adams to Mr. Poletica, Washington, February 25, 1822”; “Mr. Adams to M. de Poletica, Washington, March 30, 1822”; “Mr. Adams to Mr. Middleton, Washington, July 22, 1823”; “Mr. Adams to Mr. Rush, Washington, July 22, 1823”, Alaska Boundary Tribunal, *The Case of the United States before the Tribunal Convened At London*, pp. 32, 36, 48, 52 – 53.

② John T. Morse, *John Quincy Adams*, Houghton, Mifflin and Company, 1882, p. 1233.

③ “Mr. G. Canning to Sir C. Bagot, Foreign Office, January 15, 1824”, Alaska Boundary Tribunal, *The Case of the United States before the Tribunal Convened At London*, p. 144.

④ “Mr. G. Canning to Sir C. Bagot, Foreign Office, January 15, 1824”; “Mr. S. Canning to Mr. G. Canning, St. Petersburg, February 13, 1825”, Alaska Boundary Tribunal, *The Case of the United States before the Tribunal Convened At London*, pp. 149, 212.

的航行贸易权利，以换取俄国在领土问题上的让步。① 英国政府由重视航海贸易自由到愿意牺牲自由原则换取领土的转变，既体现出哈德逊湾公司和南部捕鲸产业的商业利益对英国政策的重要影响，从某一角度也反映出俄美英外交谈判的复杂性。至此，俄、美、英三边会谈开始转变为俄英、俄美之间的双边谈判。

四　1820 年代外交协议及其历史影响

从 1824 年开始，俄英、俄美双边会谈同时展开。其中，英、俄两国的谈判基本围绕本国商业公司的利益展开。如哈德逊湾公司即向英国政府建议，该公司“沿马更些河（Mackenzie River）的一系列贸易站最远可以到达 67°N”②。英国政府据此提议以 57.5°N 或 57°N 作为俄属美洲的南部边界。③ 而根据俄美公司的利益诉求，俄国政府建议俄属美洲南部以 55°N、东部则以 139°W 为界，以阻挡哈德逊湾公司向西，或南部海岸的渗透，以保留上述区域内丰富的毛皮资源。④ 在随后的谈判中，英国政府关注的重点从自由贸易原则转变为领土要求。哈德逊湾公司经理佩利坦言，“俄国人不应该到俄属美洲边界以南的沿海或内陆地区进行贸易，英国人也不会到边界以北地区进行贸易”⑤。从这一方面来说，英国愿意牺牲贸易自由来换取领土利益，美国则希望牺牲领土权益获得自由贸易，这种关注点的差异也是英美两国走向分裂的重要原因。当然，美国选择牺牲的是英国的领土利益。俄国政府则认识到英、美之间的矛盾，而竭力拖延俄、英谈判的进程。伴随 1824 年美俄协定的签订，美国首先承认俄国在 54°40′N 以北地

---

① “M. Poletica to Count Nesselrode, St. Patersburg, November 3, 1823”, Alaska Boundary Tribunal, *The Case of the United States before the Tribunal Convened At London*, p. 142.

② “Hudson's Bay Company to Mr. G. Canning, Hudson's Bay House, London, January 8, 1824”, Alaska Boundary Tribunal, *The Case of the United States before the Tribunal Convened At London*, p. 150.

③ “Sir C. Bagot to Mr. G. Canning, St. Petersburg, August 31, 1823”; “Sir C. Bagot to Mr. C. Canning, St. Petersburg, March 29, 1824”, Alaska Boundary Tribunal, *The Case of the United States before the Tribunal Convened At London*, pp. 127, 155.

④ “M. Poletica to Count Nesselrode, St. Petersburg, November 3, 1823”, Alaska Boundary Tribunal, *The Case of the United States before the Tribunal Convened At London*, p. 137.

⑤ “Hudson's Bay Company to Mr. G. Canning, Hudson's Bay House, London, January 8, 1824”, Alaska Boundary Tribunal, *The Case of the United States before the Tribunal Convened At London*, p. 150.

区的权益，这一结果无疑增加了英国政府在谈判过程中的压力。通过 1824 年俄美协议[①]与 1825 年俄英协议[②]，俄、美、英三国在俄属美洲的边界划分和航行贸易两个方面达成共识：俄属美洲的南部边界固定在 54°40′N。同时，俄属美洲的海岸线及内河将在十年内向英美商人开放，两国的船只或公民可进行自由的通航与贸易。1820 年代的俄美英外交谈判及其成果不仅缓和了美洲西北海岸的外交危机，而且对该区域国际格局的变化产生重要的影响。

值得注意的是，谈判国家都在不同程度上对协议内容表示满意。俄国外交大臣内塞尔罗杰坦言对谈判结果“非常满意”，认为俄美协议中的相关规定不仅有利于制止西北海岸的非法贸易，而且首次通过国际条约的形式确立起俄属美洲的统治权。内塞尔罗杰也将俄英两国的交涉评价为“一次成功的谈判”。[③] 英国政府同样认为 1825 年协议在严格意义上符合英帝国的意愿，因为英国的两项基本主张都能够在条约中有所体现。[④] 美国政府亦对外交谈判的结果表示满意。

然而，通过对谈判各国的既定目标与实际效果的比较，不难发现，俄美英各国在谈判过程中都不同程度地做出妥协。俄国方面，1821 年敕令的出台旨在维护俄美公司的商业利益，而俄美协议与俄英协议虽然对外国商人做出一些限制，但是有关英美商船十年之内自由航行与贸易的规定，无疑使俄美公司陷入更为严峻的困境之中。俄美公司经理莫尔德维诺夫（Mordvinov）曾不无夸张地说，如果俄国政府不尽快限制美国商人在俄属美洲的活动，那么“俄国人在太平洋西北海岸的统治将走向终结”[⑤]。实际上，俄国政府态度的转变是多种因素交互作用下的产物。首先，1821 年敕

① “Treaty between The United States and Russia relative to navigation, fishing, and trading in the Pacific Ocean and to establishments on the Northwest Coast, concluded April 17, 1824”, Alaska Boundary Tribunal, *The Case of the United States before the Tribunal Convened At London*, pp. 8 – 12.

② “Treaty between Great Britain and Russia, signed at St. Petersburg February 28, 1825”, Alaska Boundary Tribunal, *The Case of the United States before the Tribunal Convened At London*, pp. 14 – 16.

③ “Mr. Middleton to Mr. Adams, St. Petersburg, 1 March, 1825”, Alaska Boundary Tribunal, *The Case of the United States before the Tribunal Convened At London*, p. 225.

④ “Mr. S. Canning to Mr. G. Canning, St. Petersburg, March 1, 1825”, Alaska Boundary Tribunal, *The Case of the United States before the Tribunal Convened At London*, p. 223.

⑤ Howard I. Kusher, *Conflict on the Northwest Coast: American-Russian Rivalry in the Pacific Northwest, 1790 – 1867*, Santa Barbara: Greenwood Press, 1975, pp. 64 – 65.

令并未取得明显的效果。正如苏联学者奥孔所说，“采取如此坚决之措施的结果，只不过是制止向外商购买商品以供应移民区之需要而已，而外国人与土著居民的走私贸易却依然非常活跃”①。其次，俄国美洲移民区危机日益激化。正如加拿大历史地理学家詹姆斯·R. 吉普森（James R. Gibson）所说，“粮食补给困境已经成为俄国在远东扩张与统治的关键因素，也是俄国在北太平洋的毛皮贸易发展及其与英、美等国家竞争中的重要问题”②。1821 年沙俄敕令不仅使移民区深陷粮食匮乏的困境中，而且引起早已依赖于欧洲商品的原住民的不满，最终导致俄美公司寻求沙皇允许外商在新阿尔汉格尔斯克港口的贸易。③ 最后，私人商业与国家权力间的合作与冲突同样影响到沙俄政府的谈判立场。俄美公司作为沙俄第一家半官方性质的殖民贸易公司，在很大程度上获得沙俄政府的坚定支持，这也是其能够长期主导太平洋毛皮贸易的重要保障，而沙俄也从俄美公司的殖民贸易中确立起北太平洋区域的优势地位。然而，私人商业和国家权力间还存在着相互冲突的一面。在俄美公司前后矛盾的诉求、公司职员卷入十二月党人叛乱、英美两国联合反对，尤其是 1815 年维也纳会议以来俄国保守外交政策的合力作用下，沙俄政府更倾向于以俄美公司的经济利益为代价，而尽可能地避免与其他大国之间的政治摩擦。④ 同时，英国在谈判目标与组织形式等方面亦发生显著地变化。英国外交大臣乔治·坎宁在谈判伊始即强调，交涉的目标在于纠正 1821 年沙俄敕令的不当要求，突出航海自由与贸易自由原则的重要性。⑤ 事实上，坎宁的主张体现出英国以自由航海、自由贸易为原则的现代性质的经济掠夺。18 世纪 60 年代后工业革命的展开与以亚当·斯密为代表的自由主义思想的盛行，都促使英国

---

① ［苏］谢·宾·奥孔：《俄美公司》，俞启骧等译，郝建恒校，第 74 页。

② James R. Gibson, *Feeding the Russian Fur Trade: Provisionment of the Okhotsk Seaboard and the Kamchatka Peninsula* 1639 – 1856, Madison: The University of Wisconsin Press, 1969, xviii.

③ ［苏］谢·宾·奥孔：《俄美公司》，俞启骧等译，郝建恒校，第 78 页。

④ David Schimmelpenninck, “Russian foreign policy: 1815 – 1917”, Dominic Lieven edited, *The Cambridge History of Russia*, *Volume* 2: *Imperial Russia*, 1689 – 1917, Cambridge: Cambridge University Press, 2006, pp. 554 – 557；［苏］В. П. 波将金编：《外交史》，史源译，刘丕坤校，第 625—631、633—637 页。

⑤ “Mr. G. Canning to Mr. S. Canning, Foreign Office, December 8, 1824”, Alaska Boundary Tribunal, *The Case of the United States before the Tribunal Convened At London*, pp. 209, 212.

开始将寻求海外市场和原料产地作为对外政策的重点。伴随哈德逊湾公司、太平洋捕鲸商业协会、伦敦商船协会等利益集团的游说，英国政府逐渐将谈判的重心转向领土问题，甚至不惜以航海—贸易自由原则换取俄国在领土方面的妥协。①

美国则通过英美联合施压与介入英俄谈判的交替运用，最大限度地维护了本国在西北海岸的商业利益。根据 1824 年美俄协议，美商不仅获得了在俄属美洲贸易的“合法”权利，而且增加了包括内河航运、大陆探险等内容，这就为美国势力向西北海岸的进一步渗透创造条件。正如美国学者霍华德·库什恩所说，“1824 年、1825 年的外交协议显露出俄国维护美洲殖民地力量的薄弱”，昆西·亚当斯所取得的胜利，极大地鼓舞了美国社会有关“天定命运”的扩张思想。② 然而，美国太平洋沿岸领土扩张的计划却并不顺利。谈判期间，美国假借西北海岸领土纷争来解决俄勒冈问题的企图，因为英国政府的激烈抵制而未能成功。综上所述，1820 年代的俄美英外交谈判缘起于美洲西北海岸的商业冲突，历经俄、美、英三边会谈到俄美、俄英双边条约的转变，其实质是欧美国家在美洲太平洋区域商业掠夺与殖民扩张的生动展现。

五　余论

从世界历史的维度出发，1820 年代美洲西北海岸外交危机正是区域格局变迁与北美内陆经济—政治演进交相作用的产物。海外探险的先行者西班牙凭借早期美洲太平洋探险与 1494 年的《托德西拉斯条约》获得美洲西海岸主权的法理基础。事实上，16 世纪西属美洲至马尼拉/中国广州的白银运输是现代早期跨太平洋贸易的重要活动。③ 然而，美洲西

① “M. Poletica to Count Nesselrode, St. Petersburg, November 3, 1823”, Alaska Boundary Tribunal, *The Case of the United States before the Tribunal Convened At London*, p. 142.

② Howard I. Kushner, *Conflict on the Northwest Coast: American-Russian Rivalry in the Pacific Northwest*, 1790 - 1867, pp. 60 - 62.

③ 有关 16—17 世纪美洲至中国广州（途经马尼拉中转）的跨太平洋白银贸易的内容，参见［德］贡德·弗兰克《白银资本：重视经济全球化中的东方》，刘北成译，中央编译出版社 2013 年版，第 134—140 页。

北海岸匮乏的金银矿藏与艰巨的航行条件，使其长期远离西班牙当局的视线，[①] 制造了首次发现与实际占有等国际法界定的错节，成为18世纪末西北海岸主权争端的溯源。太平洋毛皮贸易的发展直接促成18世纪以后欧美国家在美洲西北海岸的殖民扩张。实际上，欧美国家在殖民扩张中还形成一种私人商业与国家权力相结合的隐秘模式。以西北海岸为例，英、美、俄等国政府纷纷出台有利于本国毛皮商业的政策，而毛皮商人的冒险活动又会促进本国政府在边远地区的扩张。如1784年俄国商人舍利霍夫在科迪亚克岛的移民区标志着俄属美洲的诞生。1778年库克对温哥华岛努特卡角的考察成为英国宣称所有权的重要论据。而18世纪末格雷在哥伦比亚河的探测则被美国视为对该区域权利的法理证据。可以说，欧美各国的这些商业据点的分布基本成为美洲西海岸政治区划的主要依据。同时，西北海岸毛皮贸易的激烈竞争又导致各国政府的广泛关注与介入。正是在这样的历史条件下，西北海岸的商业冲突逐渐升级为国际政治问题。

商业竞争与政治角逐的冲击必然打破美洲西海岸原有的政治秩序，而霸权的易手往往造成剧烈的政治动荡。西班牙作为传统的美洲西海岸“所有者”，自然不会甘心外国势力对自身权利的肆意践踏。这样，西北海岸的国际冲突首先发生于俄美英等后发国家与老牌殖民国家西班牙之间。而1789年英国与西班牙在努特卡角的冲突则成为西班牙失去西北海岸所有权的关键节点。英国在谈判中宣传海洋自由与实际占有的主张，不仅在现实政治层面否认了西班牙对努特卡角地区的占有，而且从国际法角度瓦解了西班牙在美洲西海岸和太平洋区域的所有权，首次撼动了美洲太平洋地区的传统秩序。[②] 伴随西班牙美洲殖民帝国的衰弱，俄国、英国、美国先后通过单边行动、国际冲突、外交谈判等途径从西班牙手中获取42°N以北

① Barry M. Gough, *Distant Dominion: Britain and the Northwest Coast of North America*, 1579 - 1809, Vancouver: University of British Columbia Press, 1980, pp. 3, 8.

② William Ray Manning, The Nootka Sound Controversy, A Dissertation submitted to the Faculty of the Graduate School of Arts and Literature in Candidacy for the Degree of Doctor of Philosophy, Government Printing Office 1905, pp. 284 - 285.

区域美洲西部的所有权，[①] 发展成为西北海岸国际角逐的主要参与者。[②] 事实上，1741 年的白令—奇里科夫探险、1778 年的库克太平洋航行、1784 年的科迪亚克移民区、1789 年的英西努特卡角争端、1799 年的俄美公司特许状、1812 年的英美哥伦比亚河口冲突、1818 年的英美俄勒冈谈判、1819 年的美西纵贯大陆条约，以及本文所关注的 1821 年沙俄敕令及其外交谈判，都是对美洲太平洋沿岸传统秩序的一次次爆破，共同构建了西北海岸政治格局逐渐走向清晰和稳定的历史进程。这一进程始于 18 世纪欧美航海探险家对西北海岸的探查，终于 19 世纪 60 年代英国在北美的主导权向美国的转移。[③]

同时，19 世纪上半期北美中西部的政治经济状况亦发生深刻的变革。经济方面主要表现为伴随毛皮贸易的发展，哈德逊湾公司、西北公司、美国毛皮公司纷纷向中西部地区探险与深入，借以扩大毛皮狩猎范围、增加商业利润。如西北公司的商业代表马更些于 1793 年 7 月 17 日在贝拉库拉河岸到达太平洋海岸，首次横跨北美大陆到达太平洋，以此确立起英国在西北海岸的所有权。[④] 同时，英美等国的毛皮公司还积极进行商业整合，以提升自己的商业竞争力。美国政府则暗中支持纽约商人阿斯特的美国毛皮公司抢夺北美大陆毛皮贸易的垄断权。19 世纪初，阿斯特为垄断北美毛皮贸

---

① 事实上，国际竞争也是现代早期欧美列强在美洲西北海岸扩张的重要因素。18 世纪后半期，俄国人在美洲殖民的消息广泛流传于欧洲各国宫廷，西班牙正是出于阻止俄国扩张的考虑，在18 世纪中后期先后组织起一系列的西北海岸探险活动，确立起在加利福尼亚地区的统治。然而，19 世纪以来西班牙美洲帝国的瓦解与美国日益强烈的扩张势头，迫使西班牙在 1819 年《亚当斯—奥尼斯条约》中放弃对 42°N 落基山脉以西至太平洋之间领土的所有权。有关西班牙在加利福尼亚探险与确立统治的内容，参见 Raymond Kenneth Morrison, Luis Antonio Arguello First Mexican Governor of California, A Thesis presented to the Faculty of the Department of History University of Southern California In partial fulfillment of the requirements for the degree Master of Arts, August 1938；有关西班牙、俄国、英国、美国在北美西北海岸权利的论述，参见 Observations upon the rights and claims of Spain, of Russia, of England, and of the United States, relative to the west coast of North America; and upon the ukase of September 4 (16), 1821, Alaska Boundary Tribunal, *The Case of the United States before the Tribunal Convened At London*, pp. 59 – 63.

② Barry M. Gough, *Distant Dominion: Britain and the Northwest Coast of North America*, 1579 – 1809, Preface.

③ Glynn Barratt, *Russian Shadows on the British Northwest Coast of North America*, 1810 – 1890: *A Study of Rejection of Defence Responsibilities*, Vancouver: University of British Columbia Press, 1983, x.

④ 有关西北公司向北美中西部地区贸易与探险的内容，参见 Revised Edition, *The fur trade in Canada: An introduction to Canadian Economic History*, Toronto: University of Toronto Press, 1956, pp. 166 – 262.

易，先后组织起陆路和海路在远西部和太平洋沿岸的探险，这些活动对于加强美国在上述地区的影响力有着重要的作用，① 在某种角度上生动展现出现代早期国家权力与私人商业间相互合作的隐秘逻辑。

此外，美国的大陆扩张是 19 世纪上半期北美大陆政治发展的主旋律。美国“大陆帝国”的构想源远流长，其中，杰斐逊不仅亲自策划了 19 世纪初的刘易斯—克拉克探险和路易斯安那购买，而且积极支持利亚德、阿斯特等商人向北美远西部和太平洋沿岸的冒险活动。同时期，“天定命运”的思想广泛流行于美国政界、国会议员与新闻媒体②，“自然的指引”（the finger of nature）成为美国实现大陆帝国梦想的重要理论支撑。③ 根据 1818 年英美协议与 1819 年美西横贯大陆条约的规定，美国与英国分享了 42°N 以北落基山脉以西至太平洋沿岸土地的所有权，最终将领土扩张到太平洋。事实上，美国大陆扩张的每一次成功，都意味着欧洲殖民国家在北美的退却。从 1783 年《巴黎条约》至 1819 年《美西横贯大陆条约》间的 40 余年间，美国先后从西班牙、英国和法国等欧洲殖民国家手中获取东西佛罗里达、路易斯安那和密西西比河东岸的大片土地，并逐渐将贪婪的视线移向太平洋沿岸。正是在这个意义上，1820 年代美洲西北海岸危机可被视为英俄两国对美国不断增强的地缘政治压力的积极应对。

那么，作为一个新兴国家的美国，缘何一直在与传统欧洲殖民国家的较量中居于优势？这显然是一个值得思考的历史课题。如前所述，1821 年沙俄敕令的重要宗旨是维护俄美公司的商业利益。而俄美英外交谈判的主要议题亦围绕各国毛皮公司的经济利益展开。正如加拿大学者巴里 M. 高夫（Barry M. Gough）在谈到英国政府处理北美问题的政策时所说，英国在西北海岸的“贸易重于统治”。④ 事实上，欧洲国家在美洲的殖民大多以经

---

① 有关阿斯特毛皮公司活动的内容，参见 Peter Stark, *Astoria, John Jacob Astor and Thomas Jefferson's Lost Pacific Empire: A Story of Wealth, Ambition, and Survival*, Ecco 2014.

② 有关美国官员、国会议员、报纸媒体鼓动美国向太平洋扩张与对外采取强硬态度的内容，参见 Howard I. Kushner, *Conflict on the Northwest Coast: American-Russian Rivalry in the Pacific Northwest, 1790 - 1867*, pp. 25 - 47.

③ “Mr. Adams to Mr. Rush, Department of state, Washington, July 22, 1823”, Alaska Boundary Tribunal, *The Case of the United States before the Tribunal Convened At London*, p. 54.

④ Barry M. Gough, *Distant Dominion: Britain and the Northwest Coast of North America*, 1579 - 1809, p. 151.

济掠夺为主要目的，这一状况既体现在西班牙对秘鲁和墨西哥金银矿藏的掠夺，也表现为哈德逊湾公司、西北公司、俄美公司等贸易公司对北美动植物资源的开发。而美国的大陆扩张则兼顾商业与移民，领土扩张与西进运动同时展开，日益扩充为美国广阔的领土。可以说，美国所具有的这种移民开拓模式与地缘政治优势，是其能够在北美战胜欧洲竞争对手的重要保障。这里我们要说明的是，欧洲国家的“经济掠夺”在应对美国的“移民拓殖”上的无力，不仅体现在 1821 年沙俄敕令及其外交谈判之中，而且贯穿于 19 世纪北美大陆政治格局的演进过程。当然，1824 年俄美协议对俄属美洲统治权的承认与尝试解决俄勒冈问题的失败，都在某种程度上反映出当时美国国家实力的相对薄弱与新旧殖民主义更迭过程的曲折。

（梁立佳，河北大学历史学院副教授）

跨国史视角下的索科尔体操三调：民族独立、社群团结和文化交流

武 垚

摘要 索科尔运动是1862年发源于捷克布拉格的一种现代体操运动。索科尔体操俱乐部不仅是捷克人体育运动的重要场所，而且也是捷克人进行政治斗争、追求民族独立的重要阵地。一战前民族意识的觉醒，一战后的国内秩序重建，二战前夕的苏台德危机和二战抵抗运动，索科尔体操俱乐部都做出了重要的贡献。随着美国捷克移民数量的增加，美国各地的索科尔体操俱乐部也成为捷克文化的重要象征和捷克移民社群团结的精神纽带。一战后，爱尔兰和捷克斯洛伐克之间的文化交流日渐频繁。1934年，爱尔兰陆军引进索科尔体操并在学校和全社会推广，这是捷克斯洛伐克文化输出的成功范例。索科尔体操在捷克、美国、爱尔兰三国的不同历史情境中，分别具有争取民族独立、促进社群团结、增进文化交流的不同意义。

关键词 索科尔体操 民族独立 社群团结 文化交流 捷克斯洛伐克

法国大革命后，弗里德里希·路德维希·贾恩（Friedrich Ludwig Jahn）发明了单杠、双杠、平衡木、攀爬绳和攀爬杆，并组织体育俱乐部和定期开办体育节，现代体操由此诞生。① 他也因此被称为“现代体操之父”。尽

① 潘华：《德国体育史》，人民体育出版社2019年版，第49页。

管1819年卡尔斯巴德法令（Carlsbad Decrees）[①] 取缔了体操俱乐部和体育节，但现代体操很快传遍了欧洲和美国。1862年，在德国现代体操的启发下，米罗斯拉夫·蒂雷（Miroslav Tyrš，1832—1884）在捷克布拉格创立了索科尔体操（Sokol Gymnastics）。“索科尔”在捷克语中，意为鹰或猎鹰，是力量、美丽、和谐和自由的象征。国内学界对索科尔体操的研究较少，王恒等学者从体育史视野出发，研究了近代索科尔体操产生的背景，历史演进，分析了索科尔体操的主要特征，索科尔体操的传播、影响、贡献[②]；国外学界对索科尔体操的研究比较丰富，学者多从社会文化史视角出发，讨论从一战前到二战前的索科尔体操社会功能以及和其他文化载体、类型的互动。让·菲利普·圣·马丁分析了1919—1939年索科尔体操作为捷克斯拉夫身份象征的历史[③]；克莱尔·E. 诺尔特研究一战前美国索科尔的历史，重点介绍了美国索科尔在美国捷克族裔社会中的作用[④]；马雷克·瓦伊奇和兹德涅克·斯科达，探讨了一战后的索科尔体操与音乐等民族艺术形式对捷克民族认同的塑造作用[⑤]；康纳·赫弗南论证了索科尔体操被爱尔兰陆军引进的过程[⑥]。

本文在以上研究的基础上，进一步理清了一战前捷克本土索科尔体操俱乐部发展历程和一战后捷克斯洛伐克—爱尔兰文化交往的历史脉络，并

① 卡尔斯巴德法令，是1819年8月6日至31日，在波西米亚卡尔斯巴德举行的德意志主要邦国的大臣会议通过一系列的决议的总称。该法令旨在压制德意志各邦的自由主义和民族主义文化活动。

② 王恒、姜维、薛婧：《近代东欧捷克体操的历史演进、流布与影响》，《体育科学》2020年第40卷第5期。

③ Jean-Philippe Saint-Martin，《Les Sokols tchécoslovaques，un symbole de l'identité slave entre les deux guerres mondiales》，*Cahiers d'histoire. Revue d'histoire critique* [En ligne]，88/2002，mis en ligne le 01 juillet 2005，consulté le 02 septembre 2021. URL：http：//journals. openedition. org/chrhc/1578；DOI：https：//doi. org/10. 4000/ chrhc. 1578.

④ Claire Nolte，Our Brothers Across the Ocean：The Czech Sokol in America to 1914，*The International Journal of the History of Sport*，Volume 26，2009-Issue 13：From Europe to America-Gymnastics，a Transatlantic Movement，pp. 1963 – 1982.

⑤ Marek Waic & Zdeněk Škoda，“The Story of a Composition：Josef Suk—Olympic Medallist and Sokol Composer”，*The International Journal of the History of Sport*，Volume 35，2018-Issue 17 – 18：Special Issue：Art and Sport，pp. 1828 – 1844.

⑥ Conor Heffernan，“Marching Forwards or Backwards? Physical Education and the Army in Early Twentieth-Century Ireland”，*Sport in Society*，Volume 23，2020-Issue 8：Sport and Education in Ireland，pp. 1280 – 1298.

以美国最大的捷克移民聚居城市芝加哥为例，分析了美国索科尔体操俱乐部的作用，由此从跨国史视角探讨索科尔体操在不同历史情境中所具有的不同意义。

一 民族独立阵地：捷克索科尔体操俱乐部

1848 年革命使当时捷克地区文化生活发生史无前例的变化。哈布斯堡王朝放宽了出版自由、结社权利，这使得知识分子能够更广泛地开展启蒙工作。1848 年革命的民主、民族思想，也成为 19 世纪后期捷克文学、音乐和体育蓬勃发展的思想动力。[①] 同时，哈布斯堡王朝废除农奴制，推行了自由经济政策，使布拉格成为一个繁荣的工业和银行中心，人口从 1843 年的 146418 人增加到 19 世纪末的 514345 人。其中，布拉格近郊农民向城区的大规模迁移，改变了布拉格的族裔比例平衡[②]，捷克斯拉夫人得以占据多数。这为当时布拉格民族文化事业的开展提供了族群基础，而索科尔体操是当时布拉格地区民族文化运动发展的典型代表。在捷克建国前，索科尔体操俱乐部成为捷克斯拉夫人宣传民族独立思想、促进民族精神觉醒的阵地，对于促进捷克本土民族觉醒起了重要作用。在苏台德危机和二战时，索科尔体操俱乐部挺身而出，反对苏台德自治和独立，并参加抵抗运动。

（一）索科尔体操俱乐部与捷克民族独立

19 世纪下半叶，捷克一些民族主义思想家为索科尔体操俱乐部的建立奠定了思想基础。历史学家和政治家弗朗蒂切克·帕拉奇（František Palacky，1798—1876）首倡建立一个由波希米亚、摩拉维亚和西里西亚组成的捷克王国，卡雷尔·哈夫莱克·博罗夫斯克（Karel Havlíček Borovsky）也在报纸上大声疾呼反对奥地利的统治。在此基础上，米罗斯拉夫·泰尔什将体育锻炼和民族独立相结合，发展出了独特的索科尔思想。他提出，

---

① ［捷］瓦·胡萨：《捷克斯洛伐克历史》，陈广嗣译，东方出版社 1988 年版，第 141 页。

② Claire E. Nolte, "Different Paths to the Nation, Voluntary Associations and Nation-building in Nineteenth-century Prague", in Laurence Cole (ed.), *Different Paths to the Nation: Regional and National Identities in Central Europe and Italy*, 1830 - 70, London: Palgrave Macmillan, 2007, pp. 82 - 99.

“每个捷克人都是索科尔人”，他们将拥有“健全的身体和健全的头脑”，“人们会拥有优秀的品格、遵守纪律与富有合作精神，并最终导致民族自治”。①

泰尔什在创立了索科尔体操过程中，在赓续本民族独立思想的同时，也积极吸收其他民族的优秀文化成果。索科尔制服由卡其色裤子与红色衬衫以及装饰有猎鹰羽毛的帽子组成，这是借鉴了意大利民族英雄加里波第麾下军队的制服。索科尔体操的格言“健全的身体，健全的思想”，来源于柏拉图关于古希腊人性格特征的描述，即“爱体操，爱智慧”。泰尔什关于健身、品格养成会促进民族进步，并最终实现民族自治独立的思想，则是对社会达尔文主义衍生和发展。②

1862 年 2 月 16 日，第一个索科尔俱乐部“布拉格索科尔”成立，金德希·费格纳（Jindřich Fügner）为布拉格索科尔成立提供了资金，并成为俱乐部的第一任主席。1871 年，波希米亚和摩拉维亚有 114 个俱乐部，9304 名会员。到 1910 年，这两个地区已经建立了 916 个俱乐部，拥有 68032 名成员。1882 年，第一届索科尔大会（First Sokol Congress）和世界索科尔节（All-Sokol Slet）举行，以纪念布拉格索科尔俱乐部成立 20 周年。这届索科尔运动大会有 40 支队伍，1572 人参加。1889 年，捷克索科尔联盟（Česká Obec Sokolksá，ČOS）成立。1891 年，捷克索科尔联盟举办了第二届索科尔大会，共有 206 支队伍，2400 多人参加。此时，捷克索科尔联盟已成为捷克规模最大的协会。③

索克尔俱乐部的成立，为泰尔什思想的传播提供了重要途径。索科尔体操远远超出了传统体育范畴：它不仅限于体操技能的培训，而且也着眼于索科尔会员的身心教育。首先，索科尔体操俱乐部十分严格的入会制度就培养了会员严肃认真的品质。如果捷克人想要加入索科尔俱乐部，那么他（她）仍然必须通过半年到一年的会员考察期；在会员考察期，预备会员要参加索科尔俱乐部的体操活动和学习集会，最终由俱乐部委员会宣布预备会员是否通过考察，是否可以宣誓加入俱乐部。在索科尔体操日常训

① “索科尔的历史”，https：//sokolmuseum. org/history-of-sokol/，2021 年 8 月 22 日浏览。

② 王恒、姜维、薛婧：《近代东欧捷克体操的历史演进、流布与影响》，《体育科学》2020 年第 40 卷第 5 期。

③ “索科尔的历史”，https：//sokolmuseum. org/history-of-sokol/，2021 年 8 月 20 日浏览。

练中，泰尔什强调了五项原则：力量和男子气概，活动和耐力，对祖国自由的奉献，志愿工作和纪律，以及索科尔成员的兄弟情谊。同时，泰尔什也撰写了大量关于民族价值观的文章，宣传捷克斯拉夫人的民族身份、人人平等和崇高道德追求。泰尔什宣称：

> 自由就是承认社会的法律，并自愿服从社会法律。没有法律的地方，就没有持久和有保障的自由。我们每天学会服从必要的法律，把我们的个性服从于集体利益，把我们的虚荣心当作一种可耻的恶习来对抗。我们强加于自己的纪律使我们的心灵高高在上，形成我们的性格，使我们能够在集体利益需要的时候进行自我否定和自我牺牲。因此，索科尔体操运动员代表一个强壮的人。①

在泰尔什之后，其继任者继续宣扬索科尔思想并积极参与了19世纪末、20世纪初的捷克民族独立运动。1887年，约瑟夫·沙依纳（Josef Scheiner）成为捷克索科尔联盟新主席。沙依纳加强了捷克索科尔联盟和捷克青年党（Young Czech）的联系，并支持它的外交政策倡议。同时，沙依纳积极与其他捷克民族文化运动联络，使索科尔体操成为新斯拉夫运动（Neo-Slav movement）的重要组成部分。第一次世界大战期间，他与捷克黑手党（Czech Mafia）合作，共同协助马萨里克总统（President Masaryk）建国。

第一次世界大战以同盟国的战败而结束。奥匈帝国无力压制国内蓬勃发展的各民族独立运动，最终解体。1918年12月，捷克斯洛伐克临时政府从美国迁回国内，正式履职。多年战乱和奥匈帝国迅速解体，造成的社会失序状态和行政权力真空，是捷克斯洛伐克政府重建国家的第一道难题。而此时，理应维持国家秩序的捷克斯洛伐克军队——“捷克军团”（Czechoslovak Legions）远在俄罗斯西伯利亚，要到1920年才能撤回国内。为了解决国家燃眉之急，捷克索科尔联盟响应国家号召，组建了民兵武装

---

① Jean-Philippe Saint-Martin,《Les Sokols tchécoslovaques, un symbole de l'identité slave entre les deux guerres mondiales》, *Cahiers d'histoire. Revue d'histoire critique* [En ligne], 88/2002, mis en ligne le 01 juillet 2005, consulté le 02 septembre 2021. URL: http: //journals. openedition. org/chrhc/1578; DOI: ht-tps: //doi. org/10. 4000/ Chrh.

“索科尔卫队”（Sokol Guard）。[①] 当时，“索科尔卫队”主要负责守卫火车站等重要的交通枢纽，守卫旧军队留下军事设施，征缴和保管武器装备以及打击社会上的一些违法犯罪活动。另外，“索科尔卫队”还充当了总统府和政府机关的警卫人员，防止奥匈帝国保皇党分子趁机作乱。因此，索科尔的创立者将民族独立思想融入索科尔体操，索科尔联盟也以实际行动支持捷克的独立建国。

（二）索科尔联盟反对德国吞并苏台德和参与抵抗运动

德国和捷克斯洛伐克之间的苏台德问题，在捷克斯洛伐克建国前就存在隐患。在建国之前，捷克的政治代表提出了一个“捷克斯洛伐克”的国家概念，即捷克和斯洛伐克是一个国家的两个组成部分，一个民族的两个分支。因为，如果斯洛伐克被承认为一个独立国家，那么捷克—德国—斯洛伐克联邦的国家概念将成为可能，这是捷克政治精英所不能接受的。[②] 1915 年，捷克和斯洛伐克政治代表共同签署《克利夫兰协定》（Cleveland Agreement），宣布共同建国。战后建立起来的捷克斯洛伐克主要由三个民族组成——捷克人约 700 万人，日耳曼人约 300 万人，斯洛伐克族约 250 万人。其中，捷克人和斯洛伐克人都是斯拉夫民族，日耳曼人作为少数民族聚居在苏台德地区。建国后，捷克斯洛伐克一直推行民族同化政策，意图加强日耳曼人的国家认同感。捷克斯洛伐克政府拒绝给予苏台德地区自治地位，否认苏台德地区德语的官方地位，推行全国统一的捷克斯洛伐克语教学。这样，苏台德地区日耳曼人的少数民族待遇问题，就成为德捷两国的外交难题。

纳粹党建立之后，希特勒一直鼓吹泛日耳曼主义，主张通过强力手段将所有德意志人纳入第三帝国统治之下。纳粹党在苏台德地区发展党员，组织冲锋队和党卫队，鼓动当地的暴力活动，使得苏台德问题逐渐白热化。其中，苏台德地区前体操运动员康拉德·亨莱因（Konrad Henlein）是

---

① “索科尔卫队”，http://www.zupahanacka.eu/sokolska-straz/ds-1068/p1 = 1369，2021 年 8 月 20 日浏览。

② Marek Waic & Zdeněk Škoda, “The Story of a Composition: Josef Suk—Olympic Medallist and Sokol Composer”, *The International Journal of the History of Sport*, Volume 35, 2018-Issue 17 – 18: Special Issue: Art and Sport, p. 1828.

执行希特勒对苏台德地区政策的急先锋。1930 年，亨莱因组建捷克纳粹党，鼓吹苏台德并入德国，分裂捷克斯洛伐克。在捷克纳粹党被依法取缔后，1934 年亨莱因又组建了苏台德日耳曼祖国阵线，次年更名为苏台德德意志人党（Sudeten Germany Party，SGP）。亨莱因在通过政党获取德国支持谋求苏台德独立的同时，他还凭借自己体操运动员的身份，将苏台德体操协会作为分裂国家的工具。1933 年，捷克斯洛伐克高等法院指控苏台德体操协会是一个伪装的分裂国家组织。当时，捷克索科尔联盟在捷克斯洛伐克反对国家分裂、反对外国干涉内政的斗争中已经处于第一线。

1933 年之后，捷克斯洛伐克将参加索科尔体操俱乐部视作青年参军的役前教育的重要途径。① 鉴于索科尔运动员的组织性、纪律性以及良好的身体素质，人们普遍把索科尔俱乐部当作国家战略后备军和重要的民兵来源。尽管捷克索科尔联盟仍然宣称它们是爱国、和平主义和非好战的协会，但是它们一直关注内部和外部的危险，在必要时会向捷克斯洛伐克政府提供宝贵的援助。②

很快，捷克索科尔联盟就获得了这个机会。1937 年 7 月 1 日，捷克斯洛伐克政府颁布《国防教育法》（Education for the Defense of the State，EDS）③。这部法律主要由三个部分组成：第一，该法律规定体育教育是义务教育，教育对象是全体在校学生，并且由国家指定的包括索科尔体操俱乐部在内的专业体育协会提供教育指导；第二，在学校假期时，义务体育教育由同一体育俱乐部在校外继续进行；第三，不在学校接受教育的 17 岁以上的捷克斯洛伐克青年要由索科尔体操教练指导军事训练和传授泰尔什的民主思想。④ 至此，索科尔体操已经与捷克斯洛伐克国家命运完全结合

---

① 役前教育，是指新兵正式服役之前，集中参加的模拟军营生活的一种教育方式。主要目的是复查士兵状况，及时淘汰不合格服役人员，帮助新兵全面了解军队生活。

② Jean-Philippe Saint-Martin, «Les Sokols tchécoslovaques, un symbole de l'identité slave entre les deux guerres mondiales», Cahiers d'histoire. Revue d'histoire critique [En ligne], 88 | 2002, mis en ligne le 01 juillet 2005, consulté le 02 septembre 2021. URL: http: //journals. openedition. org/chrhc/1578; DOI: https: //doi. org/10. 4000/chrh.

③ 捷克语为 Éducation pour la Défense de l'État，EDE。

④ Jean-Philippe Saint-Martin, «Les Sokols tchécoslovaques, un symbole de l'identité slave entre les deux guerres mondiales», Cahiers d'histoire. Revue d'histoire critique [En ligne], 88 | 2002, mis en ligne le 01 juillet 2005, consulté le 02 septembre 2021. URL: http: //journals. openedition. org/chrhc/1578; DOI: https: //doi. org/10. 4000/chrh.

在一起了。

1938 年 9 月 12 日，希特勒在演讲中公然宣称了德国吞并苏台德地区的野心，苏台德危机因此爆发。[①] 苏台德危机前夕，1938 年 7 月，第十届世界索科尔节在捷克斯洛伐克的斯特拉霍夫（Strahově）举办。这是迄今为止参与人数最多的一届世界索科尔节，共有 348086 名运动员和 230 多万观众参与其中。[②] 此次世界索科尔节的主题是“建设和保卫”。赛事期间，主办方还组织了几千名索科尔运动员参加的反法西斯的游行示威。时任捷克斯洛伐克总统的爱德华·贝内斯（Edward Beneš）还向赛事官方捐赠一面旗帜，上面别有一枚军事十字勋章。这一切都体现了索科尔体操所代表的捷克斯洛伐克人民反抗德国霸权，捍卫民族尊严和领土完整的坚强决心。

1939 年 3 月，德军进入捷克斯洛伐克，斯洛伐克独立，波希米亚和摩拉维亚成为德国保护国。在国家灭亡之后，捷克斯洛伐克索科尔体操俱乐部就成立了索科尔抵抗组织（Obec Sokolská V Odboji，OSVO）。初期，捷克斯洛伐克抵抗运动主要从事扰乱交通，掩护抵抗战士、营救被捕公民以及其他一些敌后破坏工作。二战中，捷克斯洛伐克抵抗组织刺杀德国盖世太保首脑莱因哈德·海德里希（Reinhard Heydrich）的“类人猿行动”就有索科尔抵抗组织的参与。1942 年，在英国特别行动处（Special Operation Executive）的协助下，捷克斯洛伐克流亡政府总统爱德华·贝奈斯派遣两名刺杀小组成员空降捷克本土。在国内索科尔抵抗组织等抵抗运动的协助下，刺杀人员成功投掷炸弹将时任波西米亚和摩拉维亚总督的海德里希炸成重伤，最终不治身亡。其中一名刺杀人员约瑟夫·加布奇克（Josef Gabčík）就是索科尔的成员。[③] 在刺杀人员逃避追捕时，索科尔抵抗组织也为其提供了便利。

---

① 程文进：《慕尼黑危机与美国对纳粹德国的绥靖》，《首都师范大学学报》（社会科学版）2003 年第 5 期。

② “第十届世界索科尔节”，http：//www. sokol-strasnice. cz/index. asp？ menu = 789，2021 年 8 月 20 日浏览。

③ “一战和二战中的索科尔”，https：//sokolmuseum. org/sokols-in-wwi-and-ii/，2021 年 8 月 10 日浏览。

二　社群团结纽带：美国索科尔运动俱乐部

19 世纪中叶到 20 世纪初是美国历史上的移民高峰期，同时也是美国城市化水平迅速提高时期。在这一时期，美国城市人口占总人口的比重由 19.8% 增加到 51.2%。同一时期，美国入境移民人数高达 2895 万，占历史登记移民总数的 48.6%。[①] 这些移民以欧洲移民为主。在为美国带来新的劳动力的同时，欧洲移民也将各自民族的文化带入美国。

根据美国人口普查数据，1870 年美国有 40289 名捷克人；十年后，这一数字增加了一倍多，达到 85361 人；1900 年至 1910 年间，有 94604 名捷克人抵达美国。[②] 和大多数的欧洲移民一样，捷克移民到达美国后，绝大多数都选择前往东北部和中西部城市。其中，迅速发展的芝加哥成为捷克移民社区最繁盛的城市。

19 世纪 60 年代，芝加哥正快速成为中西部首屈一指的大都市。芝加哥地处五大湖区，铁路枢纽，交通便利；同时，芝加哥工商业发达，又有大量的农场，能够为新移民提供大量的就业机会。到 1883 年，芝加哥已经拥有 3.5 万多名捷克移民，成为捷克移民最多的美国城市。和来自其他民族的移民一样，捷克移民往往群居在房价低廉的近郊地带，形成固定的捷克社区。

芝加哥的捷克移民组建了各种民族协会以保护他们的文化，并将此作为社区居民失业、疾病或死亡的社区安全网。在各种民族协会中，规模最大的是捷克斯拉夫慈善协会（C. S. B. S., Czech Slavic Benevolent Society），其次就是索科尔体操俱乐部。[③] 1866 年 4 月，美国捷克裔芝加哥索科尔（The Czech-American Sokol of Chicago）俱乐部成立。这是芝加哥第一家索科尔体操俱乐部。1869 年，该俱乐部新建了一栋三层建筑，作为自己的活

① 梁茂信：《1860—1920 年外来移民对美国城市化的影响》，《东北师大学报》（哲学社会科学版）1997 年第 5 期。

② Claire E. Nolte, "Our Brothers Across the Ocean: The Czech Sokol in America to 1914", *The International Journal of the History of Sport*, Volume 26, 2009-Issue 13: From Europe to America-Gymnastics, a Transatlantic Movement, p. 1965.

③ "芝加哥捷克裔社区的历史观察", http://www.chicagocacc.org/the-historical-czech-chicagoland/, 2021 年 8 月 20 日浏览。

动基地。除了日常的体操训练外，该俱乐部也经常举办一些座谈会、演讲和体操表演，来弘扬捷克民族文化传统。① 捷克加利福尼亚（Czech California）是芝加哥捷克移民社区的文化和商业中心，其附近就有很多索科尔体操俱乐部。② 为了能够定期开办民族文化体育活动，捷克移民社区兴建了一些公共建筑。捷克裔芝加哥索科尔协会是各种捷克移民协会主持修建公共建筑数量最多的协会，共计修建了7座公共建筑。③

随着美国中西部和东北部城市的捷克移民数量快速增加，各地的索科尔俱乐部也陆续成立。一个全国性的索科尔体操协会呼之欲出。1878年8月，来自10个城市的13个索科尔俱乐部在芝加哥召开会议，决定成立全国索科尔联盟（National Sokol Union）。在这13个俱乐部中，有2个来自芝加哥，即美国捷克裔索科尔（Czech-American Sokol）与索科尔体操联盟（The Sokol Gymnastic Union）。1892年7月，这两个俱乐部合并组建利帕斯拉夫索科尔（Lipa Slavic Sokol）体操俱乐部协会。④

捷克移民组建的地方性索科尔体操俱乐部和全国性的索科尔体操协会，都是为了能更好地保护本民族文化传统，增强本民族文化凝聚力，提高捷克移民在美国的适应能力。索科尔体操所提倡的提高个人身体素质和文化素养，注重培养个人品格的教育精神，使得捷克移民比其他族裔移民更好地融入美国社会。捷克移民往往比许多其他族裔群体更有文化。1890年，97%的捷克移民能用母语读写，并且高度重视正规教育。很多捷克移民的子女接受过优质教育，有的甚至在定居城市的学院、大学接受高等教育。⑤

除了在本民族社群内部发挥重要作用之外，索科尔体操俱乐部还积极地向整个美国社会展现本民族的文化风貌。1893年芝加哥世界博览会（Chicago World's Fair）期间，利帕斯拉夫索科尔体操俱乐部协会组织的索

---

① “芝加哥索科尔”，https：//csagsi. org/chicago-sokols/，2021年8月10日浏览。

② “芝加哥捷克裔社区的历史观察”，http：//www. chicagocacc. org/the-historical-czech-chicagoland/，2021年8月20日浏览。

③ Václav Vondrášek, František Hanzlík, *Krajané v USA a vznik ČSR v dokumentech a fotografiích*, Praha: Ministerstvo obrany ČR 2009, p. 2.

④ “芝加哥索科尔”，https：//csagsi. org/chicago-sokols/，2021年8月10日浏览。

⑤ “芝加哥捷克裔社区的历史观察”，http：//www. chicagocacc. org/the-historical-czech-chicagoland/，2021年8月20日浏览。

科尔体操比赛、欢庆游行和集体健美操表演，是美国捷克裔在全美社会面前一次成功的曝光。以索科尔体操运动员为代表的2万人规模的芝加哥捷克移民游行，安东尼·德沃夏克（Antonín Dvorak）[①] 指挥的捷克音乐会，给参观博览会的庞大的游客群体留下了深刻印象。《民族遗产纪事报》（*National Heritage Chronicles*）将这一事件描述为"美国捷克侨民民族意识最壮丽的展示"[②]。

当第一次世界大战爆发时，许多捷克移民自愿为祖国的独立而战，但由于当时美国尚未参战，捷克移民无法加入美军或者协约国军队作战。因此，一战初期美国移民更多地通过物资、资金捐赠的方式帮助捷克斯洛伐克国内的独立斗争。

从一开始，芝加哥就积极组织本地移民声援塞尔维亚对抗奥匈帝国。1914年7月7日，芝加哥捷克裔在皮尔森公园举行集会，表达对塞尔维亚的支持。7月25日，在获悉奥匈帝国向塞尔维亚发出最后通牒后，捷克移民又组织了一次声援活动。在美国捷克裔新闻局（Czech American Press Bureau）的倡议下，7月27日晚在芝加哥的皮尔森（Pilsen）[③] 召开了一次同胞咨询会议。次日，捷克裔、斯洛伐克裔和塞尔维亚裔等斯拉夫移民同胞在皮尔森举行集会。会议决定移除皮尔森民族协会建筑的奥匈帝国国家标志，同时组建捷克—斯拉夫辅助委员会，立即组织第一次募捐活动。在得知奥匈帝国向塞尔维亚宣战的消息后，芝加哥的皮尔森公园发生了一场大规模的捷克裔移民抗议集会。

战争爆发后不久，捷克、斯洛伐克、斯洛文尼亚和克罗地亚的索科尔体操协会成立了斯拉夫索科尔联盟（Slavic Sokol Union）。斯拉夫索科尔联盟的主要目标是支援塞尔维亚。除了组织募捐活动外，斯拉夫索科尔联盟还开展大量的宣传活动，以获取更多的民众支持和对抗奥匈帝国的敌对宣传。他们向美国民众宣传战争的危险后果，同时公布了有关塞尔维亚战场的可怕暴行。9月10日，第一个募捐活动启动。1915年，为了能够募集更多资金，斯拉夫索科尔联盟进一步扩大广告宣传活动，同时通过文化展

---

① 安东尼·德沃夏克（1841—1904）是最早获得世界声誉的捷克作曲家之一，被誉为当时世界上最伟大的作曲家。

② "美国索科尔节"，https：//sokolmuseum. org/slets-in-america/，2021年8月10日浏览。

③ 皮尔森是芝加哥捷克裔移民的主要聚居区。

演、体育表演等方式扩大影响。[1]

1917 年 2 月 3 日，美国与德国断绝外交关系；4 月 6 日，美国向德国宣战。12 月 7 日，美国向奥匈帝国宣战。这标志着美国捷克裔移民可以参军，作为战士投入到捷克民族独立事业的第一线。美国捷克裔移民对捷克独立事业援助进入了一个新阶段。在察觉到美国迟早会对奥匈帝国宣战后，捷克民族独立事业领袖托马斯·G. 马萨里克（Tomáš G. Masaryk）就开始着手在美国募集一支捷克军队。1917 年 10 月 14 日，马萨里克访问了芝加哥。在两次大型集会上，他号召同胞参加捷克斯洛伐克军队。集会上，斯拉夫索科尔联盟机构领导也呼吁索科尔俱乐部会员发扬会员志愿精神和集体主义精神，积极参军。[2]

在美国对奥匈帝国宣战后不久，1917 年 12 月 16 日法国总统签署了同意在法国组建捷克斯洛伐克军队的法令。1918 年，第一支索科尔部队成立。同时，大量的美国捷克裔索科尔俱乐部会员应召加入美国陆军或者是法国陆军的捷克斯洛伐克军团（Czechoslovak Legions）。由于一战将结束，入伍的捷克斯洛伐克裔士兵最终没能在战场发挥重要作用。但是，美国、法国对捷克斯洛伐克移民参军和组建民族军团支持，反映大国对捷克斯洛伐克民族独立事业的实际承认。1918 年 6 月 9 日，捷克国民理事会（Czechoslovak National Council）得到英国承认；6 月 29 日，法国承认理事会的合法地位；9 月 2 日，理事会又获得美国的承认。1918 年 10 月 14 日，捷克国民理事会发布《捷克斯洛伐克民族独立宣言》，正式宣告组建捷克斯洛伐克临时政府（Czechoslovak Provisional Government）。

第二次世界大战时，捷克斯洛伐克流亡政府迁居伦敦，流亡政府并未在美国开展大规模活动。但是，美国索科尔体操俱乐部及其协会依然参与反抗德国法西斯的英勇斗争。1939 年，美国索科尔体操协会参加了在纽约市特里博罗体育场（Triboro Stadium）举行的游行示威，反对将苏台德地区割让给德国的《慕尼黑条约》。同时，斯洛伐克体操联盟（Slovak Gymnastics Union）

---

① Václav Vondrášek, František Hanzlík, *Krajané v USA a vznik ČSR v dokumentech a fotografiích*, Praha: Ministerstvo obrany ČR 2009, p. 3.

② Václav Vondrášek, František Hanzlík, *Krajané v USA a vznik ČSR v dokumentech a fotografiích*, Praha: Ministerstvo obrany ČR, 2009, p. 5.

加入新成立的捷克斯洛伐克全国同盟（Czechoslovakia National Alliance），与广大的美国捷克移民一道，共同致力于恢复捷克斯洛伐克独立和民主。在二战中，有超过3000名索科尔体操俱乐部人员在美国军队服役。其中，包括普通会员，也有俱乐部机构成员，如地区主任（District Directors）、徒步教练（Traveling Instructors）和首席体育主任（Chief Physical Directors）。[①]

二战后，美国的索科尔体操俱乐部及其协会，依然是美国捷克族裔社会文化生活的重要组成部分。同时，美国也是捷克和斯洛伐克之外索科尔运动开展最为广泛的海外国家。当前美国主要有三个索科尔俱乐部协会：美国索科尔组织（American Sokol Organization）、美国捷克裔工人索科尔（Czech-American Workingmen's Sokol）、索科尔美国（Sokol USA）。[②]尽管它们开办的文化体育活动各不相同，但是这三个协会都将体育锻炼、品格养成以及社群团结作为协会的目标。它们开设了从小学生到耄耋老人的会员健身课程[③]；组织成员了解索科尔理想和历史，开办索科尔文学沙龙，提供捷克语课程[④]；设置小学、中学、大学奖学金，鼓励年轻一辈提升自身素养[⑤]；在会员发生意外、生病和死亡时，俱乐部会组织会员进行集体援助。美国索科尔组织甚至开发了自己的人寿保险业务，为会员提供安全保障。[⑥]

"索科尔美国"主席约瑟芬·别莱茨基（Joseph Bielecki）曾说："今天，索科尔是一个充满活力的协会，提倡健身和家庭价值观；它为年轻人和老年人提供体育锻炼和运动，如艺术体操；它促进了健康思想、健康身体和民主价值观的发展，使这个国家变得强大。"[⑦]

三　文化交流先锋：爱尔兰引进索科尔体操

1921年12月，爱尔兰和英国谈判，双方签订《英国和爱尔兰条约》，

---

① "美国索科尔历史事件年表"，https：//sokolusa. org/timeline/，2021年8月10日浏览。

② "世界索科尔联合会"，https：//world-sokol. eu/en/home/，2021年8月20日浏览。

③ "介绍"，http：//sokolstickney. org/sample-page/，2021年8月20日浏览。

④ "索科尔精神教育项目"，http：//www. sokolspirit. org/education/，2021年8月20日浏览。

⑤ "兄弟福利"，http：//www. slovakcatholicsokol. org/fraternalism. asp，2021年8月15日浏览。

⑥ "使命"，https：//sokolusa. org/mission/，2021年8月20日浏览。

⑦ "主席寄语"，https：//sokolusa. org/presidents-message/，2021年8月26日浏览。

爱尔兰南部26郡建立自由邦，获得自治领地位。1923年9月，爱尔兰自由邦加入国际联盟，爱尔兰开始获得国际认可。由于爱尔兰和一战后新成立的欧洲民族国家都是小国，都有着被帝国统治的历史，又有着相互移民和文化转移的友好传统①，爱尔兰特别重视发展与欧洲中小国家的外交关系。到1932年埃蒙·德·瓦莱拉领导的爱尔兰共和党（Éamon de Valera's Fianna Fáil）执政时，爱尔兰已经是“小国完全独立的主要支持者之一”。②

1924年1月，捷克斯洛伐克政府派遣弗朗蒂切克·帕夫莱塞克博士（Dr František Pavlásek）在伦敦开设领事馆。与爱尔兰自由邦的外交事务也属于捷克斯洛伐克驻伦敦领事的职权范围，这意味着捷克斯洛伐克和爱尔兰建立了外交关系。捷克斯洛伐克驻爱尔兰的第二任领事帕维尔·鲁日奇卡（Pavel Růžicka）开启了两国文化交流的热潮。1929年10月，鲁日奇卡被任命为捷克斯洛伐克共和国驻都柏林领事。在他的公开演讲中，鲁日奇卡总是强调两国之间语言、文学和民族联系的重要性。鲁日奇卡还在都柏林皇家爱尔兰音乐学院讲授“捷克斯洛伐克音乐”，并详细阐述了捷克音乐是如何由于“人民爱国本能的重新觉醒”而复兴的。正如《爱尔兰独立报》（*Irish Independent*）和《爱尔兰新闻报》（*Irish Press*）的文章所说的那样，鲁日奇卡和他的妻子在都柏林的文化和外交界广为人知，备受尊敬。③1936年9月，鲁日奇卡被调到布拉格后，卡雷尔·科斯塔尔（Karel Koštál）成为新的驻都柏林领事。科斯塔尔是一位音乐爱好者和优秀的大提琴家，于1937年在都柏林创立了“卡雷尔·科斯塔尔四重奏室内乐（Karel Kostal Quartet in Chamber Music）”乐团。该组织的著名成员包括爱尔兰国防部长弗兰克·艾肯（Frank Aiken）的妻子莫德·艾肯（Maud Aiken）。④

在捷克斯洛伐克驻都柏林领事推动下，两国之间文化交流迅速展开。

---

① Gerald Power and Ondrej Pilny (eds.), *Ireland and the Czech Lands: Contacts and Comparisons in History and Culture*, Oxford & New York: Peterlang, 2014, p. 18.

② Lili Zách, *Imagining Ireland Abroad*, 1904 – 1945: *Conceiving the Nation, Identity, and Borders in Central Europe*, Cham: Palgrave Macmillan, 2021, p. 136.

③ Lili Zách, *Imagining Ireland Abroad*, 1904 – 1945: *Conceiving the Nation, Identity, and Borders in Central Europe*, p. 141.

④ Lili Zách, *Imagining Ireland Abroad*, 1904 – 1945: *Conceiving the Nation, Identity, and Borders in Central Europe*, p. 145.

这为索科尔体操传播到爱尔兰奠定了基础。而20世纪30年代爱尔兰的国防体育教育改革、爱尔兰本土体育活动的兴盛和爱尔兰在洛杉矶奥运会上取得的巨大成功，为索科尔体操在爱尔兰传播提供了重要契机。

20世纪30年代，爱尔兰兴起了法西斯主义运动。爱尔兰的法西斯主义分子仿效意大利法西斯的“黑衫军”，建立了自己的准军事武装“蓝衫军”（Buleshirts）。再加上爱尔兰国内原有的非政府武装爱尔兰共和军（Irish Republic Army），爱尔兰国内安全局势更加复杂。而爱尔兰国防军原有的英国制式的体育制度已经过时，爱尔兰军队迫切需要一套新的军事体育训练制度。1932年洛杉矶奥运会，爱尔兰一共派出6名队员参赛，并一举获得两枚金牌。按金牌数和参赛运动员比例计算，爱尔兰奥运参赛队伍是“含金量”最高的国家队。[①] 同年，爱尔兰第三届泰尔泰安运动会（Tailteann Games）[②] 召开，吸引了大量的爱尔兰人参与，爱尔兰人的体育热情空前高涨。这一年也被誉为爱尔兰“体育觉醒的一年”[③]。

1933年1月，爱尔兰陆军助理参谋长（The Assistant Chief of Staff In The Irish Army）奥德·麦克尼尔将军（General Aodh MacNeill）在给第一局主任（the director of No. 1 Bureau）F. 麦考利上校（Colonel F. McCorley）下达的命令中表示：爱尔兰军队现有的军事训练制度“过于刻板和缺乏想象力”，他希望由陆军体育文化学院制订一套新的军事训练计划。新的军事训练计划应当采用最现代化的教学方法。此外，他还指示麦考利上校向他提供捷克斯洛伐克、德国和瑞典军事训练队制度的相关信息。[④] 而这三个国家都是当时体育强国。

恰在此时，热衷文化交流的捷克斯洛伐克驻爱尔兰领事帕维尔·鲁日奇卡与《爱尔兰时报》编辑罗伯特·斯米利（Robert Smyllie）合作，在报

---

① “1932年洛杉矶第10届奥运会官方报告”，https：//digital. la84. org/digital/collection/p17103coll8/id/8040/，2021年8月20日浏览。

② 泰尔泰安运动会发源于公元前7世纪的爱尔兰古代社会，19世纪末兴起的爱尔兰文化民族主义运动推动了泰尔泰安运动的复兴；1924年8月，第一届现代泰尔泰尔运动会举办；运动会期间，不仅有体育赛事，还有爱尔兰舞蹈、音乐、诗歌、戏剧表演；泰尔泰安运动会每隔4年举办一次。

③ Conor Heffernan, *The History of Physical Culture in Ireland*, Cham: Palgrave Macmillan, 2020, p. 174.

④ Conor Heffernan, *The History of Physical Culture in Ireland*, p. 176.

纸上发表了大量的关于捷克索科尔体操的报道。这些报道无疑引起了爱尔兰陆军的兴趣，并最终帮助索科尔体操成为爱尔兰陆军的引进项目。1934年4月，在都柏林中学教师协会（Secondary Teachers' Association in Dublin）的年会上，爱尔兰陆军总参谋长（Irish Chief Staff）迈克尔·布伦南少将（Major General Michael Brennan）指出，爱尔兰军队已决定采用索科尔制度，这是满足爱尔兰陆军对新式训练制度需求的最佳方式。同时，他还计划让爱尔兰陆军帮助学校学习索科尔体操，并在全国推行这一制度。① 之后，布伦南还在柯林斯军营（Collins Barracks）发表过类似讲话。②

1934年6月，捷克斯洛伐克驻都柏林领事帕维尔·鲁日奇卡受邀参加在库拉格（Curragh）举行的爱尔兰陆军射击比赛。一同出席比赛的有爱尔兰国防部长弗兰克·艾肯、教育部长托马斯·德里格（Thomas Derrig）以及陆军体育文化学院的J. J. 霍根中尉（Lieutenant J. J. Hogan）。鲁日奇卡领事在这些军官面前做了有关索科尔体操的演讲。鲁日奇卡回顾了索科尔体操的历史，指出"索科尔体操在捷克斯洛伐克民族解放过程中扮演了重要角色"。爱尔兰国防部长艾肯随后发言，认为索科尔体操所发挥的历史作用，与爱尔兰盖尔体育协会参与爱尔兰革命的历史过程类似。他还指出，一旦爱尔兰陆军正式引进索科尔体操，那么它将使爱尔兰陆军的田径训练取得巨大成就。③

在爱尔兰陆军和捷克斯洛伐克驻都柏林领事敲定引进索科尔体操的合作协议后，捷克斯洛伐克陆军中尉约瑟夫·蒂奇（Lieutenant Joseph Tichy）前往爱尔兰，开始为期一年的体育训练教官生涯。1934年6月11日，蒂奇中尉正式上任。次月，他开始了授课，并一直持续到12月。④ 在合同到期后，爱尔兰陆军又与蒂奇中尉续签了一年。在第二年的索科尔培训中，蒂奇中尉除了继续进行体育训练，还翻译了四本索科尔体育训练手册，并

---

① Conor Curran, "The Irish Government and Physical Education in Primary Schools, 1922 - 37", *Irish Historical Studies*, 2021, Vol. 45, No. 167, p. 47.

② Conor Heffernan, "Marching Forwards or Backwards? Physical Education and the Army in Early Twentieth-Century Ireland", *Sport in Society*, Volume 23, 2020-Issue 8: Sport and Education in Ireland, p. 1287.

③ Conor Heffernan, *The History of Physical Culture in Ireland*, Cham: Palgrave Macmillan, 2020, p. 178.

④ Conor Heffernan, *The History of Physical Culture in Ireland*, p. 182.

参与了爱尔兰国防部两个体育训练计划——“健康教育”（Education for health）和“国家发展的科学娱乐”（Scientific recreation for national development）——的制定工作。从 1935 年 12 月起，蒂奇中尉在爱尔兰的阿特隆电台就索科尔体操进行了多次演讲。蒂奇中尉的演讲与帕维尔·鲁日奇卡领事的演讲类似，他们都指出了索科尔俱乐部在捷克斯洛伐克民族解放历史过程中发挥的重大作用。同时，他们也都积极将捷克斯洛伐克民族解放史与爱尔兰民族解放史呼应对比，以激发听众的热情。例如，蒂奇中尉将索科尔俱乐部联络、团结捷克斯洛伐克民族战士的历史与丹尼尔·奥康奈尔（Daniel Connel）废除爱尔兰和英国同盟法（Act of Union）的努力，进行了类比。在演讲过程中，蒂奇声称索科尔体操不仅增强了人的身体素质，而且还提高了人的自我意识、现代意识和进步意识。更重要的是，索科尔体操提倡的集体主义和志愿精神，可以增强民众的民族认同感，使民众能够为国家做出自我牺牲。①

1936 年 11 月，爱尔兰国防部长弗兰克·艾肯在基尔代尔县纳斯军营（the Military Barracks in Naas, County Kildare）发表演讲时，敦促更多的社会力量参与到索科尔体操的推广工作当中。但是，财政紧缩阻碍了索科尔在爱尔兰的进一步发展。并最终导致它在 1938 年彻底夭折；爱尔兰教育部小学教育处中央办公室主任西莫斯·布伦南（Seamus Brennan）指出，组织学校体育锻炼计划的主要困难是“资助该计划的沉重成本”。② 1938 年，索科尔体操全国推广计划最终夭折。实际上，20 世纪 30 年代后期爱尔兰政府财政困难，不仅导致索科尔体操夭折，被视为爱尔兰民族体育复兴标志的“泰尔泰安运动会”也因财政困难于 1936 年后停办。③

四　结语

索科尔体操自诞生之日起，就提倡健身、民主平等、兄弟情谊、民族

---

① Conor Heffernan, *The History of Physical Culture in Ireland*, Cham: Palgrave Macmillan, 2020, p. 185.

② Conor Curran, “The Irish Government and Physical Education in Primary Schools, 1922 – 37”, *Irish Historical Studies*, Vol. 45, No. 167, p. 51.

③ “泰尔泰安运动会，1924—1936”，https://www.theirishstory.com/2011/02/23/the-tailteann-games-1924 – 1936 /#.YSbs0EvitPY，2021 年 8 月 26 日浏览。

认同和公民责任等价值观。① 捷克斯洛伐克本土的索科尔俱乐部增强了国民对本民族斯拉夫文化的认同，号召公民提高自身素质，为争取民族独立和建立民主平等的共和国贡献自己的力量。18 世纪中叶以后，随着捷克移民大量增加而在美国生根发芽的索科尔体操俱乐部，成为凝聚捷克族裔的精神纽带和塑造身份认同的识别器。而索科尔体操被引入爱尔兰，替代过时的体育训练制度，增进了爱尔兰与捷克的文化交流。

从跨国史的视角来看，索科尔体操在捷克本土诞生和发展，在美国的传播和在爱尔兰引进推广的历史过程，是一个比较典型的交往课题和比较课题。钱乘旦曾经指出，全球史的研究课题基本可以分为四类："全球课题""背景课题""交往课题"和"对比课题"。② 索科尔体操在美国和爱尔兰的发展历史，是一种跨文化交往；而索科尔体操在三个国家的发展过程中呈现出的不同特征和作用，是一种隐性的对比。这种对比能更好地体现索科尔体操的多重意义。

（武垚，首都师范大学历史学院博士研究生）

① "索科尔历史"，https：//sokolmuseum. org/history-of-sokol/，2021 年 8 月 20 日浏览。

② 钱乘旦：《探寻"全球史"的理念——第十九届国际历史学科大会印象记》，《史学月刊》2001 年第 2 期。

非洲外交官在美受歧视事件与肯尼迪政府的应对*

于 展

摘要 肯尼迪政府时期，赴美的非洲外交官遭受了住房和旅行等各方面的种族歧视，引发了国际社会的批评。肯尼迪政府在冷战环境和民权运动的压力下，尽其所能，全力以赴，为受歧视的非洲外交官解决困难。但是由于国内的种族歧视和隔离没有废除，美国政府的努力解决不了实质性问题，他们采取的自愿、说服和游说的方法有很多的局限性，只能像救火队员那样疲于奔命。他们竭尽所能却无法成功，致使后来强制性地方立法策略成了全国性民权立法的先声。

关键词 非洲外交官 歧视 冷战 肯尼迪政府 民权立法

在1950年代和1960年代早期，美国是非洲外交官的“痛苦之地”。新独立的非洲国家数以千百计的外交官陆续来到华盛顿和纽约，他们遭遇了面临着与美国黑人一样的种族歧视。在这种歧视下，非洲外交官在城市间旅行和寻找住所受阻，甚至遭遇美国政府官员及其配偶根深蒂固的种族偏见。艾森豪威尔政府很少关注这些事，认为有人言过其实了。非洲外交官说美国国务院对他们的种族歧视遭遇不闻不问，漠不关心。肯尼迪决定竭力解决非洲外交官面对的种族歧视的困境。他做参议员的时候就花了很多时间来帮助非洲外交官在首都华盛顿寻找住所。当上总统后，他很自然地就想到了要解决这一问题。他在国务院礼宾司创建了一个新的部门——

---

* 本文系国家社科基金一般项目“冷战对美国民权改革的影响研究”（项目编号：15BSS025）的阶段性成果。

特殊礼仪服务处（Special Protocol Service Section），其任务就是最大限度地解决对非洲外交官的种族歧视问题。① 但由于美国国内的种族歧视和隔离无法解决，对非洲外交官遭遇的歧视问题也只能就事论事，不能从根本上解决。国务院和特殊礼仪服务处虽然想方设法、竭尽全力去应对一系列的歧视外交官的事件，但最终的结果并不尽如人意。

关于非洲外交官受歧视事件，很多美国学者进行了研究。加尔文·霍尔德（Calvin B. Holder）的文章考察了这一政策对非洲外交官的优待，却对美国黑人不公。② 雷内·罗曼妮（Renee Romano）的论文集中研究了特殊礼仪服务处主任圣胡安的个人努力，认为冷战暴露并聚焦了美国的种族主义问题，冷战的外交政策越发刺激了政府内部的民权意识，并导致联邦政府主动进行国内种族改革。③ 迈克尔·克伦的文章研究了在促使肯尼迪政府解决对非洲外交官种族歧视问题上美国黑人媒体所起的作用。④ 菲利普·米伦贝克（Philip Emil Muehlenbeck）的著作关注了肯尼迪对非洲外交官受歧视事件的处理如何影响他和非洲民族主义领导人之间的关系。⑤ 历史学家对于政府这些努力背后的动机以及这些努力是否成功等问题的认识并未达成一致。大部分历史学家认为，肯尼迪努力减少对非洲外交官的种族歧视事件主要是基于冷战外交政策的考虑。但罗曼妮主张政府是利用非洲外交官问题来推动更多的重要的民权改革。这表明肯尼迪主要考虑的是国内，外交政策只是作为一个理由让南方的议员更易于接受。克伦认为政府推行的政策大部分是象征性的，最后基本都失败了。艾森豪威尔总统以来，非洲外交官和美国黑人的境况都没有多少改善，特殊礼仪服务处的努力也没什么结果。相反，其他三个学者认为肯尼迪政府

① Philip Emil Muehlenbeck, "Africa", in Marc Selverstone Hoboken, *A Companion to John F. Kennedy*, John Wiley & Sons Inc., 2014, pp. 359 – 360.

② Calvin B. Holder, "Racism Toward Black African Diplomats During the Kennedy Administration", *Journal of Black Studies*, Vol. 14, No. 1 (Sep., 1983), pp. 31 – 48.

③ Renee Romano, "No Diplomatic Immunity: African Diplomats, the State Department, and Civil Rights, 1961 – 1964", *The Journal of American History*, Vol. 87, No. 2 (Sep., 2000), pp. 546 – 579.

④ Michael L. Krenn, "The Unwelcome Mat: African Diplomats in Washington, D. C. during the Kennedy Years", In Brenda Gayle Plummer, ed, *Window on Freedom: Race, Civil Rights, and Foreign Affairs, 1945 – 1988*, Chapel Hill: University of North Carolina Press, 2003, pp. 163 – 180.

⑤ Philip Emil Muehlenbeck, *Betting on the Africans: John F. Kennedy's Courting of African Nationalist Leaders*, New York: Oxford University Press, 2012.

努力减少对非洲外交官的歧视明显不同于艾森豪威尔政府，还是取得了积极的效果。①

本文在借鉴美国学者研究成果的基础上，充分利用一手资料，力求对肯尼迪政府应对非洲外交官受歧视事件给予恰当评价和定位。首先从大的背景来看，民权改革不是肯尼迪总统优先考虑的问题，他的策略是把对非洲的关心作为争取美国黑人的一种手段，同时又不疏远南方的白人。对肯尼迪来说，非洲是最新的边疆，通过把新独立国家拉入西方阵营，可以为冷战的胜利提供保障。由于冷战在大部分美国人包括美国黑人心中处于中心地位，肯尼迪就利用对非洲的外交问题来吸引国内美国黑人的关注。在他执政早期，肯尼迪会见了比民权领导人更多的非洲领导人，更卖力地推动和平队的建立而不是民权立法，更喜欢非洲民族主义力量而非民权激进主义。因此，面对来美非洲外交官受歧视事件，肯尼迪政府是积极应对的。在冷战环境和民权运动的压力下，它尽其所能，全力以赴，为受歧视的非洲外交官解决了很多困难，值得钦佩。因此，我们不能只看结果，不看过程，因为所有的成功都是一点一滴累积而成。另一方面，由于国内的种族歧视和隔离没有废除，美国政府的努力解决不了实质性问题，他们采取的自愿、说服和游说的方法有很多局限性，只能像救火队员那样疲于奔命。但正是因为他们这种方法已经竭尽所能，做到极致，虽然无法成功，但是却使得后来强制性的地方立法策略成了全国性民权立法的先声。肯尼迪政府积极的对非外交的结果却是不得不改变原来消极的国内民权政策，这成为外交改变内政的一个典型案例。

一　非洲外交官受歧视事件

来美非洲外交官在首都华盛顿遇到的第一件被歧视事件通常都是住房歧视。他们想在华盛顿西北区找到住房，但是非常困难。1961 年的一个统计反映，75 名非洲外交官中只有不到一半能找到合适的住房。有一名非洲外交官甚至无奈地在帐篷里住了三年，还有一位外交官好不容易

---

① Philip Emil Muehlenbeck, "Africa", in Marc Selverstone Hoboken, *A Companion to John F. Kennedy*, John Wiley & Sons Inc., 2014, p. 360.

找到一个住所，但匿名电话随之而来，其中很多人使用暴力威胁，逼他离开白人邻居。那些有幸找到了房子的人，也大多要支付超过当地白人50%以上的费用。外交官还在华盛顿的各种公共领域遭受和美国黑人一样的歧视。例如一位西非的外交官在华盛顿的一家快餐店就餐时遭到了餐馆服务人员最恶毒的谩骂。更可怕的是，他们还常遭到一些种族主义分子的侵扰，身心都受到伤害。马里兰州的40号高速公路是发生歧视非洲外交官事件最频繁的地方，因为许多外交官在从纽约联合国总部开车前往美国首都的途中都会走这条路。他们在半路休息就餐，餐馆却常常拒绝为其服务。一名尼日利亚的外交官在马里兰的两家饭店和一家旅馆都被拒绝过服务。此外，非洲外交官在美国各地旅行时也常常受到歧视。马里和喀麦隆的大使都想在美国多走走多看看，以进一步了解美国，但只因他们是黑人，美国很多公共设施都无法使用。因为美国很多州的公共设施都是对黑人进行种族隔离的。还有一位非洲外交官，他和家人驱车几百英里，经过好几个州，却无法停留，因为他们在整个旅途中找不到任何住所和食物。一位非洲大使感到自己和同伴就像是被追捕的逃犯，遭遇了诸多屈辱。①

（一）非洲外交官在首都华盛顿遭到的住房歧视

住房问题是国务院礼宾司解决来美非洲外交官最棘手的问题。因为住房是人生活的基本需要之一，所以这一问题就非常急迫。适合外交官居住的华盛顿及附近地区一直是隔离的。据一位记者报道，华盛顿及其附近地区大约百分之三十的房产主拒绝向有色人种租售房子。一些房主因外交官享有外交豁免权而不愿与之签约。这位记者百分之三十的统计只是指的与大使馆和办公处有关的房子。事实上，华盛顿白人区的房产主中只有不到百分之十的人愿意把用以生活居住的房子租给黑人外交官个人。华盛顿房产委员会的一些成员同意这一描述。虽然一些人认为最近在住房问题上歧视外交官的事件较少，但也承认将来这样的不幸事件

---

① Michael L. Krenn, "The Unwelcome Mat: African Diplomats in Washington, D. C. during the Kennedy Years", In Brenda Gayle Plummer, ed, *Window on Freedom: Race, Civil Rights, and Foreign Affairs, 1945 - 1988*, Chapel Hill: University of North Carolina Press, 2003, pp. 165 - 167.

还是会不断发生。①

早在 1961 年 1 月 5 日国务院就关注了非洲外交官的住房问题，国务院的官员在一封信件中写道，“1960 年，16 个非洲国家赢得独立，这些国家要么正在华盛顿建立他们的外交机构，要么计划将来要建。他们需要办公处、大使住宅和为一般职员准备的普通住房。我们估计平均每个新的大使馆会有 3—5 个家庭，总共有 51—85 个家庭需要住房。但非洲大使馆职员在租房过程中遇到很多问题，歧视和高额租金给使馆职员家庭带来了很大困扰”②。礼宾司 1961 年 2 月 12 日的进步报告就指出：“在我们近来对哥伦比亚特区及马里兰和弗吉尼亚的边界地带的考察中，公共事务处（后来改名为特殊计划处，5 月后称特殊礼仪服务处）能确认，在华盛顿歧视非洲外交官的事件比我们最初料想的要严重得多。我们调查的所有非洲外交官都向我们反映，他们在过去几个月遭受了一些屈辱。调查涵盖了加纳、几内亚、尼日利亚、利比里亚、喀麦隆、埃塞俄比亚和塞拉利昂等大使馆的成员。以前这些事件大多没有通过官方汇报给国务院。此后几个月，随着大量新的非洲外交官陆续来到美国，新问题还是会不断产生。”礼宾司 4 月底的调查也表明，几乎没有合适的公寓能向非洲人开放，它们不是太贵就是在黑人区，融合的公寓寥寥无几。③

事实证明了礼宾司报告和调查的正确。1961 年 5 月 12 日，一名华盛顿社区居民给特殊礼仪服务处来电，说他是小区业委会的主席，想竭力维护小区的居住品质。他代表小区居民反对任何新的外国大使馆的办公处进入他们小区。他们小区住了很多大人物，如参议员富布赖特、财政部长等人都支持这一意见。他们不仅反对设立新的办公处，还要求国务院把旧办

① Carl M. Brauer ed., *Civil Rights during the Kennedy Administration*, 1961 - 1963 [microform]: a collection from the holdings of *the* John F. Kennedy Library, University Publications of America, 1986, Part 1, Reel 1 (3) of 19. 这是 1961 年 2 月 20 日礼宾司给国务院的备忘录，主题是华盛顿的歧视和外交官，1961 年 2 月 24 日杜克把这个备忘录以及对歧视和外国外交官的研究等材料又交给总统，成为新的总统备忘录，以回答总统的问询。另外收入缩微胶卷 Part 1, Reel 3 (2) of 19, Part 1, Reel 3 (3) of 19。

② Brauer ed., *Civil Rights during the Kennedy Administration*, 1961 - 1963 [microform], Part 1, Reel 3 (3) of 19.

③ Brauer ed., *Civil Rights during the Kennedy Administration*, 1961 - 1963 [microform], Part 1, Reel 1 (3) of 19.

公处都搬走。① 1961 年 11 月 1 日，刚果共和国大使馆的社会秘书奥古斯丁小姐在国务院官员的帮助下租了华盛顿山顶的一家公寓。特殊礼仪服务处推荐的这里的房子，因为房主声明愿意帮助解决亚非外交官的住房问题。但是当奥古斯丁问房主她是否能与大使馆其他同事一起合住公寓时，房主却出尔反尔，回应她说不会把房子租给深肤色的人。他还声明，不允许租客接待深肤色的访客。奥古斯丁只能中止了租约，请求服务处帮她寻找更合适的住房。②

这样的住房歧视在首都随处可见。1961 年的另一个调查显示，华盛顿西北地区的 211 所高档公寓只有 8 家接受非洲黑人租户。居住区的隔离使得非洲外交官寻找住房非常困难。圣胡安承认，住房问题是礼宾司面临的与外交使团相关的最尴尬的问题。从 1961 年到 1963 年，几乎所有非洲使馆的代表都向美国政府通报说无论大使还是职员都很难找到住房。他们常常需要花几个星期甚至几个月的时间来寻找合适的住房。在寻找的过程中，非洲外交官几乎都会遭遇羞辱。他们或者在马上要定房子的时候突然被告知房子已经租出去了，或者被断然拒绝。特殊礼仪服务处都帮不了非洲外交官找到房子证明了这个问题很棘手。1961 年 2 月，圣胡安刚开始解决非洲外交官受歧视的问题，当时，有 9 名外交官没有住房，需要紧急解决。经过 4 个月的努力工作，特殊礼仪服务处也只能为其中的 5 户家庭找到合适的住所。住房歧视令肯尼迪政府一直都很尴尬。在 1960 年的总统竞选中，作为候选人的肯尼迪曾许诺，如果他当选，他将废除联邦资助的住房中的种族歧视。然而，竞选成功以后，因为担心这样的行政命令会失去南方民主党的支持，肯尼迪总统开始拖延实现自己的诺言，时间长达近两年。经过民权积极分子的多方游说，肯尼迪最终在 1962 年感恩节前夕签署了 11063 号行政命令。然而这一行政命令有很多局限性。它仅适用于不到百分之三的现有住房和百分之二十的新住房。而且对种族歧视的禁止并没有扩展到私人资助的机构中。这一命令只是开放住宅原则的空洞的规定。

---

① 1961 年 5 月 13 日特殊礼仪服务处主任佩德罗·圣胡安给总统助理弗里德里克·达顿的备忘录，见 Brauer ed. , *Civil Rights during the Kennedy Administration*, 1961 – 1963 [microform], Part 1, Reel 3 (2) of 19.

② 1961 年 11 月 1 日礼宾司特殊礼仪服务处的进展报告，见 Brauer ed. , *Civil Rights during the Kennedy Administration*, 1961 – 1963 [microform], Part 1, Reel 3 (2) of 19.

非洲外交官在寻找住房过程中遇到的困难揭示了住房歧视问题的严重性，也暴露了联邦政府的局限性，因为联邦政府即使在国家的首都也不能确立公平开放的住房制度。非洲外交官遇到的问题不是新的，但是其严重性被来华盛顿寻找住房的新外交官的巨大数量放大了。①

（二）马里兰40号公路上的歧视事件

首都以外其他地方情况更糟糕，大使、职员及其家人在马里兰40号公路的餐馆就餐都常常被赶出来。40号公路是非洲外交官往来于纽约和华盛顿的必经之路。

1961年6月26日，非洲国家乍得的马利克·索乌作为这个新独立国家的第一位驻美大使，准备向约翰·肯尼迪总统递交国书。这位大使从联合国所在地纽约驱车前往华盛顿特区，途经马里兰州的40号公路，在公路上停车加油。为了缓解头痛，他想在一家小餐馆停下来喝杯咖啡，却被拒绝服务，这家餐馆不招待黑人。索乌受到了极大伤害，他告诉美国国务院代表，这种情况使美国和非洲国家之间的正常关系变得非常紧张。② 索乌大使只是在40号公路受到歧视的诸多非洲外交官之一。其他类似的著名事件还有：1961年6月14日，尼日尔大使在马里兰附近的一家餐馆被拒绝服务。6月21日，喀麦隆大使馆的一名职员被一家餐馆拒之门外，而且一个月前，该国大使也被马里兰的餐馆拒绝服务。9月1日，尼日尔大使告知特殊礼仪服务处，他妻子、儿子和其他人到华盛顿旅行，走了马里兰的40号公路。一行人想在公路边的荷兰之家餐厅吃午饭被拒之门外。10月3日，尼日利亚大使馆二等秘书马拉·穆比达被马里兰40号公路上的一家餐厅拒绝服务。③ 非洲外交官在马里兰多家餐馆就餐都屡遭拒绝。这类事件让外交官员和肯尼迪政府感到很难堪，严重威胁了美国与非洲这个重要的独立国家集团的关系。

---

① Renee Romano, "No Diplomatic Immunity: African Diplomats, the State Department, and Civil Rights, 1961 – 1964", *The Journal of American History*, Vol. 87, No. 2 (Sep., 2000), p. 563.

② Mary L. Dudziak, *Cold War Civil Rights: Race and the Image of American Democracy*, Princeton, N. J.: Princeton University Press, 2000, p. 153.

③ Brauer ed., *Civil Rights during the Kennedy Administration*, 1961 – 1963 [microform], Part 1, Reel 3 (2) of 19.

二　非洲外交官的反应与国际社会的批评

非洲领导人对自己在美国受到的待遇深感失望。加纳使馆的一名外交官在联合国发言时就公开批评美国的种族主义，并质疑美国关于自由和民主的言辞。很多非洲外交官都说他们在美国的经历是屈辱性的。一名在美的非洲外交官报告说，他甚至不敢直视白人妇女，因为害怕会因此受到私刑。种族歧视使得非洲外交官难以在华盛顿或纽约自由旅行或找到合适的住房。他们还常常会直接遭受美国政府官员及其配偶的偏见。他们痛苦地指出，美国官员的夫人常常在与非洲黑人握手时戴着手套。1961 年早期，非洲外交使团威胁如果肯尼迪政府忽视了他们遭受的屈辱，他们将离开华盛顿。同时苏联领导人赫鲁晓夫还在竭力联合一些非洲国家提议把美国从联合国开除出去，就因为它的种族歧视。①

非洲人为他们的外交官在美国遭受的歧视而感到愤怒，这样的愤怒伤害了美国与非洲的关系。一份国务院的研究表明非洲外交官普遍心怀愤怒。他们觉得他们生活在这样一个国家：种族隔离成为客观现实，深色皮肤的外交官低其他外交官一等。他们批评美国政府的政策是逃避问题。事后的道歉并不能减轻非洲外交官的憎恨，他们认为歧视针对的不是他们自己，而是针对一个种族。他们感到这是对他们作为人的尊严的侵犯。他们相信，美国政府不可能为废除种族隔离做出真正的努力，因为这在政治上不利。他们极端不满于美国政府对歧视事件的掩盖，而且他们还非常憎恨这样的观点：只是为了美国在非洲的声望，他们才应和美国黑人被区别对待。②

因此他们不想以外交官或国外人的身份而免受歧视。正如一名非洲国家的大使告诉特殊礼仪服务处的那样："如果为了不被辱骂和羞辱，而让我在进入每一个地方前先宣告我是一名大使，那我宁可要求我的政府把我召回国。"另一名大使被要求出去要穿着他的非洲长袍，因为那样才不会

① Romano, No Diplomatic Immunity, p. 554.

② Brauer ed., *Civil Rights during the Kennedy Administration*, 1961 - 1963 [microform], Part 1, Reel 3 (3) of 19.

被误认为是一名美国黑人，他对此愤怒不已。①

非洲国内的媒体对非洲外交官遭受歧视的事件进行了猛烈地抨击。例如，1961 年 3 月 8 日，塞拉利昂的一名外交官在马里兰的一个饭馆被拒绝服务。塞拉利昂政府就此事件向美国国务院提起抗议，国务院不得不为此道歉。当时刚果正处于内乱之中，非洲的反美情绪高涨。苏联竭力向全世界曝光此类事件，许多非洲国家的媒体也批评美国。尼日利亚《拉各斯每日时报》指出，“美国因这屈辱的种族歧视事件而丧失了世界领导权”。《西非向导报》指出，塞拉利昂外交官遭遇的种族主义事件“证明美国是一个种族政策完全破产了的国家，是一个生活在黑暗时代的国家”。②

非洲国家根据他们的外交官所遭受的偏见来评判美国社会，并以此来判断美国的人权、自由和法律的平等保护等信条是否真实。肯尼迪政府的官员意识到，非洲国家都在密切关注美国的民权形势，并对他们外交官所遭受的种族歧视都非常敏感。一份国务院的报告总结了一些非洲报纸的报道：喀麦隆的一家报纸指出，“非洲外交官在首都华盛顿寻找住房时受到很多屈辱，他们很多人不得不怀疑这些种族歧视代表了美国人民真正的态度”。尼日利亚的《拉各斯每日时报》指出“对美国连续不断发生的种族歧视行径表达了痛恨与焦虑”，它遗憾地指出“美国本应支持和实行法治原则，遵守基本的人权，却实行了种族歧视并还宣称支持建立在基督教原则基础上的西方民主事业”。尼日利亚的《西非向导报》评价了美国种族主义者对非洲外交官的一次侮辱事件，指出“一个缺乏尊重人的尊严的国家……没有资格成为自由人民的领袖”。《拉各斯每日时报》进一步评论说，“美国对非洲的政策在纸面上可能值得赞美，但是一个排斥黑人的民族无法让人产生好感，一个充斥着三 K 党官员的国家如何能为世界带来和平？林肯和杰斐逊的高尚品质在美国消亡了”。③

歧视对美国与非洲国家关系的影响让肯尼迪政府的工作人员感到担忧。正如助理国务卿切斯特・鲍尔斯所说，“现在有非洲大约 20 个新国家，当然还有亚洲所有的新兴国家，联合国已从过去几年的 50 个国家发展到 100

① Romano, No Diplomatic Immunity, p. 559.

② Calvin B. Holder, Racism Toward Black African Diplomats During the Kennedy Administration, *Journal of Black Studies*, Vol. 14, No. 1 (Sep., 1983), p. 34.

③ Krenn, The Unwelcome Mat, p. 168.

个国家。他们都来到美国，因为联合国就在这里，他们认为美国是一个充满希望的国家……但因为我们自己的一些做事方式，他们中的一些人会遇到各种各样的困难。他们回家后，很多人都很沮丧”。1961 年 9 月，鲍尔斯召开新闻发布会，谴责了近来在华盛顿发生的非洲外交官被一些饭馆拒绝服务的事件，强调了它们对美非关系造成的负面影响，并呼吁每个美国人有责任向所有的外国游客证明美国的民主理想绝非虚伪。美国黑人和美国官员几乎一致认为，在首都及其周围地区反对非洲外交官的歧视正在国内外损害美国的利益。①

国务院经过详细的调查研究，在 1961 年 2 月就提出一个“在华盛顿及其附近的新外交官的生活条件及礼宾司消除紧张状况的建议”。报告承认在亚非外交官在华盛顿有时会受到歧视。它很敏锐地指出：28 个非洲国家的新使团有着共同的特点。影响这些成员中的一两个人就可能严重影响到他们政府的观点和态度。这些新国家在华盛顿的外交使团与在纽约的联合国的使团有着紧密的联系。联合国中的权力平衡可能某一天掌握在中立集团的手中。这些中立集团国家中的大使在美国日常生活中的体验和反应会影响到他们在联合国中的政策，从而动摇美国的领导地位。对他们来说，美国是西方民主世界的领袖，与共产主义世界的象征——苏联针锋相对。反对共产主义扩张的民主理想是美国的意识形态，这些新国家而非英法等欧洲国家在美国的大使将考验美国的民主是否真实。中东和东南亚国家在美国建立了 22 个外交使团，17 个拉美国家的使团与亚非使团有共同的纽带，他们与 28 个非洲国家的使团都遭受了同样的种族歧视和侮辱。由于这 67 个国家之间紧密联系，一个外交官遭受种族歧视的事件就会演变成一个国际公共事件。② 可见，国务院已经对非洲外交官的特点有了充分地了解，并清醒地认识到对非洲外交官的歧视会严重损害美国在冷战外交中的利益。

苏联和中国等社会主义国家利用这个机会对美国进行了严厉的批评。亚非外交官在美国遭受的歧视首先被苏联充分利用，以批评美国的民主和自由的虚伪。苏联总理赫鲁晓夫在 1960 年访问联合国时极力抨击了美国的

---

① Krenn, The Unwelcome Mat, p. 169.

② Brauer ed., *Civil Rights during the Kennedy Administration*, 1961 – 1963 [microform], Part 1, Reel 1 (3) of 19.

种族政策。他说虽然美国号称自己是一个自由民主的国家，但亚非代表却在美国遭受种族歧视，而且还常常被暴徒攻击。他进一步说，联合国应该考虑为苏联驻联合国总部增加房间，以确保为所有国家的代表提供完全的自由和安全，无论其政治和宗教信仰以及肤色。苏联还让科克勃把美国白人至上主义者写的种族侮辱的信件送给非洲外交官，以此煽动不满情绪。①

苏联媒体指责美国只隔离歧视的受害者而不处理歧视本身。1961 年塔斯社的一篇报道指出：美国的宣传者批评其他国家建立"波将金村"以对外国来访者掩盖内部问题，其实美国自己才是精通如此骗局的高手。② 苏联媒体宣称，"美国国务院需要建立一个外交贫民窟，因为它不能确保非洲外交官的安全"。另一篇文章讽刺说，"美国需要在华盛顿为非洲外交官设立一块类似印第安人保留地的区域"。③

中国也认为这些事件伤害了亚非有色人种的国家，以此为宣传武器抨击美国。《人民日报》引用圣胡安的话，批评美国"由于种族歧视的盛行，驻华盛顿的非洲外交官员甚至难于找到合适的住房"。中国领导人万里和陈毅等都谴责"美国政府不顾国际法的起码准则，公然一再歧视、侮辱非洲国家驻美国的外交使节"。④ 中国的宣传机构还严厉批评美国国务院要为外国外交官建立一个度假海滩，因为在华盛顿附近的大部分海滩都是隔离的。⑤

美国官员意识到了苏联和中国的宣传人员会积极利用涉及非洲外交官的每一个事件。助理国务卿威廉斯在 1961 年指责说，"所有共产党国家的宣传都是抓住我们在处理与外国关系中的失误的"。美国官员反驳说，非洲外交官的这些问题主要是美国敌人歪曲的结果，并为此进行了一系列的反宣传。负责公共事务的副助理国务卿罗恩是国务院里少有的美国黑人高级官员，他在 1961 年的一次演讲中提醒听众不要只看到黑白对立，还要看到大部分白人和黑人团结起来争取进步的地方。礼宾司的司长安吉尔·杜

① Philip Emil Muehlenbeck, *Betting on the Africans*: *John F. Kennedy's Courting of African Nationalist Leaders*, Oxford; New York: Oxford University Press, 2012, p. 200.

② Romano, No Diplomatic Immunity, p. 559.

③ Krenn, The Unwelcome Mat, p. 175.

④ 参见《人民日报》1963 年 6 月 20 日第 4 版，1963 年 6 月 22 日第 4 版，1963 年 7 月 13 日第 4 版，1963 年 8 月 13 日第 4 版，1963 年 8 月 28 日第 4 版。

⑤ Romano, No Diplomatic Immunity, p. 559.

克甚至指责"一些非洲外交官作为非洲国家外交的代表却热衷于制造事件，这些事件被用来歪曲美国社会，损害我们交好非洲大陆国家的外交努力"。他希望非洲外交官能容忍和理解。他的解决方案是："在日常问题上帮助非洲外交官，给他们提供美国社会生活中美好的东西，更重要的是告诉他们美国大部分人追求变革的意愿。"[①] 当然，除了公关活动，肯尼迪政府还是积极采取措施，尽力解决非洲外交官面对的歧视问题。

三　肯尼迪政府的应对

为了应对非洲外交官的问题，国务院于 1961 年 3 月成立了特殊礼仪服务处。这个部门的官方使命就是"特别注意来自新独立的非洲国家的外交官或游客所遇到的问题"，尤其是他们在租房、旅行和社交方面遇到的问题。一个外国来访者在餐馆被拒绝服务、被影院拒之门外、不能找到地方理发，或不能找到住的地方，这些都是特殊礼仪服务处要解决的问题。所有这样的事情报到特殊礼仪服务处后，该处就会派合适的官员下来调查处理。圣胡安原是礼宾司司长助理，后来成为新成立的特殊礼仪服务处的负责人，从 1961 年一直干到 1964 年。

从一开始，圣胡安就想推动特殊礼仪服务处就非洲外交官受歧视问题开展一个更广泛的反对种族歧视运动。然而国务院中的大部分人都不重视特殊礼仪服务处和国内种族歧视问题。他们认为，即使关心非洲外交官问题，也不要触及远离美国的黑人问题。对非洲外交官问题也采取隔离的办法解决。如华盛顿地区的社会会所不接受黑人，国务院就专门买下一座公寓来接待非洲外交官或拨款建立为外国人服务的会所。圣胡安告诉国务卿腊斯克说一个非洲外交官在理发店被拒绝服务，腊斯克就建议非洲外交官让私人理发师到办公室为其理发。非洲外交官在从华盛顿到纽约的高速路上被餐馆拒之门外，肯尼迪总统竟建议他们以后坐飞机。政府中的一些官员甚至怀疑，非洲外交官可能故意制造种族事端，以羞辱美国政府。圣胡安强调外交官问题需要真正的解决办法而非象征性措施。来自友好的非洲国家的外交官非常憎恨自己所接受的不同于美国黑人的待遇。圣胡安坚持

① Krenn, The Unwelcome Mat, p. 175.

反对将外交官的歧视问题区别于美国黑人的种族歧视问题。他努力推动特殊礼仪服务处成为促进国内民权改革的重要机构。他敦促国务院中的其他官员广泛利用冷战的言辞来推进民权改革。他认为国务院对民权的关注将有利于政府的民权计划的推进，种族歧视非常不利于美国的外交关系。圣胡安推动特殊礼仪服务处成为国内民权改革的重要盟友。肯尼迪总统的民权助理哈里斯·沃福德相信特殊礼仪服务处的工作为废除华盛顿的种族隔离提供了契机。圣胡安坦言并不想让国务院领导民权运动，但他确实对利用非洲外交官问题推动民权改革很有热情。特殊礼仪服务处有两项最重要的工作：开展帮助非洲外交官在华盛顿寻找住房运动和推动马里兰沿 40 号公路的餐馆废除种族隔离的斗争。这证明特殊礼仪服务处越过了外交的边界，成为推动华盛顿和马里兰民权立法的重要力量。它采取了先自愿后强制的废除隔离的措施。虽然国务院很不情愿，但圣胡安和特殊礼仪服务处利用外交关系的证据领导了废除国内种族隔离的斗争。①

（一）处理首都的住房歧视

1960 年秋，来自国务院非洲事务局的代表会见了华盛顿房地产委员会的代表，后者代表了哥伦比亚特区近千名房地产商。房地产委员会的代表表示任何需要住房的外交官都可直接联系他，他可将外交官的需求转给委员会的成员，如果房地产商有合适的住房，他就会直接联系相关外交官。这一方法有很大局限性，完全靠自愿，不能消除反对非洲外交官的歧视。有记者在《华盛顿邮报》上报道了外交官遭受住房歧视的问题，这迫使国务院与重要的房地产商召开了会议。但艾森豪威尔政府时期的国务院仍保持低调的方法，称记者的报道夸大其词，并接受了房地产商的说法：房主不愿意租房给非洲外交官，不是因为他们的肤色，而是因为他们的外交身份，因为这会使得自己收回房子时对房子受损索赔很困难。②

1961 年初，肯尼迪上台执政。国务院解决问题的方法仍遵循自愿的原则，主动权还是掌握在华盛顿房产委员会和房主手中。2 月份，国务院在“华盛顿及其附近的新外交官的生活条件及礼宾司消除紧张状况的建议”

---

① Romano, No Diplomatic Immunity, pp. 557 – 562.

② Romano, No Diplomatic Immunity, p. 564.

中提到，礼宾司已经与华盛顿的房地产委员会及一些私人团体建立了直接的工作联系，帮助房地产委员会为非洲和其他外交官寻找合适的住房。礼宾司经常与各个大使馆打交道，一得到歧视事件的信息，就及时通知房产委员会。房产委员会一旦得到礼宾司通知的消息，就会接触遇到麻烦的外交使团并提供帮助。可见，国务院把希望都寄托在房产委员会身上。紧接着国务院礼宾司公共事务处在一份进展报告中指出，房地产委员会同意向所有的房产中介发信，要求他们向非洲外交官提供可利用的公寓。公共事务处向房地产委员会传送各大使馆职员的需求数据，房地产委员会再将这些信息转给房产中介。但这些努力的效果并不明显。①

因此，很多时候国务院还是要与华盛顿房地产委员会进行反复磋商。4 月 17 日，国务院的主要领导杜克、圣胡安和威廉斯与华盛顿房产委员会的四名成员会面。会面讨论非洲外交官及其职员在华盛顿寻找合适的大使馆、办公处和住房过程中面临的问题，并讨论如何解决这些问题。大部分讨论集中于住宅公寓。经过讨论，达成了以下协议：1. 杜克将寻求与白宫合作，向房产委员会发出信函，表达总统对非洲外交官住房问题的关心，督促委员会与官方合作，以快速有效地解决问题。2. 华盛顿房产委员会的成员建议专门为非洲使馆建立一家私人保险公司，以解决非洲外交官承租住房导致的房屋受损的赔偿问题。3. 双方互通信息。威廉斯提出非洲外交官的住房需求，华盛顿房产委员会的成员提供能有效的住房信息。4. 双方商定在 1961 年 5 月 5 日再开会，起草一份进展报告。② 这样的会议以后经常召开，成为解决外交官住房问题的重要平台。

国务院还积极争取志愿者和社会组织的帮助。礼宾司公共事务处在首都为非洲外交官寻找房源时，首先借助了对解决住房问题感兴趣的志愿者组织的力量。这些组织的工作包括给房主打电话，拜访公寓楼经理，寻找目前可用的公寓和将来可能使用的房源。他们把这些房源名单转给公共事务处。好几个私人组织参与了公共事务处与大使馆和房产中介的接触活动。公共事务处与一个名为“睦邻”的组织合作，它设计了很多项目来善

---

① Brauer ed. , *Civil Rights during the Kennedy Administration*, 1961 – 1963 [microform], Part 1, Reel 1 (3) of 19.

② Brauer ed. , *Civil Rights during the Kennedy Administration*, 1961 – 1963 [microform], Part 1, Reel 1 (3) of 19.

待新来的外交官。好几个牧师和教会组织也参与了这些计划。牧师与公共事务处合作，要求其教区居民接受在华盛顿社会的非洲外交官，他们也帮助寻找住房。此外，一些社会组织，如城市同盟住房组织、美国黑人协会等都竭力帮助解决住房问题，礼宾司与它们紧密合作，起到协调作用。①

在遇到阻力的时候，礼宾司特殊礼仪服务处会借助肯尼迪总统的名义向房产委员会施加压力。例如 1961 年 6 月 21 日，特殊礼仪服务处主任圣胡安为总统起草了一份给房产委员会的文件，表达了对非洲外交官在住房问题上遭受歧视的严重关切，认为亚非国家在国际关系中的地位和影响持续增长，支持和尊重这些国家对美国的国家利益和外交政策的实施都是很重要的。总统最后表示期望与房产委员会合作，直到问题得到满意的解决。②

国务院的努力还是取得了一些成果。例如 1961 年 2 月 12 日国务院礼宾司公共事务处的一份进展报告指出，他们努力工作的实质性效果如下：尼日利亚的大使在服务处的帮助下建立了心仪的大使馆，接下来要寻找一个办公处；马里大使经过礼宾司与区划委员会的斡旋获准在一个居民点建立办公处；加蓬大使找到了理想的办公处。③ 1961 年 10 月 1 日，特殊礼仪服务处进展报告提到了在解决大使馆及其办公处的住房方面的成绩：协助两个大使馆和两个办公处寻找了住房，帮助一位大使在办公处用房方面开展了谈判等。④ 1961 年 11 月 1 日，礼宾司特殊礼仪服务处进展报告，又提到在解决大使馆及其办公处的住房方面的进步：特殊礼仪服务处分别帮助中非共和国大使和塞拉利昂大使获得了可以作为大使馆的场所，并支持了塞拉利昂向区划委员会提出的诉求；资助尼日利亚、乍得和中非共和国寻找办公处，资助多哥、乍得和毛里塔尼亚寻找大使馆。⑤

---

① 礼宾司公共事务处 2 月份进展报告，见 Brauer ed.，*Civil Rights during the Kennedy Administration*, 1961 – 1963 [microform]，Part 1，Reel 1（3）of 19。

② Brauer ed.，*Civil Rights during the Kennedy Administration*, 1961 – 1963 [microform]，Part 1，Reel 3（3）of 19.

③ Brauer ed.，*Civil Rights during the Kennedy Administration*, 1961 – 1963 [microform]，Part 1，Reel 1（3）of 19.

④ Brauer ed.，*Civil Rights during the Kennedy Administration*, 1961 – 1963 [microform]，Part 1，Reel 3（3）of 19.

⑤ Brauer ed.，*Civil Rights during the Kennedy Administration*, 1961 – 1963 [microform]，Part 1，Reel 3（2）of 19.

但是总体结果还是不尽如人意，尤其是大量外交官个人的公寓住宅需求很难得到满足。一份国务院的报告提到了非洲外交官的住房需求：到4月21日，总共需要11个办公处、9个大使馆和大约59个住宅。然后就可用的住宅，国务院向很多房产中介、公寓经理等进行调查，并在报纸上发广告。调查结果表明几乎没有合适的公寓能向非洲人开放。租户不愿意把房子租给非洲外交官的原因包括：生活习惯不同和非洲外交官不了解现代生活设施等导致财产损失和中断租约等。而且，如果租户把房子租给非洲外交官，那他可能会被其他房产中介排斥，导致其房子不能再出租。①

华盛顿房产委员会自愿的努力确实远远不够。1961年上半年，委员会很自豪自己找到了5家公寓，但这些成果并未缓解住房难题。圣胡安坚持认为，最有效的方式是通过新的法律来禁止住房歧视，但他无法说服国务院的其他同事支持他的观点。由于特殊礼仪服务处主要想通过法律方式解决这一问题，导致他们与华盛顿房产商利益集团及国务院中的保守派分子发生了冲突。在这种情况下，1961年7月，特殊礼仪服务处要求华盛顿重要的公寓房主来参加缓解外交官住房问题的会议时，大部分政府官员让房产主放心，强调他们只关心外交官的住房问题。只有个别黑人官员提出了应该更广泛地重视住房歧视问题，而不应限于非洲外交官。房主们同意组建一个国务院外交住房问题咨询委员会（也叫外交住房委员会或华盛顿住房委员会）。但他们希望把问题局限在外交住房领域，而不能扩大化。为外交官寻找住房的计划是简单的。委员会中的房主同意立即为非洲外交官开放7栋公寓，并且他们与特殊礼仪服务处合作建立了一个帮助非白人的外交官寻住房的网络。每星期，特殊礼仪服务处会向委员会发一个住房需求名单，委员会把名单转给同意接受外交官的成员。② 国务院的官员对此结果非常满意。然而仅仅在委员会成立5个月以后，自愿的方法明显失败了。圣胡安开始抱怨委员会的一些成员对特殊礼仪服务处不够坦诚。一些委员会的房主明明在报纸上打广告对外出租房子，却告诉特殊礼仪服务处

---

① Brauer ed., *Civil Rights during the Kennedy Administration*, 1961 – 1963 [microform], Part 1, Reel 1 (3) of 19.

② 关于华盛顿住房委员会成立的情况参见 Brauer ed., *Civil Rights during the Kennedy Administration*, 1961 – 1963 [microform], Part 2, Reel 6 (4) of 28. 其内容是1961年7月10日华盛顿住房委员会第一次会议概要。

他们没有多余的房子租给外交官。同时非洲外交官在找房子的时候仍然还会遭遇歧视和羞辱。①

10 月 1 日和 11 月 1 日特殊礼仪服务处两份进展报告也都提到这个困难。10 月，特殊礼仪服务处收到了 8 名外交官的求助，他们要找公寓或租房。最终只有一位来自几内亚的外交官找到了一个公寓。② 11 月，在 9 项援助请求下，服务处为 4 名外交官安排了住处，并向其他外交官推荐了一些住处。③

11 月特殊礼仪服务处的住房报告集中讲述了这个问题。它指出，从 7 月 1 日到 10 月 30 日期间，特殊礼仪服务处收到了 22 个外交官的请求，需要寻找合适的住房，其中 12 个外交官在服务处的帮助下达成所愿，3 个外交官自己找到了住房，剩下 7 个外交官还在苦苦寻找。面对这样的现实，服务处希望能有更多具体的合作来解决非洲外交官的住房难题。它分析了问题的症结：华盛顿住房委员会的成员拥有足够多的住宅，但他们都不对外交官开放，这跟非洲外交官找不到住房有很大关系。而且，非洲外交官愿意支付的租金足以满足《华盛顿邮报》所列的所有公寓的要求，而并非像有些人所说的他们不能或不愿付足够的租金。如果住房委员会成员的所有住房能向非洲外交官开放，那么非洲外交官面临的住房困难就能解决。服务处提出了解决问题的方法：住房委员会和其他房地产机构的成员应采取进一步的具体措施，为非洲外交官获得合适的住房。直接的方式就是要有足够多的住宅，现有住宅的数量不足以满足目前和将来的需要。服务处坚信为非洲外交官获得合适的住房这个问题一定能解决，尤其考虑到其实只有很少的外交官要求提供帮助。从 6 月 1 日到 10 月 30 日期间，只有 22 个外交官要求服务处帮助得到住房，平均每月大概只有 5 人。华盛顿这么大的城市应该能够为这些数量较少的外交官提供具体的帮助。报告最后得出结论：开放住宅是解决困难的唯一方式。④

---

① Romano, No Diplomatic Immunity, pp. 564 – 565.

② Brauer ed., *Civil Rights during the Kennedy Administration*, 1961 – 1963 [microform], Part 1, Reel 3 (3) of 19.

③ Brauer ed., *Civil Rights during the Kennedy Administration*, 1961 – 1963 [microform], Part 1, Reel 3 (2) of 19.

④ Brauer ed., *Civil Rights during the Kennedy Administration*, 1961 – 1963 [microform], Part 1, Reel 3 (2) of 19.

整个 1961 年，圣胡安一直马不停蹄、疲于奔命地解决一个又一个的歧视外交官的问题，不胜其烦。从 1962 年开始，他不想再这样做灭火队员了，开始更无畏地对住房歧视政策发起攻击。他坚持国务院应该开放住房政策，禁止在住房上有种族歧视，应为所有能负担房租的人开放所有住宅。房主当然反对开放住宅政策。国务院中的一些人提出，只要外交官的住房需求能得到满足，他们愿意在这个问题上妥协。但是很显然，华盛顿住房委员会连外交官的住房问题都不能完全解决。特殊礼仪服务处推动国务院进行反歧视裁决，坚持认为住房委员会不能剥夺美国黑人联邦雇员的住房权力。民权委员会决定于 1962 年在首都华盛顿召开关于住房歧视问题的听证会，服务处将该会议视为在首都颁布开放住宅法令的极好的机会。在听证会召开的两天时间里，国务院的四名代表在委员会前作证。威廉斯、杜克、圣胡安等人都认为在住房领域对非洲外交官的歧视伤害了美国的国际关系，这一问题只有开放的住宅法案才能解决。他们都主张彻底废除种族歧视。服务处与住房委员会之间的冲突在听证会上公开化了。①

房产商的代表告诉民权委员会，自愿的努力解决了外交问题，开放住宅法没有必要。他们坚持认为真正的问题是：华盛顿住房资源紧缺和许多非洲外交官不被允许租住。住房委员会与服务处之间的矛盾一直延续到听证会结束以后。1963 年 4 月，圣胡安断绝了与住房委员会的关系。随着服务处对民权委员会影响的扩大，华盛顿房产商的地位下降了。国务院在听证会及首都开放住宅法案上的意见被媒体广泛报道。而且民权委员会关于听证会的报告证明国务院的国际主义论点产生了影响：华盛顿黑人住房的短缺引起了国际反响。黑人外交官遭受歧视对首都华盛顿特区和美国产生了不可估量的伤害。1962 年 5 月，圣胡安指出服务处开始利用外交问题积极为首都的开放住宅而努力工作。1962 年 9 月民权委员会提出一个开放住宅的实施法案。国务院努力游说，希望通过此法案。在一个写给总统的备忘录中，腊斯克敦促肯尼迪支持开放住宅的措施："立即采取行动废除华盛顿的住房歧视对我们的外交关系是至关重要的。在当今的世界，歧视的持续存在显然对我们的国家利益是非常有害的。"服务处与民权委员会和总统首都事务特别助理紧密合作，游说首都特区委员会办公室实施开放住

① Romano, No Diplomatic Immunity, p. 566.

宅法令。非洲和亚洲的外交官对这一法令非常感兴趣。服务处时常提醒特区委员会的委员，外国的外交官无法理解政府反对歧视却不能在其首都废除它。如今这样的法令出台，他们希望加速通过。①

最终在 1963 年 12 月 31 日，特区委员会采纳了开放住宅法案。在华盛顿特区采纳开放住宅法令的政治很复杂。圣胡安和服务处主导的国务院宣扬开放住宅，显然影响了美国民权委员会和特区委员会。虽然服务处只是在自愿努力解决外交官危机失败后才转向立法，但这一转向是在保守派的重重阻力下实现的，非常不易。②

（二）马里兰运动

针对马里兰 40 号公路上饭馆的隔离问题，美国政府开始有组织地开展了废除隔离的运动。事件契机是 1961 年 6 月 26 日乍得大使在 40 号公路上被餐馆拒绝服务。6 月 27 日，礼宾司司长杜克和特殊礼仪服务处主任圣胡安会见了司法部长罗伯特·肯尼迪，讨论了近来在马里兰 40 号公路上发生的种族歧视事件。司法部长肯尼迪承诺司法部会处理这一问题，他也许诺联系马里兰的陶斯州长，希望获得州的协助。6 月 28 日，圣胡安见了马里兰州的总检察长托马斯·菲南，菲南承诺州政府会与联邦政府积极合作，采取切实的行动，解决歧视问题。菲南也同意联系陶斯州长以确保当局能关切此事。6 月 29 日，杜克又见了司法部长肯尼迪，肯尼迪许诺司法部会全力支持，并说他将联系陶斯州长。7 月 10 日，杜克将马里兰 40 号公路上的歧视事件的相关信息报送给白宫总统助理肯尼斯·唐纳尔，让白宫办公室了解事情的所有进展。③

7 月 11 日，马里兰州长给肯尼迪总统写信，表达了自己的态度，他对乍得大使的不幸遭遇深表遗憾，并表示将向媒体发表声明，竭力阻止此类事件再度发生。随后他如约向媒体发表了声明，强调了这一不幸事件的严重性，因为这不仅是一个私人事件，也关系到国家的安全利益。美国正和苏联开展全球范围的竞争，新独立的非洲国家的友谊和支持对于美国的安

---

① Romano, No Diplomatic Immunity, p. 567.

② Romano, No Diplomatic Immunity, p. 568.

③ Brauer ed., *Civil Rights during the Kennedy Administration*, 1961 – 1963 [microform], Part 1, Reel 3 (2) of 19.

全是至关重要的。7 月 20 日，肯尼迪总统给马里兰陶斯州长回信，表达了感谢，并指出："外国外交官作为美国的贵宾无论到哪里旅行，都应受到欢迎和礼遇。歧视事件是非常严重的，您的承诺鼓励我继续开展行动，希望将来不会再发生任何类似事件。"①

但是陶斯州长口惠而实不至，没有采取任何实质行动，因此国务院不得不采取进一步措施。8 月 6 日，国务院召开了一个联席会议，出席会议的有白宫办公室和马里兰州政府办公室等多部门人员，主题是关于如何应对马里兰几个县对非洲外交官的歧视问题，以及如何推进反隔离。会议的内容非常多，包括给总统起草信件，联系记者、地方官员和民众，在当地安排旅游项目等。白宫事务助理达顿负责协调各个步骤。②

马里兰废除种族歧视的运动在政府多方支持下有序开展。9 月 13 日，特殊礼仪服务处主任圣胡安在马里兰州立法大会上发表讲话，支持一项公共设施法案。9 月 25 日，马里兰召开了一次地方会议，会上总统民权事务助理沃福德宣读了肯尼迪总统给马里兰公民的信。9 月 26 日，负责公共事务的副国务卿塔比在马里兰为所有报纸编辑和出版商设立了午宴，副国务卿鲍尔斯、沃福德和圣胡安在午宴上发表了讲话。这次午宴的目的是取得这些编辑和出版商的帮助，在马里兰州废除种族歧视运动中凝聚公众舆论。特殊礼仪服务处编纂了一个集子，收录了外国新闻界发表的有关美国歧视外交官的报纸声明。这个集子将在马里兰发布，向民众强调马里兰的种族歧视所造成的国际影响。陶斯州长也改变了立场，支持在马里兰废除公共服务领域中的隔离。③

在马里兰州，废除种族歧视的运动获得了越来越多的支持。10 月 8 日，25 家餐馆的老板、圣胡安、美国民权委员会主任波尔·伯纳德以及马里兰种族间问题委员会成员道格拉斯·萨德斯等在马里兰召开了会议。会议的结果是组成了一个由 7 位餐馆老板构成的委员会。10 月 20 日，这个

① Brauer ed., *Civil Rights during the Kennedy Administration*, 1961 - 1963 [microform], Part 1, Reel 3 (3) of 19.

② Brauer ed., *Civil Rights during the Kennedy Administration*, 1961 - 1963 [microform], Part 1, Reel 3 (3) of 19.

③ Brauer ed., *Civil Rights during the Kennedy Administration*, 1961 - 1963 [microform], Part 1, Reel 3 (3) of 19.

委员会敦促州长召开马里兰议会的特别会议，制定公共设施法案。同样在10月20日，马里兰餐馆协会向州长提出了同样的要求。州长不同意召开特别会议，但会考虑在1962年2月制定公共设施法。①

在40号公路运动中，圣胡安利用外交政策来为联邦政府卷入州事务进行努力。在各种演讲和会见中，他都强调40号公路餐馆的歧视损害了美国的外交关系，他想利用人们的爱国主义情绪来赢得他们对废除隔离的支持。例如，他在游说马里兰议会通过公共设施法案时说，如果议员不支持法案，就是在帮助共产党赢得冷战。因为“如果一名美国公民因为种族原因侮辱了一名外国大使或本国的公民，敌人就会利用这个机会进行宣传，这对我们的国家来说是破坏性的”。圣胡安努力影响马里兰州议会，其实是违反了联邦与州的传统关系，因为以前联邦政府很少干预州的事务。司法部总是说它不能保护南方的民权工人，因为联邦政府不能干预州的警察力量，但圣胡安以维护国际上的外交利益为名来督促州立法机关通过法案。不过，尽管有冷战的需要，但40号公路运动还是遭到了餐馆所有者和马里兰议会的强烈抵制。沿40号公路的70位饭店所有者大部分都拒绝废除隔离，许多人憎恨联邦政府的干预，担心为黑人服务带来的消极的经济影响。②

1961年末，争取种族平等大会加入了40号公路运动。他们对运动感兴趣，因为国务院之前已经打下了良好的基础。争取种族平等大会计划于1961年11月11日在40号公路的饭店开展静坐运动。目标是强迫马里兰州长召开议会特别会议，并不断对州议会施加压力以通过公共设施法案。非洲外交官被拒绝服务事件也是他们开展运动的原因。平等大会希望服务处开展的运动不仅仅是一场公关运动，因此平等大会的负责人常常跟着圣胡安河拜访40号公路上的饭馆老板。种族平等大会的计划遭到州长等人的强烈反对。州长拒绝召开议会特别会议，他警告自由骑士们，不要开展鲁莽的行动，否则会阻碍废除隔离。马里兰种族问题委员会的主席认为静坐只会导致对融合的反对，使得州立法不可能被通过。他敦促种族平等大会

---

① Brauer ed., *Civil Rights during the Kennedy Administration*, 1961 – 1963 [microform], Part 1, Reel 3 (2) of 19.

② Romano, No Diplomatic Immunity, pp. 571 – 572.

与国务院合作，以国家利益为先，目标只是为了消除隔离带来的消极公共影响。联邦政府的一些官员也表达了对平等大会计划的保留意见，认为其计划会带来反作用，会影响反歧视立法在马里兰议会通过。在计划开展的三天前，40 号公路上的 47 家饭店同意废除隔离。作为回应，种族平等大会取消了 11 月 11 日的自由静坐活动，并宣布以后会检验新融合的饭店是否真正废除了隔离。平等大会加入 40 号公路运动证明了外交政策能以两种方式起作用。平等大会宣称通过推动废除隔离来帮助国务院，反对者则宣称自由静坐带来的公共性会损害国家的国际形象。圣胡安立场鲜明地站在平等大会一边。①

虽然遇到很多阻力，圣胡安还是坚持开展了运动并取得了成效。11 月 9 日，圣胡安给礼宾司司长杜克的备忘录中总结了马里兰运动的背景、过程和效果。他说，这场运动是应总统的要求发起的，白宫、国务院和马里兰州长办公室都加入了这一项目。这一团队向 40 号公路上 70 位餐馆老板发送了相关信息。国务院支持州长提出的在马里兰议会通过公共设施法的要求。马里兰各家报纸媒体的记者、编辑受邀与国务院合作，支持国家消除马里兰种族歧视。在过去 4 个月的时间里，马里兰发生了 9 起涉及非洲外交官的歧视事件，并且剥夺了许多美国公民在公共设施中被平等对待的权利。马里兰的电台和电视广播关注了这些事件，并通过自己的渠道向马里兰市民发布相关信息。国务院、白宫和马里兰政府官员向当地民众宣讲的好几场会议在马里兰召开，其中一个会议上，还向参会的民众传达了总统的讲话。代表 40 号公路上餐馆老板利益的委员会成立了，目的是继续开展运动，一定程度上推进自愿废除隔。马里兰餐馆协会支持公共设施法。马里兰议会的立法委员会赞同公共设施法案。

圣胡安还赞扬了民权组织争取种族平等大会所起的作用。当时争取种族平等大会宣布，除非 40 号公路上的大部分餐馆到 11 月 11 日自愿废除隔离，否则大会将沿着公路发起大规模示威运动。11 月 8 日，餐馆委员会报告说，35 家餐馆的老板同意，到 11 月 22 日，会欢迎任何肤色的顾客。委员会认为完全的自愿的废除隔离有望在 12 月 1 日实现。争取种族平等大会接受了这一承诺，促进了问题的解决。

---

① Romano, No Diplomatic Immunity, pp. 572 – 574.

圣胡安对运动的总体效果比较满意，他指出，联邦政府和马里兰当局努力的结果是有效地废除了40号公路上大部分餐馆的隔离。公路上的歧视事件大大减少，他据此认为华盛顿和联合国中非洲外交官的歧视也会大大减少。他对参与运动的人员和部门都给予了高度赞扬，肯定了白宫办公室的达顿、国务院礼宾司以及马里兰政府的官员紧密合作取得的成效，赞扬了其他多部门和个人的大力支持。他还赞扬了媒体所发挥的作用，指出《华盛顿邮报》《巴尔的摩太阳报》《纽约时报》《时代》《生活》等报纸杂志配合运动进行了大量的报道，并且巴尔的摩和华盛顿的电台和电视广播也大力支持，形成了支持废除隔离运动的有利舆论。他最后表示国务院将进一步帮助马里兰当局，确保马里兰州消除所有歧视事件。①

但是事实表明圣胡安还是过于乐观了。要制定公共设施法案，废除马里兰州所有的歧视和隔离是万分困难的。11月30日，圣胡安在一份给马里兰地方官员的备忘录中提到制定公共设施法要做大量细致烦琐的工作。他强调，没有来自全体社会的支持，单靠饭店业主和地方媒体并不能取得很大的进展。对任何公共设施立法来说，得到公众的支持是最有用的。马里兰议会需要做这样的事情。②

但是马里兰州议会不愿意通过废除公共设施隔离的法案，马里兰州长只是口头支持，却拒绝对立法机构施加压力，1961年，马里兰公共设施法没有通过。可见尽管有来自联邦政府和种族平等大会的压力，在马里兰废除隔离依然是困难而缓慢的。马里兰议会在1962年3月再次否决了公共设施法案，尽管圣胡安批评议员如果不通过法案，就像苏联的间谍一样有害于国家。即使种族平等大会威胁再发起静坐运动，40号公路上也只有一半的饭店同意自愿废除隔离。最终于1963年3月，在服务处发起的废除马里兰饭店的隔离运动两年后，马里兰议会才通过了禁止在饭店和旅馆实行歧视的法案，即便如此，法案也严重缩水了，仅局限在40号公路周边，其适

---

① Brauer ed., *Civil Rights during the Kennedy Administration*, 1961 – 1963 [microform], Part 1, Reel 3 (2) of 19.

② Brauer ed., *Civil Rights during the Kennedy Administration*, 1961 – 1963 [microform], Part 1, Reel 3 (3) of 19.

用范围不包括马里兰 23 个县中的 11 个。[①] 不久这一法案就被全国性的 1964 年民权法取代了。[②]

40 号公路运动的个案表明，圣胡安河推动了国务院在民权问题上的努力。而且，服务处的运动得到了一个重要的民权组织种族平等大会的关注。虽然服务处没有与种族平等大会进行官方合作，但平等大会利用了国务院的支持在 40 号公路旁的饭店前开展了示威活动，这与服务处的运动宗旨完全一致。40 号公路运动证明了民权组织可以利用外交政策开展反对国内种族主义的活动，国内的民权积极主义也推动了政府民权活动日程的制定。[③]

四　结语

总之，肯尼迪总统执政后，决心尽其所能帮助非洲外交官免遭种族歧视的屈辱。与艾森豪威尔政府的无所作为比较，肯尼迪花了大量时间竭力在首都为非洲外交官寻找合适的住房。国务卿腊斯克、司法部长罗伯特·肯尼迪及政府中的其他官员也努力处理这一问题。腊斯克感到，联邦政府应确保首都中的歧视事件降到最低点。为了实现这一目标，政府在国务院礼宾司中建立了一个新的部门：特殊礼仪服务处。其任务就是尽量限制对非洲外交官的种族歧视。在圣胡安的领导下，服务处为大量来自新独立的亚非国家的外交官在纽约和华盛顿准备了旅馆、餐馆和住房。政府得到私人资金来资助外交官及其家人找到合适的住房。其解决问题的方法仍遵循自愿的原则，主动权还是掌握在华盛顿房产委员会和房主手中，因此成效并不显著。此外，国务院利用冷战外交压力来废除 40 号公路上的饭馆隔离。这条公路连接着纽约和华盛顿，是非洲外交官的必经之路。每一个非洲外交官在该条公路上服务遭拒事件都会影响美国的外交政策。圣胡安游说马里兰的州议会废除沿 40 号公路上公共设施的隔离，以免破坏美国与众多第三世界国家关系。在马里兰议会作证时，圣胡安告诉议员，当美国

① Holder, Racism Toward Black African Diplomats During the Kennedy Administration, p. 46.

② Romano, No Diplomatic Immunity, p. 574.

③ Romano, No Diplomatic Immunity, p. 568.

公民因种族原因羞辱一个国外代表时，其结果对国家来说都是破坏性的，就像把秘密情报透漏给敌人。他请求州议员帮忙，否则就是帮助共产党赢得冷战。圣胡安的游说努力只是部分有效的。1962 年公共设施法案并未通过。但是40 号公路上 75 家饭馆中的 30 家最终还是同意自愿废除隔离。1963 年 3 月法案最终才被通过。[①]

从中可以看出，美国政府在每一个具体问题上，都尽心尽力帮助非洲外交官解决眼前的困难，并且利用了冷战的话语（即对非洲外交官的歧视事件损害了美国的国际形象、国家安全和国家利益）来争取支持。这些努力取得了一定成效，但总体上不成功。因为国内的种族歧视和隔离无法废除，国务院的应对方法只能是权宜之计，甚至是象征性的解决，不能根本解决问题。国务院尤其是特殊礼仪服务处在力所能及的范围内几乎做到极致，但问题仍层出不穷，根源其实在国内。总统和国务卿早已看出问题所在，提到要根本解决问题，需要废除国内的歧视与隔离。如 1961 年 1 月 31 日，国务卿腊斯克给司法部长罗伯特·肯尼迪的信中提到了非洲外交官在首都遇到的歧视问题，他很鲜明地指出，“这一问题如果仅仅是针对外交人员，是无法得到令人满意的解决的。我不相信，在一个国家的首都，竟然需要外交护照才能享受一个公民正常的权利。换言之，我们在这一城市有着更大、更复杂的关系问题，在那里有着多数的黑人市民以及由此引起的大量摩擦”。当年肯尼迪总统给商业部和司法部的备忘录也很明确地指出，“仅仅向饱受屈辱的非洲外交官道歉是不够的，他们在饭馆、商店、加油站、旅馆和汽车旅馆被拒绝服务或被拒绝使用平等的设施。现在有色人种国家已经构成了联合国的大部分，如果我们要与它们建立更好的关系，我们必须立即废除国内所有类似的种族歧视。我们必须这样做，并不只是因为我们的国际责任，而最重要的是我们自己的民主原则需要这样做”[②]。但很多地方政府（尤其南方各州的政府）和种族主义者完全不想让步，坚持维护地方上的种族隔离制度。肯尼迪总统和腊斯克国务卿深知推进废除隔离的困难，所以他们也只能先支持国务院及其特殊礼仪服务处在

---

① Muehlenbeck, *Betting on the Africans*, pp. 200 – 202.

② Brauer ed., *Civil Rights during the Kennedy Administration*, 1961 – 1963 [microform], Part 1, Reel 3 (3) of 19.

一些细节问题上竭尽全力帮助外交官解决困难，最终结果很难尽如人意。但这一教训给后来强制性的民权立法策略指明了方向，首都华盛顿和马里兰州都进行了初步的地方性的废除种族隔离的立法。完全解决问题还有待民权运动更大的压力和冷战外交更大的利益，这一重要的转折点出现在后来的伯明翰运动中。

（于展，首都师范大学历史学院副教授）

两极之间：1950年代国际原子能机构保障监督制度的建立

朱雅莉

摘要 国际原子能机构保障监督制度的制定，是为了抑制因传播和平利用原子能技术、进行核材料援助而可能产生的核扩散风险。在该机构《章程》的起草过程中，以印度为代表的无核中国家和以苏联为代表的社会主义国家对保障监督条款中存在侵犯国家主权及歧视性问题提出了异议。这些反对意见也使日本主动提出接受该机构的保障监督最终未能付诸实施。该现象反映出在两极对峙格局下，以美国主导的国际核制度的推行只能局限在西方阵营国家内，而难以为世界各国的核合作提供有力保障。

关键词 国际原子能机构 保障监督制度 美国 苏联 印度

国际原子能机构（International Atomic Energy Agency）最为重要的职能之一是其《章程》中提及的：保证将自身提供的、要求的或是置于其监督和控制之下的援助不被进一步运用于军事目的。① 据此形成的保障监督制度（safeguard system）经过不断修订，于20世纪60年代末70年代初被纳入至《核不扩散条约》（Treaty on the Non-Proliferation of Nuclear Weapons），成为当今世界防止核扩散的重要一环。但是，由于该制度在其建立过程中业已存在并延续至今的弱点使其难以成为解决朝核问题、伊核问题的有力工具。国内外历史学者对该制度的研究多集中于《核不扩散条约》产生之

① The Statute of the IAEA，https：//www. iaea. org/about/statute#a1 －1（2020年2月3日访问）。

后，而缺乏对其建立过程及执行情况的探源。[①] 鉴于此，本文拟利用新近解密的国际原子能机构档案以及英国、日本方面的文献材料论述美国、苏联、英国等有核国家以及以印度为代表的无核中国家在该制度建立过程中的作用，尝试解释该制度在其建立初期未能得到有效应用的原因，以期为理解当下核不扩散问题提供视角。

一 国际原子能机构保障监督制度的初步设定

1953 年 12 月 8 日，美国总统艾森豪威尔在第八届联合国大会上发表“和平利用原子能计划”演说后，开始着手就建立该机构事宜同苏联进行磋商，并对如何采取措施防止相关核材料被用于军事目的的问题给予了关注。1954 年 3 月 19 日，美国在给苏联的“建立国际原子能机构提纲”中提出：该机构有权接收、储存并分配核材料；有权进行问责并获得核反应堆的运行记录；有权确定可裂变核材料的副产品以及核废料的处置方法；有权进行监控和获取项目进展报告。[②] 受当时冷战氛围及美苏核竞赛现实的影响，苏联对于建立该机构的理解是基于核裁军形成，即把“和平利用原子能计划”视作“巴鲁克计划”[③] 的变体，该机构的职能同业已解体的联合国原子能委员会[④]的职能大同小异。因此苏联秉持其一贯立场，即该

---

① 仅有 Astrid Forland, *Negotiating Supranational Rules: The Genesis of the International Atomic Energy Agency Safeguards System*, Ph. D. Dissertation, University of Bergen, 1997 以及 Elisabeth Roehrlich, “Negotiating Verification: International Diplomacy and the Evolution of Nuclear Safeguards, 1945 - 1972”, *Diplomacy & Statecraft*, Vol. 29, No. 1, January 2018 两份论著中涉及对国际原子能机构保障监督制度建立时期的历史溯源，但二者皆缺乏对其初期执行实态的考察。

② *Text of Exchange of Notes between the United States and the Soviet Union on President Eisenhower's Proposals for an International Atomic Pool*, 19 March 1954, FO 371/125076, the National Archives (UK).

③ 巴鲁克计划（Baruch Plan）于 1946 年 6 月在第一次联合国原子能委员会会议上由美国方面提出。主要内容是除保留一些用以和平目的的核材料外，清除世界上现存所有核武器并对这一过程施以监督。苏联对此存有三点怀疑：联合国原子能委员会是在美国及西方国家的控制之下；在相关核查系统得以完全实施之前，苏联不同意美国可以保留核武器；针对该案例，苏联不希望放弃其在联合国安理会的否决权。详见 David Holloway, “The Soviet Union and the Creation of the International Atomic Energy Agency”, *Cold War History*, Vol. 16, No, 2, April 2016, pp. 177 - 193.

④ 联合国原子能委员会（United Nations Atomic Energy Commission）成立于 1946 年 1 月 24 日，后因为美苏阵营在核裁军问题上的分歧，该委员会于 1952 年解散。

机构建立的前提是相关国家达成放弃使用核武器的协定。①

出于推进和平利用原子能政策的需要，美国没有因为苏联的消极态度而中断建立国际原子能机构的进程。基于同其战时核合作伙伴——英国、加拿大以及核原料生产国的多次协商，美国国务卿杜勒斯在 1954 年 9 月 23 日召开的第九届联合国大会上就和平利用原子能再次发表讲话，决意推进该机构的建立。② 1955 年 2 月，美国正式着手起草该机构《章程》，并进一步细化对保障监督制度的规定，其中草案第 8、9、10、11 条款中对此有所皆涉及，即核援助接收国需要同该机构签署双边协议；该机构可获取核反应堆的运行记录以清算可裂变材料的数量；核援助接收国须详细说明项目中产生的后处理可裂变材料的处置方式并审核乏燃料③的化学生产过程；该机构有权采取点核查或要求提供报告的方式对这些国家的相关项目进行检查等。④

需要指出的是，虽然苏联此时未加入以美、英、加为核心组建的工作组⑤以协商建立国际原子能机构的事宜，但也不希望在和平利用原子能问题上让以美国为首的西方阵营占尽宣传优势。1954 年 9 月 22 日，即第九届联大召开的前一天，苏联政府向美国国务院发送照会，表示愿意同美国就和平利用原子能一事在联大会议上进行磋商。⑥ 在会议召开期间，美、苏双方亦搁置了有关建立国际原子能机构的争议，同其他成员国原则上通

---

① *Text of Exchange of Notes between the United States and the Soviet Union on President Eisenhower's Proposals for an International atomic pool*, 19 March 1954, FO 371/125076, the National Archives.

② International Atomic Energy Agency: *Text of Proposed Agenda Item and Supporting Memorandum to be Tackled by Mr. Dulles while He is Addressing the General Assembly of the United Nations*, 23 September 1954, FO 371/125075, the National Archives.

③ 乏燃料中含有大量未用完的可增殖材料铀 -238 或钍 -232，未烧完的和新生成的易裂变材料钚 -239、铀 -235 或铀 -233，后处理工厂可以通过相关技术将可裂变材料进行分离。

④ *United States Redraft of a Statute for the International Atomic Energy Agency*, 25 February 1955, FO 371/125158, the National Archives.

⑤ 1954 年春夏，美国将澳大利亚、比利时、法国、葡萄牙和南非五国纳入至商谈建立国际原子能机构的队伍中，同美、英、加拿大组成 8 国工作组。参见 Elisabeth Roehrlich, "The Cold War, the Developing World, and the Creation of the International Atomic Energy Agency (IAEA), 1953 - 1957", *Cold War History*, Vol. 16, No. 2, April 2016, p. 6.

⑥ *International Atomic Energy Agency*: *Reports Receipt in Moscow of a New Soviet Note on the Eisenhower Plan*, *Comments on its Contents*, 22 September 1954, FO 371/125075, the National Archives.

过了“促进和平利用原子能的国际合作”［A/RES/810（IX）］决议。[①] 与此同时，1955 年初以后，苏联亦积极同中国、波兰、捷克斯洛伐克和民主德国等社会主义阵营国家开展和平利用原子能活动，如向这些国家提供民用核反应堆和加速器设备等。[②] 鉴于此，美国于 1955 年 7 月 29 日向苏联递交了 8 国协商达成的国际原子能机构《章程》草案，并于 8 月 22 日将全文提交给其他联合国成员。[③] 此后美、苏双方虽就该机构的保障监督职能进行了数次协商，但仍未达成具体可行性意见。

1955 年 10 月，第十届联合国大会召开。以印度为代表的发展中国家在会议期间表达了对其无法参与协商建立国际原子能机构事宜的不满，并在苏联等国的支持下取得了加入《章程》草案讨论的权力：十届联大决议最终规定，将苏联、印度、捷克斯洛伐克、巴西四国正式纳入到《章程》制定的讨论中，同先前的 8 国一道组成 12 国工作组。次年 2 月 27 日，工作组在华盛顿召开专门会议以讨论《章程》草案的修订。[④] 会议期间，印度代表虽然认可该机构需要对相关国家的和平利用原子能工作进行检查，但同时也表示《章程》中的保障监督条款不宜太过精细，致使工作过于繁重。其次，印度代表还指出该条款中存在干涉别国核能生产以及歧视性的问题[⑤]，即该机构拥有处理并回收可裂变材料的权力，这在若干年后可能造成对援助接收国核能生产的大量干涉。该条款规定少数工业发达国家可免除检查，其本质是将世界各国分为“有核”和“无核”两类，此机构则是“有核”国家控制“无核”国家的工具。[⑥] 4 月 18 日，美国代表在工作组闭幕会议上着重对印度提出的质疑进行了解释。第一，根据《章程》规定，维持保障监督制度所需的精力和花费并不大。第二，该机构有权审核

① 决议原文参见 http://www.un.org/zh/documents/view_doc.asp?symbol=A/RES/810（IX）（2020 年 2 月 3 日访问）。

② *Provisional Summary Records of the First Committee of the United Nations General Assembly*, 10 October 1955, FO 371/125164, the National Archives；《在伟大苏联的援助下我国第一座原子反应堆建成，回旋加速器也已建成正准备进行研究工作》，《人民日报》1958 年 7 月 1 日，第 1 版。

③ “Editorial Note,” Regulation of Armaments, Atomic Energy, Document 120, Foreign Relations of the United States（FRUS）, 1955 - 1957, Vol. 20.

④ *Request of the Acceptance of the United States Invitation to a Conference with the Other Sponsors of the Agency to Discuss the Agency's Statute*, 10 November 1955, FO 371/125165, the National Archives.

⑤ *Summary Record-Tenth Session*, 12 March 1956, FO 371/123084, the National Archives.

⑥ *Summary Record-Fifteenth Session*, 17 March 1956, FO 371/123083, the National Archives.

处理放射性核材料的方法以及回收后处理可裂变材料的规定并非是对援助接收国进行经济审查，而是表明后处理可裂变材料不能由这些国家的反应堆持续拥有，以防造成核扩散。第三，机构派遣检查员对相关核原料和可裂变材料进行检查，以确保其被用于和平目的，这对整个保障监督制度的有效运行至关重要。[①] 显然，以上论辩仅仅强调保障监督制度之于核不扩散的重要性，而有意回避了该条款中切实存在的歧视性问题。事实上，当时的有核国家也无法采取实际行动对此问题予以解决，原因在于这些国家的和平利用原子能事业尤其是核电发展仍处于起步阶段，民用和军用核反应堆多是混用，例如，英国的首个卡德·霍尔（Calder Hall）型商用核反应堆建立的首要目标是生产武器级钚，第二目标才是用于发电[②]，而接受该机构对其军用核设施进行核查显然是不可能的。

二　国际原子能机构《章程》保障监督条款的确定

1950 年代民族独立运动在亚非开始展开，大量殖民地获得独立并建立主权国家。一方面，这些国家大多认为应通过快速的经济发展和社会现代化来自主完成去殖民化。但另一方面，又因为自身经济基础薄弱及大国干涉，这些国家在国际事务中常常处于无权和依附地位，因而对在国际组织中让渡主权的问题十分警惕，正如印度代表在《章程》讨论大会上所言，“大约 50 年前，很多亚非国家处于殖民统治之下，它们是原料产地，而无工业生产能力。面对这样的历史，很多国家不愿意将命运交至国际组织的手中是不奇怪的”[③]。因此，在讨论国际原子能机构保障监督制度之时，“维护国家主权”也时常成为苏联支持发展中国家对抗西方阵营的方式。在上述提及的协商《章程》内容的 12 国工作组会议中，苏联代表指出《章程》第 3 条款 D 段、第 12 条款 A 段 6 节中允许机构检查人员核查援助接收国任何地区、人员及数据以核算核原料和可裂变材料及其副产品的规

---

① *Summary Record-Eighteenth Session*, 18 April 1956, FO 371/123083, the National Archives.

② Kenneth Jay, *Calder Hall: the story of Britain's first atomic power station*, London: Methuen, 1956, p. 80.

③ *Verbatim Record of the Fourteenth Meeting of the Main Committee*, 15 October 1956, FO 371/123096, the National Archives.

定，违反了尊重国家主权的原则。[①] 在苏联、印度等国的压力下，工作组会议通过的《章程》草案第3条款C段和D段中提出，机构的工作必须免除政治、经济、军事等方面的影响，保证尊重援助接收国的主权，但这一宽泛又模糊的表述显然难以具备有效的约束力。

在12国工作组会议就《章程》框架达成基本一致后，1956年9月20日，关于制定《章程》的世界讨论大会召开，参会各国代表展开对《章程》的逐条修订，以苏联为首的社会主义阵营国家以及以印度为代表的发展中国家仍着重申保障监督制度损害国家主权的观点，如保加利亚代表指出《章程》保障监督条款中给予检查员过于广泛的权力；印度代表指出该条款的实质是授予国际原子能机构干涉由援助接收国本国建设的核工厂的权力，并使这些国家的核材料始终处于该机构的管控之下。[②]

美、英等国代表针对主权的论述同上述国家截然不同。英国代表指出，当前对主权的定义已经不同于19世纪，世界各国可以让渡一定空间以进行国际合作，英国反对用狭隘的民族主义对主权进行定义。[③] 如果某些国家坚持对主权的狭隘理解，就会对国际原子能机构的核查工作产生阻碍，即援助接收国可以以维护主权为借口而不履行承诺，使得该机构的检查人员无法对其境内的核工厂实施核查，也不能获取相关报告。美国代表则进一步表示，若一国同该机构签订双边协定并同意其核查相关核材料、核工厂，这也是该国行使主权的表现。从表面看，英、美等国代表对主权的定义似乎更有利于保障监督制度和国际核合作的推行，但无法否认的是，这一看法确实是建立在有核国家的核优势并可免除国际原子能机构对其国内民用核设施进行核查的前提之上，而无法真正保证该机构成员国在核事务合作方面的平等参与。但由于与会各国多属于西方阵营，因此《章程》中的保障监督条款并未得到大范围修订，仅仅增加了"在同相关国家协商

① *Proposed Revisions of Article XIII of the August* 22, 1955 Statute of the IAEA, issued February 29, 1956, Doc 02 (Add 13), IAEA Archives (Vienna); Summary Record-eighteenth Session, 18 April 1956, FO 371/123083, the National Archives.

② *Record of the* 14*th Meeting of the Main Committee*, 15 October 1956, CS_ OR. 28, IAEA Archives; Verbatim Record of the Fourteenth Meeting of the Main Committee, 15 October 1956, FO 371/123096, the National Archives.

③ *Draft Report on the Conference on the Statute of the Agency Held in New York* 20 *September to* 26 *October* 1956, 11 November 1956, FO 371/123099, the National Archives.

后，可向该国派遣检查员”“机构任命的检查员可在当事国代表的陪同下进行工作”等模糊性词句，以满足苏联、印度等国对主权的强调。①

会议召开期间，各国有关国际原子能机构保障监督条款存在的另两个争议是：第一，该机构是否具备对核原料进行监督的权力；第二，相关国家是否拥有对反应堆中产生的后处理核材料的使用权。1956 年 9 月 27 日，印度代表认为，核原料从本质上而言同特殊可裂变材料存在差异，因此核查对象中不应包含核原料。② 印度、阿拉伯联合共和国、印度尼西亚及锡兰同时联合提出《章程》修订案，表明不支持该机构对核原料的核查，并提出在通知该机构有关乏燃料的后处理方式后，相关国家即可对其进行自主运用。③ 10 月 15 日，印度代表再次表明，若该机构提供原料的数量可知，那么就无须要求援助接收国提供生产记录，因为乏燃料中包含的可裂变材料数量在其交付生产时就可知晓。④

但是，分析核能生产过程，由于在乏燃料后处理过程中除了会产生可裂变金属钚，同时还会伴随产生铀，而后可以再次被相应国家进行铀同位素的分离，从而用于原子武器的制造。英国代表在 10 月 12 日的发言中也指出该修订案并未对化学生产后产生的铀予以说明，这使得我们无法阻止相关国家在其反应堆中生产更多的钚，从而造成核武器扩散的危险。因此，国际原子能机构对核原料进行核查的原因不在于其本身是危险的，而是只有运用这些控制，该机构才可以在化学分离工厂生产放射性物质时有权对其进行核查。基于以上原因，美、英、加三国达成一致意见，即不允许核原料免于核查，该机构必须保证对化学生产以及可裂变材料的完全控制。⑤

---

① *Draws Attention to the Statement on Page* 5 *of the Attached Report on the Conference on the Agency Statute by Congressional Advisors*, regarding the Members of the Preparatory Commission. January 1957, FO 371/129207, the National Archives.

② *Reports on Debate at the Conference on* 27 *September* 1956, 27 September 1956, FO 371/123092, the National Archives.

③ *Record of the* 14*th Meeting of the Main Committee*, 15 October 1956, CS_ OR. 28, IAEA Archives.

④ *Verbatim Record of the Fourteenth Meeting of the Main Committee*, 15 October 1956, FO 371/123096, the National Archives.

⑤ 参见 Astrid Forland, *Negotiating supranational rules: the genesis of the International Atomic Energy Agency safeguards system*, p. 72.

为了不再拖延国际原子能机构的建立时间，美、英、加三国协商后考虑对保障监督条款A段第5节进行修订以获得印度等国的让步：该机构有权批准援助接收国储存后处理可裂变材料及其副产品，相关国家可以要求保留此类可裂变材料以用于非军事目的，并保证将其置于机构的核查之下。该修订肯定了援助接收国对核材料的优先使用权，希望以此换取印度撤回该机构不能对核原料进行核查的修订。在美国态度有所松动的基础上，瑞士和法国进一步提出，援助接收国只要继续接受该机构的保障监督，即可将后处理可裂变材料用于已有指定的反应堆中。该机构仅有权获得超量后处理可裂变材料。若此后相关国家需要上述可裂变材料，该机构可立即归还。[①] 至此，印度方面才对修订案原则上予以认同。随着保障监督条款的敲定，当年10月26日，81个与会国家也最终在联合国总部纽约就《章程》内容达成一致意见，此时距艾森豪威尔发表“和平利用原子能”演说已经3年之久。据此不难发现，《章程》保障监督条款的制定是领导国和参与国、有核国家和无核国家以及发达国家和发展中国家基于国家经济利益、安全利益、核不扩散等因素的综合考量而达成的妥协，在此过程中产生的龃龉自然延续到了该制度的执行之中。

三　国际原子能机构保障监督制度建立初期的执行状况

国际原子能机构成立次年，日本出于推动国内和平利用原子能的需要，在同美、英签订双边协定的同时，于1958年10月召开的理事会会议上提出了通过该机构购买3吨天然铀的要求，并主动表示愿意接受该机构对这些原料使用情况的核查。[②] 日本方面作出这一行动的原因在于：一是其国内存在批评日—美、日—英双边原子能协定中规定由美、英执行保障监督

① *Reports Further Attempts to Obtain an Acceptable Version of Article XII A* (5), 20 October 1956, FO 371/123095, the National Archives.

② *Official Record of the Ninety-Ninth Meeting. Held at the Neue Hofburg*, Vienna, on Friday, 3 October 1958, issued 28 October 1958, GOV_ OR. 99, IAEA Archives; Official Record of the One Hundred and First Meeting. Held at the Neue Hofburg, Vienna, on Monday, 6 October 1958, issued 5 November 1958, GOV_ OR. 101; IAEA Archives.

措施的声音，因而日本政府希望将保障监督职能转移至具有国际公信力的国际原子能机构之下；① 二是通过介入该机构事务提升战后日本的政治影响力，时任机构总干事的斯特林·科尔（Sterling Cole）在访问日本时曾提及，日本因其战时经受核爆的经历、发达的工业能力以及需要从该机构获得援助以发展国内原子能工业等原因，具备在该机构中获得领导地位的机会。②

日本是首个提出接受该机构保障监督的国家，这一要求的贯彻自然也会成为此后无核国家接受机构核查时可供参考的先例。因此，印度、阿拉伯联合共和国、印度尼西亚等国对于日本提出的要求极为审慎，它们认为当前世界上铀的储量充足，希望开发军事核项目的国家不需要利用该机构提供铀，即可以自行获得，因此保障监督制度起不到抑制核扩散的功用。其次，日本宪法中规定该国无法具备军事力量。再次，日本将要建设的JRR-3反应堆是研究型反应堆，使用的是天然铀而非可裂变核材料，因此无须接受监督。苏联方面对以上意见予以认可，并进一步指出如果该机构采取此类严格措施，很多国家将会失去向机构要求援助的动力。③

国际原子能机构总干事、英美等国代表则从技术层面对以上观点予以反驳，即日本向该机构购买的天然铀将被运用的反应堆不是一种小型研究型反应堆，假设其以10兆瓦的功率运行，那么一年中可生产3千克的钚，这足够在一年或两年内生产一枚原子弹。④ 日本方面亦坚持认为，接受该机构保障监督制度是基于对其公平公正的信心，而不涉及对该制度基本原则的无休止讨论。⑤ 以上观点看似运用相应科学数据理性地表明了保障监督制度的践行可以防止核武器在日扩散，但是反观当时日本政府的核政策即可发现，日本无“法”、无须、更无力进行核武装。首先，1955年通过

---

① Japan Atomic Industrial Forum, “Tokyo-Vienna Talks Under Way”, *Atoms in Japan*, Vol. 3, No. 1, January 1959, pp. 6 – 10.

② Japan Atomic Industrial Forum, “Minute of Meeting with Mr. Cole”, *Atoms in Japan*, Vol. 3, No. 11, December 1959, p. 13.

③ *Official Record of the One Hundred and Sixteenth Meeting*, *Held at the Neue Hofburg*, Vienna, on Friday 16 January 1959, issued 3 March 1959, GOV_ OR. 116, IAEA Archives.

④ *Official Record of the One Hundred and Seventeenth Meeting*, *Held at the Neue Hofburg*, Vienna, on Friday 16 January 1959, issued 4 March 1959, GOV_ OR. 117, IAEA Archives.

⑤ *Official Record of the One Hundred and Twentieth Meeting*, *Held at the Neue Hofburg*, Vienna, on Thursday 12 March 1959, issued 6 April 1959, GOV_ OR. 120, IAEA Archives.

的《原子能基本法》第二条中明确规定日本“原子能的研究、开发及利用，限于和平的目的，以确保安全为宗旨，在民主管理的前提下，自主开展，并公开其成果，从而为国际合作做出贡献”[①]。其次，当时日本完全依赖于美国的核保护政策，没有进行核武装的需求。据统计，在 1960 年前后，美军在亚洲太平洋地区各军事基地部署了近 1700 枚核武器，其中，在冲绳有 800 枚，在韩国有 600 枚，在关岛有 225 枚，在菲律宾有 60 枚，在中国台湾地区有 12 枚。[②] 最后，日本当时拥有的研究型反应堆功率尚且低，也无开发运载工具的计划。鉴于此，各国对日本接受该机构保障监督事宜仅达成了临时性方案，即日本政府需要向机构提供核原料使用情况的半年报告；在上述反应堆达到临界时，根据各国达成的保障监督制度具体确定该协定的执行细节。[③]

如此而言，国际原子能机构保障监督制度在其建立初期因本身存有歧视性的弱点及其受美国强力控制的虚伪性而难以具备推行的政治基础，针对相关国家的核监督则主要通过输出国同接收国之间的双边协定执行。基于国家安全委员会第 5507/2 文件的形成，美国从 1955 年下半年开始向海外援助动力核反应堆。截至 1959 年 6 月 30 日，美国与澳大利亚、比利时、加拿大、法国、联邦德国、意大利、日本、荷兰、挪威、南非、西班牙、瑞士、英国、巴西、古巴、秘鲁及委内瑞拉 17 国签署了建设动力核反应堆的协定。[④] 这些双边协定中都要求相关国家需要接受美国的核检查。在 1958 年 6 月 16 日美日签订双边协定时，两国都认为其中的保障监督条款具有临时性，一旦国际原子能机构的各项工作就绪，将会考虑将该条款转移至该机构的管理之下。[⑤] 另一方面，苏联也在该机构之外向社会主义阵营国家进行核输出，并表示在各国达成核禁试协定之前，无须对和平利用

---

① 《原子能基本法（一九五五年十二月十九日）》，《国外法学》1984 年第 4 期，王关中译，第 75 页。

② 我部政明：《返还冲绳的本质》，转引自崔丕《美日对中国研制核武器的认识与对策（1959—1969）》，《世界历史》2013 年第 2 期。

③ INFCIRC/3, 15 April 1959, https://www.iaea.org/sites/default/files/publications/documents/infcircs/1959/infcirc3.pdf（2020 年 2 月 3 日访问）。

④ 参见武子飙《艾森豪威尔时期美国的和平利用原子能政策（1953—1960）》，硕士学位论文，华东师范大学，2016 年，第 48—49 页。

⑤ Japan Atomic Industrial Forum, “Two Atomic Pacts signed with U. K and U. S”, *Atoms in Japan*, Vol. 2, No. 7, July 1958, pp. 2 - 3.

原子能的输出进行过于严格的监督，1957 年 10 月 1 日至 23 日召开的首届国际原子能机构大会上，苏联代表明确表示，在苏联同各国签订的双边协定中，相应国家可以拥有苏联提供的核材料和核设备的所有权，同时能够保留任何由援助产生的发现和发明，而无须汇报此类援助的使用情况。[①]再者，西欧国家亦不希望接受该机构的核查，其原因在于检查员中可能存在苏联人、印度人[②]，而是希望建立独立于该机构的欧洲原子能共同体（Euratom），并实行自我检查。

四　结语

1950 年代随着美国核垄断地位被打破以及国际核安全困境的出现，艾森豪威尔政府时期的核政策开始转向“和平利用原子能”。但这一转变不代表美国对其核领导地位的放弃，而是其开辟新路径以拓展核贸易并继续维持核优势的尝试。国际原子能机构及其保障监督制度的建立即是和平利用原子能政策推行的重要环节。1957 年 5 月 11 日，《纽约时报》刊登的杜勒斯讲话中乐观地提到，该机构的保障监制度将会为美国提供国际立场，他期待美国体制将会为世界接受，所有接受该机构援助的国家将会强制接受保障监督。[③] 日本是美国在远东地区反对共产主义国家的“东方堤坝”，因此在核政策方面美国不会对其释放过多的选择空间。日本在追随美国“和平利用原子能”政策的同时，出于发展国内和平利用原子能及重塑其国际身份的多重考量，主动提出向该机构购买核燃料并愿意接受其核查。这一行动对推动保障监督制度的初期践行颇有助益，但其中体现的虚伪性也显露无遗。

美国新自由制度主义学派的代表人物罗伯特·基欧汉认为，美国作为

① *Comments on Certain Points in the Soviet Speech in the General Debate. Comments also on the Czech and Hungarian Speeches*, 17 October 1957, FO 371/129220, the National Archives; Supplementary Notes to the Report of the General Conference, January 1957, FO 371/129222, the National Archives.

② *Transmits Copy of His Letter to Mr. How*, Atomic Energy Office, Reporting Conversation with Van der Weyden of the U. S. A. E. C. about Inspection Teams, which the Commission has Set Up to Implement the Safeguard Controls in Their Bilateral Agreements, 12 July 1957, FO 371/129215, the National Archives.

③ *Transmit Copies of an Extract from the New York Times of* 11*May*, 1957. Giving Text of Statement by Mr. Dulles on 10 May 1957 on the Agency, 10 May 1957, FO 371/129210, the National Archives.

二战后绝对的霸权国不同于帝国，在没有其他国家一定同意的基础上，它无法制定和执行国际规则。在充满冲突和利益斗争的世界中，国际制度能够促进各政府间合作协议的达成。[1] 诚然，国际原子能机构保障监督制度的建立一定程度上是基于以苏联为代表的社会主义阵营国家和以印度为代表的发展中国家对其和平利用原子能政策的同意。但同样不可忽略的是，在两极格局下，苏联是出于冷战宣传的原因被动加入到该制度建立的协商之中。同样也是基于冷战竞争的考量，苏联选择绕开该机构对社会主义国家进行积极的核援助，并免除对援助接收国的核查。同时，以印度为代表的发展中国家由于对核电这一新生事物推动本国经济发展抱有期待，意图通过有限接受以西方国家意志制定的核合作制度，以“搭便车”的方式从该机构获得更多的利益分配，但是在涉及威胁国家安全和经济主权的保障监督制度议题时，多采取消极态度。因此，国际原子能机构保障监督制度看似为世界各国的核合作提供了制度保障，但其中体现的有核国家凌驾于无核国家之上、工业发达国家凌驾于发展中国家之上的弱点使得除西方阵营之外的大多数国家出于对国家安全、经济利益的考量远胜于让渡“主权”进行国际合作的意愿。这一基于美国绝对霸权建立起来的国际核制度不但在其建立初期未能对防止核扩散起到实际作用，也注定此后的推行将会面临重重阻碍。

（朱雅莉，华东师范大学历史学系博士研究生）

① ［美］罗伯特·基欧汉：《霸权之后：世界政治经济中的合作与纷争》（修订版），苏长和、信强、何曜译，上海人民出版社 2016 年版。

Review Articles
评论

跨国史方法对传教史研究的启迪

——《海外的新教徒》所见传教史研究的新趋向

潘米奇

摘要 传教史书写素有悠久的传统。最早的传教史书写以教会著史与传教事业评述为主，以服务宗教目的为其核心。20世纪以来，更客观的专业化传教史书写确立，从“推进现代化”与“文化帝国主义”两大范式出发，深入评述传教事业的世俗功用。世纪之交以降，随着“跨国史”方法论在国际史学界的勃兴，传教史书写也进入了全新的阶段，致力于揭示传教活动所引发的跨国互动，以及其不仅对于传教目的国，也对于传教士母国的双向影响。《海外的新教徒》便是该“跨国史转向”新趋势的代表性著作。

关键词 《海外的新教徒》 跨国史 传教史

“基督教传教士”作为近代世界历史舞台上十分活跃，也极为特殊的一个群体，长久以来一直是各界学人津津乐道的研究话题。2017年，在美国智识史（American intellectual history）领域深耕多年的前加州大学伯克利分校教授大卫·霍林格（David Hollinger）发表了其新著《海外的新教徒：试图改变世界的传教士如何最终改变了美国》（后文改称《海外的新教徒》）[①]，又一次地照亮了已然十分成熟也因此稍显“固化”的传教史研究，包括宗教史分野的领军机构、美国圣母大学“库什瓦中心”（The Cushwa Centre of the University of Notre Dame）在内的多家学术组织对该著

① David A. Hollinger, *Protestants Abroad*: *How Missionaries Tried to Change the World but Changed America*, Berkeley: University of California Press, 2017.

进行了专场讨论①，哥伦比亚广播公司（CBS）下属的电视媒体也就此书对霍林格教授进行了专访②。《海外的新教徒》之所以能够得到如此热烈的反响，在笔者看来，很大程度上得益于其研究思路的独到性，即不仅仅是站在“目的国”审视传教史，而且关注到了传教活动对于传教士“母国”的影响。这一基于“跨国史”新方法的研究进路，平衡了过往仅仅关注传教“目的国”一地的偏狭，反映出了历史学“跨国转向”之下传教史研究的新趋势。

一　教会著史：传教史研究的“前史”

正如《旧约》所述：“你要离开本地、本族与父家，往我所要指示你的地去”（创 12：1），传教活动一直是基督教世界（Christandom）各国海外扩展的重要动力。与之相应，自传教活动开启之初，教会便开始了对传教士生平“功绩”的宣传以及对传教进展情况的记录——从古罗马时代《使徒行传》对保罗的记录，到中世纪时期琳琅满目的传教士“圣徒传”（Vita）③，再到近代早期天主教各传道修会的传教报告［如耶稣会的“年报”制度（Literae Annuae）］④，天主教会对传教事业的文字记载传统素来深厚，成果也不胜枚举。

随着国家实力的增强以及 18—19 世纪之交“第二次大觉醒运动”的展开，英美新教传教士也参与到全球传教的进程之中，随之而产生的有关新教传教事业的记述也渐渐走入了人们的视野。以中国的情况为例：在新

① 如：The Cushwa Centre of the University of Notre Dame, *Seminar in American Religion*, October 27, 2018, available at: https://cushwa.nd.edu/events/2018/10/27/seminar-in-american-religion/ (Accessed: July 20, 2019); Albert Wu et al., “H-Diplo Roundtable XIX, 32 on Protestants Abroad: How Missionaries Tried to Change the World but Changed America”, *H-Diplo Roundtable Review*, Vol. XIX, No. 32, May 2018. 等。

② Berkeley Center for the Study of Religion, *The Significance of the American Protestant Missionary Experience*, June 2, 2018, [YouTube]. Available at: https://www.youtube.com/watch?v=Yej2bAdK3fw (Accessed: July 20, 2019).

③ 较著名的包括罗马教会的《圣卜尼法斯传》（*Vitae Sancti Bonifatii*，德意志初传圣徒）、凯尔特教会的《圣帕特里克传》（*Vita Sancti Patricii*，爱尔兰初传圣徒）、科伦班修会的《科伦班传》（*Vita Columbanii*）等。

④ 相关研究包括：董少新：《17 世纪来华耶稣会中国年报评介》，《历史档案》2014 年第 4 期。

教首位传教士马礼逊（Robert Morrison）赴粤布道的短短十三年后，伦敦会士米怜（William Milne）就在马六甲的英华书院，与前者合作出版了题为《新教在华传教早期十年史》的书籍[①]，详细记述了早期新教传教士在华活动的经历。在米怜的“首创之功”后，越来越多的同类作品相继问世；其中较为著名的，当属美华书馆于1867年刊行的《来华新教传教士纪念集》[②]。除了这些出自英国传教士的手笔外，同期出现的美国传教士的作品也不容忽视，例如最早连载于《中国丛报》（*Chinese Repository*）的、美国长老会士娄礼华（Walter Lowrie）的概览性史作《中国大地：或对基督教在华传教史的考察》[③] 便是此中的代表。

在世界殖民体系最终成型，以及宗教领域“第三次大觉醒”及青年传道运动（如YMCA、SVM等运动）的内外因共同作用下，19世纪末20世纪初的新教海外传教活动，呈现出一幅越发活跃的景象。与之相应，教会与差会的学者也开始更加热衷于梳理与总结长久以来的传教“功绩”——完成于马礼逊来华100周年的跨差会总括性著作《新教在华传教百年史》[④]便是其中的典型。同时，由于这一时期“社会调查”（Social Survey）运动在西方，尤其是美国的勃兴，使得这一时期的许多著作往往也有别于之前的文字记述，而包含有大量的数据及统计信息。[⑤]

简要地总结一下专业的传教史出现以前教会作者们“史著”的特点，可以发现，“以传教为本位”是它们最显要的特征——无论是夸耀某位杰出传教士生平的“传记”，还是梳理某个差会宣教事工的“百年史”，无一例外地均以服务或促进传教事业为其核心要旨；而其中少有的一些“异

① William Milne, *A Retrospect of the First Ten Years of the Protestant Mission to China*, Malacca: Anglo Chinese Press, 1820.

② Alexander Wylie, *Memorials of Protestant Missionaries to the Chinese: Giving a List of Their Publications and Obituary Notices of the Deceased*, Shanghai: American Presbyterian Mission Press, 1867.

③ Walter Lowrie, "The land of Sinim, or A Survey of Christian Missions to the China", *Chinese Repository*, Canton: Printed for the Proprietors, 1844, pp. 113, 466, 537, 578, 644.

④ Don MacGillivray, *A Century of Protestant Missions in China*, Shanghai: American Presbyterian Mission Press, 1907.

⑤ 例如1921年由“中华续行委办会”（China Continuation Committee）主持的调查（Survey）《中华归主》（*The Christian occupation of China*）：Milton Theobald Stauffer, *The Christian Occupation of China: A General Survey of the Numerical Strength and Geographical Distribution of the Christian Forces in China*, 1918 – 1921, Shanghai: China Continuation Committee, 1922.

类”，例如1932年由非教士（“平信徒”）专家群体所撰写的《宣教事业平议》，也客观地用事实（fact）回应“是否有必要继续支持传教”为己任。[1] 由此可见，专业学术进路上的“传教史”研究，其出世仍有待时日。

二　“文明的传布者”还是“帝国的同路人”？

“身处异域的传教士，好似是美国历史上看不见的人（Invisible Men）……他们的标志性（symbolic）的价值，似乎尚未引起学术圈历史学家们的兴趣。”这一发言，来自美国著名史家费正清（John K. Fairbank）教授在1968年就任美国历史学会（American Historical Association）主席时所作报告《70年代的任务》[2]；借由此文，费氏一针见血地指出，当时的专业史学界存在着对“传教士”问题的长期忽视。此论确非虚言。诚然，早在20世纪20—30年代，已有著名史学家赖德烈（Kenneth S. Latourette）在耶鲁开辟了英语世界极具学术含量的“传教史”领域，其皇皇巨著《基督教在华传教史》也堪称兼具宏大视野与学术严谨性的史著典范。[3] 但是，由于赖氏本人并不通晓传教士们的“在地语言”汉语，是故在学术价值方面总有缺憾；加之在赖德烈的“奠基之作”后，并没有太多年轻学人选择在这一领域继续耕耘，因此，距离专业的“传教史”研究在“象牙塔”内建立起来，尚有不小的距离。

就在费正清《70年代的任务》演讲后不久，许多立足于“传统—近代”范式、基于“传播现代西方文明”框架的传教史研究著作，如同雨后春笋般地涌现出来。其中的代表，包括由费正清的高足柯文（Paul A. Cohen）撰写的《1900年以前的基督教传教活动及其影响》[4]、哈佛大学

---

① William Ernest Hocking, *Rethinking Missions: A Layman's Inquiry after One Hundred Years*, New York: Harper & Brothers, 1932.

② John K. Fairbank, "Assignment for the '70s", *American Historical Review*, Vol. 74, No. 3, February 1969, pp. 861 – 879.

③ Kenneth S. Latourette, *A History of Christian Missions in China*, New York: The Macmillan Company, 1920.

④ Paul A. Cohen, "Christian Missions and their Impact to 1900", in John K. Fairbank, ed., *The Cambridge History of China. Late Ch'ing*, 1800 – 1911, *Part I*, Cambridge: Cambridge University Press, 1978, pp. 543 – 590.

东亚研究中心“身体力行”编订的论文集《在华传教事业与美国》[①] 与《基督教在中国：早期新教传教士的著述》[②]，以及一大批基于坚实档案材料而进行的个案研究（例如著名的《伯驾与中国的开放》[③] 等）。如果将关注的视角拉大，那么包括外交史名家韩德（Michael H. Hunt）所著《一种特殊关系的形成：1914 年以前的美国与中国》[④] 在内的、诸多涉及“传教士”问题的史著也可大致划归入此种框架。此种框架的基本特征，在于客观评价传教士历史功过的同时，总体上倾向于承认，传教士群体的确推动并促进了“被传教地区”的现代化进程，具有较为积极的面相。或许也是在此种思路的启发下，国内学界也于 20 世纪末出品了一系列高质量的学术佳作，例如王立新教授的《美国传教士与晚清中国现代化》[⑤] 以及顾卫民教授的《基督教与近代中国社会》[⑥] 等。

与这种较为正面地评价传教士历史贡献的学术进路相对，在“传教史”研究领域，也同样存在着一种言辞更为犀利、更具批判性的声音，这便是“文化帝国主义”的研究进路。此种治学路数的思想来源，既如牛可教授所言，继承自 19—20 世纪之交进步主义时代知识分子们的“揭露情结与批判意识”[⑦]，也如王立新教授所称，直接呼应了 1960 年代以来，以法兰克福学派为代表的欧美激进知识分子对于西方文化所谓“先进性”的全面反思[⑧]。就在上文提到的 1974 年哈佛东亚中心的论文集《在华传教事业与美国》中，著名史家小阿瑟·施莱辛格（Arthur Schlesinger, Jr. ）便曾专门撰文，鞭辟入里地指出，尽管一种文化与另一种文化的接触并非总

---

① John K. Fairbank et al. , ed. , *The Missionary Enterprise in China and America*, Cambridge, Mass. : Harvard University Press, 1974.

② John K. Fairbank et al. , ed. , *Christianity in China: Early Protestant Missionary Writings*, Cambridge, Mass. : Harvard University Press, 1985.

③ Edward V. Gulick, *Peter Parter and the Opening of China*, Cambridge, Mass. : Harvard University Press, 1973.

④ Michael H. Hunt, *The Making of a Special Relationship: The United States and China to* 1914, New York: Columbia University Press, 1983.

⑤ 王立新：《美国传教士与晚清中国现代化》，天津人民出版社 1997 年版。

⑥ 顾卫民：《基督教与近代中国社会》，上海人民出版社 1996 年版。

⑦ 牛可、刘青：《区域和国际研究：关于历史和“原理”的思考》，《国际政治研究》2018 年第 5 期。

⑧ 王立新：《“文化侵略”与“文化帝国主义”美国传教士在华活动两种评价范式辨析》，《历史研究》2002 年第 3 期。

是“帝国主义”的，但是，一旦当“这种传播伴随政治、经济和军事压力”，则毫无疑问可以被认定为是一种侵略行为。[①] 萨义德也在其名著《东方学》（*Orientalism*）中指明，新教传教士在海外的活动，往往同殖民者的扩张野心紧密相连。[②] 当然，对于传教事业更为典型的“文化帝国主义”批判，还要属由知名史学家威廉·哈钦森（William R. Hutchison）撰写的名作《去往世界的差命》（*Errand to the World*），以及十分善用人类学透镜考察传教士“殖民者”本质的科马洛夫夫妇（Jean & John Comaroff）的作品。前者作为新教传教史领域内的一部必读名著，颇具见地地指出，传教士们的所谓“传福音”（Evangelizing），往往与“文明化”（Civilizing）的进程难分难解，而“文明化”的实质，便是殖民者通过手中握有的巨大资源，来使自身的“文明”形式强加于人；故而，“传福音”不过是帝国主义的一种道德化的变体。[③] 科马洛夫夫妇的研究则更为经典——通过考察南非茨瓦纳人同英国传教士的接触，作者敏锐地察觉到，在传教士强势的介入下，茨瓦纳人本身的文明形式被西方的文明形式彻底地取代了[④]；而对于这种殖民者文明隐性的“压迫”以及殖民地原生文明的黯然退场，科马洛夫夫妇创造性地将其概念化为“意识的殖民”（The Colonization of Consciousness）[⑤]，颇具启发意义。类似的著作还有许多，囿于篇幅，不再列举。

作为一把能够深入历史腠理的“锋利之刃”，“文化帝国主义”的批判框架一经提出，便受到了众多史家的青睐与服膺，以致直到最近，都仍被学者们的使用［例如：新锐学者埃米莉·康罗伊－克鲁兹（Emily Conroy-Krutz）于2015 年撰写完成的传教史佳作《基督教帝国主义》[⑥] 便参考了此

---

① Arthur Schlesinger, Jr., “The Missionary Enterprise and Theories of Imperialism”, in John K. Fairbank, ed., *The Missionary Enterprise in China and America*, Cambridge, Mass.: Harvard University Press, 1974, pp. 363 – 364.

② Edward W. Said, *Orientalism*, London: Penguin Books, 1995, p. 100.

③ William R. Hutchison, *Errand to the World: American Protestant Thought and Foreign Missions*, Chicago: University of Chicago Press, 1987, pp. 91 – 124.

④ Jean Comaroff and John Comaroff, *Of Revelation and Revolution: Christianity, Colonialism, and Consciousness in South Africa*, Chicago: University of Chicago Press, 1991.

⑤ Jean Comaroff and John Comaroff, “The Colonization of Consciousness in South Africa”, *Economy and Society*, Vol. 18, issue. 3, September 1989, pp. 267 – 296.

⑥ Emily Conroy-Krutz, *Christian Imperialism: Converting the World in the Early American Republic*. Cornell: Cornell University Press, 2015.

种框架]。同时，由于“文化帝国主义”是一个十分宽泛的框架①，因此，它也极易与其他的切入角度“互作互构”，从而碰撞出全新的火花——华裔女学人陈铨乐教授基于“女性史”与“文化帝国主义”双重透镜的作品《仁慈的帝国主义者》②，便是其中的杰出代表。

综合学术史，不难看出，在分析新教海外传教史的问题上，将传教士群体指认为是一批“帝国的同行者”，同前述将他们视作是一群不自觉的“文明的传布者”一样，都具有相当的合理性。也因此故，在此前绝大多数的传教史著作中，我们都能寻觅到这两种解释框架的身影。

三　超越二元：改变了两片土地的传教士

然而，霍林格教授的近著《海外的新教徒》，却在很大程度上超越了这两种叙事逻辑；而其超越的方式，便是将关注的焦点由“被传教地区”一头，重新拉回到了传教活动的“出发地”一头，通过考察传教运动对“出发地”的影响，从而展示出更为全面的传教运动图景。

正如该书第一章的标题“回旋镖”（boomerang）所示，尽管传教士们往往“志在海外”，但是他们的最终归宿，却始终无法摆脱作为“出走之地”的家乡；尽管这群“海外的新教徒”大多以“改变世界”为己任，但是他们在外传教的结果，却在很大程度上只是“改变了自己”。与“传播现代西方文明”框架的乐观态度相左，霍林格正确地认识到，“被传教地区”并非只是过往所认为的被动的、脆弱的接纳者，而是也在一定程度上“重塑”了一批又一批的外来者；也与“文化帝国主义”犀利的批判路径相对，霍林格冷静地指出，与其认为传教士们只是将某种自称更为高级的、本质不变的“西方文明”蛮横地强加给了被殖民地地区，不如认识到，这群“仁慈帝国主义者”们自身所枕靠的文明，也因传教活动的展开而悄然发生着巨变。

书籍的第二章便向读者揭示了美国人自己的“意义世界”是如何因传

---

① 参见［英］汤林森《文化帝国主义》，冯建三译，上海人民出版社1999年版，第1—66页。

② Carol C. Chin, “Beneficent Imperialists: American Women Missionaries in China at the Turn of Twentieth Century”, *Diplomatic History*, Vol. 27, No. 3, June 2003, pp. 327 - 352.

教士及其子女的力量而发生了改变的。[①] 在“世界观”层面，来自山东的美国传教士之子亨利·卢斯（Henry Luce）站在了历史的前台——他凭借其过人的个人能力，以手下的《时代》《生活》等杂志为阵地，在那个世界联系尚未如此可感的年代之中，向整整一代的美国人播撒了“大同主义”（cosmopolitanism）、而非“偏狭主义”（provincialism）的世界眼光，并以“美国世纪”（The American Century）的雄壮宣言，极大地影响了二战前夕美国“外交大辩论”的最终走向。在“女权”领域推动历史车轮前行的，则是以诺奖得主赛珍珠（Pearl S. Buck）为代表的海外女传教士及其子女：霍林格正确地指出，在那个女性价值仍未得到完全尊重的年代之中，远赴海外的传教活动恰恰给予了众多女性实现自我的自由空间；而这些曾在异域获得过价值承认的女传教士们，又在回国后向更多的同胞传递了她们的进步观念，从而极大地推动了女权在美国的发展——而在这群特殊的女性中，饱受流俗非议，却依旧我行我素的传教士之女赛珍珠无疑走在了时代的先端，“深深影响了她那一代的女性”[②]。最后，在“种族观”方面，霍林格指出，即便是在有如赛珍珠与卢斯这样，具有着不同政治倾向的“传教士相关人士”（Missionary-connected）中间，也都因为同样经历过身处异族人之间的青春岁月，而至少分享有“反对种族主义”的共同信念——卢斯毕生对于“白人至上论”的反对，以及赛珍珠对于黑人知识分子杜波依斯（William E. B. Du Bois）与多人种孩童收养机构“欢迎之家”（Welcome House）的支持便是显例[③]；而第十一章中，霍氏对于传教士子女与“民权运动”关系的论证，则更使得这一结论得到了进一步的凸显[④]。当然，霍林格也辩证地指明，“世界主义”传教士群体对于美国人宗教格局的影响也不仅仅只是单一向度的——在第四章中，霍林格便论证了，正是由于传教士们所鼓吹的“平等”与“多样性”，使得一部分身处内地的

① David A. Hollinger, *Protestants Abroad: How Missionaries Tried to Change the World but Changed America*, pp. 24 – 58.

② David A. Hollinger, *Protestants Abroad: How Missionaries Tried to Change the World but Changed America*, p. 34.

③ David A. Hollinger, *Protestants Abroad: How Missionaries Tried to Change the World but Changed America*, pp. 32, 41.

④ David A. Hollinger, *Protestants Abroad: How Missionaries Tried to Change the World but Changed America*, pp. 266 – 287.

美国人愈发地加深了自身对自由派基督教的疏离与厌恶，从而给予“基要主义神学”与“宗教右翼”以土壤，并加速了传教士所属的自由派基督教的没落。①

除了重塑美国人的观念，广布全球的传教士也大大扩充了美国人的知识。例如，在该书第八章中，美国“泰国问题”的开山大家肯尼斯·兰登（Kenneth Landon）博士就令笔者印象深刻——作为当时美国罕有的曾深入到泰国腹地传教的传教士，兰登几乎以一己之力，帮助二战时期的美国政府填补了在东南亚问题上的知识空白，从而使美国得以在泰傀儡政府已然对日投降的情况下，对泰国民众的抵抗心理做出了正确的判断，这为日后同盟国在这一地区打开局面奠定了基础。② 不止于知识的积累，在“知识体系”的开创方面，拥有着世界眼光与“在地经验”的传教士及其子女们也作出了无比重要的贡献——在第九章中，霍林格便以传教士之子诺曼·布朗（Norman Brown）、赖世和（Edwin O. Reischauer），以及与传教士颇有渊源的费正清等人为例，详细论证了这些“传教士相关人士”，在建立美国战后的“南亚研究”“日本研究”“中国研究”以及更广义的“地区研究”（Area Studies）方面所起到的不可替代的主导性作用。③ 当然，除去这些更偏社会科学（Social Science）领域的贡献，传教士们也在人文气息十足的美国文学与艺术领域留下了宝贵的遗产：曾被数度搬上电影荧幕并被改编为百老汇人气歌舞剧的历史小说《安娜与暹罗王》（*Anna and the King of Siam*）便是其中的典型代表；而它那早已被世人所遗忘的作者——美国长老差会女传教士玛格丽特·兰登（Margaret Landon），即前文所述“泰国通”肯尼斯·兰登的妻子④，也在霍林格的详述下被重新记起。类似的例子，在《海外的新教徒》中还有许多。从这些被作者重新串联起的历史关联中，读者将能够发现，在这些往常只是被“一带而过”的琐碎知识

① David A. Hollinger, *Protestants Abroad: How Missionaries Tried to Change the World but Changed America*, pp. 94 – 115.

② David A. Hollinger, *Protestants Abroad: How Missionaries Tried to Change the World but Changed America*, pp. 189 – 197.

③ David A. Hollinger, *Protestants Abroad: How Missionaries Tried to Change the World but Changed America*, pp. 214 – 251.

④ David A. Hollinger, *Protestants Abroad: How Missionaries Tried to Change the World but Changed America*, pp. 198 – 202.

中，竟都含藏着美国因传教活动而与世界紧密相连，并被后者深刻形塑的历史见证。

读罢掩卷，令人受益良多。《海外的新教徒》将绝大多数的笔墨倾注于介绍“传教士母国转变”的叙史方式，绝非意在彻底逆转此前的传教史研究，对那些发生在“被传教地区”的转变全部地视而不见——恰恰相反，过往近五十余年的学术研究，业已充分证明了，“被传教地区”的确因为传教士的到来而发生了巨大的转变。本书的深刻创见，在于霍氏以充分照亮传教士“出发地”的方式，平衡了以往过分关注“传教目的地”的传教史写法，从而使读者认识到，任何偏狭于一地或者侧重于一方的历史书写都是不可取的。这无疑是对近年来史学界“跨国转向”的呼应与回应，也为未来的传教史研究开辟了新的路径。①《海外的新教徒》的杰出论述与受到的普遍关注充分证明了，作为史学界历史最为悠久的研究领域之一，传教史以及更为广义的宗教史，也能通过“跨国史”的方法扩大研究视野、增加研究题材、提升研究深度。从“跨国史”这一国际史学界的最新潮流之中，传教史与宗教史已经也必将收获更多的启迪。

（潘米奇，北京大学历史学系博士研究生）

① Ryan Dunch, “Beyond Cultural Imperialism: Christian Theory, Christian Missions and Christian Modernity,” *History and Theory*, Vol. 41, Oct. 2002, pp. 301 - 325.

最初的相遇：梅阿芳与美国早期的东方主义
——评南希·E. 戴维斯的《中国女人：梅阿芳在早期的美国》

潘　雯

摘要　美国历史学教授南希·E. 戴维斯的《中国女人：梅阿芳在早期的美国》通过细密的资料整理，全方位地展现了第一位有史可查的抵达美国的中国女性——梅阿芳的经历与时代。梅阿芳于1834年到1836年在美国各地表演中国文化，引发了广泛而热烈的反响。梅阿芳的舞台形象经历了从"展示表演"到"东方景观"，再到"奇珍表演"的转变与降格过程，这集中体现了美国建国早期对中国由"商业东方主义"转向"政治东方主义"的快速变化，同时也证明东方主义的本质是多样态的、流动的、基于实用主义的文化建构。梅阿芳的故事对于今天的东方主义批评与研究具有很大的实证意义。

关键词　梅阿芳　中美早期贸易　东方主义

"Afong Moy"，这是一位年轻的中国女性留在英语世界里的名字。我们今天并不能确定这个名字对应的中文字是什么：是梅阿芳，还是莫阿芳?[①] 她作为第一位有史可查的抵达美国的中国女性而出现在历史文化资料里：从1834年到1836年，她曾受雇于美国商人在美国各地表演中国文化，得到美国公众的兴趣与关注，甚至可以说，她的名字曾经横扫全美。不过，

① 粤语中的"梅"字，音译为英文时可写作"Moy"，大部分资料都把这个名字翻译为"梅阿芳"，美国华人学者令狐萍在《金山谣：美国华裔妇女史》中也把这个名字的中文写为"梅阿芳"。但也有资料把这个名字回译为"莫阿芳"。

她这样的存在注定既能进入历史，又很容易被历史遗忘。为何？因为她是非官方的、面目模糊的、不体面的历史存在。在鸦片战争之前，她独自跟着洋人远出国门。这种做法在清朝是有悖妇道，逾越规矩的。由此我们可以推想她的阶层身份极有可能是不高的。既然门第不高，她也几乎没有可能把上层的、高雅的、深刻的中国文化带给那时刚开始睁眼向华的美国人。她带去的只能是表层的、粗糙的，以发型、服饰和小脚构成的“文化秀”。当代学者研究美国华人历史，经常会只言片语地提及她，将她定位为一个失去文化与身份主动性的东方“她者”。

例如，陈国维的《唐人街之前的纽约：东方主义与美国文化的塑形(1776—1882)》、约翰·海达德的《中国传奇：美国人眼中的中国》和埃里克·杰·多林的《美国和中国最初的相遇——航海时代奇异的中美关系史》[①]，这三部关于早期中美关系的历史学专著都或多或少地提到梅阿芳。多林和陈国维视她为华人的文化身份被降格的表征，强调“在许多方面，梅阿芳加深了美国人对于自己和中国人的差异的看法，特别是后者的低人一等”[②]。美国华人学者令狐萍的《金山谣：美国华裔妇女史》是一部聚焦于美国华裔妇女的重要历史著作，但即使在这本书里，梅阿芳也只是一个匆匆的掠影。书中写道：“始自中国妇女到达美国，她们便一成不变的被美国大众媒体报道为性感乖顺，神秘诱人的玩偶……当梅阿芳在 1834 年抵达纽约时，她是被作为展品，身着‘中国服装’，向纽约美女们展示中国女子的不同风韵。”[③] 由是观之，学界一直把梅阿芳看作负面的东方主义符号。这一整体上的定位是合理的，但把这位年轻的中国姑娘的独特存在给扁平化了，她的经历和她所能反映的“东方主义”实则丰富多了。

---

① John Kuo Wei Tchen, *New York before Chinatown: Orientalism and the Shaping of American Culture*, 1776 - 1882, 1999; John Haddad, *The Romance of China: Excursion to China in the U. S. Culture*, 1776 - 1876, 2008; Eric Jay Dolin, *When America First Met China: an Exotic History of Tea, Drugs, and Money in the Age of Sail*, 2012.

② ［美］埃里克·杰·多林：《美国和中国最初的相遇——航海时代奇异的中美关系史》，朱颖译，社会科学文献出版社 2014 年版，第 199 页。

③ ［美］令狐萍：《金山谣：美国华裔妇女史》，中国社会科学出版社 1999 年版，第 6 页。

美国历史学教授南希·E. 戴维斯的《中国女人：梅阿芳在早期的美国》[①] 是一部在视角、资料与方法上都难能可贵的研究专著，它以小人物体现大时代，通过细密的资料整理，尽可能地寻找梅阿芳前后十五年间所走过的人生——她经历过的旅途及剧院与她遭遇到的各色美国人物。这些资料全方位地展现了梅阿芳的经历与时代。

一　不归的旅程

1834 年 10 月，美国进出口商卡内斯兄弟——弗兰西斯与纳撒尼尔·卡内斯（Francis and Nathaniel G. Carnes）通过船长本雅明·奥拜尔（Benjamin Obear），将梅阿芳带到美洲，意在以梅阿芳的异域色彩打开他们所进口的中国货的销路。卡内斯兄弟经销的中国物品都是中产阶级使用的日常物品。在货物本身的价值不够“贵族”的情况下，他们迫切需要通过非常规的、更大胆的方式去促销他们的商品，以在纽约各商家围绕对华贸易而展开的竞争中立于不败之地。1834 年，他们在奥拜尔船长的帮助下雇佣梅阿芳来炒作新闻并带动销售。他们利用梅阿芳的表演来增值他们的商品，使得围绕着她的那些中国的物件“具有沟通、展演、激发情感和表达意义的能力”[②]。

1834 年 10 月 18 日，梅阿芳抵达纽约。11 月起，她开始稳定地在奥拜尔船长安置的“中国沙龙”里进行表演，一直表演到 1835 年 1 月。然后，她和演出团队离开纽约，开始她第一次在美国的巡演。在接下来六个月的时间里，他们一路向南前后去了费城、华盛顿特区、巴尔的摩和查理斯顿等主要城市，直到 1835 年 6 月才返回纽约。她在费城尤其引起轰动。当时的演出地点是可容纳 6000 人的“华盛顿厅”，费城的外科医生检查她的脚，颅相学拥趸者检查她的颅骨；还有业余诗人写出诗歌《致梅阿芳》。梅阿芳的第一次展演令她获得了一定的知名度，报纸上有评论她的文章，坊间流传着关于她和她的小脚的小诗，这些既在大众心里塑造了她的形

① Nancy E. Davis, *The Chinese Lady*: *Afong Moy in Early America*, Oxford: Oxford University Press, 2019.

② Nancy E. Davis, *The Chinese Lady*: *Afong Moy in Early America*, p. 16.

象，也决定了之后大众对她的态度。

就在她巡演的同时，带她来美国的奥拜尔船长指挥着轮船，再次踏上前往广州的旅程。奥拜尔船长夫妇都离开了，但梅阿芳没有跟着他回中国。[①] 她换了一个经纪人——表演商亨利·汉宁顿（Henry Hannington）。亨利·汉宁顿开发了一种当时新兴的视觉艺术，叫“立体透视剧场”（dioramas）。它融合了透明幻灯片、灯光、装置与声效等手段，特别适用于人类学和博物学方面的布展。随着经纪人的变化，梅阿芳进入下一个阶段：她不再是单纯的“展示表演”，而是“东方景观”（spectacular）；她本人就是舞台上最重要的产品，公众对她本人的兴趣超过对她周围摆放着的中国商品，一时间她成为美国人对东方中国的幻想和理解的焦点。

从1835 年7 月到1836 年4 月，在十个月的时间里，梅阿芳跟随团队先后走了两条路线：第一条是新英格兰地区，第二条是密西西比河流域。他们甚至还到过古巴的哈瓦那。新英格兰的路线包括罗得岛州、马萨诸塞州、康涅狄格州、新泽西州、新罕布什尔和纽约州。她的密西西比河之行包括佛罗里达州、亚拉巴马州、路易斯安那州、田纳西州和俄亥俄州。从书中整理出的一长串的地名中我们可以体会到梅阿芳以柔弱小脚所完成的旅程的漫长。

在那一两年的时间里，有成千上万的人看过她的表演，但据戴维斯教授的资料搜集，如今只能找到11 名有名有姓的观众以日记、诗歌、信函和剪贴簿等形式留下他们具体的观感。这11 位观众中有商人、银行家、外科医生和教会人士，还有一位十几岁的少女和一位年纪稍大的妇女。他们大多来自中上层的社会阶层，有一位可以说是社会名流。尽管这个数据的覆盖面很小，但它体现的阶层分布符合19 世纪中期，付得起25—50 美分的票价剧院观众的典型形态。[②]

除了漫长的旅途外，梅阿芳还必须经常性地在大型集会上表演，遭遇语言和文化的障碍的苦恼。她还几乎没有任何华人同伴［早期曾有一位叫“阿唐”（Atung）的华人男青年做过她的翻译和助理］。面对这一研究对

① 南希·戴维斯教授根据当时的船运文件及相关人物的书信往来，认为有确实的证据表明1835 年4 月奥拜尔船长及其夫人都登上了开往广州的“玛丽·巴拉德”号，而梅阿芳没有同去。

② Nancy E. Davis, *The Chinese Lady: Afong Moy in Early America*, p. 14.

象，戴维斯教授感慨："很少有谁像梅阿芳这样同时面临种族差异，身体不利和弱势性别这三大问题。"① 而这一切都需要坚韧的毅力去克服。

1837 年美国发生了经济危机，汉宁顿的演出团队最终因为不景气而关门，梅阿芳也随之消失于 1837 年的经济危机中。不过，1838 年 3 月，新泽西州的《蒙茅斯调查人报》（*Monmouth Inquirer*）发表了一篇报道，说发现梅阿芳被汉宁顿抛弃，后被安置在蒙茅斯的救济院里。② 该报道引发舆论对"没良心的监护人"汉宁顿的谴责，最后他本人出面，承诺每周支付 2.5 美元给梅阿芳的寄养家庭，直到梅阿芳得到回中国的机会。然而，梅阿芳并是没有像公众所以为的那样很快回到中国，她继续居留在蒙茅斯八年的时间。1846 年前后，传记歌舞片《马戏之王》的原型，大名鼎鼎的马戏团老板 P. T. 巴纳姆（Phineas Taylor Barnum）找到她，但巴纳姆并不是要她进行小脚、服饰、物品和经历等来支撑"东方主义"的表演，而是安排她和一位名为"拇指小人汤姆"（Tom Thumb）的侏儒演员配对表演，以出卖身体特征来赚取观众的哄笑。这显然是梅阿芳又一次的身份降格：她沦为了巴纳姆式的以身体的差异性来供人取乐的表演者。从 1849 年末到 1850 年，梅阿芳再次踏上路演之路，在巴尔的摩、华盛顿特区和费城巡回表演。1850 年 3 月后，梅阿芳的名字几乎完全从新闻中消失了，这又与巴纳姆的安排有关，因为他新引进了一位中国女郎。就像十六年前的梅阿芳一样，巴纳姆新招的中国姑娘潘一姑（Pwan-Ye-Koo）也是非常年轻的缠足女子。巴纳姆特别强调潘一姑是来自中国的上层社会，即将嫁给中国一位高官。当然，这完全是编造之词。

1850 年，梅阿芳大约 32 岁。三十多岁的梅阿芳就此再无消息了。没人留心记载过巴纳姆手下的演出者——那些展示特异的身体的"奇珍们"（curiosities）的来龙去脉。梅阿芳会去往哪里呢？戴维斯教授的推测是她应该去了她熟悉的纽约或新泽西。如果她在纽约，那她很可能会进入 1850 年代后期逐渐形成的纽约的"唐人街"，然后和那里的某位华人单身汉结婚生子。如果她去了新泽西，那里在 1850 年代还没有形成华人社区，那她

① Nancy E. Davis, *The Chinese Lady*: *Afong Moy in Early America*, p. 235.

② *Monmouth Inquirer*, March 21, 1838, from Nancy E. Davis, *The Chinese Lady*: *Afong Moy in Early America*, p. 246.

有可能再次住进救济院。[1] 梅阿芳回到中国的可能性很低，戴维斯教授最终找不到她切实的登船回国的信息。梅阿芳一开始没有回去是因为她有表演“中国沙龙”的商业价值，随着时间流逝，尤其随着鸦片战争后中国在西方列强的眼里既是弱国和落后的文化，又是能触发西方人的敌意的威胁，她的商业价值就慢慢变味了，她的表演由文化秀降格为猎奇和搞笑混杂的马戏，而且时光很快蒸发掉她最后的商业价值。到了 1840 年代末期，即使她很想回中国，恐怕也没有哪个船长或老板有足够的动力资助她回国。另外，她阔别家乡已经 17 年了，家乡与她已经物是人非，再加上那时中国的传统思想，家乡的人也未必能坦然接受她的回归。很可能，梅阿芳无声无息地接受了自己在美国的命运，并不抱任何回到故土的希望。

二　美国早期的东方主义

戴维斯教授这本专著不仅具有历史文献意义，同时还具有跨文化的理论意义。梅阿芳的经历向读者生动展示了美国关于中国的“东方主义”的早期形态。美国华裔学者陈国维在《唐人街之前的纽约：东方主义与美国文化的塑形（1776—1882)》（后文简称《唐人街之前的纽约》）一书里，以一组概念来反映美国从独立战争开始到南北内战结束后对中国的态度：贵族东方主义（patrician orientalism)、商业东方主义（commercial orientalism）和政治东方主义（political orientalism)。《唐人街之前的纽约》以点带面地以纽约来观察美国，得出的结论是美国以东方主义的目光过滤过的中国，是早期美国文化形成过程中的构成性要素，而早期美国对中国的东方主义的目光经历了三个阶段的演变，体现为贵族的、商业的和政治的三种形态。最早是上层社会的贵族式的东方主义——美国人把中国与中国物品视为可以彰显身份与财富的符号，拥有中国思想和中国商品就能通向拥有社会地位。商业东方主义随着美国的独立和建国而来。伴随着脱离英国控制的中美贸易的兴起，中国商品渐渐不再稀有，而且日益成为美国中产阶级的日常用品。与此同时，美国社会里现代性勃发，人们对知识与教育的渴望急剧增长，带动博物馆、图书馆与沙龙等教育形式兴起，它们都提供

① Nancy E. Davis, *The Chinese Lady: Afong Moy in Early America*, p. 282.

了了解中国的窗口。随着中国的人、事和物进入美国的报刊、剧院、博物馆与公共景观中，中国的神秘感被进一步祛除。另外，随着1848—1860年代“淘金热”而不断壮大的华人移民群体，他们中也不乏以迎合东方主义的方式去获取利益的行为。[①] 这三方面的因素都作用于商业东方主义的流行。政治东方主义则是1870年代开始出现的现象，体现为华工问题、中国问题以及中国的文明成为美国全国性大讨论的主题。陈国维以1870年6月30日，颇负盛名的报纸主编约翰·斯文顿（John Swinton）向纽约市民提出“中国问题”（Chinese question）为政治东方主义出现的标志。[②] 需要强调的是，尽管三种东方主义出现的时期不同，但它们并不是后一个取代掉前一个的线性继承关系。政治东方主义出现的时候，贵族东方主义和市场东方主义仍持续存在。

梅阿芳主要体现的是商业东方主义的形态。此外，在初到美国的梅阿芳身上，我们可以看到贵族东方主义余韵袅袅，商业东方主义渐渐兴盛；而1850年梅阿芳留给公众的最后的背影则折射出政治东方主义的先声，因为此时的她已然是理想的美利坚民族的公民文化身份的反面，是与拥有资产的、理性的、具有自我决断力的、白种的男人截然相反的存在——这种二元对立感是1870年代开始的排华运动的话语基础。

对于已经为人熟知的政治东方主义，梅阿芳曾经代表的贵族的和商业的东方主义亦是今天值得钩沉的历史现象。1835年2月15日，19岁的中国姑娘梅阿芳抵达华盛顿特区，等待美国第七任总统安德鲁·杰克逊的接见。这一匪夷所思的接见足以说明建国之初的美国多么渴望和中国迅速建立起商贸通道与经济联系。在独立战争之前，美国人通过英国商人或走私者获得他们所需要的中国货物，如瓷器、丝绸、茶叶和“南京布”。当时还是英国殖民地的美国是无法与中国进行直接贸易的，因为大英帝国版图

---

① John Kuo Wei Tchen, *New York Before Chinatown*: *Orientalism and the Shaping of American Culture*, Baltimore: the Johns Hopkins University Press, 1999, pp. xx, xxii, xxiii.

② John Kuo Wei Tchen, *New York Before Chinatown*: *Orientalism and the Shaping of American Culture*, Baltimore: the Johns Hopkins University Press, 1999, p. 167. 约翰·斯文顿以诗歌的形式和感性的语言，激发读者对华人移民的负面情绪，以下是他当时发表的文字：突然间——似乎，是一道闪电带来——中国问题已经成为此时此刻活生生的问题。/这个问题，不但要求我们去讨论，去决策，还要去行动。/这是关于实业与资本的实际的问题，也是关于文明、自由与道德的问题。/不但是今天的问题，而且，倘使解决不利，将是要困扰我们很多年，很多年的问题。

中唯一能和中国开展贸易的是1600年成立的垄断机构——英属东印度公司。[①] 独立战争胜利后，美国商人不想再受英帝国的掣肘，积极探索与中国进行商业往来的渠道。最著名的事件莫过于1784年美国商船“中国皇后”号抵达广州港。[②] 山茂召是“中国皇后”号的大班、美国第一任驻广州领事，他在其第一次赴广州航海日记的开始部分写道：“在大不列颠和美国的战争结束后不久，纽约和费城的几个商人对与中国广州开展贸易发生了浓厚的兴趣。”[③] 在梅阿芳到来之前的五十多年里，美国和中国之间的商业活动持续展开，越来越密集。成百上千艘美国商船从巴尔的摩、费城、纽约和萨勒姆港扬帆启程，驶向中国的广州。

全球贸易的金色锁链就这样把这位中国女士以及她所促销的商品与东方中国的历史性联系在一起。1830年代，美国社会兴起了社交热，社会上流行互送卡片、书信往来、喝下午茶、各种客厅和沙龙活动。卡内斯公司所进口的、梅阿芳所代言的那些货品——卡片盒、茶叶罐、桌面游戏用品、扇子、折纸、书签、手帕和披肩等——正好可以在这个历史时期派上用场：茶叶罐的视觉呈现能直接体现主人的生活品位；雕刻着才子佳人与花鸟庭池的象牙名片盒诉说着主人的经济能力；做工精美的七巧板、九连环、象棋、五子棋、象牙龙珠等中国益智玩具不仅老少皆宜，开发智力，同时也是散发着异国情调的装饰品。这些物件几乎可以说是中产阶级家庭的标配。此外，中国出口的特产还包括鼻烟壶和文明棍等男士时尚品、披肩和扇子等女士时尚品、肉桂和生姜等香料，以及大黄和甘菊等草药。

鸦片战争后，中国陆续开放一些通商口岸，西方人也就有可能直接进入中国腹地并发展出对中国的新的观感。美国对中国的感性认识变得越来越不友好，落到梅阿芳这个人物身上，就体现为媒体上的话题发动人与点

---

① ［美］埃里克·杰·多林：《美国和中国最初的相遇——航海时代奇异的中美关系史》，朱颖译，社会科学文献出版社2014年版，第4页。

② 一般来说，美国和东亚地区关系的开端总是要追溯到“中国皇后”号商船的启程。1783年，在美国探险家J. 雷雅德（John Ledyard）的建议下，投资人莫里斯（Robert Morris）和纽约的丹尼尔·帕克公司合作，计划派出三艘商船前往中国。1783年9月3日，美国独立战争结束，美国宣布独立。紧接着美国的独立，1784年2月22日，“中国皇后”号从纽约起航中国，8月28日抵达黄埔港。

③ ［美］乔赛亚·昆西：《山茂召少校日记及其生平》，褚艳红译，广西师范大学出版社2015年版，第116页。

评人都把对中国的负面的人格化与梅阿芳联系起来。美国是一个实用主义至上的国家，通过种种或想象或真实的方式对中国的人、事和思想加以利用，一直是构成美国这个国家文化身份的工具；不但如此，利用的意图和内容可以在很短的历史时期里快速翻转，于是关于中国的话语呈现出截然相反的面相。从卡内斯兄弟公司的“展示表演”，到汉宁顿透视剧场中的“东方景观”，再到巴纳姆舞台上的“奇珍表演”，梅阿芳在她并不算长的演艺生涯里就经历了这种快速的翻转变化和身份的一再降格。

戴维斯教授说写作这本书令她不得不直视一个显而易见的问题：无名小卒的生活可以写成好的小说，但却写不成好的历史书（the lives of the obscure make good fiction，but bad history）。作为学者，她选择了一个没有多少人认为是重要的人物去研究，研究的挑战不仅在资料上，更在意义上，即研究梅阿芳的意义是什么？戴维斯教授说她从中获得的最大启示是现实与历史总在同频共振，今天中美关系能以许多有趣的方式与那时的中美关系产生历史的回响。例如，那时的卡内斯兄弟就已经采用了一种直到 20 世纪末才再次出现的对华贸易方式：他们在巴黎观察最新的欧洲的时尚与品位，然后让中国的手工艺者在中国大规模地生产出模仿西方社会里流行风尚的商品，同时价格上又比西方制造的便宜很多。[①] 综合全书，看得出戴维斯教授更多关注的是中美之间的贸易与经济交往的历史，所以她对梅阿芳的阐发主要在其商业东方主义的一面；至于从梅阿芳所体现出的美国政治与文化霸权层面的东方主义，戴维斯教授并没做出多少阐发。

但是，戴维斯教授毕竟以细密的历史资料的钩沉画出了梅阿芳的画像，这是迄今为止关于这位华人女性的最精细的画像，而这幅“画像”对于我们理解美国对中国的多种形态的东方主义，无疑是有很大的参考意义。对于中国读者来说，梅阿芳的故事能够帮助我们去了解在中美相遇的最初，美国人是怎样观察与体验“中国”的。她卑微而重要。她令我们看到第一次鸦片战争与 1842 年的《南京条约》的确构成了现代西方人对中国的“东方主义”的最大转折点，就像海达德在《中国传奇》里所说的，1834

---

① Nancy E. Davis，*The First Chinese Woman in America*，哔哩哔哩 2020 年 4 月 1 日，https：// www. bilibili. com/ video/BV1Gg4y1a76i？ from = search&seid = 4231941699735280684（2020 年 8 月 8 日访问）。

年“阿芳妹”刚在纽约露面时，人们只会迷恋于她的神秘，并不特别诋毁中国，而到了 1840 年代后期，美国人不但降低了对中国的评价，而且会用鄙夷和讥笑的口吻批评中国人。[①] 另外，这种快速的变化也有力证明了西方人的“东方主义”的本质是多样态的、流动的、基于实用主义的文化建构。不管怎样，作为有史可查的第一位抵达美国的华人女性，梅阿芳在早期的美国游历得那么广，她令许许多多的美国人看到了中国女性的实体，而在她之前美国人看到的中国女人只存在于织物、墙纸与瓷器上。

（潘雯，中共浙江省委党校社会学文化学教研部副教授）

① ［美］约翰·海达德：《中国传奇：美国人眼里的中国》，何道宽译，花城出版社 2015 年版，第 168 页。

行动者网络中的早期国家形态

——评詹姆斯·斯科特的《反抗谷物：早期国家的深度历史》

刘　珩

摘要　早期国家的历史一直以来受到一套包括农耕、文字、阶级在内的“文明”话语的支配，从而与“野蛮”的采集—渔猎社会分属于两种性质各异的实体。借助拉图尔的行动者网络理论，可以将早期国家置于一张由人与物共同编织而成的网络中予以考察。在这一网络所形成的关系场域中，早期国家与环伺四周的野蛮社会作为并列的行动者，共同对谷物及其意义加以输送和转译，并在物质、信息和能量的交往互动中，彼此留下可以追溯的轨迹。重新审视谷物的能动性，有助于揭示早期国家这一组合异质杂糅的特性。

关键词　行动者网络　早期国家　谷物

一　以早期国家为中介的行动者网络

有关早期国家的认识，一直以来受到一套“文明”话语的支配。阶级、金属、文字和农耕成为早期国家的标配和专利品，以此与环伺四周的野蛮社会加以区别。阶级分化强化了国家的各种政治治理，金属工具的冶炼提高了生产效率，民众因此摆脱食不果腹、衣不蔽体的原始状态。文字的发明造就了文学的繁荣景象，农耕社会剩余产品的输出构建起发达的贸易体系，并促进经济的飞速发展。显然，政治、生产力、诗歌文学以及贸易也连带着成为国家的专属成果，以此映射出采集—渔猎社会的物质匮乏以及游牧部落的混乱无序。国家一旦成型，其首要的任务便是防御野蛮社会的攻伐劫掠，城墙、要塞等防御性工事的构筑，也是国家形成的重要标志。总之，早期国家与其周边的采集—渔猎和游牧社会分属不同的文明体系、有着截然不同的生计方式，这是两种泾渭分明、性质各异的实体。正是由于一个文明，一个落后，国家如同一块具有和平、秩序、繁荣等强大吸力的磁铁，再加上其统治者所特有的卡里斯马的人格魅力，吸引着四方的原始部落纷纷投向其怀抱。野蛮社会必定向着文明的农耕和定居方式演进，早期国家虽然有时会陷入短暂的“黑暗世纪”（dark age），但却绝无向野蛮倒退的可能。

斯科特的新作《反抗谷物：早期国家的深度历史》意在将国家从文明话语的捆绑中解脱出来，将国家和野蛮社会看作两个平行发展的“孪生兄弟”，你中有我，我中有你，二者相互激发、彼此塑造，绝无断然割裂的道理。事实上，将两者联系起来的恰恰是谷物。早期国家忙着精心呵护这一政治作物，而野蛮社会也盘算着如何通过劫掠或者贸易从谷物的耕作中获利。这一点正如斯科特所言，“国家和非国家的民众、农耕者和采集者、野蛮和文明双方都处于平行的演化过程之中，不断劫掠国家中心的游牧族群，作为国家的竞争者，彼此都在争夺对农耕社会剩余产品的控制权”[①]。早期国家和野蛮社会如同谷物身上的两只寄生虫，谷物的好坏直接决定着二者的命运。然而，世事无常，谷物并非年年丰盈，伴随着谷物耕作的往往是人、牲畜、作物等各种疫病的暴发流行，围绕“谷仓”的守卫和劫掠的战争的极大破坏性，以及强制劳动力的逃亡和流散。谷物的这些不确定性（uncertainties）和能动性，究竟对早期国家造成了何种连锁效应，并促使其不断变换自身的存在形式，无疑是一个极其有趣的物的视角。

以谷物作为视角，我们便能将早期国家和野蛮社会串联起来，而不是用文明/野蛮的话语将二者截然分开，势同水火。国家和野蛮社会都是谷物及其意义输送的工具，它们都是这一串联中的行动者，既促使他者做事，同时也被其他具有能动性的中介所裹挟，并进而改变自身的意义和运动的轨迹。如此一来，早期国家的发展和演化便具有了拉图尔（Bruno Latour）所谓的行动者网络的特点。这是因为，第一，“行动者网络必须首先确定一个外在于社会的更大的集合（associations），从而考察人和物以及各种社

① James C. Scott, *Against the Grain: A Deep History of the Earliest States*, New Haven: Yale University Press, 2017, p. 249.

会实体，借助众多意义输送的工具，彼此联系和循环的途径”①。同理，我们也应该构建起一个外在于国家的更大的社会联合形式，以谷物作为“收集者”（collector），考察国家及其周边的部落社会彼此联系的方式。其次，“行动者网络是由众多中介形成的链条（chains of mediators），这一链条串联着诸多不确定性，以这一链条作为意义输送的路径，则意义在各个环节的流动过程中，不可避免地受到其他中介的转换、转译和修正，从而不会是某种社会类型或者社会力量一以贯之的结果或者反映”②。也就是说，如果我们把早期国家和四周的部落社会看作行动者网络中意义输送的工具和中介，而非某种给定性的社会实在和必然结果，则它们的“在场”必然充斥着诸多的不确定性。其中既包括环境、气候的变迁所带来的不确定性，也包括围绕谷物的耕作和反抗带来的不确定性，当然也包括作为某种短暂联合形式的早期国家自身的不确定性。尽管考察行动者网络中的不确定性充满挑战，但也正是行动者网络理论的核心所在。

二　谷物的能动性与早期国家

物因为具有诸多的不确定性，长期以来受到专注于社会的社会学家们（the sociologists of the social）的排斥。在拉图尔看来，“这些学者们推崇的是‘社会’、‘社会规范’、‘结构’、‘社会律法’、‘社会习俗’、‘文化或者规则’等一类事物，他们认为这些事物拥有必要的恒久性、统一性以及惰性（inertia），不但全面掌控我们以及我们生活的地貌，提供恒定的支撑和维持作用，而且具有自我复制和衍生的能力”③。也就是说，社会成为解释一切的力量，物因其不稳定性被排除在外。然而，专注于联合的行动者网络理论（Actor Network Theory）却认为，“物所特有的能动性已经使其成为行动者，因为任何对于一种状态予以修正，并且产生差异的事物都是行动者”④。显然，物作为非人的因素（non human）已经参与到了社会联合

① Bruno Latour, *Reassembling the Social: An Introduction to Actor-Network-Theory*, Oxford: Oxford University Press, 2005, p. 6.

② Bruno Latour, *Reassembling the Social*, p. 59.

③ Bruno Latour, *Reassembling the Social*, p. 31.

④ Bruno Latour, *Reassembling the Social*, p. 71.

的构造过程之中，并且对这些联合的形状和特性予以修正，它们都是发挥能动性的中介，不应被排除在社会这一阐释框架之外。

如果想换一种视角考察早期国家的形态，我们同样不能仅仅依赖于象形文字和楔形文字保留下来的历史文献，以为国家总是恒久性地与税收、工作单位、贡物清单、皇室谱系、开国神话以及法律休戚相关，以为这些事物全面掌控国家的一切。事实上，早期国家并不是一个利维坦式的强权国家，掌控一切、无所不能。因为在某些气候变幻不定的地区，国家更像是一种季节性的制度（seasonal institution），比如在东南亚暴雨连绵的季节，一些国家的影响力只能局限在宫墙之内。因此，我们必须清楚地意识到，从最初的萌芽之后的几千年中，国家不是一个持续恒久的存在，它充满变数、摇摆不定。①

早期国家摇摆不定，随时都会陷入分崩离析的险境，显然不能作为解释一切的力量和框架。然而传统的以国家为中心的文明话语体系，却将国家作为人口定居、农耕、灌溉设施的兴建以及商贸往来的必要前提。这类话语认为人类采取农耕的方式出于一种自发的社会意愿（social will），是理性和思考付诸实施的结果。早期先民们毫不计较单一谷物所带来的营养贫乏，也不在乎赋税徭役的繁重，更不在乎农耕劳作的艰辛，只因为深藏其后的国家力量的召唤，他们便自发地选择一种群居协作且文明道德的生活方式，从而与野蛮和阇昧划清界限。然而情况果真如此吗？答案是否定的。人类开始刀耕火种并非出于定居生活的意愿，而是因为大火焚烧杂草之后，清理出一块可以耕作的沃土，无须费力便可粗放地播撒种子。同理，河水的泛滥在下游淤积出肥沃的耕地，河水将人们固定在这些可耕地范围，从而造成了最早的定居形式。在斯科特看来，“早期国家并不是造成人力整合的主要因素，人们之所以聚集在河流的淤积地带，主要是因为在公元前3500年前后，海平面下降以及幼发拉底河水量减少所引发的干旱，使得人们逐渐聚集在为数不多的河道和溪地。国家正好攫取了这一由环境变化引发的人口聚居所形成的优势”②。

因此，早期国家的萌发是因为控制了新石器晚期在谷物的栽培和人力

① James C. Scott, *Against the Grain*, pp. 15 – 16.

② James C. Scott, *Against the Grain*, p. 116.

的调配、协作这一基础上所形成的单位，并以此作为基础进一步加以控制和利用。换句话说，早期国家之所以形成是因为它控制、利用并且攫取了新石器时代晚期的这些资源和成果，包括单一谷物的栽培、人力的整合、灌溉设施的修建以及用于贸易的航道所形成的网络体系等方面。然而上述这些被冠之以文明的现象，总是与国家联系在一起。事实上二者并非一种因果关系，国家只不过在恰当的节点上，巧妙地将这些人与物的因素聚合在一起，因此早期国家颇有不劳而获的攫取者的意味。如果斯科特的这一认识成立，我们便可认为是谷物的能动性所形成的行动者网络，将农耕、人力的整合、灌溉设施的修建以及贸易网络的构建等诸多中介串联在一起。沿着谷物这条运输通道，各种意义不断流通和重组，并且在特定的节点上促成了早期国家的在场。也就是说，谷物使得国家做事，并不断对其意义和运动发展的轨迹予以修正乃至颠覆，谷物是国家这一组合体中至关重要的行动者。

谷物对国家"驯化"的痕迹随处皆是。谷物为农耕社会设计出作息时间，组织起相应的居住模式、社会结构、定居点的构造环境以及大多数的仪式生活。谷物的播种、收获、去壳、晾干、分拣、储存，消费谷物时的捣杵、碾磨、蒸煮、烘烤等日常劳作构成了定居生活的节奏。谷物支配了我们的生活，在心理上和生理上对人类加以极大的重塑，改变了我们认知自然和环境的方式。① 从此，我们对自然界的各种实践性知识更加贫乏，我们的饮食结构更加单一，我们的情感体验更加单调，我们的仪式生活不再丰富多彩。因为"谷物几乎塑造了农耕文明的所有仪式生活：由国王或者祭司主持的播种、收获以及各种庆典，为了丰收所做的祈祷和献祭，特定的谷物由特定的神掌管等等。不仅如此，农耕社会的美德也逐渐被谷物的耕作所支配。'适时播种、适时收获'，并做一个好的牧羊人，这一象征几乎书写了《圣经旧约》的所有章节"②。

此外，谷物的栽培促使灌溉设施的修筑和完善，城墙意在阻挡耕作谷物的劳力的流散，相应的法律则维护谷物提供的单一营养的分配方式，整

① Helen Leach, "Human Domestication Reconsidered", *Current Anthropology*, Vol. 44, No. 3, 2003, pp. 349 – 368.

② James C. Scott, *Against the Grain*, p. 92.

个税收制度都以谷物为基础。因为谷物具有方便早期国家税收的所有特点：可见、可以精确和不断地分成更小的单位，可评估、可存储、方便运输、可定量以方便配给。此外，所有航道的开辟也一定是以运输谷物为目的。无论从哪方面而言，谷物都是一种地道的政治作物。谷物的疆界就是早期国家的疆界，谷物的秩序就是国家的秩序，谷物的播种和收获的仪式是国家最为重要的仪式。然而一旦由谷物串联起来的行动者网络中的任何一个环节出现问题，包括早期国家在内的由谷物驱动的社会联合体便会面临崩溃的危险。这样的例子不胜枚举，“单就早期国家平民的生活状况而言，他们劳作繁重、营养缺乏、随时面临传染病暴发的风险。此外，他们还必须负担沉重赋税和徭役。由于上述生活的诸多风险，早期国家之内人群的聚集恐怕并非出于自愿，早期国家更像是一个依靠强力维系的集中营”①。耕作谷物的劳力由于疫病、饥荒、战乱等原因而导致的人口大量减少和逃亡，无疑增加了国家的不确定性。

三　早期国家的不确定性

抛开国家的阐释框架，将早期国家看作一种联合、一个群体也是拉图尔所论述的行动者网络的一个方面。正是在这一意义上，群体这一概念如果表示既存的边界，或者相应于某一个业已形成的固定参考框架，比如弗洛伊德的无意识、韦伯的伦理等，在行动者网络理论的学者看来毫无意义。② 群体只是在表示从某一个参考框架向着下一个参考框架转换的时候，也就是随着行动者作为中介所造成的转换、运输以及转译促使既有的社会组合再次面临重组的时候，群体这个概念才有意义。用拉图尔的话来说，“必须用群体所呈现出来的诸多自相矛盾之处，来替换由各种社会集合（social aggregates）所组成的群体观念”③。

早期国家异常脆弱、摇摇欲坠，如同孩童用积木费力搭建出的金字塔。如果将国家看作是一个固定边界组成的实体，将国家行政能力（人口登记

---

① James C. Scott, *Against the Grain*, p. 27.

② Bruno Latour, *Reassembling the Social*, p. 31.

③ Bruno Latour, *Reassembling the Social*, p. 31.

造册、税收、徭役、律法、秩序等）所及的范围视作国家统治的范围。然而一旦这一边界不复存在，国家的各种律令成为一纸空文，大多数学者便想当然认为这无疑意味着国家的崩溃。然而国家真正崩溃了吗？其实“被摧毁的只不过是设置在权力中心的殿宇楼堂和纪念碑，国家只不过是暂时解体了”[①]。用行动者网络理论来说，国家从完全具有确定的边界和行政影响能力这一参考框架，向着更为分散的小型人口定居，且具有一定自治模式的村庄这一参考框架转换。由于众多的行动者参与到这一转换的过程之中，其所使用的运输工具也各不相同，在群体重组过程中不可避免地造成意义的改变（转译），并为下一次的重组设下伏笔。如此转换和重组过程中所特有的不确定性和持续的运动过程，才是群体和早期国家等概念的应有之义。

上述国家崩溃的这一概念之所以被频频使用，是因为其后贯穿着一套文明的解释框架。城墙、税收、徭役、律法、替代口头传统的文字，常常被看成解释国家存在的唯一法则。这些标示文明的符号，如同一部忠实可靠的运输工具，分毫不差地传递着国家的意志。同时，这套文明的话语作为关键性的词汇，如同通约一切、度量一切的货币。因此，一旦这一部忠实的运输工具不复存在，国家当然也就消亡了。此外，面对国家之外的诸多异质性的现象和组合方式，这套阐释框架也显得苍白无力，唯一可做的便是将文明与野蛮截然分开。然而，如果我们按照行动者网络的指引，不将国家看作以某种文明要素为界限的具体实在，而是将其看作一种联合向着另一种联合转变过程中的某种运动，则国家事实上并没有崩溃。它是“一个更大的同时也更脆弱的政治单位，裂变或者解体成为诸多更小的同时也更为稳定的组合元素（components）的过程，也就是一个解体的过程”[②]。众多非文明形态的运输工具参与了这一解体的过程，从而将国家保存在诸多更小的、高度自治同时也更具活力的社会单位之中。此时的运输工具作为中介，并非通约一切、度量一切的准则和砝码，其价值就在于造成意义的改变，从而形成新的社会组合方式。“变迁中的居住模式、变通

① James C. Scott, *Against the Grain*, p. 185.

② Norman Yoffee and George Cowgill, eds., *The Collapse of Ancient States and Civilizations*, Tuscon: University of Arizona Press, 1988, p. 30.

的贸易和交换的结构以及适应性的生存策略等”，[1] 都是意义转变和重组的结果。

如果斯科特的“解体”观念还不足以传递国家的这一转换的状态，则行动者网络的运动观点，更能够促使国家在场并呈现出其运行的轨迹。在拉图尔看来，行动者网络理论能够把握的是运动，以及由此带来的轻微的转换、转译所造成的改变，也就是一种旧的联合向着较新的或者不同的联合变异过程中，能够被间接观察和认识的诸多微小的转变。[2] 也就是说，通过比解体更为形象的运动，这些裂变而成的组合元素，在机会恰当的时候将被重新编织在人与非人所组成的行动者网络之中，在运动中等候下一个机缘巧合的节点，重新组合成包括国家在内新的联合形式。总之，早期国家在运动中存在，在运动中呈现自身，在运动中能够被观察和描述。这一切之所以可能，是因为国家不再和文明捆绑在一起，文明之外的诸多要素，作为行动者参与到国家（社会）的组合和重组这一运动之中。这些行动者既包括人的因素也聚合物的元素，它们交织缠绕在一起；既具有消化酶一样的分解作用，同时也如同基因一样蕴含着重组和排序的潜能，一切都在运动和不确定性中完成。

一旦将国家看成组合和重组这一行动者网络中的一个运动过程，而非文明的“崩溃”，就可以从一个新视角理解“崩溃”。用这样的视角，便可以重新审视早期国家崩溃之后陷入的所谓“黑暗的世纪”。早期国家权力的真空期恰恰是众多国家治下的主体重获自由、人的福祉大为改善的时期。国家的崩溃恰恰是人口的分散和重新配置的过程，这一次转移避免了由于瘟疫、战争所引发的大规模人口死亡。因此，理解崩溃的关键就在于不能将文化同国家统治中心耸立的纪念碑和殿宇楼堂混为一谈，也不能将文化看作宫廷文化所取得的最高成就。[3] 同样，我们也不能将人口的分散、纪念碑的毁损以及宫廷文字记录的缺失，看作文明之光熄灭后的黑暗世纪。反思黑暗世纪的关键，就在于我们要将视线投向国家中心以外的边缘地区、小型的集镇、村庄以及牧人们的营地。总之，历史学家和考古学家

---

① Norman Yoffee and George Cowgill, eds. , *The Collapse of Ancient States and Civilizations*, p. 60.

② Bruno Latour, *Reassembling the Social*, p. 36.

③ Robert McC. Adams, *The Land Behind Bagdad: A History of Settlement on the Diyala Plains*, Chicago: University of Chicago Press, 1965, p. 55.

们长期以来一直依赖早期国家所保留下来的自传式文献，提供便捷的一站式购物服务，如今我们需要真正将视线转移到那些碎片化的、分散的、大多缺乏文献的“黑暗世纪”。[①] 一旦我们摒弃了文明与黑暗、国家与野蛮之间截然两分的阐释框架，便不难发现，所谓的黑暗世纪并不黑暗。生活在黑暗中的人顺应自然与物的现实需要，颇为变通和创造性地将各种运动中的元素编织在集体行动这一网络体系之中，形成了诸多更为分散、更加自主、更具活力的社会联合体（associations）。这既是社会一词的本义，也应该是早期国家分分合合中的重组元素。

以埃及和希腊的黑暗世纪为例。埃及的第一次黑暗时期，也就是历史上位于古王国期和中王国期的第一过渡时期，大约持续百年之久。王朝中心的统治效力衰落，各自为政的权贵们将过去属于中央王朝精英的仪式体系一并继承过来，通过模仿，以便巩固自身的权力。因此，一方面是中央权力衰落、人口进一步流散和去中心化；另一方面是地方权贵对各种仪式的模仿和僭越，同时也包括各种赋税的削减。[②] 希腊的黑暗时期从公元前1100年持续到公元前700年，大量的宫殿、庙宇被破坏焚毁，贸易大幅缩减，曾经灿烂辉煌的古典时期文明之光逐渐熄灭。但是口述史诗《奥德赛》和《伊利亚德》却正好出现在这一黑暗的时期，之后才被转述为文字并为世人所熟知。显然这两部口传史诗能够依靠不断的展演和记忆而流传至今，本身就已经说明这一黑暗时期非常宽松、自主以及充满创造力和创作激情的文化氛围。这一点是依靠一小部分有阅读能力的精英所标示的文化难以企及的。随着希腊黑暗世纪一起被遮蔽的是那些小型、零散但却享有自治的不同中心的人们的生活状况，这不能不说是一种遗憾。这些分散保存下来的自治中心（autonomous centers），定为之后灿烂辉煌的古典希腊奠定了坚实的基础。[③] 总之，如果我们并不总是刻意将文化的创造与居于顶端的国家中心画上必然的等号，那么去中心化以及人群的分散，不但意味着一种重组和变革，而且也是文化生产多元性的重要前提，也才能产生《奥德赛》和《伊利亚德》这样的伟大诗篇。

① James C. Scott, *Against the Grain*, p. 214.

② Barbara Bell, “The Dark Ages in Ancient History”, *American Journal of Archaeology*, Vol. 75, No. 1, 1975, pp. 1 – 26.

③ James C. Scott, *Against the Grain*, p. 217.

显然，早期国家的不确定性是因为国家是一个在运动中不断进行重组的过程，是一个不断变换自身存在方式的过程，是一个抗拒单一的文明话语阐述，但却在联合和重组中留下诸多轨迹可以追溯的过程，当然也是一个可以随时向着“野蛮”倒退的过程。国家在行动者网络中留下了可以追寻的踪迹，想要追寻这些踪迹，首先必须让国家和文明等充满惰性的解释框架离场，则“消失”的国家便会以另外一种方式回归。作为行动者网络中的行动者，早期国家将诸多非国家的事物和实体联系在一起，在诸多不确定性和运动中呈现自身，重新被我们观察和描述。

四　文明国家与野蛮社会：行动者网络中的两个并列行动者

行动者网络的本质就是不可简约这一原则（the principle of irreduction）。拉图尔认为，“行动者网络的哲学意义就在于，所有参与这一网络的行动者由于其所扮演的角色很不固定，因此由它们组成的联合会产生一系列的反应，连带着其他行动者发挥作用。这种连锁反应并不是因为诸多忠实的媒介质（intermediaries），传达了某种始终如一、恒久不变的社会力量，而是由于众多意料之外的事件被这一网络中其他中介（mediators）所引发，由此所衍生出来的转换和改变”①。

也就是说，国家作为行动者网络中的一个因素，多少是其他行动者所引发的连锁效应。国家在与野蛮社会的对峙中，进一步得到界定和发展。以国家的标志之一的城墙为例，根据拉铁摩尔的研究，国家为了防御野蛮群体的入侵而修筑的城墙和要塞，从欧洲西部，穿越中亚，一直延伸到中国。这一横跨欧亚大陆的城墙，将古典的文明世界与居住在森林、高地和草原的游牧部落区分开来。② 早期的国家显然是对这些潜在的侵略势力的一种回应，是诸多行动者所构建的串联中的一个重要环节，即野蛮社会的入侵与文明世界的防御。相应地，国家这一新兴的中介者，以其特殊的作

① Bruno Latour, *Reassembling the Social*, p. 107.

② Owen Lattimore, *Studies in Frontier History: Collected Papers*, 1928 - 1958, London: Oxford University Press, 1962, pp. 469 - 491.

用，也引发了诸多意料之外的事情。国家作为行动者所发挥的作用在斯科特看来，极大地促进了野蛮社会的扩大和完善，促使其在与早期国家的对峙、劫掠和贸易互动中进入了一个黄金时期。

> 国家在野蛮人眼中更多的是贸易的据点，而非劫掠的对象。由于早期国家过于单一的农业生态，因此需要大量从外部获得其他商品。早期国家和野蛮人之间的贸易往来在公元前第一个千年出现井喷式的增长，地中海沿岸的海上贸易极大地促进了野蛮人的经济。他们向低地的农耕区输送各种原材料、牲畜和奴隶，以换取纺织品、谷物、铁器、铜器、陶器和各种奢侈品。由于野蛮人控制了大部分贸易路线，显然从中获益颇丰。①

早期国家成为行动者网络意义输送的一个重要环节，与其四周都是野蛮人居于主导地位的生态和地理环境息息相关。国家如同嵌入其中的一座孤岛，若想在这些桀骜不驯的野蛮人所占据的森林、高地、峡谷交错纵横之间有限的农耕区域，专心培育稻米、大麦一类的政治作物，早期国家一定是一个异质杂陈的社会联合体，而不是一种单一的“文明”实体。这一点从早期国家对其境内野蛮人的分门别类中表现得很清楚。根据拉铁摩尔的研究，古罗马境内就分布着众多具有浓郁居住地貌特征的蛮族，比如“山地人”“沼泽居住者”“森林人”等。中国汉朝时期就有“生番”和“熟番”的记载，前者指完全没有开化、充满敌意的群体，而后者则在很大程度上已经并入帝国治理的区域，可以纳入帝国的版图。② 显然，早期国家对自身这一异质多元的松散组合形式也有相当的认识，并表现出相对的宽容。

与此相应，在野蛮人眼中，国家类似于游牧部落业已布局完成的劫掠网络中的重要一环，受到游牧部族的保护甚至豢养，如同一头被圈养的牲口，待到膘肥体壮之时再被屠杀（劫掠）。野蛮人也知道不能杀掉会下金蛋的鹅，他们会将这些“鹅”保护起来，以便从贸易，谷物、牲畜以及其

---

① James C. Scott, *Against the Grain*, p. 226.

② Owen Lattimore, *Studies in Frontier History*, pp. 415 – 426.

他物品的交换中获益。因此，“此时的劫掠更多的是劫掠受其他野蛮势力保护的农耕社会，一旦这种保护性的制度成为长效机制，它同样也能将野蛮社会很好地组织起来，这与早期国家也没什么太大的区别”①。也就是说，国家和野蛮社会都是利益攸关、休戚与共的行动者，在相互的缠绕和裹挟中，不断促进对方机制的完善。双方如同一对如影随形的孪生兄弟，“一方是帝国，另一方是‘影子帝国’”②，呈现出唇亡齿寒的相互依存的关系。国家以游牧部落的存在作为其内部不断加强控制的理由，进一步完善了以谷物为收集者的各种制度（水利工程的建设、城墙要塞的修筑、人口统计和监管的严密等）。相应地，“国家周边游牧部族的整合和集权化也会随着农耕社会的发展而日趋完善，帝国一旦崩溃，影子帝国也会迅速消散和分解”③。

总之，国家和野蛮社会俱属于一个更大的社会联合体，同时也是诸多行动者所组成的网络中，各自发挥能动性，从而造成意义改变的主要中介和输送的工具。谷物以国家和游牧部落为运输工具，在这一网络的串联中发挥着重要作用。斯科特说，“谷物形成了包括早期国家在内的一个耕种单位，大量人力由此聚集。如何处理这一单位的剩余物品和劳力，构成了国家和野蛮社会交往互动的格局。谷物中心所提供的物品和人力，不但塑造了早期国家管理、分配和控制的各种体系，同时也促成野蛮社会‘保护费’制度的发展和完善”④。在这样一个网络中，谷物、国家和周边的游牧部落或多或少都扮演着拉图尔所谓的“收集者”这一角色。但是收集者并非具有绝对的支配性，它们只不过是促成一系列连锁效应的主要诱因。如同多米诺骨牌最先倒下的那张牌一样，它所造成的结果因为其他中介的参与和接力，很难被准确地预见，一切都充满不确定性。我们所能做的只是追寻这一场接力赛在运动中留下的轨迹，当诸多中介因素在某一节点，显现其重组的轮廓之时，对其加以描述，使其到场。

---

① William G. Irons, “Cultural Capital, Livestock Raiding, and the Military Advantage of Traditional Pastoralists,” In Grinin et al., *The Early States, Its Alternatives and Analogues*, Uchitel Publishing House, 2017, pp. 466 – 475.

② Nikolay N. Kradin, “Nomadic Empires in Evolutionary Perspective,” In Grinin et al., *The Early States, Its Alternatives and Analogues*, Uchitel Publishing House, 2017, pp. 501 – 523.

③ James C. Scott, *Against the Grain*, p. 251.

④ James C. Scott, *Against the Grains*, p. 243.

五 反抗谷物：人类永恒的基因

人类对谷物的反抗，从来不曾中断。这种反抗在萨林斯看来，是采集—渔猎者抗拒繁重劳作和各种贪婪之自由精神的写照。农耕文明因此并非一项杰出的成就，它更像是一场道德和物质灾难的开端。[①] 吉尔奈也在他那本著名的《犁、剑与书》之中，将农耕社会打上强制和威压（coercion）的烙印。威压之下反抗谷物的社会组织方式在吉尔奈看来有两种类型，尽管为数甚少，但确实成功摆脱了农耕社会军事/宗教合一的支配和控制。第一种类型是一些由生产者组织起来的小型社区，以牧民或者山地农民为主。第二种类型主要是那些对贸易极为依赖的城邦（city states），这一类的社会联合需要自主创新的意识，从而与屈服顺从的农耕社会形成鲜明对照。[②] 直到今天，反抗谷物的意识在人类学家的民族志作品中依然屡见不鲜。赫茨费尔德调查的希腊克里特高地桀骜不驯的牧羊人，毫不掩饰自己对平原农人的蔑视。与这群被“驯服”的农人们相比，来去自如的牧人通常具有一种独特的道德上的优越感。[③] 因此，“吃掉”（攫取）平原农人的劳动成果是一件天经地义的事情，与柏柏尔人所说的“劫掠就是我们的农业”[④] 别无二致。这或许是人类游牧族群所特有的反抗谷物的基因，在现代社会中的再现形式。

事实上，斯科特的研究一直与反抗谷物相关。《弱者的武器》一书将农民反抗的日常形式归纳为：行动拖沓，假装糊涂，虚假顺从，小偷小摸，装傻卖呆，诽谤，纵火，破坏等。[⑤] 如果说马来西亚农民 20 世纪 70 年代反抗的是谷物所表征的阶级分化、高利贷的盘剥以及地主阶层的为富不仁，那么长时段历史中农民们反抗谷物的形式则更为激烈，他们反抗谷

① Marshall Sahlins, *Stone Age Economics*, London: Routledge, 1972, pp. 31 – 34.

② Ernest Gellner, *Plough, Sword and Book: The Structure of Human History*, Chicago: The University of Chicago Press, 1988, p. 22.

③ Michael Herzfeld, *The Poetics of Manhood: Contest and Identity in A Cretan Mountain Village*, Princeton: Princeton University Press, 1985, p. 40.

④ Kevin Dwyer, *Moroccan Dialogues: Anthropology in Question*, Baltimore: The Johns Hopkins University Press, 1982, p. 115.

⑤ ［美］斯科特：《弱者的武器》，郑广怀等译，译林出版社 2011 年版，第 35 页。

物所承载的国家控制。《不被统治的艺术》一书描述这种抵抗的艺术如何塑造了东南亚高地无政府的历史景观。众多反抗谷物的农民，聚集在高山峡谷地区，他们的农耕实践、社会组织、管理结构、文化制度，总体上都带有浓郁的逃离国家控制的实践痕迹。[①] 千万不要以为这些农民愚顽不化，甘愿退回到一种阁昧的原始状态，抗拒国家和文明的进程。事实上，散居在国家中心之外的边缘地区的人们，依靠采集、狩猎和海洋渔业等新石器时代的生计方式，获得了颇为丰厚的回报。斯科特指出，9 世纪时婆罗洲的森林汇聚了众多的采集者，他们通过贩卖樟木、黄金、犀角、象牙、香料、羽毛、燕窝以及龟壳等物品，从这一时期中国和东南亚地区的贸易增长中获利。农耕社会的边缘地区反而出现了兴旺繁荣的景象。[②]

如今，人类从新石器时代祖先身上继承下来的反抗谷物的基因，似乎仍然根深蒂固，它们的痕迹也随处可见。采集—渔猎的生活方式不但如同萨林斯所言那样，是人类自由精神的写照，它似乎也是行动者网络中的一个中介，随时准备传输不同的意义，在不同元素的缠绕交染中变换自身的在场形式。罗安清在《末日松茸》一书中，描述了由松茸编织而成的世界。各种人与非人的因素在这一“集合体”（assemblage）中相互交染，构成行动者网络中的诸多不确定性因素。然而，资本经由松茸这一供应链条的转译，驱动着美国太平洋西北部、日本，以及中国云南等地的松茸采集者们，重拾这一传统的生计方式。[③] 松茸就这样将包括资本在内的诸多不确定因素奇妙地聚集在一起，以一种意想不到的方式回馈于在松茸森林中自由搜索的人们。

在《末日松茸》中我们了解到，松茸的孢子从出发之际就充满很多不确定性，它们总是出于各种机缘得以同红松或者赤松的树根结合在一起。此外，松茸最容易生长的地区，是那些被人类工业文明破坏之后的荒地。生长在资本主义废墟中的松茸，通过与其他物种的共生与合作，使得树木繁茂茁壮，森林得以修复。或许人类反抗谷物的基因也如同松茸的孢子一

---

① James C. Scott, *The Art of Not Being Governed: An Anarchist History of Upland Southeast Asia*, New Haven: Yale University Press, 2009, pp. 127 – 136.

② James C. Scott, *Against the Grain: A Deep History of the Earliest States*, p. 247.

③ 罗安清：《末日松茸：资本主义废墟上的生活可能》，张晓佳译，华东师范大学出版社 2020 年版，第 17—65 页。

样，同样充满不确定性。数千年以来，这一基因与其他事物交织缠绕，合作共生，不断促成新的社会集合形式。如今，人类这一潜在的采集—渔猎的基因，如同再一次出发的松茸孢子，以其特有的重新排列和组合的不确定性，将继续塑造我们未来生活的种种可能性。

（刘珩，首都师范大学外语学院教授）

Book Reviews

书评

《法国革命与世界历史：两个世纪的史学和政治论辩》评介

黄艳红

Jean-Numa Ducange, *La Révolution française et l'histoire du monde: Deux siècles de débats historiques et politiques, 1815 – 1991*, Paris: Armand Colin, 2014, iii + 304pp.

20 世纪著名法国革命史家、"大西洋革命"研究的早期倡导者之一雅克·哥德肖（Jacques Godechot）曾言，一切有关法国大革命的历史都是党派性的。历史学家们普遍认为法国大革命是塑造现代世界，尤其是现代政治的世界性历史事件，有关它的历史研究自然就与革命本身的后续影响密不可分。这种学术与政治的关系，当代法国革命史的研究者都会有所认知，例如，法国学者爱丽丝·热拉尔（Alice Gérard）和英国学者威廉·多伊尔（William Doyle）在评述法国革命研究的学术史时都注意到了这一点。不过，囿于时代或课题的局限，他们的阐述主要集中于西方学界，而且政治形势只是成为学术演进的重要背景条件时才被提及。另一方面，21 世纪以来的全球史视野同样影响到法国革命史这个古老的研究领域，对此庞冠群教授已有专文论述（《全球史与跨国史：法国革命研究的新动向》，《史学理论研究》2017 年第 1 期）。不过，上述研究主要关注的是法国革命本身。因此，在现有的研究格局中，将法国革命研究的学术史和政治史之间的关联放在全球的视野中加以考察，无疑是件很有价值但难度也很大的工作。所幸今天我们已经能看到这样的论著，这就是法国年轻一代的革命史家杜康奇于 2014 年出版的论著《法国革命与世界历史：两个世纪的历史和政治论辩》。

让－努马·杜康奇（Jean-Numa Ducange）出生于1980年，目前供职于法国鲁昂大学。鲁昂大学是法国左派大革命史学的学术重镇，但与马佐利克（Claude Mazauric）这些著名的前辈学者相比，杜康奇一开始就具有国际化的视野，他的博士论文研究的是19世纪末20世纪初德国和奥地利的社会主义运动与法国大革命的关系，此后又倾力于现代欧洲左翼思潮的研究。2014年，他出版《法国革命与世界历史：两个世纪的史学和政治辩论》，考察了法国革命两百多年来对世界政治的影响，并将这一全球性现象与法国革命史本身的发展演进结合在一起，构成一部学术与政治的全球互动史。另外，作者还汲取近年来法国革命史学研究的新成果，尤其是记忆方面的标志性论著，这方面尤其值得一提的是让－克莱蒙·马丹（Jean-Clément Martin）的著名研究《记忆中的旺代》，以及马丹的学生纪尧姆·马佐（Guillaume Mazeau）新近对科黛刺马拉这一标志性事件的记忆流变的探讨——《历史的浴缸》。作者承认，从某些方面看，法国革命史的问题是很具法国特色的，如关于旺代和科黛刺马拉案的记忆就是如此。但作者也注意到，有些记忆也超出法国自身的语境，例如，在1936年的德国，上演了一出科黛刺马拉的戏剧，由于科黛来自诺曼底，她在剧中被吹捧为北欧雅利安人的后代，因此纳粹德国对这个事件的记忆不仅带有与法国保守派相似的政治动机，更有其独特的种族主义色彩。

这个案例也反映出法国大革命对整个现代政治的持久影响，尤其是在1789年后的欧洲，所有政治派别都在以自己的方式回应法国大革命的挑战，而对大革命的历史书写也是回应的方式之一。作者从欧洲和世界历史发展的脉动出发，将这种学术与政治的互动分为七个阶段，并在章节标题中指出了该时段的特征，全书六章分别为：一、1789年和1793年：1815—1847年的大辩论；二、1848—1889年：再造革命？三、1889—1917年：纪念、延续抑或超越1789年？四、1917—1945年：十月革命的影响之下；五、1945—1980年：冷战中的大革命；六、1980—1990年：雅各宾派的噩梦？以及最后的结语：1991—2013年："奇特的溃败"。仅从标题来看，我们可以发现，作者大致勾勒了法国大革命引发的现代革命思潮和革命运动从勃兴到走向沉寂的过程，这个过程与当代法国史学家阿赫托戈（François Hartog）所谓"历史性的现代体制"的标志性年代（1789—1989）大致相符，而作者在书中也援引了阿赫托戈的这个概念。

顺着这个思路，我们首先应注意到法国大革命在意识形态领域的激进主义效应，以及它对整个现代政治观念谱系的孕育。作者在第一章着重探讨了这个问题。1815 年拿破仑帝国的终结，意味着法国大革命造成的冲击暂告一段落。在此后的三十年间，各派政治势力纷纷通过革命史的撰述来声明自己的政治立场。在这些作品中，1789 年和 1793 年的关系是个核心问题。自由派肯定 1789 年的意义，并开始从历史角度阐述革命的必然性，但他们认为 1793 年的恐怖和雅各宾专政并不可取。斯塔尔夫人和基佐等人是这一派观念的代表者。但 1793 年并不缺少自己的辩护者，他们在山岳派的措施中看到了社会主义的影子，罗伯斯庇尔的倒台则意味着这一革命理想尚未实现，路易·勃朗（Louis Blanc）就是这位社会主义先驱最杰出的辩护者之一。这个时代不仅奠定了雅各宾主义和社会主义不可分割的亲缘关系，还诞生了比这更为激进的一组意识形态谱系，这就是巴贝夫主义与共产主义的联系，巴贝夫的战友邦纳罗蒂的作品《为平等而密谋》就是这一联系的奠基性作品，在这位革命家眼里，雅各宾的革命仍然存在狭隘性，它还不能彻底废除私有财产。这里我们可以清晰地看到，法国大革命的确开启了一场通往未来理想社会的大戏［美国历史学家基思·贝克（Keith Baker）语］，1815—1847 年的政治和史学辩论则见证了社会主义和共产主义等概念的诞生和大范围传播。作者描述了概念产生的国际背景和跨国流动：流亡布鲁塞尔的邦纳罗蒂堪称第一个国际工人运动组织的核心，英国宪章运动的领袖奥布莱恩就深受他的影响。

在这种意识形态格局下，我们对自由派提出的“如何终结革命”的核心问题有了更深刻的体认，因为大革命派生出了有关未来的各种激进版本，对社会主义者和共产主义者来说，这是一场尚待完成的革命。1889 年，当第三共和国大张旗鼓地庆祝大革命一百周年时，社会主义者则宣称，“资产阶级纪念他们的 1789 年，我们要纪念我们的 1793 年”。关于法国大革命的这种记忆之战不仅局限于法国政治中。1848 年革命中的社会主义者也认为，他们不是重新开始一场革命，而是要完成法国大革命的未竟之业。在巴黎的俄国知识分子赫尔岑目睹了“1793 年事业”的再次失败之后，开创了另一个伟大的革命传统，而在这个传统的塑造过程中，法国大革命始终是其最重要的参照。作者在著作的不同章节中都提到了这一点。简单地说，1848 年革命的失败促使赫尔岑重新思考俄国的落后性，他认为俄国的农业村社制度使其可以超越资产阶级革命阶段，直接跨入社会主义。这种跨越理论此后在俄国和欧洲的社会主义运动中引发了持续的思想论争，论争也导致一种具有俄国特色的法国革命史研究的出现，这尤其体现在对农民问题的探讨上。一直到乔治·勒费弗尔之前，法国本土的革命史专家很少关注农业和农村问题，但在十月革命之前，俄国学者卡列耶夫（Nicolas Kareiev）和卢欣斯基（Ivan Loutchisky）已经对旧制度和大革命时代的法国农村问题展开了创造性的研究，他们的著作还被译成了法语。在19世纪末法国革命史研究走向国际化之后，这是域外学者反哺法国学界的突出例证。在法国革命与俄国革命两大政治和学术传统的互鉴中，十月革命前后布尔什维克在党内外斗争中频频援引雅各宾派和热月等意象，以及著名法国革命史专家马蒂厄在1921年写下的名篇《雅各宾主义和布尔什维克主义》，都表明现代革命在观念和政治文化方面深受法国大革命的影响。

根据前述阿赫托戈的理论，追求未来美好社会的革命信念在1989年前后遭受重大挫折。从某些方面看，杜康奇的著作为这一论点提供了一个很好的学术史注脚。就左翼学者对法国大革命的理解和记忆而言，二战后的三十年是其最后的辉煌期，在这个时代，马克思主义对大革命的解释占据了主流。但情况在1980年前后发生了根本性转折，雅各宾主义的左派解释遭受滑铁卢式的失败，杜康奇著作的第六章和结语重点讨论的就是这个问题。从作者的分析来看，这场学术转变与政治思潮和社会演变密不可分。法国大革命传递的是一种为了建设美好社会而主动变革现状的信念，这也是激发所有现代革命者的动力源泉。然而，正如杜康奇在书中提到的，到1980年，作为宏大叙事的革命观念开始丧失吸引力，当人们拒绝以进步和现代性等概念来理解历史时，法国大革命的意义就被相对化了。对于1978年孚雷（或译傅勒）“法国大革命结束了”的著名论断，我们不能仅仅视为一个学术史的标志，它实际上标志着传统左翼思潮在西方社会的境遇发生了重大变化。1977年，法国社会党人已经在谈论“第二左派”理念，疏离过去有关阶级和解放的传统议程了。而在法国革命史的学术研究领域，阶级和社会结构等带有唯物主义色彩的课题日渐受人冷落，取而代之的是政治文化研究，以及重回19世纪对革命的政治解读路径。

某种意义上说，孚雷的论断标志着某种“全球告别革命”的时刻的到来。在冷战结束的前夕，无论是西欧的左派还是苏联解体前的官方史学，有关法国大革命的阐释都在经历某种深刻的变化，意大利共产党甚至完全接受了孚雷对革命意义的判断，法国大革命孕育的乌托邦冲动似乎已经耗尽了它的能量，资产阶级共和国和议会体制看来是推进社会变革的唯一可行的框架，雅各宾的方式被摒弃了。历史性的体制看来的确告别了未来主义，进入了一个着重关注当下的新阶段。

从空间范围来说，法国大革命的影响力也是全球性的。以往的比较革命史研究者，如美国学者马丁·马里亚（Martin Malia），主要关注法国大革命与欧洲和西方世界的关联，杜康奇的视野大大超越了传统视域，不仅关照19世纪初拉丁美洲的革命与法国大革命的关系，还将中东、东亚乃至非洲纳入了其叙述范围，并在著作引用了若干中国学者的著作。我们可以看到，在不同的时代和不同的国家和地区，各派政治势力对法国大革命的反应总是多样和复杂的，在利用大革命的思想资源时也富有新意。例如，拉美独立运动中的很多领袖亲身经历过法国大革命，但他们并不全盘接受革命的各项原则，相比于人民主权这样的观念，他们更青睐后来孔德提出的“秩序与进步”的口号；在日本，不仅有中江兆民这样的“东方的卢梭”在积极宣传革命理念，也有金子坚太郎这样的保守派政客在积极利用柏克的保守主义应对革命的挑战。土耳其的例子也颇为特别。20世纪初的青年土耳其党人大都深受法国大革命思想的浸染，在当时的土耳其，革命一词如不加限定就是指法国大革命。他们对革命观念的利用也富有创建，如在自由、平等、博爱之后加上了具有伊斯兰色彩的“正义”；在将土耳其人比作第三等级时，他们认为亚美尼亚人和希腊人是贵族阶层，这就使得法国革命的话语服务于土耳其人的民族主义目标了。

作者承认，在法国大革命200周年之后，它在民族记忆中的地位在下降；在国外，泰纳和科尚（A. Cochin）等大革命的批判者在俄罗斯受到热捧，东柏林的巴贝夫大街今天也已改名。但这种变迁本身不也见证着法国大革命在政治和学术方面曾经造成的全球性影响么？

（黄艳红，上海师范大学人文学院研究员）

《王室巡游、殖民地臣民和世界性英帝国的形成（1860—1901）》评介

廖义珺

Charles V. Reed, *Royal Tourists, Colonial Subjects and the Making of a British World, 1860 - 1901*, Manchester: Manchester University Press, 2016, xxx + 221 pp.

查尔斯·V. 里德（Charles V. Reed）于2010年在马里兰大学帕克学院获得历史学博士学位，此后一直在美国北卡罗莱纳州伊丽莎白市州立大学（Elisabeth City State University）（以下简称ECSU）工作，主要研究方向是现代英国、大英帝国史和非洲史。里德的学术研究在很大程度上借鉴了詹姆斯·贝利奇（James Belich）和邓肯·贝尔（Duncan Bell）的研究思路，把英帝国问题的研究重心从印度转向了白人殖民地。近年来，里德的学术活动均围绕殖民地与英帝国互动这一主题展开。他不仅负责主持ECSU研究殖民和帝国网络项目（H-Empire），还主编剑桥大学《巡回旅行：帝国和全球互动杂志》（*Itinerario: the Journal of Imperial and Global Interactions*）。他出版的专著《王室巡游、殖民地臣民和世界性英帝国的形成（1860—1901）》，是他多年研究的成果。

本书主要的论述对象是1860—1901年间英国王室对南非、新西兰和印度的几次访问活动。里德通过描述地方臣民、殖民者和英国王室间的互动塑造了一个联系紧密的世界性英帝国，读者从中可以窥探王室访问是如何把各殖民地联系起来，并于此过程中辅助构建其世界性帝国文化的。作者并非着意叙述来访者的特定行程与地点，而是通过考察王室、殖民地官员和当地居民对王室访问的看法以及对此采取的行动，来揭示王权的变化、

殖民地的顺从与否和全球性帝国文化的发展。里德试图将英国王室与殖民地臣民之间的这种会晤方式设定为一种仪式性、例行性活动，并于其中考察不同群体的不同反应，从而探讨多中心的英帝国文化是如何在帝国语境之中得到形塑的。除此之外，里德还关注了殖民地臣民利用王室访问的契机，试图借用帝国文化来构建其帝国公民身份，并努力融入帝国社会的相关活动。正如里德所指出的，19 世纪末 20 世纪初的王室访问对于将英国各殖民地融合成一个帝国、巩固君主统治、培养被统治者的归属感具有重要意义。

全书除导言和结语外共五章。第一章追溯了维多利亚后期一种全新的政治文化形式——王室访问的缘起。里德认为，王室访问源于帝国统治者对 19 世纪上半叶帝国治理改革成效的担忧，是王室加强英帝国统治，并试图弥合地方传统文化与帝国文化的重要举措。在维多利亚时代，以约瑟夫·张伯伦（Joseph Chamberlain）、威廉·格莱斯顿（William Gladstone）以及开普殖民地总督乔治·格雷爵士（Sir George Grey）等为首的帝国行政官员试图将女王的存在转变为帝国权力的一种象征，以激发殖民地臣民对帝国的忠诚和服从，并促进帝国内部的团结。但根据对女王信件的研究，作者发现殖民地官员不顾女王反对，坚持安排王室访问的事实也从侧面反映出君主政治权利在国内逐渐被削弱的趋势（p. 3）。

第二章里德以非洲、南亚和新西兰的典型案例说明，在许多情况下，王室访问中的仪式更多地反映了英国的想象，而非殖民的现实。殖民地的现实往往更复杂，殖民统治者，如印度的利顿勋爵（Lord Lytton）和纳塔尔的西奥菲勒斯·谢普斯通（Theophilus Shepstone）将自己想象为莫卧儿统治者或非洲酋长，并试图利用当地的文化传统来强化英国王室访问的仪式性和正统性，从而更好地宣示帝国的等级与秩序。有的酋长如巴苏陀兰首领莫休休（Moshoeshoe, the King of Basutoland）反倒是利用其与王室来访者的互动强化了他自己的地位和权威。还有的则如科萨首领桑德尔（Sandile, the Chief of Xhosa）因为反对殖民统治而失去了领地。到 1901 年，王室访问作为一种政治文化形式已经达到了它的鼎盛时期，殖民地与臣民间各种互动已经展现得淋漓尽致。里德以此作为结尾来理解英国装饰主义政治的局限，他认为王室访问虽在短期内宣示了英帝国的权威，但这只不过是统治者的幻想，王室统治与地方政治现实之间的裂隙已使得帝国既不能完全掌控殖民地，也不能培育出殖民地臣民对帝国的认同和顺从（p. 36）。

在王室访问的背景下，第三章主要关注南非和新西兰移民对帝国公民身份的追求以及移民文化。里德试图从移民的角度理解帝国文化的发展，移居殖民地的英国人把英国的制度、思想和文化带到了世界各地。于此过程中，报纸杂志是定居者传播帝国文化，讨论政治和文化最为重要的途径之一。当地的殖民媒体和社会精英将当地的社会、政治和文化与更大的帝国文化相联系，在报纸上发表关于王室访问如何影响和维护他们身份认同的论述。他们以英国的政治进步、自由和共同拥有全球性帝国传统为荣，并声称拥有大英帝国公民的权利和责任。而里德的重点不是要在这个背景下描述他们公民身份的重塑，而是要揭示他们话语在帝国世界中的流动性和可塑性。现存关于殖民地的文献中很少提及殖民地精英人士对英帝国的依恋（p. 90），而了解他者是如何定义英国特性和公民身份概念有助于我们理解帝国文化的多元化。殖民地官员和地方精英都试图利用王室访问来增强臣民对女王和帝国的忠诚度并维持社会团结，虽然帝国与殖民地间各种分歧随之出现以及民族主义的不断发展，但帝国公民身份依旧影响着20世纪南非和新西兰人的政治和文化生活，不仅如此，南非和新西兰的现代国家身份也是从英帝国的政治文化语境中产生的。

第四章延续上一章的论题，考察了一小群非洲和南亚作家、知识分子对英帝国权利和责任的新见解。这些受过西方教育的体面人士（respectables）在帝国殖民过程中产生，与帝国建立了深厚的政治与文化联系。他们往往自命不凡，将自己视为帝国文化的一部分，少数人甚至认为自己是英国人。这些人被里德称为帝国和殖民地之间的调解人，与第三章的精英人士相比，这些非洲和南亚的知识分子更为清醒地认识到公民身份的承诺在殖民统治语境下是难以兑现的，因此他们更为在意体面文化，尝试通过构建另一种帝国政治文化来获得公民身份认同，他们在参与王室访问的过程中同样也利用当地独立报纸发表社论，直接抗议殖民统治的不公正政策、呼吁殖民地实行英国传统的宪政统治，他们渴望能直接表达他们的政治主张。里德指出，这种帝国文化的出现与第二章所述的仪式感是同步发展的。当殖民统治者在殖民地建立一种他们认为是传统的、等级分明的统治方式时，当地臣民则是通过印刷文化打造一个基于忠诚、文明和体面而不是种族或民族的帝国社会，在世界性的英帝国中，这样的文化为殖民地的有色人种提供了更多的政治空间。

第五章通过考察殖民地臣民对伦敦的访问，使本书对王室、帝国统治者与殖民地臣民互动的论述框架更为完整。他们当中一些人亲自前往伦敦提交请愿书，希望帝国能干预殖民地统治者对其臣民不公正和虐待的问题。本章主要讨论了两个经典案例，一是 1884 年新西兰毛利族与殖民者的纠纷问题，二是 1909 年南非有色人种权利保护问题。前者是毛利族金吉坦加领导人塔怀奥请求对新西兰政府违反《怀坦吉条约》（*Treaty of Waitangi*）问题进行干预，后者则是由白人、非洲人和有色人种组成的代表团寻求议会对他们提议的《南非联盟法案》（*Union of South Africa Act*）进行修订，以保护开普殖民地及其他地区的英国有色人种。里德通过追溯殖民代表团与帝国权力中心的互动来理解英帝国殖民文化，结论是这些访问和帝国本身，在某种程度上既被颂扬，又被忽视。访问团的到来在引起英国媒体和公众的兴趣，并在某些政治圈获得支持的同时，却被权力中心利益相关者甚至殖民地其他臣民忽视或敷衍，而在其他时刻，这些人最有可能首先站出来维护帝国的发展（p. 165）。20 世纪，欧洲帝国在反殖民运动不断发展的推动下陆续回归本土，而王室访问则是一直延续到后殖民时代。

综上，虽然里德未专门论述理想与现实间的问题，而二者之间的矛盾实际贯穿全书。殖民者统治中的虚假承诺，以及他们想象中的帝国忠诚和帝国政治概念与殖民现实之间的脱节，都与帝国形成中暴力、战争和不平等问题有关（p. 186）。这正说明了帝国文化的脆弱性与不稳定性。帝国公民身份代表了 19—20 世纪早期世界性英帝国的文化和政治传统，殖民地官员和臣民都试图利用帝国文化巩固自己身份的合法性和正统性，但在殖民地内部帝国公民权作为一种话语权是失败的，其原因有二，一是在于英国和海外新英国人之间的文化、社会和地理鸿沟；二是因为英国没有履行作为自由帝国给予臣民的承诺。王室访问形式上而言是帝国权力的体现，实际上王室巡游对王室成员而言与普通游客的活动并无实质区别，王子们只能按照写好的剧本扮演其中的角色，王室访问在他们看来就是一场演出旅行，而普通大众并没有那么关注这些行程对他们可能产生的影响，他们中一些人甚至利用那几天消遣玩乐。英国本土对于帝国的构建和发展也缺乏必要的关注，他们对这当中那些异域文化更为好奇。帝国的形成其实是在理想和现实之间找寻平衡点，在满足各方精神寄托的同时也不改变帝国发展的初衷。

纵观全书，该书从殖民地的角度来探析大英帝国的发展，为读者理解大英帝国文化提供了一个较为独特的视角，是帝国与王室仪式研究的有效补充。本书的一大特点是使用了大量来自图书馆的官方资料和当时的新闻报道等一手材料。这些涉猎广泛的材料对于论证里德的观点有利也有弊。优点在于读者在理解王室访问意义的同时还可以在此背景下挖掘出具体案例研究的细节，增加了本书的严谨度。缺点在于这类型的材料虽比其他资料更直观地向我们展示同时代人笔下的历史状况，但它们是相当主观的一类材料，是当事人对当时事当时景的想法和见解，并不能完全代表一类人或者是官方的看法。不过里德对文献资料谨慎的选取和运用有效地避免了写作过程中片面地引用论据论证其观点。

从某种程度上看，本书尚有需要完善的部分。例如里德在第四章分析有色人种时，更倾向于把他们对公民身份认同的需求等同于第三章移民者对帝国公民权的追求，对种族在 19 世纪晚期自由公民身份形成过程中所起的作用着墨不多。其次，里德对殖民地臣民的选取范围较为狭窄，他选择的案例都是有一定财力、有学识、有地位的上层人士，报纸或者其他新闻媒体并不是普通大众发声的最佳场所，因而里德几乎没有提及普通人对殖民统治、帝国身份的看法，他本人也意识到了这个问题。但整体来说，该书瑕不掩瑜，为我们理解世界性英帝国文化以及于其之中地方臣民、殖民者和英国王室间的互动提供了一个新的视角。

（廖义珺，首都师范大学历史学院博士研究生）

《古代印度—罗马的胡椒贸易与穆齐里斯纸草》评介

庞　纬

Federico De Romanis, *The Indo-Roman Pepper Trade and the Muziris Papyrus*, Oxford: Oxford University Press, 2020, xxiv + 381 pp.

海洋贸易是古代经济的重要构成部分。放眼古典世界，地中海区域是诸多海洋贸易的发生地。囿于人类对未知世界的天然恐惧和航海技术的落后，关于其他海域的记述多限于水手或探险家的笔下。待到罗马帝国时期，疆域横跨亚欧非三洲，起伏复杂的边界之外不仅仅蕴含了人们对域外世界的猎奇，还包括了帝国对经济利益的巨大需求。骑士阶层和包税人充当了帝国攫取海外利益的马前卒，航海技术和设施的日趋成熟促成远洋贸易的开展，其中古代印度洋是颇为重要的淘金之地。成书于公元 1 世纪的《厄立特里亚海周航志》（*Periplus of the Erythraean Sea*）便是最好的实证。近些年来，有关古代印度—罗马贸易研究成果推陈出新，不少学者利用新近出土考古成果和已知史料进行深度解读分析。意大利学者费代里科·德罗马尼斯可谓学界之翘楚。他的旨趣主要在于古代印度洋贸易研究，善于利用古代史料和交易商品进行深耕。他的新书《古代印度—罗马的胡椒贸易与穆齐里斯纸草》是其新成果的最好体现。下面围绕此书内容进行介绍和述评。

全书除前言和后记，主体内容分为四个部分。作者结合近些年在埃及东部、阿拉伯半岛南部、东非沿岸及印度西海岸等地出土的考古实物，深入考证了穆齐里斯纸草及相关文献，客观细致地反映了当时古代印度—罗马贸易的交易盛景。

前言部分开宗明义，肯定了穆齐里斯纸草在研究古代印度—罗马贸易方面的独特价值，填补了传统文献关于贸易细节的空白。其后的序言部分，对编号 P. Vindob. G 40822 的穆齐里斯纸草进行了简要梳理，厘清版本源流，逐译文本内容，这些都体现出作者深厚的语文学素养。本书的第一章主要叙述了三方面内容：当时地中海与南亚地区之间的联系；古代印度地区胡椒生产及贸易所反映的地理学和人类学分析；引用诸多古代希腊罗马作品来佐证穆齐里斯纸草所示贸易的成熟化。

第二章、第三章详细介绍了穆齐里斯纸草正反面具体内容。第二章主要对穆齐里斯纸草正面所示的贷款合同进行分析。作者就合同签订的时间、地点和签约双方提出了自己的见解，同时梳理了古典著作中有关借贷合同的记述，佐证了这份借贷合同的还款时间是不确定的。第三章分析了穆齐里斯纸草反面所示的货物种类，指出恒河甘松、象牙及其边角料是主要的贸易商品。其后对这三种商品的货源地、交易路线、成交价值等进行了延伸探讨。

最后一章分两节介绍了红海税与穆齐里斯纸草的关系。第一节作者通过分析一些晚期古代文献中有关贸易税的记述，认为税金的缴纳方式和税额因时期和地方不同而存在差异：缴纳方式分实物和钱财两种，至于税额很多时候是抽取整个货物价值的四分之一。此外，作者还将穆齐里斯纸草与奥克西林库斯纸草（Oxyrhynchus Papyri）进行对比，分析了贸易双方所缴纳的关税、税率及所交易货物重量，认为税收实质上是政府与商人之间复杂博弈关系的外在体现。作者将第二节命名为“剧中人”，意在表达人是整个商品交易过程的核心。就具体内容来说，本节抽离出了穆齐里斯纸草涉及的五种人，即收取税收的官员、货物接收者、书吏、放款人和商船主，从古代文献出发考察了这些人的身份来源及文本角色，指出这五种人构成了整个贸易的中坚力量，缺一不可。

总体来看，全书结构明晰，内容翔实，以穆齐里斯纸草为线索，围绕纸草语境化、纸草具体内容以及涉及的相关税收和参与者这三个方面展开讨论，基本厘清了贸易物品和人之间的关系。具体来说，本书有以下几个特色：

首先，资料丰富，运用得当。作者善于整合信息，对不同学科的资料信手拈来。传统的古代贸易著作多采用历史学方法，通常只涉及航海的主要要素，例如船只、港口、航线等，这种线性化的撰写方式可能会造成读者的阅读疲劳，难以引起共鸣。而德罗马尼斯此书则一反常规，融合了经济学、法学、人类学等多种方法，将传统的史学书写上升到新高度，给看似简单的题目赋予了更多内涵，意在构建一幅多学科镶嵌的“地图”，而众多古代史家、纸草学家、地理学家、经济学者以及印度学家是这幅地图的主要“填充者”。

古代红海“双子星港口”拜莱尼克（Berenice）和穆奥斯港（Myos Hormos）的通航时间一直是学界存有争议的论题。德罗马尼斯整合了多位学人的观点，利用《厄立特里亚海周航志》和斯特拉波《地理志》（Strabo，*Geography*）等传世文献，同时结合奥克西林库斯出土的纸草残片，对“双子星港口”问题做了深入研究。最终认为，位置较南的拜莱尼克得益于风带移动导致的时间差，港口繁荣期得以持续至希腊化晚期。而到了晚期古代，随着西罗马帝国覆灭，拜占庭帝国势力范围缩小，拜莱尼克日渐衰落，几近废弃。与此同时，较北的穆奥斯港一跃成为红海最有活力的港口。

古代印度南部利姆里克（Limyrike）地区以盛产胡椒闻名，近年来，不断有学者从地理学、人类学角度考察这一地区商港名称的由来。本书作者另辟蹊径，利用古代泰米尔语，从词源学视角对这一问题进行了阐释，虽然得出结论与现行观点无异，但所用方法新颖，亦可达到殊途同归之效。另一方面，针对胡椒商人的具体情况，作者利用古代泰米尔诗歌来还原当时的交易场景，特别是胡椒产地穆齐里斯的市场盛况。

其次，广泛使用地理科学技术和计量法是本书的又一大特色。在测试埃及地区科普托斯—穆奥斯港贸易专线的水源补给状况时，作者引入了大量地形图和3D遥感图，对补给地的地理分布情况进行了说明，使读者能够更加确切直观地感受到水源对于该条贸易专线的重要性。在评估古代印度的胡椒出口产量时，作者将近代早期的葡萄牙语文献和荷兰东印度公司的财务数据进行类比发现，印度西海岸的胡椒产地较古代而言，逐渐向北转移。另外，在探讨胡椒的商业价值时，作者列举了不同时期胡椒与黄金之间的汇率，将本来空洞抽象的冰冷数据以表格形式直观地反映出来，进而推断胡椒价格与关税、运输成本和经济政策密切相关。

以上这些例子皆充分体现出本书作者在书写古代罗马—印度贸易过程

中所秉持的严谨、客观、求实原则，用数据和现代技术说话，以追求直观感受为目的，从而使得出的结论有理有据，令人信服。

最后，本书视角新颖，发人深思。作者不拘泥于常规，在面对诸多传统问题，甚至是已经盖棺定论的观点时能勇于质疑，冠以全新的视角，使人眼前一亮。就印度—罗马贸易来说，作者的关注点不像其他学者一样集中在商品物流和航行线路等常规性问题上，而是针对“贸易”这一约定俗成名词的合理性进行了探讨。作者回顾了印度—罗马贸易的具体过程，整合最新观点，对“贸易”一词进行重新定义，认为该词含义太过狭隘，并不能全面真实地还原印度—罗马贸易的本来面目，而应以文明史观来看待这个问题，如若改为“交流”，则可传达出更深层的含义，即两地并不仅仅是商品上的贸易往来，在文明发展方面也存在相互借鉴，可以从侧面客观、贴切地表现出两地之间的联系。

商品的买卖双方一直是学者们研究贸易史的主要对象，而作为连接商人和商品纽带的货物采集者却常被遗忘，是经济学话语体系中缺失的一环。该书作者利用古代资料和近现代游记分析了采集者的身份构成、生存环境等信息，对商品的采集方式和过程予以探讨，认为不同地理环境造就的采集方法也各不相同，而人和动物都有可能成为商品的采集者和搬运工。

德罗马尼斯精于纸草研究，尤其对穆齐里斯纸草有着长足的研究。除了对该纸草所示贷款合同的内容进行剖析之外，德罗马尼斯还利用有限的信息对作为借贷者的商人的贸易路径进行了推断和构想：该商人可能从拜莱尼克着陆，负责将船上的货物交付于驼队，紧接着随驼队穿越东部沙漠将货物运抵科普托斯（Coptos）。最后，又顺着尼罗河前往亚历山大港（Alexandria），将货物在此销售，再将钱交予放贷人处置，直至还清贷款。德罗马尼斯对纸草所示商人航行线路的推断可以说是至关重要的，能够使古代印度—罗马贸易路线得到进一步还原，从而达到以小见大之效。

公元 2 世纪的穆齐里斯纸草所呈现的是一幅幅恢宏的印度—罗马贸易盛景。罗马帝国对胡椒、香叶等贵重物品的大量需求是推动这一远洋贸易的催化剂。印度西部的西高止山地居民采集了原材料，通过大道和河流运往诸港口，这些港口的船只满载货物借着季风的助力，驶入红海抵达拜莱尼克。在此卸货之后，富有旅行经验的沙漠驼队向西运往尼罗河河港科普托斯，再由科普托斯顺流而下直至亚历山大港。虽然在这一循环运输过程中，纸草并未能直接反映当时胡椒贸易的详细情况，但是胡椒在印度—罗马贸易中扮演着核心角色，这一点是毋庸置疑的。

总之，作者将穆齐里斯纸草置于宏大的历史背景之下，以大量极具批评性和反思性的考据为支撑，使其巧妙地与相关贸易资料产生了千丝万缕的联系，所重构的贸易网远远超出纸草本身的内容，使原本单薄孤立的穆齐里斯纸草变得立体丰满。这种缜密构思若非有宽阔的视野和深厚的史学功底，是断不可能达成的。

当然，本书并不是完美无缺的。就全书结构来看，章节之间的联系以及承接性并不是很紧密，更像是一篇篇独立的小论文，这种架构思维跳跃性太强，易使读者产生错节困惑，常常看了后面忘了前面所讲内容。另一方面，前面说过本书的一大优点是资料丰富，而这种资料的丰富性某种程度也恰恰成为一种阻力。通篇来看，本书内容饱满，囊括了历史学、经济学、地理学等多种学科资料，但作者在使用之前并未有目的地对这些资料进行整理，以致资料堆叠或者重复使用，甚至出现用当代数据推断古代贸易情况的现象，因此所得结论的客观性还有待斟酌。这些都会给读者在阅读过程中造成理解阻碍以及视觉疲劳，尤其是对基础不深的读者来说更是困难重重。

纵使有以上诸多不足，但是瑕不掩瑜。本书仍对研究古代印度洋贸易史，窥探隐藏于这一区域贸易之下的东西方文明发展历程有重要意义。

（庞纬，东北师范大学世界古典文明史研究所博士研究生）

《罗马时期意大利的卫生设施考古：厕所、下水道和供水系统》评介*

曹　牧

Ann Olga Koloski-Ostrow, *The Archaeology of Sanitation in Roman Italy*: *Toilets*, *Sewers*, *and Water systems*, Carolina: The University of North Carolina Press, 2015, vi + 286pp

《罗马时期意大利的卫生设施考古：厕所、下水道和供水系统》一书是安·奥尔加·克洛斯基－奥斯特罗二十余年研究经验累积而成的作品，该书围绕卫生技术和观念进行的跨越国家、文化与时代之讨论，对全球范围的城市环境卫生研究均具有启发价值。

关于古罗马厕所和卫生设施的研究数量不多，在该书问世前主要有B. 霍布森（B. Hobson）对古罗马厕所的建筑、贡献和功能的专门性研究；赫尔伯特（Heirbaut）和豪斯（Hoss）为霍布森著作撰写的书评《罗马厕所研究》；博埃特（A. Bouet）以考古学田野调查对罗马厕所的考察；雷莫拉（J. A. Remola Vallverdu）和佩雷斯（J. Acero Perez）合编的关于罗马伊伯利亚半岛卫生问题的地域性研究，以及克洛斯基－奥斯特罗在这一领域的大量前期研究工作，其中既有资料搜集类的史籍摘编，话题集成类的论文选粹，也有各种专题论文和著作。在撰写本书的过程中，克洛斯基－奥斯特罗吸取了前人研究中建筑形态学，考古学以及区域对比手段等行之有效的研究方法，并总结和发展了自己以往的思考。

* 本文系国家社会科学基金青年项目“20世纪天津城市环境污染治理研究”（项目批准号：19CZS050）的阶段性研究成果。

该书围绕以厕所为代表的罗马公共卫生设施展开讨论，综合考古证据、图像和文献资料，梳理公元前 3 世纪至公元 3 世纪之间罗马厕所的起源和发展（p. 35），对比罗马世界不同时期和地域城市遗址中厕所形态、城市环境维持和卫生习惯，并将讨论扩大到欧洲、南亚和东南亚地区，与殖民拓展、文化侵略和 19 世纪卫生革命等内容联系，展现出了一定的全球视野。通过这种方法，作者从更广阔的视角探寻古罗马城市排污设施建立的根本原因，认为罗马早期卫生设施产生的主要动力不是卫生观念的发展，而是强大的政治需求及其背后隐藏着深刻的社会关系和问题。

全书共分为五章。第一章介绍关于罗马卫生设施相关问题研究的现状和研究起步较晚的原因。作者从庞贝、赫库拉尼姆、奥斯提亚、罗马和维苏威地区不同时期的考古材料出发，总结罗马城市遗址中公共厕所和私人厕所的基本形态和主要特征，提出对供水与排污系统的连接，罗马水利技术地域性研究，以及城市乡村用水方式比较研究的必要性。厕所因与排泄行为相关话题难登大雅之堂而在研究中长期处于被学者忽视的角落，然而作者认为公厕和排污系统是罗马文化的重要内容，展开此类研究可以在了解建筑技术发展状况之外，获得观察古代罗马社会生活的崭新视角。

第二章是一场关于卫生设施的跨时空旅程。作者在阐明古代罗马下水道的技术研究框架，相关内容定义等基础信息后，梳理了不同时期、不同地域、不同社会对排泄物的态度和城市卫生管理方式。从《圣经》时期的犹太及其他非罗马民族，中世纪到 19 世纪的欧洲，穆斯林和印度教徒，再到中国、日本、越南等东南亚国家民族，不同社会群体的卫生概念不同，对待城市废弃物的态度和处理手段也千差万别。在东亚，城市粪便被妥善收集并作为农业肥料循环利用，而在西方，城市卫生发展的精神则是用下水道将市民与污物隔离，用公墓将生与死隔离。现代西方卫生系统已经形成固定标准，然而学者们并未在罗马发现与之类似的规定，相反，罗马人对城市污物的观点，似乎更贴近当下一些倡导保护水源、循环利用排泄物的极致环保思想。由此出发，作者认为不应当以现代卫生观念之成见，评判罗马时期的卫生设施，而避免成见的关键，是合理区别卫生设施与卫生思想的概念。

第三章探讨的是古代罗马厕所、下水道以及排污系统建立的原因、目的和影响。作者认为罗马厕所最早出现于希腊近东地区，由远征返回的士兵传入意大利，在罗马完成了建筑标准确定和创新后向外扩散，逐渐成为一种新的文化标志。厕所能够在罗马获得发展，与其强烈的文化认同需求，开放与共享的生活习惯，以及不断进步的建筑技术直接相关。作者认为罗马大下水道（Cloaca Maxima）减少了垃圾、臭气和蚊虫，改进了城市面貌，但从设计和功能上看更类似今日的管涵洞，由此可见，统治者建造下水道的初衷应该是排除暴雨后的街道积水，而不是运走生活污水。与之相似，罗马人创造的复杂水源管理模式和为管道排污服务的供水系统，也不是出于维护卫生，而是为了充分利用自然资源，“让水更具有生产力，让城市和乡村的土地更有价值”（p. 73），满足他们“征服”水源的渴望（p. 74）。

第四章是对公共厕所从物质到思想的全面解读。作者首先详细介绍了罗马厕所的基本建构，罗马人使用厕所的习惯以及他们如何看待和利用粪便。随后探索罗马文化对厕所的认知，辨析公共与私人概念，区别精英与社会底层排泄行为的群体差异，并总结了罗马哲学和医学典籍中的健康观念。罗马公厕中密集的厕坑，共享的清洁用品，以及向下水道直接暴露的身体等都可能造成健康隐患，粪坑中发掘出的大量蛔虫卵，也证明当时由粪便传播的消化道疾病十分常见，因此使用公共厕所并非最安全的选择。考虑到罗马文化中当众排泄被视为不雅行为，作者推测公共厕所是统治者和精英阶层出资建设，用来规范和限制普通市民排泄行为的设施，而不以维护公共健康为目标。他们将公厕设置在隐蔽之所，限定普通人排泄的地点，自己则在宅邸、花园中享用私厕、粪坑甚或是由仆人倾倒夜壶的特权。

第五章尝试捕捉文学和图像中人们对罗马下水道的想象。文学作品中的下水道大多具有象征意义和政治隐喻，如查理·狄更斯将伦敦下水道视为罪恶和杀戮的代表，而雨果则歌颂巴黎下水道中蕴藏着伟大的革命力量。罗马时代的拉丁语文学作品也表现出相同规律，尤维纳利斯认为贫民区下水道污物来自廉价和劣质的食物所以更为肮脏危险，以下水道分区体现社会阶层的分裂。与之相比，厕所附近的绘画和涂鸦则较为直接地表达了建造者和使用者的想法。其中涂鸦表达了使用者的个人感受，而内饰中充满教育性的图画则反映建设者（精英阶层）指导普通民众排泄行为的尝试。厕所中出现的保护神福尔图娜（Fortuna）形象，进一步证明厕所可能引发的健康风险和罗马人因此产生的恐惧。

该书最大的贡献是勇于打破现代卫生观造成的认知偏见，重新评价古罗马排污系统。作者通过区分卫生设施与卫生思想，颠覆性地提出罗马建设先进排污设施的动力是现实政治需求，而不是维持公共卫生或是实践某些健康观念。尽管目前世界通行的管道排污系统可以上溯到古罗马时期，然而推动两者出现的理论和思想却大相径庭。现代人发现了疾病与污物的关联，建设下水道和水冲厕所，是利用隔离手段让可能传播疾病的污物尽量远离人类的生存环境；而古罗马人尚未发现污物与疾病的联系，因此也从未排斥重复利用排泄物，或收集排泄物获取利益的行为。即便建立了公厕和排污设施，他们在日常生活中也经常接触排泄物，没有对粪污的严格隔离措施。他们建设的排水排污系统，虽然在客观上起到了改善城市环境卫生的作用，但本质仍然是服务政治目标的工具。人们非常容易在罗马厕所光滑的大理石和巨大的排污管道中看到现代卫生的光芒，却经常会忽略卫生思想与卫生设施本就是独立存在的两个课题，古罗马虽诞生了建造下水道的技术，却并未孕育出现代卫生知识。总之，罗马因社会管理需求建造和使用排污系统，在运行和实践中又表现出阶层差异、种族区别和经济分化等方面的具体问题。

该书的另一个优点是，能够将具有地域性的罗马厕所问题，放置到长时段、大版图，且具有全球视野的框架中讨论。公厕和供排水系统虽然是古罗马的经典话题，但也关联到居民对待粪污的态度、城市处理污物的方式，以及与污物相关的信仰和生活习惯等全人类共同面对、不可回避的重要问题，因此作者从罗马考古遗存出发，整理不同国家早期卫生思想发展状况的尝试，才显得尤其宝贵。这种扩展性讨论同时还可以弥补地域性材料不足、分布不均的缺陷，如在分析罗马卫生设施诞生动力时，作者通过整理和比较不同时期不同国家民族的卫生经验，说明古罗马城市在卫生管理、污物重新利用和信仰影响等方面与现代卫生思想的差距，以及与其他古代文明的相似性。同样，当探讨下水道在文学和图像中的意象时，作者再次利用跨越十九个世纪的英、法、拉丁等语言的文献案例，证明在文学作品中的下水道大多是具有隐喻和政治色彩的符号，从而解释古罗马文献的记载与考古证据之间的差异，以及下水道和排污系统建立背后可能的政治影响。

除此之外，这部作品还有诸多值得称道之处，其中最突出的是将排泄问题摆上大雅之堂的勇气。早在 20 世纪 90 年代，克洛斯基 - 奥斯特罗便开始了对罗马厕所的研究，为此曾被笑称为“马桶上的克洛斯基 - 奥斯特罗”（Koloski-Ostrow on the toilet），多年来她克服了生活和研究中的诸多困难，持续推进这项“另类”工作，并略显固执地追求对历史原状的探寻，即便是世俗禁忌话题，也不吝细节、秉笔直书，从而在部分章节创造出强烈的冲击感，完成了重塑罗马日常生活的目标。

毫无疑问，本书关于罗马公厕的研究面对着诸多挑战。如史料文献不足，考古遗址挖掘尚不完善，作者虽身为历史学者，却要尝试理解和利用考古证据，并综合异域图像和文字材料完成论证，难度可想而知。正因如此，作者格外重视在行为中尽量保持客观、严谨和专业，但也难以避免地造成了一些问题，如：在论证中尝试探索材料多元化，但却在使用时为它们设置了诸多细致入微的限制条件，削弱了论据的价值和论点的可信度；试图在有限的篇幅中事无巨细地展现二十多年来积累的所有材料，则让写作陷入了取舍难题，衍生出一些与主题无关的分支话题，模糊了论述的逻辑主线；勇敢地尝试进行全球视野探索，却也暴露出对其他区域文明历史知识的欠缺。不过，上述遗憾大多无损该书的学术价值，有些甚至恰好指明了此类研究未来可以深耕发展的新方向。

（曹牧，天津师范大学历史文化学院讲师）

《咖啡的全球史》评介

刘　畅

Jonathan Morris, *Coffee: A Global History*, London: Reaktion Books, 2018, pp. 176.

乔纳森·莫里斯是赫特福德大学教授，一位研究消费和消费者社会的历史学家，著有《咖啡：咖啡豆、饮品和行业综合指南》，在咖啡文化研究领域颇有影响。《咖啡的全球史》是食物丛书系列中的一本，这套丛书从具体的食物出发，如汉堡包、比萨饼、巧克力、牛奶等，探索食物的变迁和发展，体现了全球文化史的研究视角。

咖啡的历史体现了一种全球的、发展的变化。从历史上看，咖啡的历史大致分为五个阶段。第一阶段是18世纪左右，欧洲人将咖啡变为一种殖民商品，凭借海外殖民贸易从而强迫奴隶在殖民地种植，例如远离欧洲大陆的爪哇和牙买加地区。而在此之前，咖啡与宗教有着密切关系，在欧洲人到来之前，咖啡最初作为伊斯兰教的“酒”而在阿拉伯地区奉行，并在印度洋和红海沿岸的穆斯林民族之间进行贸易。第二阶段是19世纪下半叶，随着巴西咖啡产量的迅速增长，美国的大众消费市场得到了发展，咖啡从殖民商品转变为工业产品。（p. 11）第三阶段是20世纪50年代以后，亚洲和非洲通过种植罗布斯塔咖啡（Robusta）重新获得了世界贸易的重要份额，促使咖啡成为一种全球性商品。到了20世纪末，咖啡进入了发展的第四阶段，即一场将咖啡重新塑造成为一种特制饮品的运动拉开序幕，这是对咖啡商品化的一种现实反抗。而在此之后，咖啡也将随即进入第五阶段。

《咖啡的全球史》是一本由历史学家撰写的全球文化史著作，主要从全球史的眼光探索咖啡的“前世今生”。该书涉及内容广泛，不仅从咖啡的种植、加工到交易，还从咖啡的品种、口感到文化习俗。从时间线来看，该书探索了从15世纪阿拉伯地区苏非派首次出现咖啡到21世纪亚洲的特制咖啡消费者，背后反映的是咖啡本身的加工、交易和运输链等过程。从更深层透视，咖啡的全球发展史体现了连接生产者和消费者的全球性贸易结构以及地缘政治的影响。从结构上看，全书共分为六章。

第一章是“从种子到杯子”，顾名思义，主要探讨咖啡从“种子”到端上“杯子”的历程。首先，从市场化来看，目前世界上90%以上的咖啡属于商品化咖啡，剩下的5%到10%的咖啡属于特制咖啡，即具有独特风味和可识别的地理来源的高品质咖啡。目前较为常见的咖啡品种有阿拉比卡咖啡（Arabica）、罗布斯塔咖啡，除此之外的咖啡品种还有铁比卡（Typica）、波旁（Bourbon）、卡图拉（Caturra）、卡图艾（Catuai）、卡蒂姆（Catimor）、盖沙（Geisha 或 Gesha）、帕卡马拉（Pacamara）以及黄色波旁（Yellow Bourbon）等。阿拉比卡咖啡源自非洲，由埃塞俄比亚西南部高地以及肯尼亚和南苏丹的边界地区进化而来，直到20世纪阿拉比卡咖啡是唯一一种为满足人类消费而种植的咖啡。目前阿拉比卡咖啡的产量约占世界咖啡总产量的三分之二。（p. 14）罗布斯塔咖啡是为了弥补阿拉比卡咖啡的叶锈病危害而寻找的替代物，罗布斯塔咖啡源自刚果地区，相较于阿拉比卡咖啡，罗布斯塔咖啡更能耐高温和高湿环境，因此能够在低海拔地区生长。

第二章“伊斯兰教的酒”，主要关注早期咖啡在阿拉伯地区的发展。在咖啡存在的头200年左右，也就是1450年到1650年之间，几乎都是由穆斯林民族消费的，他们的习惯维持了以红海为中心的咖啡经济。（p. 31）在咖啡的传播过程中，宗教起了相当重要的作用。苏非派将咖啡知识向北传播到阿拉伯地区，包括麦加、吉达和麦地那。咖啡之所以在近东地区得以迅速传播，关键在于咖啡与非宗教主义的结合，即咖啡越来越多地被用作宗教仪式以外的社会性饮品，得到了阿拉伯大部分地区的广泛认可。阿拉伯地区的咖啡发展存在的另一个特色是咖啡馆的出现和咖啡馆文化的兴盛。咖啡馆之于阿拉伯地区的吸引力在于它为穆斯林男性提供了一个合法的社交公共空间，基于这个空间，咖啡文化为新的社会互动形式创造了可能性，具体来说，就是阿拉伯地区早期咖啡馆的布局形式体现了平等主义的关怀，光顾咖啡馆的穆斯林男性按照达到的顺序落座在长凳或长沙发上，而非按照他们的等级就坐。（p. 35）咖啡贸易通过阿拉伯地区传播到整个奥斯曼帝国，最终进入欧洲。总的来说，咖啡馆的成功反映了奥斯曼帝国社会和政治结构的转变，集权、等级管理模式让位给权力分散、精英分裂、宗教和世俗意识形态竞争的社会。在咖啡馆，人们可以直接和任何人说话，并进行公开对话，成为这种新文化的象征。

第三章聚焦咖啡在殖民时期的发展变化。咖啡作为一种“殖民商品”，在17世纪以前还未传入欧洲，据文献记载，意大利的威尼斯很有可能是第一个喝咖啡的欧洲城市，大约在1575年咖啡就曾在威尼斯出现。伦敦则是欧洲第一家咖啡店的所在地，因此英国最早形成了欧洲咖啡店文化，当然最早将咖啡带到英国的人也是奥斯曼帝国的移民，欧洲第一家咖啡店率先在英国建立绝非偶然。随着英国内战的结束，在克伦威尔时代，英国传统行会的权力弱化，社会上盛行的平等主义和清醒文化价值观适合引入一个不含酒精的社交场所，因此咖啡店应运而生。即使在1660年的君主复辟中，咖啡店也幸免于难，原因是反对议会政权的保皇派利用了咖啡店创造的机会，进行了一系列不受议会监控的秘密政治交谈。相较于英国，法国的咖啡馆虽然建立的较晚，但却在18世纪发展成为一种对所有阶层都具有吸引力的社会制度。事实上，各类贸易公司在殖民时期的咖啡传播和运输上起到了关键作用，殖民地越来越成为咖啡主要生产国，原因在于其低廉的生产成本，且主要是通过进口非洲奴工来实现的。总的来说，殖民时期的咖啡经济主要由欧洲主导，到第一次世界大战爆发时，亚洲供给的咖啡产量只占世界供应量的二十分之一，而在咖啡锈病出现之前，亚洲提供的咖啡约占世界供应量的二分之一，目前全球咖啡经济以美洲为中心。

第四章重点阐述了咖啡于19世纪后半叶在美洲转变为“工业产品”的过程。在美国，由于波士顿倾茶事件，导致美国的爱国者们转而喝咖啡，到了南北战争时期，联军部队每天都要喝咖啡，据统计，“咖啡”一词在当时士兵日记中出现的频率高于步枪、大炮或子弹，这体现了咖啡在军队中的重要性，原因在于咖啡在当时似乎被普遍视作一种兴奋剂和安慰剂，具备缓解单调生活的作用。当内战士兵回国后，他们喝咖啡的习惯刺激了美国国内新兴的咖啡产业，包括一系列著名的咖啡品牌，也是在这一时期建立起来。巴西咖啡产业的发展不同于美国，1807年美国禁止进口奴隶后，北美奴隶贩子转向了巴西市场，建立了一种三角交易：美国的货物被运往非洲，以换取卖到巴西的奴隶，然后再买咖啡运回美国。这种情况一直持续到1850年，最终英国通过海军的直接干预终止了大西洋奴隶贸易。（p. 61）巴西在世界咖啡市场中的主导地位在1906年达到顶峰，之后随着哥伦比亚和中美洲国家的出现，巴西在世界咖啡供应中的主导地位已经开始减弱。二战期间，战争的经历进一步提高了咖啡的受欢迎程度，然而到了20世纪50年代末，随着年轻一代转向软饮料，美国的咖啡消费水平已经明显下降，取而代之的是欧洲，欧洲即将成为世界最大的咖啡消费大陆。

第五章是“全球商品”，作者旨在说明咖啡的全球化发展及其困境。咖啡在20世纪下半叶成为一种全球化商品，但不同国家和地区的咖啡产业和文化不尽相同，不同阶层的人也以咖啡消费作为国家身份的日常表达方式。1871年统一后，德国成为欧洲最大的咖啡市场，汉堡一度成为欧洲最大的咖啡港口，德国社会也兴起了“咖啡会”（Kaffeeklatsch）的咖啡消费仪式，即妇女下午聚在一起喝咖啡，吃蛋糕聊天，且德国人更偏好过滤咖啡。北欧国家也发展了浓厚的区域性咖啡文化，城市社区发展了围绕咖啡的日常活动和仪式。意大利进一步发展了意式浓缩咖啡，当法西斯政权怀疑咖啡是一种“外国奢侈品”的时候，这意味着普通的意大利人更熟悉咖啡的替代品，到20世纪五六十年代，现代意大利咖啡文化兴起。中欧地区的维也纳成为咖啡发展的重要地区，事实上，咖啡馆现象遍及整个奥匈帝国。在亚洲，17世纪晚期，荷兰东印度公司首次将咖啡引入日本，和欧洲一样，在两次世界大战期间，日本对专制的强调阻碍了大众咖啡文化的发展。越南则利用了国际咖啡联盟的消亡，从根本上改变了20世纪最后十年的世界咖啡贸易。总的来说，全球咖啡贸易的政治格局反映了消费者和生产者之间经济实力的变化，而咖啡危机导致了生产商陷入贫困，咖啡产业在消费国家的公众形象受到了攻击，具体问题是持续的供过于求。

在第六章，作者将着重探讨咖啡发展史上的“特制饮品”运动。20世纪末，咖啡重新定位为一种特制饮品，对全球咖啡产业产生了深远的影响。所谓“特制”，即定义为杯子中提供的独特的味道。咖啡是20世纪60年代美国反对主流文化的重要组成部分，尤其在特制品运动中，传统的咖啡店结合出两个新的元素：咖啡和环境。特制品运动下的咖啡店的高利润率体现在为享受咖啡的舒适环境所付出的代价中。而后随着国际咖啡连锁店、“第三次浪潮”运动以及咖啡胶囊的发展，特制品运动对全球咖啡结构产生了重要的影响，即鼓励了咖啡生产国新兴经济体的消费，通过将咖啡重新定位为一种理想的饮品，咖啡已经在年轻的西方消费者中渐渐流行起来。

传统的全球史、食物史著作强调从历史研究的角度出发，探讨该食物的全球发展史，而该书不仅在全球文化的视域下分析咖啡的发展变化，同时注重区域化和历时性研究，从 18 世纪以前咖啡的早期发展史，到 21 世纪特制咖啡运动后咖啡全球化产业的新变化，涉及中东、美洲、欧洲、亚洲、非洲，甚至大洋洲等多个区域。另外，该书的写作体现了文化史的关怀。从早期咖啡发展与阿拉伯地区宗教文化的关联到殖民时期殖民文化对咖啡贸易的影响，从工业化时代咖啡作为工业产品在欧洲的传播和扩散到全球化时空下咖啡贸易兴盛和危机并存，最终在 20 世纪又将咖啡视作反对主流文化的号角，咖啡的全球发展史同时也是一部不同文明之间的物质文化交流史。

该书的全球文化史视角令人称道，但仍存在一些疏漏之处。该书虽然涉及较多国家和地区，但对中国的咖啡文化研究不多。作者在文中认为中国是亚洲最具潜力的市场，咖啡消费量以每年 16% 的速度增长，但人均咖啡消费量仅达到 83 克，相反饮茶文化依然占据主导地位。（p. 100）事实上，随着全球化的加深，在中国越来越多的年轻人倾向于咖啡消费，咖啡在中国人口结构上的变化在一定程度上反映了中国咖啡市场的前景，而作者对此关注不多，甚至持悲观态度。但总的来说，作者透过咖啡的全球发展史向我们展示了一幅文明互鉴交流的画卷，无论对于咖啡爱好者还是初次涉猎咖啡文化的人来说，该书都是值得一读的，兼具学术性、文化性，且趣味横生。

（刘畅，浙江大学人文学院世界历史研究所博士研究生）

《商人们的广州——1750 年代的中英贸易》评介

刘赫宇

藤原敬士．『商人たちの広州—一七五〇年代の英清貿易』、東京：東京大学出版会，2017 年，vi+296 頁。

清代广州贸易的兴衰，事关中国同英国这个当时世界上最强大的资本主义国家之间的关系，更涉及中国近代历史分期等诸多重要问题，因而长期吸引着众多海外学者投身相关研究。在日本，取得东京大学综合文化研究科博士学位、就职日本大学文理学部的藤原敬士（ふじわら　けいじ），于 2017 年出版《商人们的广州——1750 年代的中英贸易》一书，很大程度上反映了近年来广州贸易研究的新趋势，同时启发我们进行更为深入地思考。

该书主要由序章、正文 8 章以及终章等部分构成，序章以“广州贸易研究的新视角”为题，审视当时在广州从事商业贸易及对外交涉的商人群体。作者总结了此前各国学界的研究成果，认为自 20 世纪 90 年代起，长期被奉行的行商垄断的观点，开始遭到日益增多的批评。越来越多的人认为，行商并不具备完全控制外国商人的力量，行商垄断的制度虽然被清廷维持了下来，但小资本经营的性质，使行商在与洋商交易的过程中，难免时常负债累累。而行外商人同洋商之间规模不断扩大的贸易，也时刻冲击着这一垄断制度。（第 15 页）

从具体内容来看，全书被划分为两大部分，其中正文前五章构成第一部分——“广州贸易的商人、制度、交易”。作者利用英国东印度公司档案，从英商的视角出发，以清代广州贸易在一口通商政策实行初期存在的隐患为突破点。在第一章“广州贸易社会的构成与乾隆初期的贸易制度”中，作者提出所谓“广州贸易社会”的概念，而非以广州这座城市为范畴，考查18世纪50年代后期中英关系的变迁，以及英国东印度公司在其中扮演的角色。在这种独特的社会形态中，主要社会成员出身于不同的文化背景，代表着不同的利益，各方之间共同构成一个互相对抗、合作，并与广州本土文化相对隔绝的复杂环境。其中，皇帝下达的制度、广东官府制定的自治制度，以及商人之间约定俗成的非官方制度，三者之间保持着一种奇妙的共生关系，并在当地的贸易活动中发挥着作用。

第二章“行商贸易垄断布告的发布与撤回”，作者围绕时任两广总督杨应琚、粤海关监督李永标等人在乾隆二十年（1755）发布的一系列布告，以及这些布告引发在穗贸易的西方各国的抗议等问题，重新探讨十三行以外的商人参与广州贸易的制度及实态。作者认为，总督、粤海关促使行商垄断贸易的行为，并未作为制度被保留下来，此外，在对贸易“自由”问题的理解上，广东官府与英国东印度公司之间也存在很大差异，前者认为是指许可洋货店自由交易，保证行商地位不被行外商人所威胁；而后者显然对当时行商与行外商人之间不对等的地位大为不满。（第80页）在本章结尾，作者提出一个问题：既然当时行商已经占据了广州贸易的多数份额，官府为何还要将垄断权委任给他们，如果说是为了确保其利益，但为何直到洋人与行商之间的摩擦激化，官府也并未对垄断制度作出修改。对此问题，作者在第三章“从贡品制度看广州贸易”的开头进行回答，探究清朝广东官府在广州设立垄断制度的目的。作者认为，朝贡是清朝与朝贡国之间存在的正式国家行为，由礼部主持；而贡品的收集是一件具有特殊意义的事情，主要在国家内部进行，由内务府和各地官府主持，并以代理购入而非进贡的形式进行。呈进贡品是当时各地官府所要执行的任务，尤其在广州这样的外贸口岸，为朝廷搜集新奇物品的作用在18世纪50年代后愈发凸显。由于官府此举危害了行外商人的处境，东印度公司管货人对于设置保商的行为颇有敌意，贡品收集同行商垄断，以及征税等问题，由此成为当时中、英关系间的不稳定因素。（第101页）

第四章“贸易的实态：1755—1756年”，则以乾隆二十年夏季至冬季（1755年8月至1756年1月）驻留广州的米赛诺委员会（John Misenor），以及乾隆二十年夏季至二十一年冬季（1755年6月至1756年12月）驻留广州的庇古委员会（Frederic Pigou）及其交易对象——蔡义丰、黎开观等保商为中心。委员会的职责是在滞留广州期间，以尽可能低的价格购入更为优质的原料，而通过分析委员会管货人日志中的内容，作者发现，英国东印度公司在向中国出口毛织物时，进展并不顺利。18 世纪 50 年代茶叶与生丝原料价格高涨，使英国东印度公司只得以有限的资本购买这些产品，并运回英国。负责采购的行商们并没有充足的流动资金，只得寄希望于在产地采购茶、绢时尽可能多地获利，以支付进口毛织物的货款及税款。这样一来，行商们难免时常承担额外的经济损失。（第 138 页）

第五章“广州贸易时代的红茶考论”则将关注点集中在另一个贸易实态，即出口茶叶的质量问题上。作者介绍了行商在与英国人签约之后，亲赴产地挑选原料，在价格和品质的选择上有较大的灵活性，甚至可以在优质茶中掺入少许次等茶充数。同时，英国茶叶需求量居高不下，除优质茶叶外，东印度公司每年也会以较为低廉的价格，收购大量品质稍逊的茶叶，这些细节都可见于东印度公司的质检档案之中。（第 147 页）

第六章至第八章组成本书的第二部分——“鸣动的广州贸易”。其中第六章“从广州一港限制令中看清朝的对外政策”，探究乾隆二十二年（1757）一口通商谕令的发布前后，清廷、广东官府以及英方各自的动向。第七章“宁波贸易的成果”，主要探究了一口通商禁令颁布当年（1757）宁波的税额，以及毛织物、生丝、茶叶输出的交易状况。乾隆二十年（1755），尽管英国东印度公司与行商在广州经营毛织物交易时经历了亏损，但却在宁波获得了一些意外收益。不过在这里，东印度公司与当地官府甚至清朝中央的摩擦甚多，不仅需要缴纳两倍税额，还受到清廷所颁贸易禁令的限制。因此在英国东印度公司看来，继续在此强撑，势必会对广州贸易造成不利影响，只好作罢。不过作者认为，英国人在宁波并非毫无收获，至少在这一阶段的贸易中，他们与神通广大的汪圣仪建立了合作关系。（第 215 页）

在第八章“东印度公司进行的贸易修改与清方的应对”中，作者结合前章内容，对公行以及《防范外夷规条》的成立和意义进行考查。认为一口通商政策的出台，外加七年战争的爆发，英、法等欧洲国家之间纷争不断，造成来华商船和国外订单的锐减。广州市场的茶叶和生丝等商品，只得以较往年更低廉的价格出售。同时，行商们的财政状况不断恶化，清廷

继续坚决执行保商制度，制定《防范外夷规条》，并联合行商，共同对抗英国东印度公司的势力。（第 251 页）

最后一章“对立的本质与摸索的协调”，作者总结全书并提出了观点：对于英国东印度公司而言，虽然在交易过程中与行商时常发生冲突，由于行商是清廷所指定的，为维持在广州的贸易，英国人也只好尊重他们的存在。而作者在分析清代官方档案后发现，对于清廷来说，英国人在广州时常强行压低进货价格，强迫行商交易其不需要的商品，以及破坏保商制度，这些行为都将清廷置于不利地位；而从东印度公司档案的内容来看，行商们对于外贸的态度也并不十分积极。对于东印度公司与清廷之间对立的相关问题，作者强调，应从广州内部及外部两层因素来分别理解。印度东印度公司需要同法、荷等国的东印度公司竞争，茶、丝时常得不到充足供应，从而造成供需之间的不平衡。18 世纪 50 年代前半期茶叶价格时涨时落，而生丝价格则继续保持走高的态势，英国东印度公司在广州的贸易陷入困难。此外，不论在乾隆十九年（1754）保商制度化时，还是在乾隆二十年（1755）垄断布告发布时，与贡品收集有关的贸易制度变更，都成为广东官府与管货人交涉的主要议题之一。官府与东印度公经理人达成了一定程度的妥协，前者希望通过后者来搜集海外珍奇；而后者则对垄断布告的颁布颇为不满，要求官府从速撤回。由此，清廷、官府、行商、东印度公司，诸方在广州发挥着不同的作用，彼此缠绕，成为中英双方对立发生的根本原因。广州贸易制度也是由各方拉扯、施加外力，使其逐步发生了变更。

综上，我们不难看出作者为构建全球史视域下广州贸易实态所作出的努力。通读全书，我们可以发现两大可取之处。首先从研究视角来看，作者并未单纯将研究置于中国史或英国史的框架下展开，也并非仅仅关注贸易过程中，国家政府层面之间的交往，而是从广州行商的生活方式、经营方式、贸易的可获利性、财务窘境，以及债务处理的方式等问题出发，来探讨广州贸易实际的运行状况。相比自上而下的、单纯通过政策来理解贸易的做法，作者显然做了勇敢的尝试。作者自己也承认，广州贸易研究范围巨大，仅凭自身之力难以得出全新的见解。他在撰写硕士论文《嘉庆后期广东中英贸易关系研究》时，就意识到搜集利用新史料，将其视为研究开展的“生命线”。（第 294 页）大英图书馆中发掘出来的大量当时东印度公司在广东的交易记录，成为本书主要章节的支撑史料。事实上，在近些年海外的相关研究中，均呈现出了相似的特征，如范岱克（Paul A. Van Dyke）《广州贸易：中国沿海的生活与事业（1700—1845）》、陈国栋《经营管理与财务困境——清中期广州行商周转不灵问题研究》等书，分别利用收藏于美、英、荷等国的中美贸易档案以及英国东印度公司档案，围绕行商以及参与贸易的各阶层：通事、买办、引水人等，自下而上地观察整个广州贸易社会的样貌。而相比范、陈二氏，藤原则集中关注18世纪50年代这一阶段，这无疑使全书视野范围具有更强的针对性。

而在阅读本书的过程中，我们也不难发现，书中依旧留下一些值得商榷之处。首先，本书主题是被放置于一个大的背景下展开的，即广东官府、行商与英国东印度公司间的关系，其背后即当时中英两国的关系。东印度公司在贸易过程中，英国政府有如何的判断和指示，英国政府同公司之间的关系如何，在广州贸易发展的过程中，这条重要的关系是如何变化的，受资料的局限，作者并未施以笔墨，读者无从得知，不得不说是本书的一大遗憾。其次，从研究着眼点来说，国家安全与经济利益实为当时广州贸易乃至中英关系中的两大关键问题，抛开国家安全与主权的角色，单纯地探讨广州贸易的经济层面，难免存在失真之嫌。作者细致探究了广州贸易的实态，却相对忽略了国家安全及主权在广州贸易中扮演的角色，如在行商指定以及贸易规则的制定等问题上，清廷显然综合考虑了广东乃至全国的安全局势。另外，作者以东印度公司档案和经理人书信为主要资料，但对于清代原始档案的利用稍显不足，显然不足以支撑对于当时清廷及粤省官府动向的分析。

尽管如此，作者扎实的史学功底、对史料以及研究主题的整体把握，有很多值得采纳之处，是近年海外广州贸易研究中一部令人印象深刻的成果。这提醒我们，唯有继续发掘新史料、深翻旧史料，才能达到“旧题新做”的水平，同时避免“巧妇难为无米炊”的窘境。而随着这些研究的开展，我们还会有更多新的发现。

（刘赫宇，北京第二外国语学院马克思主义学院讲师）

《前往君士坦丁堡的西方旅行者：962—1204 年拜占庭和西方的文化及政治联系》评介

焦鹏飞

Krijnie N. Ciggaar, *Western Travellers To Constantinople: The West and Byzantium, 962 - 1204: Cultural and Political Relations*, Brill: Leiden · New York · Koln, 1996, xix + 396 pp.

拜占庭帝国的首都君士坦丁堡扼守黑海—爱琴海—东地中海的通道，是控制欧亚大陆交通的桥头堡，在东地中海的政治、经济和文化交流中起着枢纽作用。漫长的中世纪里，君士坦丁堡因为其美丽的城市环境、宏伟的城市建筑和发达的商贸活动，成为欧洲其他地区人们心中向往的天堂。西方的王室成员、大使、商人、教士、平民往来于此，络绎不绝，他们有的暂住于此，有的则在此定居。拜占庭的文学、艺术、技术和思想观念等也借此传播到西方，深刻影响了同时代西方的发展。关于拜占庭对西欧文化影响的争论由来已久，但大多局限在理论方面，缺乏具体的实证研究。西格高尔的系列研究填补了上述空白。而 1996 年出版的《去往君士坦丁堡的西方旅行者：962—1204 年拜占庭和西方的文化及政治联系》运用丰富的史料介绍了君士坦丁堡与西方的交流接触，成为研究这一领域的经典之作。

该书共十章，可分为三部分。第一部分由导论和前三章构成，主要是对拜占庭与西方交流与联系的抽象概括。在导论中，西格高尔首先对标题中的“western”一词做出限定，将基辅罗斯和拉丁帝国在东方占领的海外领地（outremer）排除在外。又解释了选择 962—1204 年这一时间段的原因：这段时期里东西方的“罗马帝国”并立，都自诩罗马帝国的继承者，双方在意大利南部接壤但基本没有爆发大规模的战争，这就为文化交流提供了条件。紧接着，作者对东西方交流的学术著作进行了回顾。作者指出，早在1930年代，施拉姆（P. E. Schramm）就提出，有必要将拜占庭史与拉丁西方史放在一起研究，进而观察其异同之处（p. 5）；但是直到二战前，此类研究才开始受到重视，该领域的拓荒者之一奥恩佐格（W. Ohnsorge）在一篇评论中提出，如果不参考拜占庭帝国的历史，西欧中世纪史就不能得到充分研究；法国著名中世纪史学家乔治·杜比对此也深表赞同；1966年吉纳卡普洛斯（D. J. Geanakoplos）出版《东方拜占庭和西方拉丁》一书，用来解释双方间的教会和文化层面的联系；布朗（P. Brown）在1976年重启有关拜占庭帝国对西方文化影响的争论，他认为拜占庭帝国的影响并不是传统意义上的"由高及低"的灌溉，不是拜占庭超然的文化给予渴求进步的西方文化（p. 8）；迈克尔·麦考迈克（M. McCormick）强调地中海文化的共存性，他的研究集中在962—1204年拜占庭文化对西方的影响（p. 11）。最后，作者表示自己的研究还有很多不足，未来的研究必须明确拜占庭文化在西方12世纪文艺复兴中的地位和作用。

第一章"去拜占庭旅行"。作者指出，在那样一个通信和交通都不发达的年代，任何与世界其他部分的交流都需要充沛的精力、资金和时间。形形色色的人出于各种原因前往拜占庭，但由于留下的史料有限，大部分旅客的名单和轨迹已经永远不可知了。留存至今的史料中，一类以各国贵族、商人和学者（神职人员）为主，他们留下了比较丰富的资料。而拜占庭皇帝对一些特定的访客更感兴趣，显示出了接待的诚意；另一类人以难民和移民为主，他们留下的资料要少得多，只是零星的分布在一些同时代作者的书中。去往君士坦丁堡的旅程十分危险，因此也产生了各种相关职业及设施，如向导、侍卫和旅社（hospice）等。作者最后介绍了11世纪末十字军来到君士坦丁堡的状况。（p. 44）

第二章"君士坦丁堡的吸引力"围绕君士坦丁堡的特色讲述了它对西方人独特的吸引力。首先，优美的环境、宜人的气候、恢宏壮丽的建筑物，尤其是著名的圣索菲亚大教堂，都具有吸引力。其次，拜占庭的圣母（Theotokos）崇拜在拜占庭的宗教生活中占据很大部分，也是其宗教信仰中的一大特色。最后，拜占庭的教育制度特色鲜明，其国民的识字率远高于西方。第三章“影响（auctoritates）和翻译（Translationes）”主要围绕西方各界对拜占庭文化的学习展开。越来越多的团体前往君士坦丁堡，将他们在君士坦丁堡的所见所闻带回西方，由于其中夹杂着许多歧视和偏见，西方编年史家的对君士坦丁堡的相关记述也受到了一定影响。

在第二部分中，作者结束了对东西方文化交流的抽象概括，转而开始按出发地对各个国家与拜占庭间的文化、政治交流展开叙述。第四章“北方国家”主要包括北欧五国：挪威、瑞典、丹麦、芬兰和冰岛。但这五国也存在很大差异，挪威比较贫穷，瑞典因为从事贸易而富有，丹麦人热衷海盗事业，芬兰不太重要，而冰岛几乎不属于该书的讨论范畴。它们的共同特点是人口稀少，距离君士坦丁堡十分遥远而且气候恶劣，并且因为语言问题使得学者的相关研究较少，作者也不得不更多依赖二手史料（p. 102）。总的来说，拜占庭在各个方面都深深影响了北欧，但拜占庭最终未能将北欧纳入自己的势力范围之中，时过境迁，西方对北欧的影响力逐渐占据了主流。

第五章“英国”。作者首先说明，本章描述的英国仅限于英格兰，不包括苏格兰、爱尔兰和威尔士。在中世纪的世界观念中，英国、北欧一线被认为是世界秩序的边界，安娜·科穆宁书中将英国称为“Thule”，意为世界极北之地。962 年是英王祥和的埃德加（Edgar the peace）统治时期，他注重与外部（包括拜占庭）的联系，对拜占庭传统和肖像画的模仿在此时达到高峰，这一时期温彻斯特的肖像画充满了拜占庭艺术的影响（圣母和雕塑）。阿莱克修斯·科穆宁向亨利一世及妻子派出大使并携带礼物，之后的 12 世纪 70 年代，曼努埃尔一世与亨利二世有定期的外交联系。英国和拜占庭帝国之间存在许多政治联系，政治联系又导致了文化和智识交流，使得英国国王即使不亲自前往君士坦丁堡也能熟悉拜占庭。

第六章“法兰西”。前往君士坦丁堡的法国人包括一些王室成员和教士、大使、商人、朝圣者和艺术家、穷人，从他们带回来的纪念品中可以看到法国与拜占庭的交流。文献资料也是此类交流的一大来源，尤其是一些拉丁文本。国王休·卡佩（Hugh Capet）曾写信给瓦西里二世和康斯坦斯八世，想通过迎娶“紫色寝宫中的公主”来实现两国结盟，最终未能成型。法王路易七世是有记载的第一位接见希腊大使的国王，教皇希望路易七世和拜占庭皇帝曼努埃尔·科穆宁联姻对抗崛起中的神圣罗马帝国，但这桩联姻最后也无果而终。

第七章“神圣罗马帝国”。作者指出，拜占庭—神圣罗马帝国关系史的现存史料中大部分使用拉丁语，并且以现代德语转译的二手史料居多。962 年至 1204 年间，每位神圣罗马帝国皇帝都与拜占庭有或多或少的官方联系，奥托一世在加冕前就曾两次接见君士坦丁七世的使者，非官方的联系也不曾断绝。除了互相派驻大使外，联姻也是交流的一个重要方面。神圣罗马帝国在金印的使用、工具、艺术品上都受到拜占庭影响，尤其是拜占庭微型画（miniature painting）给神圣罗马帝国的影响很大。

第八章“意大利半岛”。作者首先描述了此时意大利半岛的基本形势：各方势力盘根错节，北部由教皇、诺曼人和德意志人掌控，南部的部分领土属于拜占庭帝国，诺曼人进一步卷入地中海事务。在东西方日益分裂的大背景下，意大利成为重要的缓冲区，威尼斯、拉文纳、罗马等地都是东西方文化重叠的地方，因此拜占庭与意大利半岛的交流最为频繁。限于篇幅，作者在本章只讨论几个交流的中心城市。一是罗马，它是意大利半岛的政治和经济中心，也是宗教文化中心。二是威尼斯，拜占庭与威尼斯之间存在大量的商贸往来，双方也经历了一段很长的“蜜月期”，直到 12 世纪关系交恶。三是比萨和热那亚，它们都与拜占庭的商业联系比较紧密，但相关的研究却比较缺乏；再者是阿马尔菲，它是第一个在君士坦丁堡建立聚居区的城市国家，诺曼人南下之后，阿马尔菲的地位被威尼斯取代。阿马尔菲公爵与其子采取“共治”模式，这可能受到拜占庭的影响。最后，诺曼人也是意大利半岛一股不可忽略的力量，他们南下占领西西里岛，成为地中海霸权的竞逐者。

第九章“伊比利亚半岛”。作者认为，伊比利亚半岛宗教、文化和种族众多，北方多为基督徒，南方则是穆斯林的天下，穆斯林精致的文化生活与拜占庭人相似。6 世纪查士丁尼大帝致力于重建罗马帝国，将科尔多瓦重新纳入统治达 70 余年，使得特莱多王国成为一个“西班牙化的拜占庭”（p. 298），它的头衔、仪式、共治制度、货币制度、艺术和理念等都模仿自拜占庭，清真寺中的马赛克艺术来自拜占庭，制陶技术也从拜占庭引进。

最后一部分为第十章“拜占庭：生活和学习的源泉”。本章对该书的核心观点进行了概括。总的来说，拜占庭对西方的影响主要体现在以下几个方面：一是宗教领域的圣母崇拜和“祈求”（deesis）主题，奥托时代将这一因素引进，圣母在西方的宗教发展中扮演了重要角色，10 世纪后圣母形象频繁出现在西欧的宗教画之中；二是拜占庭皇帝彰显皇帝威严的用具，拜占庭皇帝独有的金印、皇帝以自己的肖像铸造的印章、货币等；三是拜占庭的艺术，最典型的是在西欧受到追捧的马赛克风格的镶嵌画；还有拜占庭的皇帝共治制度也在许多国家有一定的影响力。与拜占庭的接触激发了西方对艺术、自然和学习的新兴趣，通过开放边界和尽情吸收拜占庭的文化，西欧文化实现了进一步的繁荣。

总体来看，该书中的“西方旅行者”，从国家来看，不仅包括了像意大利半岛、神圣罗马帝国等与拜占庭联系密切的国家，还有像北欧国家、英国这样与拜占庭联系并不那么密切的国家；从内涵来看，不仅有王室成员、高级教士、大使、艺术家等饱读诗书、留下丰富记录的人，也有像雇佣兵、难民、囚犯等长期被忽视的群体。该书论述涉及英语、法语、德语、阿拉伯语、西班牙语、希腊语、拉丁语等将近十种语言，数百种文献资料和分散在各地的馆藏文物，这对任何一位学者而言都是一个巨大的挑战。作者用娴熟的写作技巧和扎实的基本功完成了这部作品，也使得该书成为一部研究拜占庭—西方关系领域具有重要影响的著作。

尽管如此，该书也存在一定的缺陷。第一，该书主题在于驳斥前人学说，证明拜占庭与西方的影响是相互的，并非拉丁西方的一味仿效。但书中的描述却充斥着拜占庭的单方面影响，而西方对拜占庭的影响，尤其是文化影响着墨不多；其二，该书在论述拜占庭艺术对西方国家的影响时，过于频繁地使用“应该”“可能”“我推断”等词汇，一定程度上影响了结论的客观性。

（焦鹏飞，首都师范大学历史学院硕士研究生）

《第一次世界大战环境史》评介

刘　岳

Richard P. Tucker, Tait Keller, and J. R. McNeill, eds. , *Environment History of the First World War*, New York: Cambridge University Press, 2018, xii + 295pp.

近来，第一次世界大战史的“全球转向”将战争研究的范围扩展至非欧洲战场、本土前线以及其他被忽视的非战斗人员的生活。但第一次世界大战环境史的研究仍有待发展，学者在很大程度上忽视了冲突造成的生态破坏和长期的环境变化。这本论文集从环境史的视角出发，考察了战争期间国家、军队、平民和环境之间的全球互动，重新审视第一次世界大战对生态环境的影响。

全书按照关注的地域与主题不同分为四个部分，共十四章。导言章节介绍了该书的写作特点以及作者核心观点。首先，一战的历史编纂通常聚焦于1914年8月到1918年11月这个时间段，但实际上，战争环境史的研究，与战争有关的环境变化和全球资源的开采开始于敌对行动之前并在停战后继续，拓展了战争史研究的时间框架。其次在地理范围上，该论文集探讨了欧洲、北美、东亚以及非洲与中东地区第一次世界大战带来的环境影响，这是全球维度的互动，不仅局限于传统视角。最后，在战争的复杂性及关注的遗留问题上，作者们突破了人类中心主义，将自然物质视作参与到战争中的一部分，包括战争对动物以及对疾病传播的影响等问题。

该书第一部分包括第二章至第四章，关注的是支援欧洲与北美战场的粮食生产系统以及军事化工业体系。第二章“豆子就是子弹，土豆就是火药：第一次世界大战，食物就是武器”深入剖析了“粮食将赢得最后的战争"这一口号，从环境史的角度探究粮食生产和战争冲突之间的相互关系，旨在更全面地理解世界粮食系统与一战的关系。作者认为，管控平民的粮食分配和消费同训练士兵和生产武器同样重要，正如战争改变了全球食品经济一样，这一食品体系也塑造了战争。粮食封锁与粮食援助是第一次世界大战的核心，这两种策略在战争期间相互促进与发展，对现代战争和现代食品经济有着重要意义。从环境史的角度审视一战，有助于理解为什么粮食成为战争取得胜利的关键因素。

第三章考察了奥匈帝国试图维持其公民和士兵生活的困境，但由于战争导致的粮食危机进一步破坏了帝国的稳定，最终导致了帝国的解体。国家引导的市场控制几乎没有给农民提供粮食生产最大化的动力，而奥地利和匈牙利当局之间的制度框架低效运转，使得情况更加恶化。人类生存所需的基本能量来源于动植物资源，战时动植物营养基础的侵蚀成为帝国产生食物制度危机的决定性原因。因此，由于无法充分调动粮食资源，奥匈帝国早在 1918 年解体之前就开始出现崩溃。

第四章分析了帮助生产化学武器的美国政府、工业和学术界之间的联系。作者将埃奇伍德兵工厂定义为一个军事化的工业场所，在这里，芥子气的生产毒害了工厂里的工人，就像在战场里毒害士兵一样。从环境的角度看，战争用地与工业废弃地没有太大的区别。由于战时国家紧急状态，环境和公共健康问题在很大程度上被忽视了。埃奇伍德兵工厂的建立标志着第一次世界大战期间美国军事化环境的诞生。它是战时军事行动和化学工程技术成功的象征，也造成了无形的、似乎无法挽回的环境灾难。

第二部分"战争对全球自然资源的掠夺"涵括第五章至第八章，基于第一次世界大战所带来的全球自然物质层面的变化，以自然资源为主题探讨了第一次世界大战对于全球矿产战略、石油与北海渔业资源的开采以及对东亚的生态环境的影响。第五章揭示了无所不在但却被广泛忽视的矿产战争，作者认为这是环境史上被忽视的一个分支。作者认为，正是矿产物质的使用使得欧洲的自然景观饱受摧残。人们利用以及操纵自然去征服敌人的行为，对自然产生了巨大的影响。自然在被影响的同时，又制约着人类的行为。弹药生产对于矿物的依赖使关键元素的缺乏会使工厂毫无用处，而第一次世界大战表明，并没有一个国家可以在工业矿物中自给自足。从环境史的视角审视一战可以发现，战争催生了一种新的全球战略矿产政治，关键矿物的地理分布在和平会议划分政治版图中发挥了核心作用，关于战后政治版图划分的叙事，不再仅关注着民族国家的疆界这一主题。

第六章揭示了石油作为资源在第一次世界大战中的性质上的重要性。作者认为，第一次世界大战是石油在全球舞台上发挥作用的决定性时刻，是战争环境史中的一个分水岭。就数量而言，石油的使用并没有起到核心作用，煤炭仍然是限制战争进展的主要因素；但在性质上，石油变得不可或缺，给战争带来了直接与间接的变化。直接影响体现在空战与海战中，石油成为发动现代战争的手段，也成为战争的目的。一战的能源使用开启了石油时代，并且预示了现代战争能源制度的新模式。间接影响体现在社会结构与全球地缘政治的转变。在地缘政治领域，世界上盛产石油的地区获得了更重要的政治地位；从社会结构上看，煤炭到石油的转变，解放了大量工人的劳动力，使得政府不那么容易受到罢工和抗议的影响，从而没有那么脆弱，享有更大的社会和政治回旋空间。

第七章“第一次世界大战与北海过度捕捞的开始”为一战期间北海海洋环境史的解读提供了新的观点。传统的观点认为第一次世界大战有利于渔业资源休养生息，捕鱼活动在战争期间的停止缓解了渔业压力。但本章作者认为，将一战期间北海海洋环境史的发展限定在1914—1918年的这一时间框架中太短。仅关注这一海域实际发生战争的年份，无法对其进行全面的考察与理解，需要考虑战争带来的全部后果。一战期间，渔业资源压力的缓解只是一个短暂的现象。首先，渔业公司因战争的爆发损失了大量的船舰。但停战后，他们可以从海军处购买大幅折扣的高端船只，并将大量的海军拖网渔船进行改装，使得北海周围渔船实现了实质性的现代化。其次，战争期间缺乏蛋白质的市场增加了人们对鱼类的接受程度，从而增强了对渔业资源的需求。第一次世界大战是1914年底几乎停止所有捕鱼活动的原因，但从长远看，也是捕鱼活动大幅度增加的原因，并在以前所未知的水平上过度捕捞。

第八章概述了第一次世界大战在东亚的短期与长期的环境影响，考察了军事行动的全球和区域环境足迹，及其在东亚的政治和经济趋势，其探究的重点是日本帝国。从广义上讲，第一次世界大战间接地引发了东亚自然环境和生态系统的变化，欧洲殖民列强由于涉及的距离太远而无法规模开发这一地区。而日本帝国主义受到第一次世界大战给日本带来的独特的战略开放和战后发展起来的资源开发模式的支持，影响了陆地和远洋环境。由此产生的采掘资源和国际政治体系促进了其国内外发展，并最终为20世纪三四十年代更大的太平洋战争提供了温床。

第三部分包括第九章至第十二章，探讨了中东与非洲的生态体系、难民与饥荒，强调了这场战争的帝国轮廓与殖民主题，让底层群众与受压迫的群体表达了自己的声音。帝国主义网络把在中东和非洲的战争变成了一场灾难。第九章探讨了黎巴嫩悲惨的战时环境的国际层面。作者认为饥荒不是“自然灾害”，自然原因比如干旱和蝗虫与饥荒的发生常联系在一起，但不能解释战争年代死亡率过高的原因。在食物是违禁品的地方，饥荒并非完全的自然原因，而是由帝国之间军事冲突的“外部性”造成的，是英法国家的殖民外力所塑造的结果。英法认为正是饥荒为他们的殖民政策提供了一个潜在的政治机会，因为它会使奥斯曼帝国被所有阿拉伯国家所憎恨，削弱政权统治的权威性。

第十章深入研究了奥斯曼帝国统治的最后几十年，作者认为奥斯曼帝国严重依赖对外贸易以及对外投资、运输和金融，而一战期间，对外依赖网络的崩塌，导致了该地区历史上最严重的饥荒。将奥斯曼帝国置于全球背景下审视，有助于从自然环境，即饥荒的发生角度以及全球贸易联系的更大层面上，解释帝国崩溃的原因。

第十一章主要关注一战对非洲红海地区粮食安全的影响，强调了战争如何进一步破坏了非洲红海海岸的粮食系统。第一次世界大战切断了非洲红海地区与外国粮食来源的联系，阻碍了当地的经济策略。这种粮食危机亦是由新的生产和贸易模式造成的结构不安全导致的。新的运输技术使得粮食运输变得更为高效，运输成本也大为降低。但殖民地官员却不愿在困难时期停止出口，使得当地的粮食短缺很快就成为地区性危机。作者还强调了停战后环境与经济问题仍然存在，干旱与通货膨胀仍阻碍了该地区经济的复苏。

第十二章“第一次世界大战对非洲的环境影响”关注于撒哈拉沙漠以南非洲的森林政策、帝国主义对非洲资源潜力的重新认识、野生动物管理以及人类与动物的疾病生态学，强调了人口中断和牲畜损失对环境的重大影响。殖民政府要求所有殖民地提供军工，强迫征兵严重扰乱了当地经济，并对疾病的传播造成了长期影响。作者指出严酷的殖民与战时条件，包括强迫劳动和征兵，流动性增强，性工作与性传染疾病的高发率，以及战时疫苗的接种和注射运动都创造了有利于病毒持续传播和进化的环境。艾滋病、H1N1 以及西班牙流感在战后的流行也都与一战有着不可分割的关系。

第四部分“漫长的余波—环保主义与记忆”包括最后两章，探讨了战争在自然物质层面以及心理层面漫长而持续的影响。第十三章以档案资料为基础，探讨了一战对国际环境保护网络直接与长期的影响。作者认为，第一次世界大战对精英的国际保护主义网络负有破坏和重组的责任。部分原因是精英网络未能在政府间外交领域制度化。自然保护主义精英之间的不信任似乎也阻止了国际联盟发起环境改革。但目睹战争的破坏也激发了国际环保主义，精英环境主义者利用国际主义与民族主义一齐推动了战后的环境改革议程。第十四章作者通过探讨人类利用自然掩盖死亡以及赋予自然意义的做法，揭示了环境与记忆的关系。保护自然和修复荒地的愿望反映了人类对自然的情感依恋以及军事与农业的现实需要。

第一次世界大战从根本上定义了 20 世纪的地缘政治，标志着从以生物质能为基础的农业时代向以化石燃料为基础的工业时代过渡的一个阶段。战后和平条约所规定的政治版图的重大变化有助于确定大国随后在获取关键物质产品方面的竞争力。因此，第一次世界大战的环境遗产与 20 世纪帝国主义的活力密不可分。

该书以环境史与战争史相结合的视角，打破了关于一战历史的传统叙事，重新探究了一战对于生态环境的影响。第一次世界大战的环境史反映了新式武器的巨大破坏力以及在此期间军民之间密切合作所产生的生态后果，并且揭示了这场战争如何为 20 世纪的历史发展奠定基调。此外，该书也是突破人类中心主义的力作，其中涉及动物研究，为分析自然资源的调动以及战争如何影响除人类之外的其他物种提供了新途径。将战争史与环境史相结合，拓宽了环境史研究的领域，也使读者得以用新的眼光去审视曾改变人类社会进程的重大战争事件。

（刘岳，首都师范大学历史学院硕士研究生）

Scholarly Information

学术信息

“人类历史中的文明交流互鉴”学术论坛综述

李　杨

2021年6月19—20日，首都师范大学全球史研究中心与《光明日报》理论部联合举办“人类历史中的文明交流互鉴”学术论坛，来自清华大学、北京大学、中国人民大学、中国社会科学院、河南大学、华东师范大学、西北大学、首都师范大学、《光明日报》等十余位学者在会议上作了发言。首都师范大学全球史研究中心主任刘文明教授主持了论坛，首都师范大学历史学院党委书记董增刚、《光明日报》理论部主任薄洁萍到会并致辞。

清华大学人文学院教授张国刚做了题为《中西文明交流互鉴的历史启示及其当代意义》的主题演讲。张国刚教授指出，中华文明在地理上与西部的文明是断隔的，但东西文明又由“一带一路”连接起来。正是不同文明的差异性成为文明交流互鉴的基础。梁启超说的汉朝以前中国是“中国之中国”，可以理解为诸子百家的融合，是中国内部的文化融合；唐宋时代中国是“亚洲之中国”，是儒释道的融合；明清以来中国是“世界之中国”，是与欧美文明的融合。面对欧美文明，中国经历了几个碰撞阶段：晚明盛清，从万历到乾隆，主要是拒绝西方；鸦片战争到八国联军，中国越来越不自信，到了“五四”否定自己，打倒孔家店，把两千多年构建的儒家道统打翻。第三次碰撞融合就是当代的改革开放，向西方、向美国主导的国际体系开放，学习西方现代文明。

北京大学历史系教授吴小安做了题为《文明互鉴的历史性与时代性》的发言。他首先探讨了他对“文明”概念的理解，认为“文明”是一个以特定的地理、族群、社会、国家、生产力和生活方式为依托的概念，是物质、精神和制度发展的综合水平的集大成。同时又是超越单一的族群、国家、地理单元的具有更大维度的集合性和整体性的概念。因此观察“文明”的视角可以是民族与国家的层面，也可以是人类社会不同的族群、不同的文明、不同的国家相互关系的层面。地理大发现之前，文明的交流表现为以思想、器物、物质、制度等领域的交流为主。此后的近代，特别是工业革命之后，文明的交流则以殖民主义的征服和统治形式表现出来。关于当代“文明”，他认为，国家之间、族群之间、文明之间的交流，始终是世界政治、人类社会的基本表现形态。

中国社会科学院近代史研究所研究员邹小站做了题为《从“师夷长技”到采西学、制洋器：知识、制度的限制与其成效》的发言。他认为，从鸦片战争到1895年半个多世纪，中国在物质层面向西方学习的效果并不显著，受到了诸多因素的制约，其中主要的是清政府对当时外部世界和西方科技所支撑的战争形态不理解，没有恰当的应对之策。魏源提出的“师夷长技以制夷”的主张，在当时中国整个的知识、教育、人才和工业体系都跟不上。

中国人民大学历史学院教授徐晓旭的发言题目是《中国古代小人国传说中渗入的希腊神话因素》。他认为，中国本土的小人国传说与希腊俾格米人的故事有着很多相似的元素。先秦时代《山海经》中的小人国故事与大秦国的神话还没有关联，但唐代《括地志》中提到小人国元素这与希腊神话里俾格米人的元素颇为类似，比如与鹤作斗争、穴居，与大秦国为邻、人高三尺。神话故事有各种版本，版本的差异恰恰说明神话传说是随着商路多次传入中国，商人在交易商品时闲聊逸闻轶事，每次情节的侧重点不一样，还加入了商人自己的想象，这也是一种文明的交流。

中国社会科学院历史理论研究所研究员董洁欣的发言题目是《唯物史观的文明话语》。她说，在中文语境中，文明一方面可指文化，一方面可指社会发展到较高阶段和具有较高文化的状态。文化则指人类在社会历史发展过程中所创造的物质财富和精神财富的总和，特指精神财富。也就是说，文明是指人类的社会实践成果。文明的实践性与人类历史的实践性相一致。这正是马克思主义唯物史观在文明话语阐述上的基本出发点，同时也是各种文明之间发生交流互鉴的现实前提。在唯物史观的理论视野中，作为社会实践成果，文明的一切进步都是在人类进入阶级社会以后的过程中逐渐实现的。相应地，唯物史观的文明话语，是通过分析人的社会实践如何演化，探讨如何摆脱剥削压迫、实现人类自由解放的文明状态。

北京大学历史学系副教授潘华琼做了题为《跨撒哈拉商路上的文明》的发言，从商路的由来与发展、商路上的文明、商路的历史作用以及商路的衰落及其启示四个方面，对跨撒哈拉商路做了充分介绍。她说，跨撒哈拉商路的开辟是因为阿拉伯人占领北非地区后要征税，当时的黄金主要来自西非的金矿，人们要考察南部的金矿到底在哪里才开辟了这条商路。在这条商路上，至今还保存着一些中世纪的城市、阿拉伯手稿以及清真寺和伊斯兰大学。这条商路传播了伊斯兰文化，是连接撒哈拉南北的纽带。后来，由于环境恶化、政权衰落和近代世界的变迁等经济因素和政治因素，跨撒哈拉沙漠商路衰落了。

河南大学艾仁贵教授做了题为《港口犹太人与近代早期的洲际交流互鉴》的发言。他指出，16—18 世纪，犹太人追随欧洲殖民者的脚步前往新世界，散布在大西洋两岸的诸多重要港口城市，形成洲际性的海洋贸易网络。作为近代早期贸易流散社群的重要代表，穿梭在各大殖民体系之间的港口犹太人以联系网络的形式在新旧世界之间从事着多层次、多形式、大范围的洲际交流互鉴。在很大程度上可以说，港口犹太人及其参与的洲际交流活动是一部由海洋联结的微型全球史。

首都师范大学夏继果教授发言的题目是《全球史学对历史空间的重构》。他在介绍了历史空间的特性和现今通行的历史研究空间单位之后，阐述了全球史学是如何对历史空间进行重构的。威廉·麦克尼尔在《变动中的世界历史形态》一文中指出：“严格意义上的世界历史应该首先关注共生的世界体系的变动，接下来再把不同文明内部以及类似国家、民族的更小的实体内部的发展纳入这个不断变动的整体框架之内。”杰里·本特利在《世界历史的任务》一文中从地方和全球两个层面解读了空间转向。空间的地方转向是指把视线投向比民族国家小得多的熟悉环境，以当地的视角观察人们是如何通过自己的方式来接受、体验和推动全球的变化。空间的全球转向则将地区和国家的历史置于更大的跨地区、跨文化甚至全球场景中。作出这一转向的历史学家通常十分关注全球化、现代性以及一体化之类的宏观议题，但他们往往会用这些明确的趋势和简单化的特征来概括纷繁复杂的世界和林林总总的历史经验。在这里，真正的挑战是如何根据建构的需要在不同的空间架构之间转换腾挪，而不是始终坚持某个特定的场域单位。

首都师范大学刘文明教授做了题为《全球史视阈中的文明互动与多元现代性》的发言。主要从全球史的视角出发，阐述了如何从文明互动的角度理解多元现代性。刘文明回顾了“现代性”概念及其历史发展，指出“现代”这个词很早就有了，但“现代性”这个概念在 19 世纪中叶才出现，是西方社会变迁的产物。19 世纪下半叶的很多社会学家把他们所生活的时代特征与过去对立起来，这种传统与现代的二元对立，一直持续到 20 世纪中叶经典现代化理论盛行。因此许多西方学者认知的“现代性”是一元的，即现代性只有一个，且来自西方。反对一元现代性观点的代表人物之一是以色列社会学家埃森斯塔特，他通过文明比较，提出了多元现代性。但是埃森斯塔特在探讨多元现代性的时候，缺乏文明互动视角的考虑。因为任何一种现代化的发展，都是不同文明和不同现代化道路之间相互交流的结果。

中国人民大学书报资料中心编审柴英做了题为《中国学者文明交流互鉴史研究的现状与前瞻》的发言。她根据书报中心的统计，分析了我国文明交流互鉴史既往研究的特点。第一，文明交流互鉴史的既往研究有着多学科和跨学科的特点，涉及历史学、考古学、政治学、社会学、经济学等多个学科。第二，文明交流互鉴史的研究视角一般以中国为中心。第三，微观实证研究多，宏观、中观范式的研究相对较少。对于未来研究方向，柴英指出，未来在扎扎实实做好微观实证研究的基础上，要自信大胆地对文明交流互鉴的理论建构进行探索和创新。第四，柴英提出应注重不同文明之间相互认知与认同的研究。既往研究专注于文明交往中器物、技术的交流，忽略了对文明观形塑的探究。而文明间相互的了解和认知程度决定了不同文明的认同程度，也就影响到文明间到底采取对话还是冲突的相处模式。因此，未来研究中应着力从不同文明之间如何相互认知的角度展开研究。

西北大学中东研究所教授闫伟做了题为《阿拉伯文化西传与索马里阿拉伯认同的历史起源》的发言。他说，伊斯兰教在索马里的传播伴随着“阿拉伯化”的进程，在一定程度上塑造了索马里的民族认同。公元

7世纪末，伊斯兰教通过阿拉伯移民传入索马里。在南部沿岸的摩加迪沙形成了阿拉伯化的城市国家，伊斯兰教借此向索马里内陆传播。位于亚丁湾的泽拉和柏培拉是索马里北部的宗教中心。相较而言，北部地区伊斯兰教传播缓慢，主要依靠当地传说中的一些阿拉伯圣徒传教。公元14世纪，索马里的沿岸城市基本上完成了伊斯兰化，大量的索马里本土成长起来的穆斯林学者成为传教的主力，并伴随着索马里苏非派的扩张向内陆部落民传播。这使苏非派和部落力量在社会结构和宗教信仰中深度融合。更重要的是，一些索马里人开始重新“发明”和“建构”自身的部落起源和谱系。他们将早期阿拉伯移民、苏非派的先祖或圣裔追溯为近代以来索马里阿拉伯认同的历史起源。阿拉伯起源说成为与非洲起源说相并立的认同观念，这对于索马里近代以来的民族认同和国家建构产生了深刻的影响。

华东师范大学历史系教授朱明做了《印度洋的文明交流与互鉴》的发言。他首先回顾了印度洋文明的传统阐释模式，如大航海、帝国史、沃勒斯特的世界体系、布罗代尔的“地中海模式”、区域史、全球史、海洋史等解释框架，同时也有一些新的尝试，比如去西方中心，注重腹地和亚洲传统；打破国家叙事，重视宏大区域和长时段；去人类中心性，关注环境和生态；借鉴人类学方法，跨学科和跨区域研究等。然后分析了印度洋文明交流史研究的趋势：一是打破国别、区域、东西方的隔阂，注重联系和交流的海峡与商路研究增多；二是除港口城市外，被严重忽视的腹地研究增多；三是更注重物种交流与生态变迁；四是重视伴随作物移植的人的流动，比如欧洲人在印度和东南亚寻找香料。他指出，印度洋研究需要打破传统的画地为牢的做法和中心—边缘的等级性历史叙事，扩大跨区域流动的主体范围，增强对亚洲腹地及其文明传统的研究。

首都师范大学岳秀坤副教授做了题为《古代西亚地中海世界文化中心的转移》的发言。他提出，理解世界历史的关键是抛弃东方与西方、欧洲与非欧洲的二元对立观念。人类文明史的起始，从欧亚大陆来看，是一个单数的整体，因为地理阻隔，自然形成了三个区域世界，即西亚、南亚和东亚。在每个区域内部，又因为人群、语言的分化，形成若干文化圈。西亚世界的历史积淀最深厚，内部的文化差异与冲突也最为激烈。从学术文化来看，在楔形文字时代之后，多个知识中心相继由不同文化族群所创造，但相互有交流、彼此有承继，它们之间的关系并非不同文明之间的对话或冲突，而更应该理解为同一文明连续体之中的多元差异与嬗变。

最后一位发言的是首都师范大学乔瑜副教授，她围绕热带气象学诞生的环境做了题为《预言还是预测：大洋洲的气象学（1880—1910）》的发言。她认为，作为学科的气象学是一个非常晚熟的科学。18 世纪末，气象学出现在欧洲的科学机构里。19 世纪中期到 20 世纪初，这一学科经历了一个系统化的发展过程。与欧洲不同，气象学在澳大利亚和新西兰的建立充满着争议和戏剧化的过程。最早的气候循环理论从某种程度上说是来自欧洲的知识和当地环境结合的一个结果，部分地印证了厄尔尼诺现和拉尼娜效应的交互。气候学能够借助的观测仪器发明得都非常晚，还需要统计学意义上的数据量化分析后方能做出预测。因此，当时大家之所以热衷于循环理论，是因为循环理论可以作为一种能够提供解释进行预测概念的工具来使用。气象学和其他普通人看不懂的科学不同，气象学要服务于日常生活，在民众之中是可以被轻易验证的。所以作为比较民间的气象学和作为现代的气象学的过渡时期，一方面可以让我们看到在缺乏长期可靠的数据的情况下，气象学家所面对的困难，也可以看到气象学为了自己的科学性在 19 世纪最后 20 年以及 20 世纪初的几年里，它的实践本身也发生了变化。

会议的讨论阶段，学者们对发言中的一些问题进行了提问并展开讨论。值得一提的是大家对“文明”概念的讨论，学者们各抒己见，进行了有益探讨。潘华琼教授说，她赞同将 civilization 翻译为“文明开化”，因为文明而是一个过程。刘文明教授说，我们现在的“文明”这个译法是从日本传过来的。1864 年丁韪良翻译《万国公法》时，原著中的形容词 civilized 和名词 civilization 都没有用“文明”这个译法，而是译为“教化”“服化”等。日本福泽谕吉在早期翻译“civilization”时，用的是“文明开化”，“文明”和“开化”没有分开，但他在后来的《文明论概略》中将“文明”和“开化”分开了，只译成了“文明”。由于这本书以及福泽谕吉本人影响巨大，civilization 就译成了“文明”流行开来。因此刘文明指出，civilization 翻译成“文明”是不准确的，便成习惯了。除“文明”的概念外，大家还就多个问题进行了充分的讨论与交流，碰撞出诸多思想火花，为文明交流互鉴史研究提供了很多新想法和新思路。

会议最后由《光明日报》世界史版编辑周晓菲和首都师范大学全球史研究中心刘文明作了总结，认为这是一次高质量的学术论坛，也是双方合作推动学术交流的有益尝试，取得了预期的效果，对于促进国内关于人类历史中的文明交流互鉴的研究具有积极意义。

（李杨，首都师范大学历史学院博士研究生）

Contents and Abstracts

Articles

Empire and Civilization: Felipe Fernández-Armesto's Writing of Global History

Shi Cheng & Ma Zhongling (3)

Abstract: British historian Felipe Fernández-Armesto has devoted his life to historical research, shifting his research focus from the original Spanish history to global history, and developed a unique style in global history writing. Armesto pays special attention to the exchange and interaction between civilizations. In his view, the empire has built a stage for the exchange of civilizations on a cross-regional and even global scale. Thanks to the giant empires on both ends of the Eurasian continent, large-scale exchanges between Eastern and Western civilizations have become possible. The opening of new shipping routes and the ever-expanding colonial empire, while establishing an unequal world order, have constructed a framework for global civilization exchanges and shaped the basic pattern of the contemporary world. He combines the macro vision and the micro narrative to present readers a history of civilization development from a global perspective.

Key Words: Felipe Fernández-Armesto; global history; empires; civilizations

Origin, Cycles and Dynamics: Early Globalization Studies of Dennis O. Flynn and Arturo Giráldez

Abstract: With the deepening of globalization and the rise of global history, the study of early globalization has attracted more and more attention from scholars. As famous American scholars of economic history and global history, Dennis O. Flynn and Arturo Giráldez have put forward their unique theory of early globalization based on the research of the Pacific Ocean history and the silver trade history. They argue that the early globalization began with the establishment of Manila as the entrepot linking the trade between America and Asia in 1571; the early globalization process consisted of three cycles, namely the Potosi-Japan silver cycle from the 1540s to 1640, the Mexican silver cycle of 1700 - 1750, and the post-1750s tea and opium cycle; the early globalization was mainly driven by the China's huge demand for silver. This theory is characterized by its focus on the closure of global navigation route and the establishment of stable trade, its emphasis on the central role of China's dynamic, and the application of interdisciplinary research methods. Meanwhile it also has some inevitable limitations.

Key Words: Dennis O. Flynn; Arturo Giráldez; early globalization; silver cycles; China's dynamic

The Concept of "Civilization" since 1756: Reflections in the Framework of World History

Abstract: The term "civilization," articulated in eighteenth century Europe, has been widely used in many languages from the nineteenth century to the present. It refers both to widespread societies governed by powerful states in modern times and to prestigious urban and monumental civilizations of ancient times. This essay explores the history of the concept of civilization through science, ideology, and schooling. Scientific exploration of civilization was an implementation of emerging studies in social science. Ideological statement of social priorities appropriated civilization, especially in the era of expanding capitalism, empire, and white supremacy. In the school systems set up around the world, the term "civilization" was included in the curriculum both to explain ancient heritage and the comparison of modern great powers, religious faiths, and cultural practices. Weaknesses in the concept of civilization are becoming apparent as knowledge expands. New factors to consider include the significance of the end of empire; increased attention to network dynamics as well as hierarchies; comparisons of biological equality and social inequality; the roles of commoners and local scales; the rise of global social and institutional structures; shifting balances of societies and regions; and more attention to the historical role of schooling and science.

Key Words: civilization; science; ideology; empire; capitalism; schooling

The Self and Multi-others in American Nation Building from the Perspective of "Civilization": A Study Centered on Jefferson's Notes on Virginia

Zhang Guokun (58)

Abstract: After the outbreak of the American Revolution, for the needs of nation building, the differences between the "self" and "others", together with the former's superiority over the latter, were increasingly reinforced, which became a significant mode of ideological construction and provided an essential basis for system building and policymaking. Centered on Jefferson's Notes on Virginia, this paper examines the self and multi-others in early American nation building from the perspective of "civilization", analyzing how different attitudes towards and strategies about Europeans, native Americans and African Americans, adopted by Jefferson and many other contemporary American white elites, served the shaping of early American national identity and enhanced nation building. This discourse of American white elites, featuring binary oppositions of "civilized-uncivilized" and "self-others", exalted the self to the top of the hierarchy of "civilization" while belittling and excluding others, and proposed remolding others by promoting their "civilizing" according to standards of the self, thus weakening the threat from others and enhancing the interest of the self. It fully expressed the principle of American white supremacy in early American nation building, and, as a long-lasting ideology, had exerted profound influence on the establishment of

America's federal republic system, as well as other major policies and institutions including westward expansion, isolationism, assimilation of native Americans, overseas colonization of African Americans, racial segregation, etc. All these had a great impact on the later development of America.

Key Words: civilization; nation building; self; others; Notes on Virginia

Pacific Aboriginal Women in 18th Century European Text and Artistic Shaping

Abstract: In the latter half of the 18th Century, European countries started another round of pacific sailing, in which they aimed at Polynesia in the South Pacific. In the narration of seamen and travelers, the indigenous women, who were beautiful and enthusiastic, occupied significant space and became a cultural symbol of pacific. Meanwhile, paintings like John Webber's *Poedua* visualized their "natural beauty", echoing the ideas of some scholars in the Enlightenment era. However, when Europeans gained more knowledge about pacific primitive society, they found its backward and savage. The image of natural women, unable to delay the fall of that of the whole pacific, was "tied" with the customs and culture of indigenous society and became "stigmatized", failing to reverse this trend. The image change shows that the communication among civilizations in the modern world is still "unilateral", and higher degree of civilization makes them have more voice in historical interpretation; It also shows that Europe will shape the cultural "other" according to its own interests and needs.

Key Words: 18th century; pacific; women; textual construction; artistic depiction; cultural symbol

The Discourse of "Civilization" and the Turn of British Colonial Discourse in the Early Nineteenth Century: A Study Centered on British India

Abstract: India is the largest colony of Britain, and knowledge about India had become the most important part of the British colonial discourse. In the early

19th century, the British conquered most of the land in India and the empire expanded rapidly. British colonists needed to construct a new colonial discourse to justify the empire. At this time, the British colonial discourse showed an obvious transition from focusing on the 'affinity' of Britain and India to their 'difference'. The discourse of 'civilization' or the hierarchy of civilization is the basis of the latter colonial discourse. In this discursive transition, James Mill, Thomas Macaulay, and John Stuart Mill who were concerned about and deeply involved in the colonial affairs of British India played an extremely important role.

Key Words: British India; discourse of "civilization"; colonial discourse

Recreation of Tradition: The 1877 Imperial Durbar in British India

Zhao Yuanchun (108)

Abstract: On April 27, 1876, the British Parliament passed the *Act of Royal Title*, announcing that Queen Victoria was crowned the Emperor of India, then a spectacular coronation ceremony was staged in Delhi on January 1, 1877. In order to take advantage of this coronation to secure the loyalty of Indian maharajas, and consolidate the British rule in India, the colonial government recreated the "Durbar" ritual from traditional Indian political culture, combined with the western rituals like parades, salutes, investiture and review. Thus a set of imperial rituals were created to publicize the imperial authority and consolidate the subsidiary relationship of Indian local nobles in the British Imperial honor system. Subsequently, this imperial durbar became the most important ritual in the coronation of the Emperor of India, and the ritualized political durbar also became the new 'tradition' in Indian society. Actually, this transcultural display was a unique opportunity for British government, not merely to legitimate and popularize British rule in India, but also to demonstrate the consistency and eternity of the British Empire, which reflects the British Imperial mentality in the second half of the 19th century. For the British, the imperial durbar aroused enthusiasm for imperial ceremonies in England, while for Indian intellectuals and early nationalists, it provided a perfect arena for the pursuit of diverse, even competing, interests.

Key Words: British Empire; India; coronation; Durbar

The Other Narrative of the Balkan Wars and the Discourseof Balkanism: An Analysis Focusing on the Report of Carnegie Endowment for International Peace

Abstract: The Balkan wars of 1912 – 1913 were very fierce and complicated regional conflicts before the Great War. As a non-governmental organization with important international influence, the Carnegie Endowment for International Peace sent an international commission to investigate the Balkan wars, which was a new international intervention at that time. For political purposes, the impartial review of the Balkan wars by this independent body was riddled with Balkanism discourse, and the report traced the origin and atrocity of the Balkan wars to deep-rooted old hatreds and ethnic tensions. In addition to expressing the humanitarian concerns of the civilized world, this Balkanism discourse made the report a tool of empire, providing strong textual support for later American interventions in the Balkans.

Key Words: the Balkan Wars; Report of Carnegie Endowment for International Peace; Balkanism

An Exception of "Civilized Nations": Japan and Washington International-Labour Conference in 1919

Abstract: In the period of the First World War, the establishment of eight hour working system and other labor systems became the core of the struggle of the World Labor Legislation Movement. As the improvement of Japan's international status after the First World War, Japanese government intended to change her silent state totally in the international labor legislation movement, and made the decision to send the delegates to participate in the first International Labor Conference in Washington (1919). During the conference, the sharp division among the Japanese government, workers and employers exposed Japanese labor problems to the world. Besides, it also reflected the contravention and discrepancy on the international labor legislation between British and American. Supported by the Britain, Japan finally became the exception of "Civilized nation" in the international labor standard. Japan regarded itself as a "special nation" in the international labor legislation movement, which actually reflected the Japanese government and industry's indifference to the spirit of international labor legislation. But the convening of the International Labor Conference provided an opportunity for Japanese industry to adopt global labor standards dominated by Britain and the United States.

Key Words: Washington International Labor Conference; civilized nations; Eight-hour a Day (working system); labor reform in Japan

Fur and Empire: A New Perspective on the Diplomatic Crisis of the Northwest Coast of America in the 1820s

Liang Lijia (158)

Abstract: The 1821 Ukase was the product of a long-standing commercial conflict between Russia and the United States on the northwest coast of America. The decree led to the diplomatic crisis on the northwest coast of the Americas. The diplomatic negotiation among Russia, America, Britain were basically centered on the commercial interests. The US government seeks to solve the Oregon issue under favorable conditions and achieve its own geostrategic goals by interfering with the Russian-British border, hence the transition of Russia-US-British diplomatic negotiations from trilateral talks to bilateral treaties. According to the Russian-American agreement in 1824 and Russian-British agreement in 1825, Russia abandoned the restrictions on foreign trade and the division of the border between Russia and the United Kingdom on the northwest coast was resolved. The northwestern coast crisis of the 1820s, the economic problems turning into political issues, can be seen as a response of Russia and the United Kingdom to the expansion of United States in the North American continent. The contest between commercial plunder and immigration colonization in the diplomatic crisis has, to some extent, predicted the historical form of the geopolitical evolution of the North American continent after the 19th century.

Key Words: 1821 Russian Ukase; Northwest coast; non-colonial principle; fur trade; US-Russian relations

Three Keys in Sokol Gymnastics from the Perspective of Transnational History: National Independence, Community Unity and Cultural Exchange

Wu Yao (180)

Abstract: Sokol is a modern gymnastic movement that originated in Prague, Czech Republic, in 1862. The Sokol Gymnastics Club was not only an important venue for Czech sports, but also an important venue for the political struggle for national independence. The Sokol Gymnastics Club made an important contribution to the awakening of national consciousness before World War I, the re-establishment of civil order after World War I, the Sudetenland crisis on the eve of World War II and the World War II resistance movement. As the number of Czech immigrants in the United States increased, Sokol gymnastic clubs became important symbols of Czech culture and a spiritual bond of unity among the Czech diaspora. After World War I, cultural exchanges between Ireland and Czechoslovakia became more frequent, and the introduction of Sokol gymnastics to the Irish Army in 1934, then its promotion in schools and throughout society, was a successful example of Czechoslovakian cultural export. The history of Sokol gymnastics in the Czech Republic, the USA and Ireland highlights the different connotations of national independence, community unity and cultural diffusion of Sokol gymnastics.

Key Words: Sokol gymnastics; national independence; communal unity; cultural exchange

Discrimination Against African Diplomats in the United States and the Kennedy Administration's Response

Yu Zhan (198)

Abstract: During the Kennedy administration, African diplomats to the United States suffered racial discrimination in housing and travel, which led to international criticism. The Kennedy administration under pressure from the Cold War and the civil rights movement did everything in its power to solve the problems of discriminated African diplomats. However, since the domestic racial discrimination and segregation were not abolished, the efforts of the US government could not solve the substantive problems. Their voluntary, persuasion and lobbying methods had many limitations. But it was precisely because they had tried their best and failed to succeed in doing so that they turned to a strategy of mandatory local legislation, which became the precursor to national civil rights legislation.

Key Words: African diplomats; discrimination; Cold War; Kennedy administration; civil rights legislation

Between the Two Poles: The Establishment of the Safeguards System of the International Atomic Energy Agency in the 1950s

Abstract: The creation of International Atomic Energy Agency was an essential part of US peaceful use of atomic energy policy. The Agency's safeguard system is aimed to curb the nuclear proliferation that may arise from the assistance of nuclear technology and materials. During negotiation of the Agency's statute, many developing countries like India and socialist countries like Soviet Union were not satisfied with the discrimination and infringement factors in the provisions of safeguard system. These disagreements also impeded the implementation of Japan's proposal of safeguarding its JRR-3 reactor. This phenomenon reflects that the international nuclear system led by the US could only be confined to the Western countries instead of guaranteeing nuclear cooperation among countries all around the world.

Key Words: IAEA; safeguards; US; Soviet; India

Reviews

The Enlightenment of the Transnational History Methodology: *Protestants Abroad* and the New Trends in the Writing of History on Christian Missions

Abstract: The writing of the History on Christian missions has a long tradition. The earliest writing of missionary history was mainly by the Church as surveys or laurels of the achievements taken by the missionaries, aiming at serving the religious purposes. Since the last century, a more objective and professional historiography has been established, attempting to use the "modernization" or "cultural imperialism" paradigms to analyze the secular outcomes of the Christian missions. With the rise of the "transnational history" at the turn of this century in the international academia, the writing of the missionary history has also entered a new stage, applying the transnational methods to reveal the cross-border interactions caused by the missionary activities, and to analyze the both-way impact not only on the missionees' nations, but also on the missioners' own nations. *Protestants Abroad* is a representative work of this new trend.

Key Words: *Protestants Abroad*; Transnational History; History on Christian Missions

An Encounter at the Beginning-Afong Moy and the Early American Orientalism: Review of *The Chinese Lady: Afong Moy in Early America by* Nancy E. Davis

Pan Wen (249)

Abstract: *The Chinese Lady*: *Afong Moy in Early America*, a book written by American historian Nancy E. Davis and published in 2019, provides us with a thorough record and new information about the first recognized Chinese woman to American —Afong Moy. From 1834 to 1836, Afong Moy performed Chinese cultural show all over the country and attracted nationwide interest and heated response. She started as a tool of promoting Chinese goods, then turned to be an oriental spectacular on the fashionable dioramas stage, and finally was degraded to a circus show catering to public curiosity. She is a witness to the quick transition of attitude to China in American society, from patrician and commercial orientalism to political orientalism. Her experience proves that orientalism is in nature very practical and flexible cultural construction and her story is of certain empirical value to our critical study of orientalism today.

Key Words: Afong Moy; China-American early trade; orientalism

Abstract: The history of the earliest states has long been dominated by a civilizational discourse of agriculture, hieroglyph and social classes right in opposition to the savage society of gathering and hunting. With the aid of Latour's actor-network-theory, the earliest states can be perceived in a network intertwined both by human and nonhuman actors. In this relational field, the earliest states together with their savage neighbors as coordinated actors both actively transport and translate the grain as well as its meanings, leaving a traceable trajectory of conduit of material, information and energy. A new perspective from the agency of the grain will undoubtedly shed a light on the hybridity of the earliest states assembled by too many human and nonhuman actors.

Key Words: actor network; the earliest states; grain

Book Reviews

Scholarly Information

《全球史评论》稿约

1. 《全球史评论》是由首都师范大学全球史研究中心主办的连续性学术辑刊，刘新成教授担任主编，2008 年创刊。

2. 《全球史评论》致力于在中国历史学界推进全球史的研究视野与方法，提倡有关跨文化、跨国家历史现象的研究，注重揭示全球视野中的文明互动与交往，探寻政治、经济、文化诸方面的全球化进程与地方特性的相互影响。

3. 《全球史评论》下设“论文”“评论”“书评”三个主要栏目。（1）“论文”为原创性的问题研讨，字数一般在两万以内；（2）“评论”或为某一论题的综合性的学术史考察，或为重要论著的深度评论，一万字左右为宜；（3）“书评”为国外近期出版全球史新著评介，所评书目原则上由编辑部选定，投稿请预先联络。此外，有“学术信息”一栏，报道本领域重要学术活动的相关资讯。

4. 《全球史评论》对来稿一视同仁，执行双向匿名评审制度，以追求公正和严肃性。编辑部接到学者赐稿，将在最迟三个月之内给予采用与否的答复。如遇评审、修改，则时间相应延后。

5. 《全球史评论》为中文刊物。来稿可以是中文或外文，外文稿件如确定发表则由编辑部邀请专人译为中文。

6. 稿件所涉文献引注格式，同《中国社会科学》及《历史研究》杂志的体例。

7. 来稿请寄《全球史评论》编辑部。

电子信箱：cnuglobalhistory@ 163. com

通信地址：北京市海淀区西三环北路 83 号首都师范大学历史学院（邮编：100089）

8. 《全球史评论》为 CSSCI 来源集刊（2017—2018），由中国社会科学出版社出版发行，从第八辑起，出刊进度为每年两辑。

《全球史评论》编辑部